आत्मा की सफ़र

कर्म

श्री शामबव

नीता राठोड द्वारा इंग्लिश से अनुवादित

आत्मा की सफ़र - कर्म

(Atam ki safar - Karm)
Shree Shambav

Published by Shree Shambav, Tamil Nadu, India
Shree Shambav Ink & Imagination "Where Words Breathe and Imagination Soars"
All Rights Reserved

First Edition, 2025

Copyright © 2025, Muniswamy Rajakumar

All rights reserved. No part of this publication may be reproduced, distributed or transmitted in any form or by any means, including photocopying, recording, or other electronic or mechanical methods, without the author's prior written permission. It is illegal to copy this book, post it to a website, or distribute it by any other means without permission.

The English edition of Journey of Soul – Karma, originally published on April 18, 2022, has now been translated into Hindi.

The request for permission should be addressed to the author.

ISBN: 978-93-343-0013-0
Email:shreeshambav@gmail.com
Web:www.shambav.org

समर्पण

"ईशावास्यमिदँ सर्वं यत्किञ्च जगत्यां जगत्। तेन त्यक्तेन भुञ्जीथाः मा गृधः कस्यस्विद्धनम्॥"

मेरे दिव्य गुरुओं, सुनने वाले परिवार और देखने वाले मेरे माता-पिता को…,

"ईशावास्यमिदँ सर्वं यत्किञ्च जगत्यां जगत्।"

अर्थ: "यह सब, जो कुछ भी इस जगत में है, ईश्वर द्वारा व्याप्त है।

"प्रत्येक मनुष्य को अपना बोझ स्वयं उठाना होगा ... धोखा मत खाओ; परमेश्वर का मजाक नहीं उड़ाया जाता: मनुष्य जो कुछ बोएगा, वही काटेगा..., हर एक मनुष्य अपने परिश्रम के अनुसार अपना प्रतिफल पाएगा।" - एपोस्टल पॉल।

अस्वीकरण

इस पुस्तक में मेरा व्यक्तिपरक सत्य, कर्म के सिद्धांत के बारे में मेरी समझ शामिल है। आप जो अपने साथ लेकर जाएंगे वह आपका सहज सत्य है: आपका कर्म सिद्धांत। श्रीकृष्ण ने अर्जुन को "वस्तुनिष्ठ सत्य" की खोज में अपनी भावनाओं पर विचार करने और फिर कार्य करने का निर्देश दिया।

भगवद गीता, अध्याय १८, श्लोक ६३ :

इति ते ज्ञानमाख्यातं गुह्याद्गुह्यतरं मया ।

विमृश्यैतदशेषेण यथेच्छसि तथा कुरु ॥६३॥

भावार्थ:- "इस प्रकार से मैंने तुम्हे यह ज्ञान समझाया जो सभी गुह्य से गुह्यतर है। इस पर गहनता के साथ विचार करो और फिर तुम जो चाहो वैसा करो।"

नोट - यदि पुस्तक का कोई भी भाग किसी भी क्रम में पाठक की भावना को ठेस पहुँचाता है । यह केवल दुर्घटना वश होगा, जानबूझकर नहीं।

आत्मा की सफ़र

कर्म

श्री शामबव, ३६ बार सर्वश्रेष्ठ और सबसे अधिक किताबे बिकने वाले लेखक श्रेणी में हैं, जो अपने व्यक्तिगत विकास और आध्यात्मिक विकास में परिवर्तनकारी कार्य के लिए जाने जाते हैं।

प्रिय पोषित पाठकों

जैसा कि मैंने इस नई साहित्यिक यात्रा को शुरू किया है, मेरा दिल गहरी कृतज्ञता और कनेक्शन की भारी भावना से भर जाता है। जो इस यात्रा में मेरे साथ शामिल हुए हैं, गहरी भावना के साथ, मैं आप में से प्रत्येक की हार्दिक प्रशंसा करता।

ईमानदारी से गर्मजोशी के साथ, मैं आपको अपने पहले की कृतिओ के पन्नों के माध्यम से साथ उठाए गए कदमों पर फिर से विचार करने के लिए आमंत्रित करता हूं। हमारा ओडिसी "जर्नी ऑफ सोल - कर्मा" के साथ शुरू हुआ, एक किताब जिसने शब्दों की दुनिया में मेरा पहला प्रयास था और कच्चे जुनून के लिए एक वसीयतनामा जिसने मेरे लेखन साहसिक कार्य को प्रज्वलित किया।

हमारी साझा यात्रा के बाद के अध्याय "ट्वेंटी + वन" श्रृंखला के करामती टेपेस्ट्री के माध्यम से सामने आए। प्रत्येक पृष्ठ को चालू करने के साथ, ऐसा लगा जैसे हमारी सामूहिक कल्पना के कैनवास में एक ब्रशस्ट्रोक जोड़ा गया था - कहानियां और भावनाएं आपके दिल के शांत कोनों के भीतर गूंजने के लिए बुनी गई थीं। ये सिर्फ शब्द नहीं थे; वे महसूस करने, प्रतिबिंबित करने और

याद रखने के लिए निमंत्रण थे कि वास्तव में क्या मायने रखता है।

और मैं "लाइफ चेंजिंग जर्नी - इंस्पिरेशनल कोट्स सीरीज़" के माध्यम से शुरू की गई परिवर्तनकारी यात्रा को कैसे भूल सकता हूं? दिन-ब-दिन, उद्धरणों पर उद्धरणों को उद्धृत करते हुए, हम उन प्रतिबिंबों में डूब गए जो हमें उत्साहित और प्रेरित करते थे और हमारी आत्माओं में प्रकाश की एक किरण लाने की कोशिश करते थे।

"मृत्यु - लाइट ऑफ लाइफ एंड ध शेडों ऑफ डेथ" की प्रस्तुति मृत्यु के शाश्वत रहस्य पर नई रोशनी डालने का वादा करती है। इसी तरह, "पायथन- ऑप्टिम-पायथन: अल्टीमेट गाइड फॉर बिगिनर्स सीरीज १" के साथ प्रोग्रामिंग की अतुलनीय क्षमता को उजागर करना, पाठकों को नए ज्ञान के साथ सशक्त बनाने के लिए तैयार है।

इसके अलावा, मेरी तकनीकी पुस्तक, ऑप्टिमम पायथन श्रृंखला II - डेटा संरचनाओं और एल्गोरिदम की खोज, पायथन प्रोग्रामिंग में उन्नत अवधारणाओं को देखती है, जो उन लोगों के लिए एक व्यापक मार्गदर्शिका प्रदान करती है जो अपनी समझ को गहरा करना चाहते हैं।

ऑप्टिमम - पायथन पावर सीरीज़-३, डेटा विज्ञान के लिए सबसे शक्तिशाली पायथन पुस्तकालयों में महारत हासिल करने के लिए

आपका आवश्यक मार्गदर्शक है। डेटा हेरफेर और विज़ुअलाइज़ेशन से लेकर मशीन लर्निंग तक, यह पुस्तक आपको वास्तविक दुनिया की चुनौतियों को हल करने के लिए व्यावहारिक उपकरणों के साथ सशक्त बनाती है। अपनी क्षमता को उजागर करें और डेटा के साथ काम करने के तरीके को बदलें।

श्री शामबव ने अपने कलात्मक संग्रह का विस्तार "व्हिस्पर्स ऑफ अटॉर्नी: १५० प्लस - ए सिम्फनी ऑफ सोलफुल वर्सेज" के साथ किया, जो मानव अनुभव का हार्दिक अन्वेषण है। साथ ही, उनकी "व्हिस्पर्स ऑफ ध सॉल :अ जर्नी थ्रु हाइकु" के माध्यम से एक यात्रा मार्मिक छंदों की गहन अंतर्दृष्टि को दूर करती है। साथ में, ये कार्य अपनी विविधता और अंतरंग अभिव्यक्ति की महारत को प्रदर्शित करते हैं, पाठकों को आत्म-खोज की यात्रा पर आमंत्रित करती हैं। अपनी कविता के माध्यम से, वह भावनाओं का एक समृद्ध् चाक बुनता है जो दिल में गहराई से गूंजता है।

श्री शामबव के हाल के काम- लर्न टू लव योरसेल्फ: ए जर्नी ऑफ डिस्कवरिंग इनर ब्यूटी एंड स्ट्रेंथ थ्रू १० ट्रांसफॉर्मेटिव रूल्स, द पावर ऑफ लैटिंगो: एम्ब्रेस फ्रीडम एंड हैप्पीनेस, ए जर्नी ऑफ लास्टिंग पीस- आर ट्रू ट्रेजर्स ऑफ सेल्फ डिस्कवरी, द एनलाइटनमेंट ट्रैप: गेट ओवर इट, गेट ऑन, व्हिस्पर्स ऑफ ध डाइंग सॉल - अन स्पोकन रिगरेट्स एण्ड अन लिवड ड्रीम्स, ध पवार ऑफ वर्ड्स: ट्रांसफॉर्मीन्ग स्पीच, ट्रांसफॉर्मीन्ग लाइवस, ध आर्ट ऑफ इंटेशनल लिविंग: मिनीमालिजम फॉर अ लाइफ ऑफ

परपझ, अवेकनिंग ध इन्फिनिटी: ध पवार ऑफ कॉनसीयसनेस इन ट्रासफॉर्मींग लाइफ, बियोन्ड द वेइल: अ जर्नी थ्रु लाइफ आफ्टर डेथ सीरीज, बोन्ड्स बियोन्ड ब्लड: वेर लव बिल्डस, ब्रीजईज एण्ड बोन्ड्स डिफ़ाई ब्लड, और अ जर्नी इनटु स्पिरिच्युल मेच्युरीटी: १२ गोल्डन रूल्स फॉर इनर ट्रांसफॉर्मेशन। प्रत्येक पुस्तक व्यक्तिगत विकास और कल्याण की गहरी समझ प्रदान करती है, पाठकों को आंतरिक शांति और पूर्ति की दिशा में परिवर्तनकारी यात्रा पर मार्गदर्शन करती है।

इन कार्यों के अलावा, श्री शामबव ने हाल ही में ज्योतिष में कदम रखा है, एस्ट्रोलॉजी अनवेईल्ड - फाउंडेशन ऑफ एन्सियंट विसड़म सीरीज 1 से 6 की नींव के साथ, जो तत्वमीमांसा के क्षेत्र में विस्तार कर रहा है। ये पुस्तकें वैदिक ज्योतिष के मूल सिद्धांतों का पता लगाती हैं, जिससे पाठकों को प्राचीन ज्ञान की समृद्ध और व्यावहारिक समझ मिलती है।

आपका अटूट समर्थन, मेरे लेखन को विसर्जित करने का उत्साह और मेरे साथ इन यात्राओं को शुरू करने की तत्कालिकता, मेरी प्रेरणा का सबसे बड़ा स्रोत रहा है। आपकी सलाह मेरी रचनात्मक प्रक्रिया का मार्गदर्शन करने वाली एक प्रकाश रही है, इन कहानियों को जुनून, भावना, ज्ञान और प्रतिध्वनि के पात्रों में ढालती है।

जब मैं आपके लिए इस नई कहानी का अनावरण करता हूं, तो जान लें कि आपकी उपस्थिति, अंतर्दृष्टि और साझा क्षण मेरे

साथ रहे हैं। जिस रास्ते पर हम साथ चले, वह मेरे रचनात्मक विकास के इतिहास में अंकित है और एक बार फिर आपको मेरे साथ देखना शब्दों से परे सम्मान की बात है।

यह उन पाठकों के लिए है जिन्होंने अपनी उपस्थिति से मेरा रास्ता रोशन किया है, जिन्होंने खुले दिल से मेरी कहानियों को अपनाया है, और जिन्होंने खुद को मेरे साहित्यिक दुनिया के ताने-बाने में बुना है। हमारे लेखक और पाठक की यात्रा एक सहजीवी नृत्य रही है, कहानियों को कहने के जादू द्वारा एक साथ लाई गई आत्माओं का सामंजस्य हैं।

प्रशंसा से भरे दिल और उम्मीदों से भरे दिल के साथ, मैं आपके निरंतर समर्थन के लिए अपनी गहरी कृतज्ञता व्यक्त करता हूं। यादों, साझा भावनाओं और दुनिया में बिताए अनगिनत घंटों के लिए धन्यवाद जो हमने एक साथ बनाया है। जैसा कि हम इस नए उद्यम में आगे बढ़ते हैं, आइए हम आइए उन अनंत क्षितिजों का पता लगाना, महसूस करना और उनका पता लगाना जारी रखें जिन्हें शब्द अनावरण कर सकते हैं।

प्रशंसा और प्यार से भरे दिल के साथ।

स्नेह से।

श्री शामबव।

श्री शाम्बव

सुचित वाचन

FROM BEST-SELLING AUTHOR

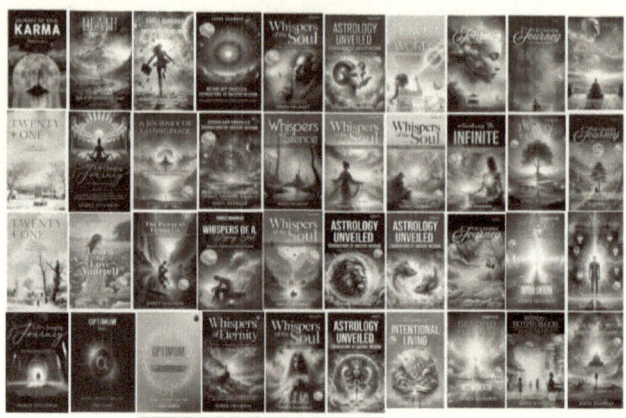

समर्थन

“जब आप पैदा हुए थे तो आप रोए थे, जबकि बाकी दुनिया खुश थी।” अपना जीवन इस तरह जिए कि जब आप मरें तो दुनिया रोए और आप आनंदित हों। इस पुस्तक का सार बताता है कि सुखी जीवन, एक सरल और अधिक समझने योग्य तरीके से कैसे जीना है।

“आत्मा की यात्रा” कर्म का सटीक विवरण देती है। क्रिया- एक विशिष्ट उद्द्देश्य के लिए निर्देशित एक कार्रवाई, क्रिया या प्रयास हैं। अध्यायनम - यह किसी के आंतरिक स्व से जुड़ने का अभ्यास है। रूपान (अनंत-अव्यक्त-रापेय)- वह सर्वोच्च और अव्यक्त रूप के आशीर्वाद से एक स्वरूप का सर्जन करता है। मेधासे (अकुहा-मेधासे)- यह ज्ञान (ज्ञान) रखने में स्वरूप की मदद करता है- जो बाहरी कारकों से प्रभावित नहीं होता है। अभ्युदय - विश्वास का कार्य, जो किया जाता है- ईमानदारी और विश्वास के साथ किसी की सफलता या प्रगति में मदद करता है। लेखक उपरोक्त गुणों को अधिक ध्यान से और स्पष्ट रूप से उजागर करता है। लेखक

पाठकों को सलाह के १०० से अधिक दिल को छू लेने वाले टुकड़ों के माध्यम से गुजारता है। उन सभी को पढ़ना और अध्ययन करना आत्म-सुधार के लक्ष्य के प्रति प्रतिबद्धता को जन्म देगा। यह पुस्तक जीवन को पूर्ण, अधिक सार्थक और खुशी से जीने के बारे में है।

जितना अधिक कोई इसे पढ़ता है, उतना ही वह अपनी आत्मा को एक नए अर्थ के साथ शिक्षित करता है। यह पुस्तक एक पुस्तिका के रूप में कार्य करती है, जिसे खोला जा सकता है और पढ़ा जा सकता है जब भी किसी व्यक्ति को लगता है कि वे अपनी पूरी क्षमता से नहीं जी रहे हैं, क्योंकि यह सलाह निस्संदेह जीवन पर एक नया दृष्टिकोण प्रदान करेगी।

उमा देवी, एंटरपरुनेर।

लेखक परिचय

श्री शामबव एक अंतरराष्ट्रीय स्तर पर प्रशंसित बेस्ट-सेलिंग लेखक, प्रेरणादायक वक्ता, कलाकार, परोपकारी, जीवन कोच और उद्यमी हैं। एक विश्व रिकॉर्ड धारक, संगीत के लिए उनके गहरे जुनून ने उन्हें आत्मा-सरगर्मी एल्बम बनाने के लिए प्रेरित किया, जो उनके प्रसिद्ध कविता संग्रह, व्हिस्पर्स ऑफ इटरनिटी से प्रेरित हैं। उनकी गहन अंतर्दृष्टि ने गहरे व्यक्तिगत परिवर्तनों को जन्म दिया है, जो अनगिनत व्यक्तियों को आत्म-खोज, उद्देश्यपूर्ण जीवन और प्रामाणिकता की ओर मार्गदर्शन करते हैं।

श्री शाम्बव

मानव क्षमता को अनलॉक करने की असाधारण क्षमता के साथ, श्री व्यक्तियों को सीमाओं को तोड़ने और अपने उच्चतम स्वयं को गले लगाने का अधिकार देते है। उनके लेखन, व्याख्यान और दयालु मार्गदर्शन जीवन को ऊपर उठाने, लचीलापन, दिमागीपन और व्यक्तिगत विकास को बढ़ावा देने के लिए जारी रखते हैं।

श्री शामबव एक ३५ बार सबसे अधिक बिकने वाले लेखक हैं जिन्हें व्यक्तिगत विकास और आध्यात्मिक विकास में उनके गहन योगदान के लिए जाना जाता है। श्री शामबव की साहित्यिक यात्रा ने आत्मा की सफर - कर्म के साथ उड़ान भरी, जहां उन्होंने अंतर्दृष्टि का अनावरण करने के लिए मानव अनुभव की गहराई में तल्लीन किया। कई साहित्य पुरस्कारों के माध्यम से मान्यता प्राप्त करते हुए, उनके प्रदर्शनों की सूची में ट्वेंटी + वन सीरीज़ जैसे सम्मानित कार्य शामिल हैं, और "लाइफ चेंजिंग जर्नी - इंस्पिरेशनल कोट्स सीरीज़" जैसे सम्मानित कार्य शामिल हैं

भारतीय प्रबंधन संस्थान और राष्ट्रीय प्रौद्योगिकी संस्थान के एक प्रतिष्ठित पूर्व छात्र के रूप में, श्री शामबव बहुराष्ट्रीय निगमों में अपने कार्यकाल से कॉर्पोरेट कौशल का खजाना लाते हैं। उनके सबसे हालिया प्रकाशन, जिनमें अनवीलिंग द एनिग्मा, डेथ - लाइट ऑफ लाइफ एंड द शैडो ऑफ डेथ एंड ऑप्टिमम - पावर पायथन सीरीज I, सीरीज II और सीरीज III शामिल हैं, साहित्यिक और तकनीकी दोनों क्षेत्रों में उनकी महारत को प्रदर्शित करते हैं।

आत्मा की सफ़र - कर्म

श्री शामबव ने अपने कलात्मक प्रदर्शनों की सूची का विस्तार "विस्पर्स ऑफ सिमफनी : १५० प्लस - ए सिम्फनी ऑफ सोलफुल वर्सेज" के साथ किया, जो मानव अनुभव का एक हार्दिक अन्वेषण है। इसके साथ ही, उनकी " विस्पर्स ऑफ सॉल : अ जर्नी थ्रु हाइकु " मार्मिक छंदों में गहन अंतर्दृष्टि प्रदान करती है। साथ में, ये कार्य उनकी बहुमुखी प्रतिभा और भावपूर्ण अभिव्यक्ति की महारत का प्रदर्शन करती हैं, पाठकों को आत्म-खोज की यात्रा पर आमंत्रित करती हैं। अपनी कविता के माध्यम से, वह भावनाओं का एक समृद्ध टेपेस्ट्री बुनता है जो दिल के साथ गहराई से गूंजता है।

श्री शामबव के हाल के काम- लर्न टू लव योरसेल्फ: ए जर्नी ऑफ डिस्कवरिंग इनर ब्यूटी एंड स्ट्रेंथ थ्रू १० ट्रांसफॉर्मेटिव रूल्स, द पावर ऑफ लैटिंगो: एम्ब्रेस फ्रीडम एंड हैप्पीनेस, ए जर्नी ऑफ लास्टिंग पीस- आर द्रू ट्रेजर्स ऑफ सेल्फ डिस्कवरी, द एनलाइटनमेंट ट्रैप: गेट ओवर इट, गेट ऑन, व्हिस्पर्स ऑफ ध डाइंग सॉल - अन स्पोकन रिगरेट्स एण्ड अन लिवड ड्रीम्स, ध पवार ऑफ वर्ड्स: ट्रांसफॉर्मीन्ग स्पीच, ट्रांसफॉर्मीन्ग लाइवस, ध आर्ट ऑफ इंटेशनल लिविंग: मिनीमालिजम फॉर अ लाइफ ऑफ परपझ, अवेकनिंग ध इन्फिनिटी: ध पवार ऑफ कॉनसीयसनेस इन ट्रासफॉर्मीग लाइफ, बियोन्ड ध वेइल: अ जर्नी थ्रु लाइफ आफ्टर डेथ सीरीज, बोन्ड्स बियोन्ड ब्लड: वेर लव बिल्डस ब्रीजईज एण्ड बोन्ड्स डिफ़ाई ब्लड, और अ जर्नी इनटु स्पिरिच्युल मेच्युरीटी: १२ गोल्डन रूल्स फॉर इनर ट्रांसफॉर्मेशन।

इन कार्यों के अलावा, श्री शामबव ने हाल ही में ज्योतिष में कदम रखा है, एस्ट्रोलॉजी अनवेईल्ड - फाउंडेशन ऑफ एन्सियंट विसड़म सीरीज 1 से 6 की नींव के साथ, जो तत्वमीमांसा के क्षेत्र में विस्तार कर रहा है। ये पुस्तकें वैदिक ज्योतिष के मूल सिद्धांतों का पता लगाती हैं, जिससे पाठकों को प्राचीन ज्ञान की समृद्ध और व्यावहारिक समझ मिलती है।

श्री शामबव ने आयुर रक्षिता फाउंडेशन की स्थापना की, जो असीम विकास, सार्वभौमिक बंधुत्व और पर्यावरण संरक्षण को बढ़ावा देने के लिए समर्पित है। यह दानी संस्था सामाजिक प्रगति के लिए काम करते हुए विविध समुदायों की मदद करती है।

श्री शंबाव और उनके कार्यों के बारे में अधिक जानने के लिए, उनकी वेबसाइट पर जाएँ www.shambav.org. आयुर रक्षिता फाउंडेशन और उसकी पहलों के बारे में जानकारी के लिए, www.shambav-ayurrakshita.org पर जाएं।

आइए सोशल मीडिया पर उनका अनुसरण करें: @shreeshambav

Main: https://linktr.ee/shreeshambav

Website: https://www.shambav.org/

LinkedIn: https://www.linkedin.com/in/shreeshambav

Blog: https://blog.shambav.org/

Instagram: https://www.instagram.com/shreeshambav/

आत्मा की सफ़र - कर्म

YouTube: https://www.youtube.com/@shreeshambav

Amazon: https://www.amazon.com/author/shreeshambav

Goodreads: https://www.goodreads.com/author/show/22367436.Shree_Shambav

आमुख

इस पुस्तक के लेखक, श्री शाम्बव, कॉर्पोरेट जगत में कई वर्षों के अनुभव के साथ भारतीय प्रबंधन संस्थान और राष्ट्रीय प्रौद्योगिकी संस्थान के पूर्व छात्र हैं। उन्होंने विदेश में अनुभव के साथ बहुराष्ट्रीय कंपनी में वरिष्ठ पदों पर कार्य किया है। श्री शाम्बव ने कई तकनीकी लेखों, पुस्तकों और ब्लॉगों का लेखन और सह-लेखन भी किया है। श्री शाम्बव, श्री शाम्बव आयुर रक्षिता फाउंडेशन (www.shambav-ayurrakshita.org) का नेतृत्व करते हैं। उन्होंने लिंग, जाति और राष्ट्रीयता की सीमाओं से परे, मानव पहचान को पहचानने के एकमात्र उद्देश्य के साथ इस संस्था की स्थापना की। यह संगठन सभी समुदायों को उनकी वास्तविक क्षमता और जीवन की सुंदरता को समझने में मदद करता है। उनका निर्भीक, समझौता न करने वाला और सहानुभूतिपूर्ण उद्यम हमेशा आध्यात्मिक विकास, व्यक्तिगत विकास और आत्म-उपचार के साथ "आंतरिक परिवर्तन" प्रक्रिया शुरू करने का लक्ष्य रखते हैं, जबकि यह दावा करते हैं कि सच्चाई "समावेशी विकास और सह-अस्तित्व" में निहित है ।

ग्रंथों में "आत्मा की सफर - कर्म"। सिखाई गई शिक्षाओं और हमें जो पाठ सीखना चाहिए, उनके बीच सीधा संबंध है ।

"द जर्नी ऑफ द सोल-कर्म" के लेखक ने आज की दुनिया में जीवन और जीवन की सच्चाई को प्रकट करने के लिए एक सचेत और भावुक प्रयास किया है। जैसा कि हम जानते हैं, हमारी दुनिया कई चुनौतियों, विवादों, असहमति, असमानताओं, तुलनाओं आदि से भरी है। हम में से हर एक उस सत्य की खोज में है जो हमसे दूर है! जैसा कि हम में से अधिकांश समझते हैं (और कई समझना चाहते हैं), कर्म, वह उचित भूमिका है जिसे हमें अपने जीवन की सबसे छोटी अवधि में, हम में से प्रत्येक को अपने तरीके से निभाना है।

पुस्तक में बारह भाग हैं और प्रत्येक खंड कर्म का एक रूप दिखाता है - "आत्मा की सफर" महाकाव्यों, पुराणों, वेदों और अन्य पवित्र पुस्तकों से संदर्भ लेते हुए, लेखक नई पीढ़ी को ऋषियों द्वारा दी गई पुरानी शिक्षाओं से जोड़ता है, जिन्हें हम सभी मानते हैं और सम्मान करते हैं। ये सबक आज भी प्रासंगिक हैं और कई अन्य शताब्दियों तक जारी रहेंगे।

कोविड-19, महामारी ने हमारे ग्रह पर कई सारे लोगों के जीवन को बर्बाद कर दिया है और हमारे लिए असंख्य दुःख दिए हैं। इस अभूतपूर्व महामारी ने हमें अपनी सबसे आवश्यक जरूरतों और हमारे उच्चतम मूल्यों को महत्व देने के लिए मजबूर किया है।

इसने हमें लोगों, परिवार, जीवन और प्राकृतिक पर्यावरण के वास्तविक मूल्य को समझने में भी मदद की है। हमारे निष्कर्षों और उत्पादित टीके से हमें मिली राहत के बावजूद, सभी संप्रदायों की महिलाओं और पुरुषों को, स्थायी इलाज प्रदान करने के लिए भगवान पर पूरा भरोसा है, खासकर जब सभी उपाय विफल हो जाते हैं। कर्म पर यह पुस्तक, जब एक ही ध्यान के साथ पढ़ी जाती है, तो सद्भावना को आत्मसात करने, हमारी आत्माओं को प्रबुद्ध करने और हमारे तनाव को कम करने की निरंतर इच्छा के साथ पीछा किया जाता है, यह हमें आगे बढ़ने की आशा देता है, कठोर अतीत को पीछे छोड़ देता है और पूर्ण निराशा को अनदेखा करता है। और, इसके लिए, हमारे पास एक सरल आध्यात्मिक लक्ष्य और आदर्श का निरंतर पीछा करने का दृढ़ संकल्प होना चाहिए।

जैसा कि हम सचेत रूप से इस पुस्तक के पत्तों को मोड़ते हैं, एक हिस्से से दूसरे हिस्से में स्नातक होते हैं, और आत्मनिरीक्षण करते हैं, हम सत्य के प्रकाश, "अंतिम सत्य" को देखने की अनुभूति करते हैं। इस पुस्तक से निस्संदेह अधिकांश लोगों को लाभ होगा।

मानवीय कल्पना भेदभाव का स्थान है। सीधे शब्दों में कहें, तो इसका मतलब है कि हम "क्या सही है और क्या गलत है" के बीच अंतर करने के लिए आंतरिक रूप से सशक्त हैं और यदि हम धर्म के मार्ग का पालन करते हैं, तो समाज में गलत करने

वालों की संख्या सही विचारकों से अधिक होगी। राजनीतिक रूप से, एक समतावादी समाज हावी होगा, जो एकल विश्व व्यवस्था का मार्ग प्रशस्त करेगा। जैसा कि कहा जाता है, "विश्वास पहाड़ों को हिला सकता है!" और यह वह विश्वास है जो लोगों को एक साथ बांधेगा और सभी संकटों को दूर करेगा।

जबकि पूरी दुनिया धीरे-धीरे अभूतपूर्व नए सामान्य से परिवर्तन की अपनी यात्रा को फिर से शुरू कर रही है, वही पुराना सामान्य (कुछ शाश्वत परिवर्तनों के साथ), कर्म के लेखक, इस पुस्तक को आपके हाथों में सौंप रहे हैं ताकि आप पढ़ सकें, आत्मनिरीक्षण कर सकें और अपने जीवन के वांछित मार्ग चुन सकें। आइए हम सब तय करें कि हम किस रास्ते पर जाना चाहते हैं......

कर्नल एन शैलेन्द्र राव (सेवानिवृत्त)।

जय हिन्द।

प्रस्तावना

आप जैसा बीज बोते हैं, ठीक वैसा उसका सार उत्पन्न होगा। धान से गेहूं नहीं उगेगा; अनाज के भीतर की बुद्धि इसे रूप प्रदान करती हैं। एक बार अनाज बोने के बाद, कोई भी अनाज की कटाई को रोक नहीं सकता क्योंकि "हर क्रिया के लिए, एक प्रतिक्रिया होती है।" बोए गए बीज की गुणवत्ता और प्रकार इसकी उपज निर्धारित करता है। यदि हम धान बोते हैं, तो हम तीन महीने में चावल की फसल ले सकते हैं और यदि हम आम के बीज बोते हैं, तो हम इसे तीन साल में बो सकते हैं।

वर्तमान क्रिया वह है जो हम अभी करते हैं, जो हम हर दिन करते हैं और अतीत में हमारी अन्य गतिविधियां हैं। जैसे कुछ ताजे बीज बोए जाते हैं, कुछ पहले से ही बोए जा चुके होते हैं, कुछ फल देते हैं और कुछ अभी फल नहीं देते हैं। इसी प्रकार कर्म भी तीन प्रकार के होते हैं। हमारा वर्तमान जीवन हमारे अतीत और वर्तमान कर्मों की प्रतिक्रियाओं पर आधारित है। भाग्य, आत्मा को शरीर (शरीर) से जोड़ता है और कर्म के फल के आधार

पर अर्थात कर्म का फल, जो हमने बोया है, हमारे शरीर या जीवन की अवधि निर्धारित करता है। किसी के बच्चे होंगे, कुछ कम उम्र में मर जाएंगे, कुछ गरीब होंगे और कुछ बदसूरत होंगे।

आइए इस समानता को समझने की कोशिश करें: जब हम कोई विशेष काम करते हैं, तो हमें इसके बारे में यह समझने की जरूरत है कि हम इस काम से क्या उम्मीद करते हैं। इसी प्रकार, जब हम रेलवे बिछाते हैं, तो हम ट्रैक की अपेक्षाओं को सुनिश्चित करते हैं। हालांकि, एक बार रेल मार्ग बन जाने के बाद, ट्रेन को चलना चाहिए। हमें अपना काम करने की स्वतंत्रता है, लेकिन प्रतिक्रिया से कोई बच नहीं सकता है। इसलिए अपने कार्यों में सावधानी बरतनी चाहिए।

आपको कर्मों का फल नहीं भुगतना पड़ेगा: यदि आपका काम, बिना किसी पूर्वाग्रह के, अच्छे इरादे से, अपने साथी दोस्तों के लिए आपका प्यार किसी धर्म, जाति, पंथ, अमीर या गरीब, साक्षर या अनपढ़ पर आधारित नहीं है, आप दूसरों से मन, शब्द या कर्म में नफरत नहीं करते हैं, आप निस्वार्थ हो जाते हैं और भगवान के नाम पर हर कर्म करते हैं।

जब आप अपने आप से कहते हैं, "मैं यह कर सकता हूं, मैं अद्वितीय हूं। मैं हर विषय में पारंगत हूं। "मैं- हूड।" जब तक आप कर्ता हैं, तब तक परिणाम भी आपको भुगतना पड़ेगा।

एक समय की बात है, एक संत ने कम उम्र में दुनिया छोड़ दी। वह ऐसी जगह पर रहता था जहां पानी और भोजन नहीं था। संत ने भगवान की कठोर तपस्या की। जब परमेश्वर ने देखा कि वह कितना भूखा है, तो उसने उनकी देखभाल करने की योजना बनाई। एक छोटा सा झरना बनाया ताकि उन्हें कुछ मीठा पानी मिले और एक ताड़ का पेड़ जो हर दिन पर्याप्त फल दे। कुछ दिनों बाद उसकी मौत हो गई।

"परमेश्वर के दरबार में प्रायश्चित के दिन," परमेश्वर ने उनकी ओर देखते हुए कहा। "ठीक है, हम आपको माफ कर देंगे।"

संत यह सोचकर बेचैन थे कि मैं जीवन भर बहुत कष्ट और पीड़ा से गुजरा हूं और मैं यहाँ सुन रहा हूँ कि मैं कृपा से मुक्त हो गया हूँ! उनके हृदय में यह महसूस होता था कि परमेश्वर ने उनके साथ घोर अन्याय किया है।

"अच्छा, क्या आप अपने कार्यों पर चर्चा करना चाहेंगे?" भगवान ने उनका मन पढ़ लिया और पूछा। "हाँ," संत ने गर्व और आत्मविश्वास से उत्तर दिया।

भगवान ने उत्तर दिया, "जब मीलों तक पानी नहीं था, तो झरना सिर्फ तुम्हारे लिए बनाया गया था। जब आस-पास कोई पेड़ नहीं था, तो ताड़ का पेड़ आपके लिए फल देता था। दिलचस्प बात यह है कि कोई भी पेड़ हर दिन फल नहीं दे सकता, लेकिन आपके पास जो कुछ है उससे आपने अपने अच्छे कर्मों की भरपाई

कर ली है । आइए अब आपके अन्य कार्यों पर विचार करें: जैसे ही आप पानी या भोजन लेने के लिए कुछ दूरी तक चलते हैं, आपको अपने पैरों के नीचे कई कीड़े कुचल दिये होंगे, इसके अलावा, आपने किया ..., "भगवान ने जारी रखा।"

संत को अपनी गलती पर पछतावा हुआ और भगवान से क्षमा की याचना की। वह समझ गया कि ईश्वर दयालु है और वह केवल मुक्ति के मार्ग पर मदद करता है। यह कानून तोड़ने के लिए नहीं बल्कि इसे स्थायी रूप से बनाए रखने के लिए आता है।

परिचय

आसान और सुलभ संदर्भ की सुविधा के लिए, इस पुस्तक का सार आंशिक रूप से बाद के पैराग्राफों में उल्लिखित किया गया है। के लिए निम्नलिखित पैराग्राफ में भाग में किया गया है। पाठकों को आमतौर पर आश्चर्य होगा कि इसका परिणाम क्या हो सकता है! जैसा कि कोई "पैराग्राफ पर पैराग्राफ" और "पृष्ठ पर पृष्ठ" पढ़ता है, सामग्री और संदर्भ सकारात्मक संकेत भेजेंगे और इस प्रकार मन की स्थिति एक बदलते आवेग को उत्तेजित करेगी।

१. भाग १ हमारी नैतिक दिशा-निर्देश को सामने लाता है। यह मुख्य रूप से हमारे ज्ञान में किए गए पाप का पश्चाताप करने के पहलू पर प्रकाश डालता है। यहां तक कि जागरूक अपराधी को भी खुद को सही करने का एक और मौका मिलता है! कर्म का सिद्धांत, दुःख और सुख की सही व्याख्या, यहाँ उजागर की गई है। जैसे जैसे हम सोचते हैं, विचार करते हैं, उस पर चर्चा करते हैं, और अनुमान लगाते हैं, हमें एक नया दृष्टिकोण मिलता है कि क्यों केवल कुछ

लोग खुशी का अनुभव करते हैं और दूसरों को दर्द होता है। इस समय, कर्म का सिद्धांत - जीवन का उद्देश्य, बचाव के लिए आता है। लेखक कई उदाहरणों के माध्यम से "कुछ के लिए खुशी और दूसरों के लिए दुःख क्यों?" के विरोधाभासी प्रश्न का उत्तर देने का प्रयास करता है। "पदार्थ पर मन" का अक्सर उद्धृत सिद्धांत/विश्वास "प्रकृति (पदार्थ) पर पुरुष (जीवन)" के समान है, जैसा कि यह टुकड़ा स्पष्ट रूप से बताता है।

२. भाग २ जीवन और मृत्यु के बीच के अंतर को समझाने और मृत्यु के समय चेहरे पर निडरता या मृत्यु पर विजय प्राप्त करने के लिए समर्पित है। मृत्यु अवश्यंभावी है, इसलिए यह स्वीकार किया जाना चाहिए कि किसी भी दो व्यक्तियों के बीच, मृत्यु का समय अलग-अलग ही होगा।

बीच में, अन्य उपाख्यानों का परिणाम है:

१. बुद्धि लोगों को फँसाती और खतरे में डालती है, परन्तु प्रेम सभी जालों और खतरों पर विजय प्राप्त करता है।

२. एक आदमी का दर्द हम सभी को दुःखी करता है, जबकि एक आदमी की खुशी हम सभी को खुश करती है।

३. यदि आप खुद को ऊपर उठाना चाहते हैं, तो किसी और को ऊपर लाएं।

यह सब समझना बहुत आसान है, फिर भी, पुरुष और महिलाएं जीवन के चौराहे पर रहते हैं, शायद ही कभी क्षमाशील, निर्दयी और काफी हद तक उदास होते हैं। यह पुस्तक प्रेरित करती है, भावनाओं को जगाती है और सच्चाई दिखाती है।

३. कर्म और धर्म को मानने वाले सभी लोगों को भाग ३ अवश्य पढ़ना चाहिए। कर्म एक क्रिया, क्रिया-प्रतिक्रिया, प्रतिबंधित क्रिया और निष्क्रियता है, इसलिए, यह एक गहरा या प्रतिकूल परिणाम की ओर जाता है। धर्म, इसके विपरीत, "लेने के बजाय देने", "असहाय की मदद करने" और "प्रभुत्व के बजाय स्नेह" के बारे में है।

४. भाग ४ एक आंख खोलने वाला है! जो लोग खुद को बदलना चाहते हैं, उनके लिए पुस्तक का यह हिस्सा हमारे दिमाग और आत्माओं को खोलता है, हमें विज्ञान के कानून की तरह "जीवन और जीवन के कानूनों" का पालन करने का निर्देश देता है, जिसे हम धार्मिक रूप से मानते हैं, अनुकूलित करते हैं और पालन करते हैं। जीवन के कानून की शुरूआत उल्लेखनीय है और हमारे दिन-प्रतिदिन के कामकाज में बहुत मददगार साबित होनी चाहिए। उदाहरण कर्म और कर्म योग के बीच अंतर करते हैं और सीखने और समझने की प्रक्रिया का विस्तार करते हैं। भारत में और दुनिया भर में प्रबुद्ध लोग, यहां तक कि छोटे बच्चे और युवा लोग भी बदलाव की मांग कर रहे हैं। जब हम अपनी पवित्र धरती पर पैर रखते हैं तो हमारे जीवन में ऐसा होते देखना बहुत ताज़गीसभर हैं।

५. भाग ५ भाग्य की बात करता है, इस तथ्य को रेखांकित करता है कि भाग्य बनाया / प्राप्त किया जाता है और इसलिए इसकी सराहना नहीं की जानी चाहिए या विनम्रतापूर्वक अपरिहार्य के रूप में स्वीकार नहीं किया जाना चाहिए। यह हिस्सा हमें ज्योतिष के बारे में भी समझदार बनाता है, जिसे जीवन के तनाव और अनिश्चितता से निपटने की एक विधि के रूप में व्याख्यायीत किया जा सकता है। ज्योतिष लोगों को अपने जीवन को पटरी पर लाने की उम्मीद देता है। एक उदाहरण का हवाला देते हुए, लेखक ने क्रियामन कर्म पर प्रकाश डाला, जो "क्रिया और प्रतिक्रिया" का प्रतिनिधित्व करता है। इसमें, वे कहते हैं, यदि कोई माता-पिता (और सास - ससुर) पर अत्याचार करते हैं, परेशान करते हैं या कष्ट देते हैं, अर्थात् यह क्रिया हैं, प्रतिक्रिया के रूप मैं बच्चे उनके माता-पिता के साथ बराबर या उससे भी अधिक अपराधी कार्य करते है . . आज कौन अधिक प्रासंगिक है?

६. भाग ६ में, लेखक, त्याग के बारे में, बाइबल के उपदेश से उद्धृत करते है, "हमारे पास जो है उसे छोड़ने की आवश्यकता नहीं है; हमें वह छोड़ना होगा जो हमारे पास नहीं है।" हम जिस समाज के आर्थिक और सामाजिक वर्गों से संबंधित हैं, उसके बावजूद, यह हमारी संतुष्टि और इच्छा को सीमित करने के बारे में है! "केवल एक चीज बनें जो मायने रखती है!"

७. भाग ७, तमस, रजस और सत्व गुणों और उनकी विभिन्न विशेषताओं के बारे में जानने में रुचि रखने वाले किसी भी व्यक्ति के लिए एक पूर्ण संदर्भ सामग्री और विद्वान व्यक्ति के लिए एक मार्गदर्शिका है। हम में से प्रत्येक के पास वास्तव में तीन गुणों में से प्रत्येक का थोड़ा सा भाग है। इस हग के पिछले हिस्से में, ये तीनों मानवीय लक्षण, कैसे, भाग्य और क्रियामन कर्मों में बदल जाते हैं यह बताता है। हमारे साथ जो हुआ है और जो हमारे लिए है उसके लिए हम भाग्य को दोषी मानते हैं। इस विश्वास पर सकारात्मक गति देने और अपनी आशाओं को बढ़ाने के लिए, हमें अपने भविष्य को आकार देने के लिए काम करना चाहिए और इसे भाग्य पर नहीं छोड़ना चाहिए।

८. सबसे दिलचस्प सामग्री जिसमें से उभरती है वह "असंख्य द्वंद्व" के बारे में भाग ८ है, अर्थात, खुशी और दु:ख का द्वंद्व। साधारण तथ्य यह है कि हम में से अधिकांश स्वीकार किए जाने और सराहना किए जाना चाहते हैं। इस भाग में कुछ अन्य सबक हैं:

चार पुरुषार्थ अर्थात् धर्म, अर्थ, काम और मोक्ष को सावधानी से निपटाया जाना चाहिए। सामग्री पढ़ें और प्रसाद का आनंद लें।

वास्तव में, सभी धर्म पुनर्जन्म और पुनर्जन्म में विश्वास करते हैं। इनमें सिख धर्म, हिंदू धर्म, यहूदी धर्म, बौद्ध धर्म, कबला, जैन धर्म और ग्रीक पौराणिक कथाएं शामिल हैं।

और यह सभी में सबसे सरल, कानूनी साधनों के माध्यम से किसी व्यक्ति की आजीविका अर्जित करने के बारे में है।

९. भाग ९ दर्द पर है। (दुःख या दर्द और सफलता और खुशी भी) मन की इस स्थिति को अस्थायी या अल्पकालिक चीजों के लिए इसके तर्क के लिए जिम्मेदार ठहराया जाता है। वह "पल जीने" के बारे में भी बात करता है। पुरुषों और महिलाओं के सामने तीन विकल्प सात्विक (पवित्र) जीवन या राजस जीवन (आनंद से भरा) या तमस (आलसी) जीवन है। शरीर, आत्मा और आत्म-साक्षात्कार के बीच समीकरण को सोच-समझकर संक्षेप में प्रस्तुत किया गया है। हकीकत यह है कि हमारी पीड़ा उच्च ज्ञान के लिए उत्प्रेरक या प्रमोटर हो सकती है।

१०. भाग १० अहंकार, लालच, वासना, क्रोध और भौतिकवाद जैसी नकारात्मक शक्तियों को दुख की जड़ और पापपूर्ण कार्यों के लिए मुख्य प्रेरक मानता है। इससे छुटकारा पाने के बाद जीवन आसान हो जाएगा। यह प्राथमिक है, लेकिन इसके लिए थोड़ा अभ्यास करना पड़ता है। अन्यथा कहा गया है, यदि कोई किसी भी विचार, शब्द या कार्य से पहले सही और गलत के बीच अंतर कर सकता है, तो पाप, चाहे वह कितना भी छोटा या बड़ा क्यों न हो, से बचा जा सकता है। एक धारणा यह भी है कि हमारे पापों को उलटा जा सकता है, पश्चाताप किया जा सकता है, सावधानी बरती जा सकती है और भविष्य के गलत कामों से बचा जा सकता है।

११. भाग ११ भक्ति योग (भगवान की भक्ति) को समर्पित है जो स्पष्ट रूप से इसे नैतिक व्यवहार के माध्यम से भगवान को प्रसन्न करने के तरीकों और साधनों के रूप में परिभाषित करता है। सामान्य और ईश्वर से डरने वाले व्यक्ति को प्रभावित करने के लिए, यह उन्हें उनके दुष्कर्मों के लिए पश्चाताप महसूस कराने और तपस्या और एहतियाती उपाय करके उनकी भरपाई करके उन्हें जानकार बनाने के बारे में है। सम्भवतः यदि वे विश्वास करते हैं, तो वे अपने पापों को पूरी तरह या आंशिक रूप से धो सकते हैं। पंच लाइन है - "कल हमारा नहीं हो सकता है, आने वाला कल हो हमारा हो सकता है।"

१२. भाग १२ "जीवन और मृत्यु" के बीच की समयावधि पर केंद्रित है, अर्थात, एक जीवन चक्र। इस जीवन चक्र में स्वेच्छा से मानवता की सेवा करते हुए अपना कर्तव्य निभाना चाहिए, और जीवन की सुंदरता से चिपके रहते हुए, दूसरों के जीवन में सुंदरता लानी चाहिए। क्या हमें इसे तुरंत नहीं करना चाहिए? मैं वादा करता हूं कि इससे मानसिक योग की तरह हमारी चेतना शांत होगी।

यह पुस्तक सभी मनुष्यों में आध्यात्मिकता पर चित्रण का एक संग्रह है जो चरित्र की ताकत दिखाता है। अध्यात्म को धर्म के साथ भ्रमित किया गया है, और यह मिथक खंडित हो गया है!

इस पुस्तक को पढ़ना हमें एक भावनात्मक यात्रा, एक अनोखे अनुभव और एक दूर की मंजिल तक ले जाएगा ! यह सही तार को छूता है, तो आइए हम पूज्य गुरुजी से अपना परिचय कराते हैं आइए हम स्वयं को शिष्यों के स्थान पर रखें और जितनी बार संभव हो दूसरों के लिए कुछ अच्छा करने के लिए अपने दिल और दिमाग में संग्रहीत वास्तविक रहस्यों को सीखें ।

CONTENTS

समर्पण	iii
अस्वीकरण	vii
सुचित वाचन	xvi
समर्थन	xvii
लेखक परिचय	xix
आमुख	xxv
प्रस्तावना	xxix
परिचय	xxxiii
CONTENTS	xli
भाग - १	1
अध्याय १	1
कर्म का सिद्धांत	1
अध्याय २	5
पुरुष और प्रकृति	5
अध्याय ३	17
शाश्वत प्रेम	17

अध्याय ४	29
जीवन और मृत्यु	*29*
डर	*29*
अध्याय ५	39
तत त्वमसि	*39*
अध्याय ६	49
गर्व	*49*
अध्याय ७	55
भक्ति	*55*
भाग ३	*63*
अध्याय ८	65
कर्म और धर्म	*65*
अध्याय ९	77
कर्म	*77*
अध्याय १०	91
कर्म का नियम	*91*
अध्याय ११	99
त्रिजन्म मोक्ष	*99*
अध्याय १२	107

कर्म के प्रकार	107
भाग ४	111
मन और आत्मा	111
अध्याय १३	113
मन और आत्मा	113
अध्याय १४	127
कानून का विरोधाभास	127
अध्याय १५	143
क्रियामन कर्म	143
भाग ५	155
अध्याय १६	157
नियति	157
संचित कर्म	157
अध्याय १७	173
द्वेत	173
भाग ६	195
अध्याय १८	197
त्याग	197
प्रारब्ध कर्म	197

अध्याय १९	213
इच्छा	*213*
भाग ७	*229*
अध्याय २०	231
तीन गुण	*231*
गुण	*231*
अध्याय २१	249
नियति	*249*
भाग ८	*265*
अध्याय २२	267
असंख्य द्वैत	*267*
अवतार का सिद्धांत	*267*
अध्याय २३	289
प्रारब्ध - पुरुषार्थ	*289*
भाग ९	*309*
अध्याय २४	311
दु:ख	*311*
अध्याय २५	331
दु:ख को उखाड़ दो	*331*

भाग १०	*345*
अध्याय २६	347
पस्तावा	*347*
अध्याय २७	373
प्रयुक्त प्रारब्ध	*373*
भाग ११	*391*
अध्याय २८	393
योग	*393*
भक्ति योग	*393*
अध्याय २९	413
प्रयुक्त संचित कर्म	*413*
भाग १२	*423*
अध्याय ३०	425
एक जीवन चक्र - आत्मा	*425*
ज्ञान योग	*425*
अध्याय ३१	439
पदमा	*439*
स्वीकृतियाँ	447
शब्द-साधन	451

"आत्मा से परमात्मा" 455

नीता के बारे में 457

लेखक द्वारा पुस्तके 459

भाग - १

अध्याय १

कर्म का सिद्धांत

"कर्म सिद्धांत" का अर्थ है "कर्म का मत।"

हमारा जीवन चेतना, जागरूकता और परिवर्तन की गति से बदल रहा है, और मनुष्य अब भाग्य को सीमित या स्वीकार नहीं करता है, लेकिन जीवन की जटिलता और घटनाओं के कारणों पर सवाल उठाने के लिए अपने संभवित(क्षमता) मस्तिष्क का उपयोग करता है।

हर आदमी सोचता है, "मैं क्यों कष्ट सह रहा हूँ?" मैं क्यों? मैंने अपने जीवन में अपने सभी अच्छे कर्म पूरे कर लिए हैं ... इस प्रश्न के साथ, यह खोज गंभीरता से जारी है, "हम इस धरती पर क्यों मौजूद हैं?"

इस विपत्ति या क्लेश में - "मुझे क्या करना चाहिए या प्रतिक्रिया देनी चाहिए?" हम किसी विशेष एवं असाधारण स्थिति में क्यों जन्म लेते हैं? गरीब, अमीर, स्वस्थ, अस्वस्थ, दुष्ट या गुणी जैसी अलग-अलग अवस्थाएँ क्यों हैं?

सभी विभिन्न बाहरी और लौकिक प्रश्नों का निर्णय, कर्म का सिद्धांत, हमें दर्द और सुख की कुछ हद तक बेहतर समझ और व्याख्या प्रदान करता है । यदि हम कोई भी कार्य करते हैं, तो वह अच्छे या बुरे कार्यों के रूप में एक अच्छी तरह से समझे गए कारण के साथ समाप्त होगा कि यह "जीवित प्राणी के जीवन में" क्यों नियुक्त किया गया है । अब दु:ख की भावनावाली स्थिति बनाओ। क्या कभी अच्छा या बुरा होता है? जिंदगी की वो सारी उलझनें एक पहेली हैं; एक बार जब हम "कर्म का सिद्धांत - जीवन का सार और उद्देश्य" समझ जाते हैं, इन सभी प्रश्नों का उत्तर दिया गया हैं और स्पष्ट किया गया हैं।

यहां मुख्य शब्द है, "क्यों," जैसे कि "हम आनंद क्यों महसूस करते हैं?" "हमें कष्ट क्यों उठाना पड़ेगा?" यदि हम इस "क्यों" का उत्तर ढूंढ सकें तो हमारी अधिकांश समस्याओं का समाधान एवं उत्तर मिल जायेगा। इसके बाद, कुछ नियति के प्रश्न पर व्यापक रूप से विचार किया गया, हालांकि कई कारणों से यह मौन और छिपा हुआ हैं, इसे उद्धत किया गया है:

"क्यों?" - "श्रीकृष्ण के मित्र श्री सुदामा ने पूछा; हम, श्री कृष्ण और मैं, एक ही गुरु के दो शिष्य, वह (श्री कृष्ण) इस पृथ्वी के राजा बन गए, जबकि मेरे पास जीने के लिए खाने के लिए भी कुछ नहीं है, लगभग कुछ भी नहीं। अब, असाधारण रूप से, वह राज सिंहासन पर बैठते है, जबकि मेरे हाथ में भिक्षा का कटोरा

और छड़ी के अलावा कुछ भी नहीं है, लेकिन मैं इसका कारण जानता हूं।"

जब हम दुख का मूल कारण जानते हैं तो हम सही कार्रवाई कर सकते हैं, जैसे जब हम किसी बीमारी का मूल कारण जानते हैं तो हम सही दवा ले सकते हैं, उसी तरह यदि हम खुशी के मूल कारण को जानते और समझते हैं तो हम सही कार्रवाई कर सकते हैं। साथ ही, हमें यह भी पहचानना चाहिए कि यह हमारे संचित योग (भाग्य) के कारण है या अधिकता के कारण है और, यदि योग्य है, तो क्या हमारे अंदर पर्याप्त योग्यता(पृथक्करण) है?

कर्म सिद्धांत कहता है कि दुःख और खुशी जीवन का हिस्सा हैं और "मानसिक संकट" पर आधारित अनुभवों का मिश्रण है - मन का संकट।

कर्म सिद्धांत कहता है कि दुःख और सुख जीवन का हिस्सा हैं, अनुभवों का मिश्रण है, जो "मनो मुसिबत" - मन की परेशानियाँ पर आधारित हैं।

कहा जाता है कि शक्ति के अवतार, भगवान शिव की पूरी आकृति ने शहरों (पुर) की राख को इकट्ठा किया और उन्हें एक पवित्र, अमिट निशान, तीन समानांतर रेखाओं, त्रिपुंड के रूप में शिव के माथे पर लगाया। यह प्रतीकात्मक रूप से दुनिया को सूचित करता है कि शरीर, संपत्ति, शेष प्रकृति और ब्रह्मा के तीनों लोक अनित्य हैं। विनाश के बाद जो बचता है, वह पुरुष, आत्मा है।

तभी से शिव को त्रिपुरांतक नाम मिला - "त्रि" का अर्थ है तीन, "पुर" का अर्थ है शहर और "अंतक" का अर्थ है विध्वंसक। त्रिपुरांतक एक संस्कृत शब्द है जिसका अर्थ है "वह जिसने तीन शहरों को नष्ट कर दिया।"

"पुरुष!" समर्पित शिष्य अक्षय ने उद्गार किया, जिस पर श्री शाम्बव ने उत्तर दिया - "हां, मुझे एक कहानी सुनाने दीजिए।"

नोट: अब से, श्री शाम्बव को 'जी' यानी मास्टर के रूप में जाना जाएगा।

अध्याय २

पुरुष और प्रकृति

"जीवन शाश्वत समय की गति है।"

ब्रह्मांड में दो मूलभूत सिद्धांत हैं: जीवन और पदार्थ, एक परस्पर निर्भरित वास्तविकता। पुरुष जीवन का प्रतिनिधित्व करता है, और प्रकृति पदार्थ का प्रतिनिधित्व करती है।

पांच तत्व अग्नि, वायु, जल, पृथ्वी और आकाश(पंचमहाभूत) प्रकृति के स्रोत हैं। एककोशिकीय, बहुकोशिकीय, शैवाल, कवक, कीड़े, कीट, जानवर, पौधे, पेड़, मनुष्य और भौतिक वस्तुएं सभी पंचमहाभूतों से उत्पन्न होते हैं। आत्मा(या सांख्य दर्शन में पुरुष) और प्रकृति का मिलन ग्रह पर सभी जीवित प्राणियों को जन्म देता है।

भगवद गीता के अनुसार, प्रकृति का अर्थ है "अस्तित्व में लाना", "सृष्टि" और "साधन"। सृष्टि के पांच घटक अग्नि, वायु, जल, पृथ्वी और आकाश हैं। इसमें गंध, स्पर्श, दृष्टि, स्वाद और श्रवण की पांच इंद्रियां भी शामिल हैं। धारणा के पांच अंगों को ज्ञान की इंद्रियों के रूप में जाना जाता है, क्रिया के पांच अंगों को कर्म इंद्रियों के रूप में जाना जाता है, मन की विवेकी क्षमता और

अहंकार के विभाजन सिद्धांत, सब मिलकर, प्राकृतिक ऊर्जा के अस्तित्व के साधन हैं।

जैसा कि भगवद गीता, अध्याय ७.४ में पाया गया है, श्री कृष्ण एक शानदार आत्मा के शब्दों में भौतिक संसार के विभिन्न वर्गीकरणों पर चर्चा करते हैं। इस पदार्थ को ईश्वरीय ऊर्जा या प्रकृति माना जाता है, जो आठ प्रकारों में वर्गीकृत एक मौलिक शक्ति है। प्रकृति वह भौतिक ऊर्जा है जो इस संसार में आकृतियों, रूपों और अन्य रहस्यमय संस्थाओं के विशाल रूप में प्रकट होती है । आधुनिक विज्ञान की प्रगति भी इस क्षेत्र को "एकीकृत क्षेत्र सिद्धांत" के सिद्धांत के माध्यम से समझाती है।

भूममिरापोऽनलो वायुः खं मनो बुद्धिरेव च ।

अहङ्कार इतीयं मे भिन्ना प्रकृतिरष्टधा ॥४॥

भावार्थ:- पृथ्वी, जल, अग्नि, वायु, आकाश, मन, बुद्धि और अहंकार ये सब मेरी प्राकृत शक्ति के आठ तत्त्व हैं।

श्रीकृष्ण ने अपने गीता उपदेश में न केवल पंचमहाभूतों को अपनी शक्ति की अभिव्यक्ति के रूप में शामिल किया है; इसकी चेतना के अलग-अलग घटकों के रूप में मन, बुद्धि और अहंकार शामिल हैं। श्रीकृष्ण का दावा है कि ये सभी उनकी भौतिक ऊर्जा की अभिव्यक्तियाँ हैं, जिन्हें माया कहा जाता है। इन रूपों से परे आत्मा ऊर्जा या ईश्वर की सर्वोच्च ऊर्जा है।

श्रीकृष्ण ने भगवद्गीता के अध्याय ७.५ में आठ गुना प्रकृति से परे की स्पष्टता करते है, जो साधारण भौतिक शक्ति से बंधी हुई है। जैसा कि ऊपर उल्लेख किया गया है, यह ऊर्जा निष्क्रिय पदार्थ की तुलना में अलौकिक या शक्तिशाली है, यह उनकी गहन ऊर्जा "जीवन शक्ति" है, जो दुनिया में जीवित आत्माओं की सापेक्ष भीड़ में व्यापक है।

उसके बाद, गुरुजी श्री शाम्बव, भौतिक विज्ञान को समजाने से लेकर आध्यात्मिकता के क्षेत्र या दिव्यता को प्रतिबिंबित करने वाले उच्च स्तर में आगे बढ़े । श्रीकृष्ण इस प्रकार बोले:

अपरेयमितस्त्वन्यां प्रकृतिं विद्धि मे पराम् ।

जीवभूतां महाबाहो ययेदं धार्यते जगत् ॥5॥

भावार्थ:- "ये मेरी अपरा शक्तियाँ हैं किन्तु हे महाबाहु अर्जुन! इनसे अतिरिक्त मेरी परा शक्ति है। यह जीव शक्ति है जिसमें देहधारी आत्माएँ (जीवन रूप) सम्मिलित हैं जो इस संसार के जीवन का आधार हैं।"

जीवशक्ति वह ऊर्जा है जो पूरे ब्रह्मांड में सभी आत्माओं (आत्मा) को शामिल करती है। जीव, व्यक्तिगत आत्मा है जिसे सूक्ष्म जगत(माइक्रोकोजम)कहा जाता है, और जीवशक्ति स्थूल जगत(मेक्रोकोजम) है।

"जीवो ब्रह्मैव नापरः"

श्री शाम्बव

भावार्थ:- "आत्मा कोई और नहीं बल्कि ईश्वर (ब्राह्मण) ही है।"

गीता के संदेश ने अक्षय को अभिभूत कर दिया और सवालों की बाढ़ तेजी से बढ़ गई।

गुरुजी अपने गहन रहस्योद्घाटन से, पूछताछ के उत्तरों को आसान बनाकर प्रस्तुत करते है - "माया या भ्रम हमेशा आत्मा को जीतता है।" क्या इसका मतलब यह है कि माया भगवान से भी अधिक शक्तिशाली है?

"आत्मा अज्ञान से ग्रस्त है।" क्या इसका मतलब यह है कि ईश्वर भी अज्ञानी है?

"आत्माएँ विभिन्न रूपों और संस्थाओं के साथ असंख्य हैं।" क्या इसका मतलब यह है कि भगवान के कई रूप हैं?

गुरुजी प्राचीन विष्णु पुराण के एक उद्धरण के साथ उत्तर देते हैं:

" परस्य ब्राह्मण: ताकत तथादम अखिलम् जगत्। "

भावार्थ:- "जिस प्रकार सूर्य का प्रकाश (एक ही स्थान पर) स्थिर रहता है, उसी प्रकार सूर्य की शक्तिशाली किरणें पूरे सौर मंडल में प्रवेश करती हैं और समान रूप से सभी को ऊर्जा प्रदान करती हैं । इसके अलावा, उसकी असीमित शक्तियों में से एक सर्वोच्च, सर्वशक्तिमान है तीनों ब्रह्माण्डों में सभी को संतुष्ट करते हैं।"

आत्मा, ईश्वर की ऊर्जा है। सर्वोच्च ऊर्जा होने के नाते, यह संभवतः किसी भी रूप में और विभिन्न स्तरों पर मौजूद हो सकती है, लेकिन यह संपूर्ण और एकमात्र, पूर्ण सर्वोच्च का हिस्सा है।

उदाहरण के लिए, आग, गर्मी और प्रकाश अलग-अलग मौजूद हो सकते हैं। लेकिन जब वे संयुक्त होते हैं तो वे ऊर्जा की अलग-अलग अभिव्यक्ति होते हैं और वे ऊर्जा के अलावा और कुछ नहीं होते हैं जिन्हें एक माना जाता है। इस तरह हम आत्मा और ईश्वर को अलग-अलग दृष्टिकोण से देख सकते हैं, एक दृष्टिकोण से दोनों एक दूसरे से अलग हैं और दूसरे दृष्टिकोण में, वे एक ही अवतार हैं।

उदाहरण के लिए, सूर्य का प्रकाश अपने बाहरी मंडल में स्वाभाविक रूप से सादा और स्पष्ट होता है, लेकिन रंगीन या विकृत दिखाई देता है। आत्मा और माया समान अवधारणाएँ हैं। "आत्मा" और "माया" दोनों ही ईश्वर, "परमात्मा" की शक्तियाँ हैं। परिणामस्वरूप, वे ईश्वर से अलग रहकर ईश्वर में विलीन हो जाती हैं। वस्तु अचेतन है और आत्मा अनुभूति है। नतीजतन, भगवान इस अस्तित्व की सर्वोच्च चेतना या संवेदना है।

गुरुजी अपनी स्पष्ट प्रतिक्रिया के साथ आगे कहते हैं- "अक्षय, एक तरफ प्रकृति, जीवन का जाल और खाने वालों की श्रृंखला है। दूसरी ओर, मनुष्य कभी भी ऐसी दुनिया की कल्पना नहीं कर

सकता जहाँ "जंगल के कानूनों" की अनदेखी की जा सकती है या उनका उल्लंघन किया जा सकता है। इसलिए, मनुष्य दो वास्तविकताओं का अनुभव करता है: प्रकृति की वस्तुनिष्ठ वास्तविकता, जिसे प्रकृति कहा जाता है, और व्यक्तिपरक वास्तविकता जिसे पुरुष कहा जाता है।"

गुरुजी, अपने स्वर में आश्वासन के साथ - "अक्षय, मुझे विस्तार से बताने दे- प्रकृति क़ुदरत है, जो निष्पक्ष है और जिसका कोई पसंदीदा नहीं है। पुरुष वह मानवता है जो अचूक ही बाकियों पर कुछ का पक्ष लेता है। कला में हम प्रकृति की कल्पना एक बिना सिर वाली 'महिला शरीर' के रूप में करते हैं। हम पुरुष की कल्पना बिना शरीर के 'पुरुष सिर' के रूप में करते हैं । सिर पुरुष का प्रतिनिधित्व करता है क्योंकि मस्तिष्क सिर में रहता है, जो कल्पना का स्थान है। बिना सिर वाला शरीर प्रकृति का प्रतिनिधित्व करता है।"

"हम समझते हैं कि प्रकृति बिना किसी पूर्वाग्रह के जीवन का निर्माण और विनाश करती है; मानवीय कल्पना ही भेदभाव का ठिकाना है। उसके पास दो विकल्प हैं: भय रहित दुनिया की कल्पना करें या बढ़े हुए भय वाली दुनिया की कल्पना करें। जब पुरुष भय पर विजय पाता है और आनंद का अनुभव करता है, तो वह भय का विनाशक भगवान शिव होता है। जब पुरुष भय बढ़ाता है और भ्रम में फंस जाता है, तो वह भय का रचयिता ब्रह्मा है। 13वीं शताब्दी में, कवि-संत, ज्ञानेश्वर, जिनकी मृत्यु

केवल इक्कीस वर्ष की उम्र में हुई थी, ने पुरुष और प्रकृति को दो आदिम प्रेमियों, 'शिव और शक्ति' के रूप में वर्णित किया था।"

ऋषि मृकन्दु और मरुध्वती कई वर्षों तक निःसंतान थे। उन्होंने भगवान शिव को प्रसन्न करने के लिए घोर तपस्या की और संतान प्राप्ति का आशीर्वाद प्राप्त किया। दंपति ने अत्यंत भक्ति और विश्वास के साथ तपस्या की। उनकी भक्ति से भगवान प्रभावित हुए और उनकी लंबे समय से प्रतीक्षित इच्छा पूरी की। हालाँकि, कार्य शुरू करने से पहले, भगवान ने पूछा कि क्या वह एक "चतुर" बच्चे को चुनेंगे जो सोलह वर्ष तक जीवित रहेगा या एक "मूर्ख" बच्चे को, जो सौ वर्ष तक जीवित रहेगा।

दंपति ने एक बुद्धिमान पुत्र को चुना और जल्द ही मरुध्वती ने एक पुत्र को जन्म दिया। मार्कंडेय जिसका नाम था? वह बड़ा होकर एक प्रतिभाशाली युवक बना जिसने वेदों और अन्य पवित्र ग्रंथों का अध्ययन किया। जैसे ही वह सोलह वर्ष के हुए, उनके माता-पिता दुःखी हो गये। वे यह जानकर भय से भर गए कि उनका एकमात्र बच्चा मार्कंडेय मृत्यु के किनार पर है।

अपने माता-पिता को दुःखी देखकर मार्कंडेय उनकी चिंता का कारण जानने को उत्सुक हुए। इसलिए मृकन्दु ने मार्कंडेयन को वरदान की बात कही। मार्कंडेय को अजेय शिव पर अटूट विश्वास था। उन्होंने अपने माता-पिता को यह कहकर सांत्वना दी कि वो

कष्ट न उठाये और फिर भगवान शिव का दिल और प्रचुर कृपा पाने के लिए उन्होंने गहन तपस्या की।

अपनी तपस्या मे तल्लीन, मार्कंडेय को, जो शिव लिंग के पास में बैठे थे, "मृत्यु के देवता", यम, धर्म के राजा के आने का कोई अंदाज़ा नहीं था। व्यक्तिगत जीवनकाल के लिए सिद्धांत से बंधे होने के कारण, यम ने मार्कंडेय को खींचने के लिए उनके चारों ओर अपना पाश फेंक दिया। मार्कंडेय ने कहा, "मुझे अपनी प्रार्थना पूरी करने दीजिए और फिर मैं मरने के लिए तैयार हूं।" यम ने उत्तर देते हुए कहा, "लेकिन मृत्यु किसी मनुष्य या प्रार्थना की प्रतीक्षा नहीं करती।" यम ने जान-बूझकर अपना फंदा गिरा दिया और अनिच्छा से लड़के को मृत्युलोक: यमलोक में घसीटने लगे। मार्कंडेय, दृढ़ विश्वास के साथ मजबूती से शिवलिंग को चिपके रहे और श्रद्धा से लड़े।

यम ने हार मानने से इनकार कर दिया और लड़के पर बड़ी ताकत से हमला किया। लड़के और मृत्यु के देवता के बीच रस्साकशी तब समाप्त हुई जब शिव, शिवलिंग से प्रकट हुए, यम को नीचे गिरा दिया और मार्कंडेय को अमर और प्रकाशित रहने का वरदान दिया।

मार्कंडेय ने घोषणा की कि शिव यमंतक हैं, यम के विनाशक हैं। मार्कंडेय अमर ऋषि हुए। विश्वास के साथ हर मुश्किल कार्य किया जा सकता है। जब कोई मृत्यु के भय को पार कर जाता है तो

वह अमर हो जाता है। जब मार्कंडेय सोलह वर्ष के हो गए, तो वे पुरुष के प्रतीक या आध्यात्मिक वास्तविकता, शिवलिंग से चिपक गए। "जब पुरुष भय को पार कर जाता है और आनंद का अनुभव करता है, तो वह शिव है, जो भय का नाश करते हैं।"

रहस्यमयी यात्रा जारी है क्योंकि ब्रह्मांड में सर्वश्रेष्ठ विवेक पर बहस जारी है।

यह महसूस करते हुए कि एक लंबी दूरी तय की गई है, और थकान की शुरुआत में, बड़बड़ाना, आराम करना, बड़बड़ाना ...। हम्म, हम एक लंबा सफर तय कर चुके हैं और थक गए हैं। हमारे सिर के ऊपर का सूरज धीरे-धीरे ढल रहा है। पक्षी अपने घरों को लौट रहे हैं और कीड़ों की आवाज सुनाई दे रही है।

अंततः हमने एक दूर गाँव में रात बिताने और अगले दिन अपनी यात्रा शुरू करने का निर्णय लिया । हमारी बातचीत के बीच दूर से एक बूढ़ा आदमी हमारी ओर देखते हुए हमारे पास आया और पूछा, "मैंने आपको पहले कभी नहीं देखा। क्या आप किसी मदद की तलाश में हैं?" "हाँ," शाम्बव के एक शिष्य ने कहा।

"मैं तुम्हारे लिए क्या कर सकता हूँ?" बूढ़े ने पूछा।

"कृपया हमें रात के लिए आराम करने के लिए कोई जगह ढूंढने में मदद करें," बूढ़े व्यक्ति ने हमारा तहे दिल से स्वागत किया,

और हमे अपनी झोपड़ी में ले गया और हमे भोजन और आश्रय दिया।

बूढ़े ने पूछा, "यह कैसा साहसिक कार्य है?"

गुरुजी ने उत्तर दिया - "मैं अभी कच्चा हूं, और पकना चाहता हूं।"

उनके उत्तर से वो भ्रमित हो गया, लेकिन अत्यंत सम्मान के साथ, उसने सिर हिलाया और चला गया।

अगली सुबह, जब हम अपनी अज्ञात यात्रा के लिए निकलने वाले थे, तो बूढ़े व्यक्ति ने कहा - "क्या मैं आपकी यात्रा में शामिल हो सकता हूँ?"

श्री शाम्बव ने पूछा - "क्या मैं आपके अचानक मन परिवर्तन का कारण जान सकता हूँ?"

बूढ़े आदमी ने कहा, "कल जब मैं तुम्हारे यहाँ से निकला, तो मैं तुम्हारे उस कथन के विचार से भर गया, 'मैं अभी कच्चा हूँ, मैं पकना चाहता हूँ।' तुम अभी भी कच्चे हो ! फिर वो मुस्कुराकर चुप हो गया।"

गुरुजी अपने प्रश्न पर अड़ग रहे - "क्या तुम सचमुच शामिल होना चाहते हो?" जो गहन आत्मनिरीक्षण की ओर ले जाता है।

उनकी खोज का साहसिक कार्य उच्च लोकों में गूंज उठा।

आत्मा की सफ़र - कर्म

अध्याय ३

शाश्वत प्रेम

"प्यार शाश्वत है; पहलू बदल सकता है, लेकिन सार नहीं।"

एक गहरे, घने जंगल से गुजरते हुए, हम सभी एक शांत बहती हुई नदी के पास पहुँचे, जो तीव्र रूप से बह रही थी, मानो अपने प्रिय से मिलने के लिए अधीर हो। पक्षी भोजन की तलाश में व्यस्त थे, और हिरण, हमारी परवाह के बिना खुशी से इधर - उधर चर रहे थे। अंत में, हम एक विशाल बरगद के पेड़ के नीचे नदी के किनारे रुके, ठंडे पानी और बहुत सारे ताजे फलों से तरोताजा हो गए।

हमारे साथ आये बूढ़े व्यक्ति, गहरी सोच में पेड़ के तने पर झुककर बैठ गए थे। एक शिष्य धीरे-धीरे उनके पास आया और पूछा, "क्या आप गहरी सोच में हैं?" पूरी यात्रा के दौरान मैंने आपको किसी दूसरे व्यक्ति से बात करते या कोई विचार व्यक्त करते नहीं देखा।

उस बूढ़े व्यक्ति ने धीरे और विनम्रता से उत्तर दिया, "मैं यहाँ एक बाहरी व्यक्ति की तरह महसूस कर रहा हूँ।" छात्र ने अपनी बातचीत जारी रखने से पहले एक पल के लिए रुककर पूछा, "क्या

वह हमारे साथ हैं?" बूढ़े व्यक्ति ने तुरंत उत्तर दिया - "नहीं, नहीं, बीस साल पहले जब मैंने अपनी पत्नी भवानी को खो दिया था तो मुझे ऐसा ही महसूस हुआ था।" थोड़ी देर के लिए पूरी तरह सन्नाटा छा गया। छात्र को लगा कि उसने गलत प्रश्न पूछकर गलती की है, जिससे वह दुःखी हो गया।

धीरे-धीरे, जैसे ही हवा चली, हवा ने पेड़ की प्रत्येक शाखा को हल्के से छुआ, पत्ते राहत की सांस लेकर आह भरते हुए नाचने लगे। "देखो, वह बीस साल पहले की बात है," बूढ़े व्यक्ति ने उत्तर दिया। भले ही हमारी कोई संतान नहीं थी, फिर भी मैं संतुष्ट था। भवानी की मृत्यु के बाद सब कुछ बदल गया।

विद्यार्थी और उसके साथी सहपाठी बिल्कुल चुपचाप बैठे रहे। उस समय केवल एक ही ध्वनि थी ओर वो नदी के गड़गड़ाहट से बहने की।

एक शिष्य ने बूढ़े व्यक्ति को उसका नाम पूछा। "वासुदेव," उसने उत्तर दिया, उसकी आवाज़ काँप रही थी और दुःख से भरी हुई थी।

वासुदेव धीरे-धीरे शांत हो गए, जिससे उनकी निराशा की सहज भावनाएँ सतह पर आ गईं।

उन्होंने अपनी कहानी सुनाना शुरू किया: "हम अगुम्बे नामक गाँव में रहते थे, जो मलनाड के पास एक खूबसूरत हिल स्टेशन था।

हरे वन और पश्चिमी घाट पहाड़ों ने इलाके को घेर लिया था। मैं हमेशा प्रकृति और पहाड़ों की सुंदरता से आकर्षित रहा हूं। मैंने अपना लगभग पूरा बचपन झाड़ियों में खेलने में, पहाड़ियों के चारों ओर दौड़ने और बहती नदियों में तैरने में बिताया हैं।"

"जब मैं नौ साल का था, तब सब कुछ बदल गया। उस दिन मैं अपने नाटक के अभिनय से घर लौटा, तो कुछ भी सामान्य नहीं था। मेरे माता-पिता, उनके ऊपर टूटे हुए घर की छत गिरने से खून से लदे हुए थे। इस दुर्घटना के कारण मेरे माता-पिता की मृत्यु हो चुकी थी।"

"एक घंटे पहले, मैं अपनी माँ के साथ था, जिसने मुझे नहलाया और नाश्ता कराया, कोटिगे (चावल का एक व्यंजन) खिलाया था, उसकी खुशबू अभी भी हवा में तैर रही थी। मेरे जाने से पहले, मेरी माँ ने मेरी जेबें मिठाइयों और मीठी थुकुडी (कोंकणी मिठाई) से भर दीं थी। और अब मुझे पता चल रहा है कि मेरे माता-पिता जीवित नहीं हैं।"

"मैं अपने माता-पिता की मृत्यु के बारे में जानते हुए भी अपने कष्ट की तीव्रता को नहीं समझ सका। अंतिम संस्कार के कुछ दिनों बाद, मेरी मासी(मेरी मां की बहन शांति) मुझे उरवा ले गईं, जो मैंगलोर के पास हरियाली और चावल के खेतों से घिरा हुआ स्थान था। मैं अकेलापन महसूस करता था और अपनी माँ के प्यार और स्नेह के लिए तरसता था।"

श्री शाम्बव

"मानो मेरे पंख टूटे हुए हो, मैं लाचारी महसूस कर रहा था।" मैंने अपने दिन और साल, अपने अच्छे पुराने दिन के यादो पर निर्भर रहते हुए बिताए। एक दिन, जब मैं बारह साल का था, मुझे सड़क पर एक छोटा सा पिल्ला मिला, और उसने विश्वास के साथ मेरा पीछा किया कि मैं उसका अभिभावक बनूंगा। यह कुछ दिनों तक चला, और फिर मैं उसे अपने साथ अपने घर ले गया और उसे "पप्पी" कहता था।

"पप्पी के प्रति मेरा लगाव और भी मजबूत होता गया। साल बीत गए और मैंने अपना खाली समय पप्पी के साथ बिताना शुरू कर दिया। जब मैं अठारह वर्ष का था तब वह बीमार पड़ गया और कुछ महीनों की पीड़ा के बाद उसकी मृत्यु हो गई।"

"चीज़ें फिर से 'धीमे और शुष्क' पुराने चक्र में वापस आ गई, हमेशा उस चाहत में कि कोई मुझे प्यार करें।"

वासुदेव कहते हैं, "प्रेम!" "प्यार की मधुर जिंदगी के बिना जीना एक बोझ है," उसकी आवाज़ की गति कम हो रही थी।"जिंदगी एक सफर है...प्यार पाने की एक आकांक्षा।"

एक आवाज़ सुनी जो हमें याद दिला रही थी - "हमें सूर्यास्त से पहले निकटतम गाँव तक पहुँचने के लिए अपनी यात्रा शुरू करनी होगी।" हम सभी उस विक्षेप से विचलित होकर उठकर धीरे-धीरे इस स्थान से आगे बढ़ने लगे। जब हम, घने पेड़ों से ढके हुए जंगल से गुजर रहे थे, विद्यार्थी का मन वासुदेव की कहानी से

अभिभूत था और दुःखी भी हो रहा था, यह जानने की उत्सुकता भी थी कि उसकी कहानी में आगे क्या हुआ होगा और साथ साथ उनकी अगली यात्रा को आगे बढ़ाने के लिए भी।

जैसे ही अंधेरा हुआ हम निकटतम गाँव की ओर भागे; यहां तक कि रोशनी भी उसी दर से लुप्त हो रही थी। हम जंगल के बीच में फंसना नहीं चाहते थे। आखिरकार हम अपने गंतव्य पर पहुँचे और हमें आराम करने की जगह मिल गई।

बादल के भीतर से चंद्रमा की आंशिक किरणें झाँक रही थी, तारे चमक रहे थे और बहुत सारे सवाल पुछते हो वैसे देख रहे थे, पत्तों की सरसराहट थी, हमारी चारों ओर गहरी शांति छा गई थी। जैसे ही हम तरोताजा हुए और आराम करने के लिए तैयार हुए, अधिक जानने के लिए उत्सुक विध्यार्थीने वासुदेव को रुककर पूछा "आगे... क्या हुआ?"

वासुदेव ने उत्तर दिया, "वीस साल की आयु में, मेरे जीवन में खुशी के फूल खिले और युवावस्था ने मेरे जीवन में प्रवेश किया। मेरे पड़ोसी की बेटियों में से एक भवानी ने मेरा ध्यान आकर्षित किया। हम तीन साल से अधिक समय तक दोस्त बने रहे। हमारा रिश्ता इतना मजबूत हो गया कि छब्बीस साल की उम्र में हमारी शादी हो गई। मुझे यह आभास था कि शादी मेरे लिए मेरी देखभाल करने के लिए एक सुरक्षित बंधन था। मैं बहुत खुश हो गया और प्यार के अकल्पनीय मूल्य को महसूस करने लगा।"

"चीजें योजना के अनुसार नहीं हुईं, क्योंकि शादी के छह साल बाद हम निःसंतान थे, जिससे मेरी पत्नी बहुत निराश थी। समय के साथ वह अधीर हो गई और अपना अधिकांश समय पूजा और प्रार्थना में बिताने लगी। बिना किसी बदलाव के साल बीत गए। खोयी हुई और डरी हुई भवानी ने खुद को दुःख और पीड़ा से घिरा हुआ पाया। मैंने उसे समझाने की पूरी कोशिश की, कहा, की मुझे तो बस तुम्हारा प्यार चाहिए और लोग क्या कहते हैं, इसकी मुझे कोई परवाह नहीं हैं; हमारे पास जो है उससे हम खुश रहते है।"

"पूर्णता जीवन का लक्ष्य है; प्रत्येक घटना जो घटती है, चाहे वह कितनी भी बड़ी या छोटी क्यों न हो, और हमारे सामने आने वाली प्रत्येक प्रतिकूलता एक दिव्य योजना का हिस्सा है जो अंत तक काम करती है। इंसान बनना संघर्ष से आता है।"

"भवानी ने मेरी सांत्वना भरी बातें सुनने से इनकार कर दिया और दुःख के समुद्र में खींच गई। धीरे-धीरे, जो मुझे खुशी का फूल लग रहा था, मैंने देखा कि उसकी चमक फीकी पड़ गई और खुशी मुझसे दूर हो गई। एक अच्छी सुबह भवानी इस दुनिया से चली गईं। मैं चालीस साल का था, और सब कुछ रुक गया क्योंकि मुझे नहीं पता था कि आगे क्या करना है।"

वासुदेव की आंखें भावुकता से, आंसुओं से भर गईं और आंसू उसके गालों से बह रहे थे। जब वासुदेव ने अपना सिर उठाया, तो उन्होंने विद्यार्थी और अन्य छात्रों की आँखों को देखा और

आँसू बह निकले। बिना एक भी शब्द बोले वासुदेव को छोड़कर हम धीरे-धीरे वहां से चले गए।

रात सुहानी और खूबसूरत थी, लेकिन विचार, विद्यार्थी के ध्यान को विचलित कर रहे थे और उसने सोचा, "वासुदेव को यह कष्ट क्यों हुआ जबकि उन्होंने अपने पूरे जीवन में सभी अच्छे कर्म किए थे?"

नया दिन उज्ज्वल और सुंदर था, जिसमें सब कुछ नया और ऊर्जावान था।

गुरुजीने विद्यार्थी से पूछा - "सच्चा प्यार क्या है?" हम सच्चे प्यार से क्या उम्मीद करते हैं?

यह प्रश्न पूछकर गुरुजी ने एक कहानी सुनानी शुरू की, राधा और श्रीकृष्ण की शाश्वत प्रेम कहानी। जब श्री कृष्ण वृन्दावन को छोड़कर हमेशा के लिए मथुरा की ओर निकले, राधा और गोपियों के लिए अपने भगवान को अलग होते देखना एक हृदयस्पर्शी अनुभव था।

प्रेमी जोड़े राधा और श्रीकृष्ण के वियोग से उदासी भरा माहौल बन गया। बादल शोक में थे, पेड़ों ने जैसे हवा को स्वीकार करने से मना कर दिया था, पत्तों को नाचने में कोई रोमांच नहीं था, दुःख के काले बादल में जैसे वृन्दावन छा गया था।

देवकी नंदनने(कृष्ण), अपने अंतिम क्षण राधारानी के साथ पूर्ण शांति और मौन के साथ बिताई। प्रतिबिंब के रूप में, मौन अक्सर व्यक्त शब्दों की तुलना में अधिक शक्तिशाली होता है। यह मौन उनके मन पर एक जीत है जो आंतरिक भावना को समझना आसान बनाता है और दो स्वतंत्र रूप से जुड़े दिलों के गहन मिलन को भी।

राधा और श्रीकृष्ण दो शरीर और एक प्रकाशित आत्मा थे; वे अविभाज्य थे, तब भी जब भगवान शारीरिक रूप से उनके साथ मौजूद नहीं थे। यह अपने सामंजस्य में एक अविभाज्य एकता थी। ऐसा था उनका प्रेम, उल्लासपूर्ण और शाश्वत, आनंदमय अस्तित्व के सत्य के वैभव में एक-दूसरे के प्रति समर्पण का वैभव, आत्मिक रूप से एकत्र किया गया था।

हालाँकि, दिव्य युगल अपनी आराधना में विधाता द्वारा अलग किए गए थे, आवश्यक रूप से अपने गुणों में अविभाजित कभी नहीं थे। श्रीकृष्ण स्वयं से आगे निकल गए और राधा के हृदय में गौरवशाली रूप से अवतरित हो गए और राधा, श्रीकृष्ण के हृदय में हमेशा के लिए गहराई से अंतर्निहित स्थापित हुई।

कंस और शिशुपाल का वध करने के बाद श्रीकृष्ण मथुरा के राजा बने और राधा ने श्रीकृष्ण की याद में अपने दिन बिताए। कई वर्षों के बाद, जब राधा रानी कमजोर और बूढ़ी हो गईं, लेकिन फिर भी आश्चर्यजनक रूप से सुंदर थीं, तब वह कई दिनों तक

पैदल चलकर श्रीकृष्ण के दर्शन के लिए द्वारका पहुंचीं। राधा ने भगवान कृष्ण को देखा और भगवान की दिव्य सुंदरता से दंग रह गईं।

बाद में, जैसे-जैसे साल बीतते गए, राधा, श्री कृष्ण के महल में ही एक नौकर बन गई, सिर्फ इसीलिए की वो श्री कृष्ण प्रतिदिन देख पाए। राधा को जल्द ही एहसास हुआ कि, शारीरिक रूप से कृष्ण के करीब होने के बावजूद, अलग होने के अनुभव ने उन्हें और अधिक पीड़ा पहुंचाई है।

परिणामस्वरूप, राधा किसी को बताए बिना ही महल से बाहर निकल गयी। राधा जहां भी जाती थीं श्रीकृष्ण उनके पीछे-पीछे जाते थे। वह जानते थे कि राधा कहां जा रही है और जब उसे उसकी सबसे ज्यादा जरूरत थी तो वह उसके लिए वहां मौजूद थे। उनके बिना बताए चले जाने के प्रयासों के बावजूद, श्रीकृष्ण राधा के सामने प्रकट हुए। भगवान के दिव्य स्पर्श से राधा की चेतना पुनः जागृत हो गई और राधा के वियोग का सारा दर्द गायब हो गया।

राधा (कृष्ण की प्रिया) कृष्ण (श्यामसुंदर) को देखकर मुस्कुराईं और उनके दिव्य रूप से मंत्रमुग्ध हो गईं। यह जानते हुए कि यह अंतिम क्षण है, श्रीकृष्ण द्वारा बजाए गए दिव्य संगीत को सुनते समय, आनंद के हरेक क्षण को महसूस करना चाहती थी। राधा

श्री शाम्बव

की आत्मा अंततः भगवान में विलीन हो गई। राधा और श्रीकृष्ण का प्रेम शाश्वत प्रेम का प्रतीक है।

भाग २

अध्याय ४

जीवन और मृत्यु

डर

"डर को त्यागना ही बदलाव की कुंजी है।"

वहाँ देखो, अक्षय ने कहा - "बहुत सारे हिरण खतरे के डर के बिना शांति से चर रहे से चार रहे हैं।"

बूढ़ा व्यक्ति आह भर कर हँसने लगा - "खतरे का कोई डर(भय) नहीं! - सभी जीवित प्राणियों का सबसे बड़ा भय मृत्यु है (लगभग यम का स्वीकार), भले ही हम सभी जानते हैं कि मृत्यु अंतिम सत्य है।"

गुरुजी - "हम सभी जीवित रहना चाहते हैं। हमें भोजन की आवश्यकता है, लेकिन भोजन पाने के लिए हमें किसी न किसी को मारना पड़ता है, और केवल मारकर ही कोई भोजन पैदा कर सकते है।"

यदि हिरण को खाना है, तो घास को नष्ट होना होगा, और यदि बाघ को खाना है तो हिरण को मरना ही होगा। खिलाने और मारने की क्रिया, एक ही सिक्के के दो पहलू हैं। "जीवन मृत्यु की शुरुआत है। मृत्यु जीवन की शुरुआत है..." गुरुजी ने कहा कि यही आपका असली स्वभाव है।

भोजन के चक्र में, मृत्यु का भय सभी जीवित प्राणियों को शिकारि या शिकार में बदल देता है। कमी का डर शिकारी को सताता है क्योंकि वह भोजन के लिए शिकार करता है और शिकारी का शिकार न बनने का डर, शिकारी से बचते हुए लगातार शिकार को सताता है। प्रकृति के लिए कोई भी कम या अधिक पसंदीदा नहीं हैं। बाघ और हिरण दोनों को जीवित रहने के लिए भागना पड़ता है। बाघ अपने शिकार के लिए दौड़ता है और हिरण अपने शिकारी से बचने के लिए। इस प्रकृति में, हिरण बाघ का शिकार हो सकता है लेकिन, यह स्वयं घास का शिकारी है। नतीजतन, प्रकृति में कोई भी सिर्फ शिकार नहीं है।

गुरुजी ने कहा - "मौत के डर से जानवर चरागाहों और शिकार के मैदानों की तलाश में पलायन करते हैं। मौत का डर प्रकृति के नियम को स्थापित करता है जो कहता है कि 'शायद यह सही है'।"

मृत्यु के डर से, पशु और पक्षी सम्मान पाने और जीवित रहने के लिए ध्वनि, गंध और शक्ति का उपयोग करके क्षेत्रीय सीमाएँ

स्थापित करते हैं। इसलिए, यह जानवरों या मवेशियों के लिए उचित व्यवहार है, लेकिन मनुष्यों के लिए नहीं। मनुष्य की कल्पना है कि वह पशु प्रवृत्ति से मुक्त है और उसे जीवित रहने के लिए क्षेत्रीय या प्रभुत्व शाली होने की आवश्यकता नहीं है।

मनुष्य को जीवित रहने के लिए झुंड बनाने की आवश्यकता नहीं है। समय-समय पर मानसिक परिवर्तनों के माध्यम से व्यक्ति, मृत्यु के भय से मुक्ति पा सकता है। भगवान शिव पशु मस्तिष्क पर मानव मस्तिष्क की शक्ति को प्रकट करते हैं और अभय से वादा करते हैं, *"मृत्यु का कोई डर नहीं है।"*

चलो मैं, श्रीमद्‌भागवत से एक कहानी सुनाता हूँ: कुरु वंश के वंशज राजा परीक्षित, पांडवों के एकमात्र पुत्र और उत्तराधिकारी थे। वह अभिमन्यु के पुत्र और अर्जुन के पौत्र थे।

बहुत देर तक जंगल में शिकार का पीछा करने के बाद थके हुए और भूखे राजा परीक्षित, ऋषि शमीक के आश्रम में पहुंचे। राजा परीक्षित, इस बात से अनजान थे कि ऋषि मौन व्रत में थे, उन्होंने शिकार के बारे में पूछा, लेकिन ऋषि ने कोई उत्तर नहीं दिया। ऋषि के मौन से क्रोधित होकर राजा परीक्षित ने अपने धनुष से तपस्वी के गले में मृत साँप लपेट दिया और क्रोधित होकर चले गये।

शमीक के पुत्र श्रृंगी जिन्होंने घनी तपस्या की थी, उनके एक भक्त के द्वारा उनको अपने पिता के अपमान के बारे में पता

चला। श्रृंगी ने क्रोधित होकर राजा परीक्षित को सात दिन में तक्षक (साँप) द्वारा मरने का श्राप दे दिया।

शमिक अपने पुत्र के व्यवहार से अप्रसन्न हुए और उनहोंने पूछा, "प्रिय पुत्र, जब मैंने राजा परीक्षित को उनका अपमान करने के लिए क्षमा कर दिया था तो तुमने उन्हें श्राप क्यों दिया?" क्या तुम उसे एक न्यायप्रिय और प्रतिष्ठित राजा के रूप में नहीं जानते? तुम्हारा आचरण साधु धर्म के विरुद्ध है। हमें ऐसे कृत्यों की निंदा नहीं करनी चाहिए क्योंकि उनकी सुरक्षा के कारण हम तपस्या कर सकते हैं और काफी पुण्य प्राप्त कर सकते हैं; उनके बिना, हमें महत्वपूर्ण कठिनाइयों का सामना करना पड़ेगा।

अपनी शाही सत्ता से राजा ने कानून का शासन (राजदंड) स्थापित किया है। शाही सत्ता से भय उत्पन्न होता है और भय शांति का मार्ग प्रशस्त करता है, और शांति लोगों को अपनी जिम्मेदारियों को ठीक से पूरा करने की अनुमति देती है।

यदि लुटेरे और अन्य बुरे कार्य करने वालों का हमें डर हैं तो हम तपस्या नहीं कर सकते। राजा हमे वह सुविधा प्रदान करता है जो देवताओं को प्रसन्न करती है। परिणामस्वरूप, परमेश्वर बारिश भेजता है; बारिश भोजन भेजती है, और भोजन जानवरों के लिए पोषण भेजता है।

राजा भी हमारी तपस्या से होने वाले लाभों के समान हकदार है। "राजा के बिना देश, बिना सिर के शरीर के समान होता है", जो कई बुराइयों और अशांतियों के प्रति संवेदनशील होता है।

जब राजा परीक्षित ने मुझे देखा तो वे थके हुए और भूखे थे। उन्होंने मुझसे अपेक्षा की थी कि मैं उनके साथ एक अतिथि की तरह व्यवहार करूँ और उनको कुछ भोजन और पानी दूँ, लेकिन वह मेरे मौन अनुपालन से अज्ञान थे। मैं समझता हूं कि इन परिस्थितियों ने उनको इतना जघन्य अपराध करने के लिए कैसे मजबूर किया होगा। इस कारण वह हमारे शाप का पात्र नहीं है।

ऋषि शमिक ने कहा, "बेटे के वयस्क होने के बाद भी पिता को उसे सलाह देनी चाहिए ताकि बेटा महान गुण हासिल कर सके। मेरे बेटे, मैं तुम्हें क्या बताऊं? यहां तक कि सबसे प्रसिद्ध तपस्वी भी क्रोध में डूब जाते हैं। तुम्हारी तपस्या के महान गुणों के बावजूद भी, मुझे लगता है कि तुम्हें क्रोध पर नियंत्रण पाने के लिए अधिक समय तक परामर्श देने की आवश्यकता है।"

ऋषि शमिक सलाह देते है, "तुम्हें तुम्हारी इंद्रियों को नियंत्रित करके अपने क्रोध को नष्ट करने का प्रयास करना चाहिए, क्रोध तपस्वी को उसके गुणों से वंचित कर देता है, जो मुक्ति के लिए आवश्यक हैं। केवल क्षमा ही वर्तमान और भविष्य में खुशी ला सकती है। इसलिए, अपनी इंद्रियों को नियंत्रित करने और दूसरों

को क्षमा करने पर ध्यान केंद्रित करें, और ऐसा करने से आप ब्रह्म या उच्चतम लोक तक पहुंच सकते हैं।"

ऋषि शमीक ने राजा परीक्षित को आसन्न खतरे से आगाह करने के लिए एक दूत भेजा। अपनी मृत्यु से अधिक राजा परीक्षित ने ऋषि के अपमान पर खेद व्यक्त किया। दूत को धन्यवाद और ऋषि शमीका को राजा परीक्षित की शुभेच्छा देने के बाद राजा परीक्षित ने अपने सभी दरबारियों को बुलाया और उन्हें श्राप के बारे में बताया।

रातों-रात एक शानदार नया महल बनाया गया, जो एक ऊंचे खंभे पर था। सर्पों से अपनी रक्षा करने की कला में निपुण अनेक योद्धाओं और ब्राह्मणों राजा परीक्षित की रक्षा कर रहे थे। एक घोषणा यह भी की गई थी कि जो कोई भी सांप के जहर से लड़ सकता है, उसे समृद्ध पुरस्कार मिलेगा। मीनार में छिपे होने के बावजूद राजा परीक्षित का भय कोई दूर नहीं कर सका। बुरे स्वप्नों से पीड़ित राजा परीक्षित ने अंततः देवताओं की सलाह मांगी।

"विष्णु की कहानियां सुनें, आप अपने डर पर काबू पा लेंगे और जीवन के बाकी घंटों की सराहना करना सीखे।" देवताओं ने कहा। परीक्षित ने अपने चारण को बुलाया जिन्होंने, विष्णु और उनके कई अवतारों की कहानियां सुनाई।

उसी दौरान अनुपम सुका महर्षि उधर से गुजरे और राजा परीक्षित के पास बैठे हुए दर्शकों ने उनका बहुत सम्मान किया। सुका ने

सबके सजदे का महत्व पूछा। वे सब गंगा तट पर क्यों एकत्र हुए हैं?

परीक्षित ने प्रश्न पूछा - "मनुष्य के लिए क्या उपयोगी है, विशेषकर अब जबकि मेरा जीवन समाप्त होने वाला है?"

सुका ने उत्तर दिया, "आप कैसे उसकी प्रतिक्रिया दे रहे हैं वो?"

सुका ने व्यक्त किया, "हिमालय के बर्फ से ढके हुए रेगिस्तान में खुद को ढंकना एक अच्छा विचार है, लेकिन इसे जलते हुए रेगिस्तान में रखना एक स्मार्ट विचार नहीं हो सकता है, लेकिन वहां हम ठंडा पानी पीना पसंद करेंगे। भूख लगने पर स्वादिष्ट खाना खाना अच्छा है, लेकिन जब आप बीमार हों या उल्टी हो तो इससे बचना बेहतर है। जो कोई भी समृद्धि चाहता है वह इस पूछताछ को संबोधित नहीं कर पाएगा क्योंकि उसे जो भी उत्तर मिलता है वह किसी न किसी कारण से संबंधित होता है।"

सुका ने भविष्यवाणी की, "धन नष्ट हो जाएगा, शरीर धूल खाएगा, और जीवन अनिश्चित हो जाएगा।" रोजबरोज की जिंदगी में इस्तेमाल की जाने वाली इनमें से कोई भी चीज लंबे समय तक फायदेमंद नहीं हो सकती।"

सुका- "मनुष्य के लिए क्या मूल्यवान है?"

श्री शाम्बव

हमारा विश्वास है कि हम केवल संवेदी दृष्टि की दुनिया में मौजूद हैं, हमारे लिए इस प्रश्न का उत्तर देना बहुत मुश्किल है।

सुका ने कहा, "रचनात्मक स्तरों से जीवन की मुक्ति के माध्यम से आगे बढ़ना चाहिए। इसमें क्या शामिल करना है और क्या नहीं करना है यह भविष्य की घटना है। यह अनिवार्य रूप से प्रतिबद्धता की घोषणा है जो अभी भी मौजूद है।"

सुका ने उत्तर दिया कि एक ही समय में हम हर दुनिया के निवासी हैं। हम मौजूद सभी स्तरों के आधीन हैं। आपने सुना होगा कि हमारे चक्र, या रहस्यमय अस्तित्व के स्तर, ब्रह्मांडीय स्तर का प्रतिनिधित्व करते हैं: हमारी रचना के इस स्तर को भूलोक, भुवनेश्वर, स्वरलोक, महार्लोक, जनलोक, तपोलोक और सत्यलोक कहा जाता है। भौतिक शरीर में चक्रों के गोलाकार या अर्ध-वृत्ताकार क्षेत्र, जहां कोई स्वयं सृष्टि के सभी स्तरों में हो सकता है, इन परतों को एक साथ, इसी तरह से संबोधित करता है। जागरूकता की तीव्रता लगातार हमें यह महसूस करने के लिए प्रेरित करती है कि हम परिपूर्ण हैं। हालांकि, मृत्यु के समय, यह जागरूकता वापस चली जाती है।

सूका ने राजा परीक्षित से कहा - "आपको भागवत पुराण सुनकर मृत्यु के भय पर काबू पाना होगा।"

राजा परीक्षित ने ऋषि सुका का सम्मान किया और उनसे कहा कि उन्हें अब सर्पदंश का भय नहीं है। आपको सुनने के बाद मुझे

अनुशासन, धैर्य, सच्चाई और प्रेम का महत्व समझ आया है। अब मुझे शर्मिंदगी, पछतावा या अपराध का दर्द महसूस नहीं होता। मैंने आत्मा और ब्रह्मा के बारे में सीखा है।

जब सूका चले गये तो राजा परीक्षित ध्यान करने बैठ गए और ध्यान करने लगे। सातवें दिन, जैसे-जैसे भोर नज़दीक आती गई, उन्होंने नीडर होकर मरने के लिए खुद को तैयार किया। तक्षक (सांप) ने राजा परीक्षित के करीब जाने के लिए एक ब्राह्मण का रूप धारण किया और अंततः उनको मार डाला।

गुरुजी - "ब्रह्मा ने ब्रह्मांड को तीन भागों में विभाजित किया है: मैं, मेरा और वह जो मेरा नहीं है।"

"मैं" में मन और शरीर शामिल हैं। धन, ज्ञान और रिश्ते ये सब "मेरा" का हिस्सा हैं। "मेरा नहीं" का तात्पर्य दुनिया की हर उस चीज़ से है जिस पर किसी का नियंत्रण नहीं है।

जानवरों में "मैं" होता है, लेकिन केवल इंसानों में "मेरा" "मेरा नहीं" होता है। नतीजतन, मानव आत्म-छवि शरीर से परे संपत्ति को शामिल करने के लिए विस्तारित होती है। जीवन, ब्रह्माण्ड के निर्माण से उसके प्रलय तक, सृजन से विनाश तक, ब्रह्मा से शिव तक की एक यात्रा है - "तत् त्वमसि।"

जिज्ञासु अक्षय गुरुजी ने पूछा - "तत्वमसि क्या है?"

गुरूजी हँसे।

श्री शाम्बव

अध्याय ५

तत त्वमसि

"तत त्वमसि – वह तुम हो।"

लंबी यात्रा की गहरी शांति के बाद गुरुजी ने धीमी विनम्र आवाज़ में कहा - "अक्षय, 'वह तुम हो'।"

उद्दालक का पुत्र, श्वेतकेतु, एक युवान था, जब वह बारह साल का था, तब उसके पिता ने उसे सलाह दी, "एक गहन शिक्षक की तलाश करने का समय आ गया है।" उनके परिवार में सभी ने पवित्र लेखों और आध्यात्मिक मार्ग का अध्ययन किया था, इसलिए श्वेतकेतु ने भी एक गुरु की खोज की और बारह वर्षों तक पवित्र ग्रंथों का अध्ययन किया, अहंकार और विद्वतापूर्ण ज्ञान के साथ घर लौटे।

"आप एक अद्भुत बालक है और मैं तुम्हारी शिक्षा से खुश हूं।" उद्दालका ने श्वेतकेतु की टिप्पणी की।

उद्दालक ने पूछा - "श्वेतकेतु, क्या आपने अपने गुरु से, उस गहन ज्ञान की माँग की, जो आपको अनसुने को सुनने, अनदेखे

की कल्पना करने और अकथनीय को जानने की अनुमति देता है?"

श्वेतकेतु ने पूछा, "वह कैसा ज्ञान है?"

उद्दालक - "जिस तरह, मिट्टी के एक ढेले को जानने से आप मिट्टी से बनी हर चीज़ को जान सकते हैं। यह देखते हुए कि सभी योग्यताएँ मात्र शब्द हैं, और मूलभूत सत्य पृथ्वी है।"

श्वेतकेतु ने अपने पिता से उसे पढ़ाने के लिए कहा।

उद्दालक ने कहा, "मैं तुम्हें सिखाऊंगा; आरंभ में कुछ भी नहीं था, और सब कुछ, कुछ भी नहीं से आया हैं।"

श्वेतकेतु ने पूछा - "यह कैसे सत्य हो सकता है?" यह कैसे निर्धारित किया जा सकता है? कि अस्तित्व केवल एक ही था।"

उद्दालका ने समझाया, "तर्क यह था, 'मुझे अनेक होने की आवश्यकता है।' इस सृष्टि से ब्रह्मांड की उत्पत्ति हुई, और क्योंकि इस सृष्टि में कुछ भी नहीं था, अस्तित्व ने अग्नि की कल्पना की, अग्नि ने जल का निर्माण किया और जल ने भोजन का निर्माण किया। जब हमें गर्मी लगती है तो हमें पसीना आता है और आग से पानी निकलता है। इसलिए, हम तीन सभाओं में से हैं: पहला, वे जो मूल द्वारा दुनिया में लाए गए। दूसरे, वे जो अंडे द्वारा दुनिया में लाए जाते हैं। तीसरे, वे जो इस संसार में जीवित प्राणियों द्वारा जन्म लेते हैं।

उद्दालक- "अब मुझे बताओ, क्या तुम तीन देवताओं: अग्नि, पृथ्वी और भोजन के नामों और रूपों को अलग कर सकते हो?"

मुजे देवताओं के नामों और स्वरूपों को त्रिगुणिकरण से अलग करने दो। लाल सूरज का रंग बन जाता है; सफेद पानी का रंग बन जाता है, और काला भोजन (पृथ्वी) का रंग बन जाता है। पदार्थ की प्रकृति:- भोजन की पाचन के परिणामस्वरूप स्थूल भाग मल के रूप में जाना जाता है, मध्यवर्ती भाग मांस के रूप में जाना जाता है और सूक्ष्म भाग मन के रूप में जाना जाता है। जब पानी का अवशोषण विषाक्त अपशिष्ट में परिवर्तित हो जाता है, तो मध्यस्थ रक्त बन जाता है, और मायावी भाग जीवन की सांस (प्राण) बन जाता है। अग्नि के आत्मसात होने से स्थूल भाग हड्डी बन जाता है, मध्यवर्ती भाग मज्जा बन जाता है और सूक्ष्म भाग वाणी बन जाता है।

उद्दालक ने कहा, "इस प्रकार, वाणी अग्नि से बनी है और प्राण पानी से बना है और मन भोजन से बना है। मथने पर बारीक दही ऊपर आ जाता है और मक्खन बन जाता है।"

इसी प्रकार, खाए गए भोजन के सूक्ष्म घटक सतह पर आ जाते हैं और मन बन जाते हैं। इसी प्रकार, जल प्राण में और अग्नि, वाणी में परिवर्तित हो जाते हैं।

उद्दालक ने कहा, "मनुष्य के सोलह अंग हैं। प्राण में जल होता है। यदि आप पानी नहीं पियेंगे तो प्राण का अस्तित्व ही नहीं रहेगा।"

श्वेतकेतु पूरी तरह से भ्रमित था और अपने पिता से और अधिक समझना चाहता था।

उदलाका ने श्वेतकेतु को खाना न खाने और खूब पानी पीने की शर्त पर पंद्रह दिनों तक उपवास करने के लिए कहा। श्वेतकेतु वेदों का पाठ नहीं कर सके क्योंकि उन्हें पंद्रह दिन तक बिना भोजन के रहना पड़ा था। अब उनसे कुछ खाने को कहा गया। कुछ भोजन करने के बाद उन्हें वेदों का बोध कर पा रहे थे। फलस्वरूप वाणी अग्नि से, मन अन्न से और प्राण जल से बना है।

उद्दालक ने सुझाव दिया, "आइए नींद से शुरुआत करें।" "जब हम सोते हैं तो हमारे साथ क्या होता है? जब कोई व्यक्ति अज्ञानी होते हुए भी स्वप्नहीन निद्रा में व्यस्त होने पर अपने आप में विलीन हो जाता है। 'जब हम कहते हैं कि वह सो रहा है, तो हमारा मतलब है कि वह अपने भीतर सो रहा है।'

एक बंधा हुआ पक्षी: एक बंधे हुए पक्षी की तरह, उड़ते समय वह हर प्रयत्न करके थक जाता हैं, उसे कहीं आराम नहीं मिलता और अंत में वह उसी स्थान पर बैठ जाता है जहां वह बंधा होता है। अनिवार्य रूप से, व्यक्ति का मन भी इधर-उधर उछल-कूद करते-

करते थक गया है, एक विचार से शुरू करके फिर दूसरे विचार की ओर बढ़ते हुए। अंततः, वह अपने आप में, अपने जीवन और सांसों में डूब जाता है, जिनसे वे उसे बांधते हैं। वह अस्तित्व प्रत्येक जीवित वस्तु की शुरुआत है।

उद्दालक - "यह उनका घर है; वह उनका उद्धारकर्ता है।"

"जब मनुष्य मर जाता है, वाणी मन में विलीन हो जाती है, मन प्राण में विलीन हो जाता है, प्राण टूट जाता है और प्रकाश (अग्नि) में विलीन हो जाता है, और उसका प्रकाश (अग्नि) उस अस्तित्व (मुख्य पदार्थ- सर्वोच्च) में बदल जाता है।" उद्दालक ने कहा।

इस आत्मा में सब सूक्ष्म तत्त्व समाहित है; यह अस्तित्व केवल वास्तविकता है, बीज है, आत्मा है, और तुम, श्वेतकेतु, तुम वही हो!

उदाहरण के लिए, मधुमक्खियाँ फूलों के समागम से अमृत बनाती है। दरअसल, एक अकेले फूल में भी अमृत की एक बूंद का पता लगाया जा सकता है; इसके विपरीत, एक अकेले फूल में आपको अमृत नहीं मिल पाएगा। अस्तित्व सभी आत्माओं को सम्मिलित करती है, जो सभी जीवित प्राणी का अस्तित्व माना जाता हैं। इस संबंध में कि जैंसे जलधाराएं, लंबे समय में, समुद्र में मिलती हैं और उसके साथ एक हो जाती हैं, वह यह याद रखने में विफल रहती है कि वे लगातार अलग-अलग जलमार्ग थे। इसलिए, जब सभी जीवित प्राणी शुद्ध अस्तित्व, सर्वोच्च में विलीन हो जाते

हैं, तो वे अपनी अलगता खो देते हैं। हालाँकि, वे अंततः एक सर्वोच्च अस्तित्व में विलीन हो जाते हैं। तुम, श्वेतकेतु, तुम वही हो!

श्वेतकेतु ने कहा - "जब आप पेड़ की जड़ पर प्रहार करते हैं तो इससे खून बहता है लेकिन वह जीवित रहता है। जब तना टूट जाता है तो रस बाहर आ जाता है, लेकिन पेड़ अभी भी जीवित है। इसका अपना जीवन पेड़ को भरता है और बनाए रखता है। वह अपनी जड़ों से भोजन खोजने में सफल होता है। जीवन जब एक शाखा से खत्म होता है तो, शाखा सूख जाती है, लेकिन जब जीवन वृक्ष से विदाय लेता है तो वृक्ष सूख जाता है। 'तुम्हारा शरीर मर जाएगा, लेकिन तुम्हारी आत्मा नहीं मरेगी।'

उद्दालकाने श्वेतकेतु को निकटतम बरगद के पेड़ से फल लाने को और बीज ढूंढने को कहा।

श्वेतकेतु ने समझाया, "अंदर बीज हैं, लेकिन वे छोटे हैं।"

उद्दालक ने पूछा, "क्या आप बीज तोड़कर पता लगाने में मेरी मदद करेंगे कि अंदर क्या है?"

श्वेतकेतु ने उत्तर दिया, "बीज के अंदर कुछ भी नहीं है।"

"अरे बेटा, ये बरगद का पेड़ तो छोटे से बीज से ही है, इसलिए तुम इसे नहीं देख सकते। जब मैं कहता हूं कि आत्मा, ब्रह्मांड का अदृश्य और सूक्ष्म सार हैं तो विश्वास करें।

उद्दालक ने अपने पुत्र श्वेतकेतु से कहा कि वह सुबह पानी के एक बर्तन में नमक डालकर उसके पास ले आये। अगले दिन उसके पिता ने रात पहले पानी में नमक डाला था उस नमक को निकालने सलाह दी।

श्वेतकेतु ने उत्तर दिया कि नमक घुल गया है।

उद्दालक ने पानी का स्वाद चखने का अनुरोध किया। उन्होंने कहा, "नमक है।"

श्वेतकेतु ने आगे कहा- "नमक पानी में ही रहेगा।"

उद्दालक- "सच है, नमक पानी को संतृप्त करता है, वास्तव में अपनी (आत्मा) के रूप में। यद्यपि हम इसे देख नहीं सकते, आत्मा सभी प्राणियों में है, और सब कुछ उसी (ईश्वर) से आता है। यह अदृश्य एवं सूक्ष्म तत्व ही समस्त ब्रह्माण्ड की आत्मा है। 'ऐसा ही जीवन है, यही वास्तविकता है,' और तुम, श्वेतकेतु, तुम वही हो!"

उद्दालक ने कहा, "आँखों पर पट्टी बाँधे हुए व्यक्ति को भगा दिया गया है और अकेला छोड़ दिया गया है। वह उत्तर- दक्षिण और पश्चिम-पूर्व की ओर जाता है और चिल्लाता है- 'मैं यहीं रह गया हूं और देख नहीं सकता!' जब तक उनमें से एक उसकी आंखों से पट्टी नहीं हटाता और घोषणा नहीं करता, 'आपका भाग्य वहा छिपा है।' वह रास्ता लें। इस प्रकार, शिक्षित और

अपनी आँखों से देखने के लिए तैयार, एक व्यक्ति गाँव से गाँव तक पूछताछ करता है जब तक कि वह जड़ तक नहीं पहुँच जाता।

उद्दालक- "मेरे बेटे, जो कोई भी प्रबुद्ध गुरु की तलाश करता है उसे अपने भीतर परलोक का ज्ञान प्राप्त हो जाता है।" ऐसा कुछ भी नहीं है जो उससे शुरू न होता हो। यह हर चीज़ का सार है, और यह वास्तविकता है। वह बिल्कुल अतुलनीय है- 'परमात्मा।' श्वेतकेतु, "तुम वही तो हो!"

श्वेतकेतु भावुक हो गया और उसने अपने पिता के सामने खुद को विनम्र कर लिया।

जब कोई मर जाता है तो उसके परिवार वाले उसके पास इकट्ठा हो जाते हैं और पूछते हैं, "क्या आप जानते हैं मैं कौन हूं?" वह उन सभी को तब तक जानता है जब तक उसकी वाणी उसके मन में, उसका मन प्राण में, प्राण अग्नि में और अग्नि शुद्ध अस्तित्व में विलीन नहीं हो जाती। इस समय, कोई नहीं जानता कि वाणी कब मन में विलीन हो जाती है, कब मन प्राण में विलीन हो जाता है, कब प्राण अग्नि में विलीन हो जाता है और कब अग्नि शुद्ध अस्तित्व में विलीन हो जाती है।

उद्दालक ने कहा, "वह हर चीज़ का पूर्ण स्वरूप है; यह एक रहस्योदघाटन है; वह स्वयं सर्वोच्च है। 'यह तुम हो, श्वेतकेतु, यह तुम हो!'

मैंने जो कहानी सुनाई है वह सामवेद, छांदोग्य उपनिषद - ६.८.७ से है।

अध्याय ६

गर्व

"मेरा अभिमान मेरे भाग्य के साथ नष्ट हो गया।"

आह! हमने बहुत लंबी यात्रा की हैं, अक्षय ने कहा।

"बूढ़े आदमी," ने कहा, "अक्षय यह तो केवल शुरुआत है। चलो मैं आपको एक कहानी सुनाता हूँ जो मैंने बचपन में अपने माता-पिता से सुनी थी। एक बार की बात है, एक हिरण था जिसे खुद पर बहुत घमंड था। जंगल में घूमते समय उसे एक झील दिखाई दिया। हिरण अपनी प्यास बुझाने के लिए यहाँ रुका। पानी पीने के लिए झुकते समय हिरण को पानी में अपना प्रतिबिंब दिखाई दिया।

"सींग कितने सुंदर हैं!" हिरण कहता है।

उसकी लम्बी आकृतियों और उसकी सुंदरता की प्रशंसा करके वह मन ही मन प्रसन्न हो गया। "अरे नहीं! मेरे पतले पैरों को देखो!" हिरण ने चिल्लाकर कहा ... "मैं विश्वास नहीं कर सकता कि

भगवान ने मुझे इतने सुंदर सींग, आकर्षक चेहरा, कलात्मक शरीर और इतने बदसूरत पैर दिए हैं।"

अपने पैरों पर शर्म आ रही थी और उसका गर्व ख़त्म हो गया। उसने तर्क दिया कि ये बदसूरत पैर मेरे शानदार सींगों से मेल नहीं खा सकते।

हिरण, शेर की दहाड़ सुनकर वह पीछे मुड़ा और देखा कि एक शेर उसकी ओर आ रहा है।

वह चिल्लाया, "ओह, नहीं!" और वह यथासंभव तेजी से आगे बढ़ा। वह अपनी त्वचा पर शेर की सांस महसूस कर सकता था।

हिरण ने तर्क दिया, "मुझे जंगल के सबसे घने हिस्से में जाना चाहिए, जहां शेर मुझ तक नहीं पहुंच सकता।"

हिरण, शेर को बहुत पीछे छोड़कर घने वन क्षेत्र में भाग गया।

हीरन ने कहा- "अरे, मैंने शेर को पीछे छोड़ा दिया है।"

हिरण को तुरंत एहसास हुआ कि वह बड़ी मुसीबत में है, और वह अपने सींगों को हिला नहीं सकता। यह एक दूसरे के बगल में दो पेड़ों के डंठलों के बीच उलझ गये हैं।

उसने जितना अधिक प्रयास किया, उसके लिए मुक्त होना उतना ही कठिन होता गया। हिरण मौत के चंगुल से मुक्त होने के लिए लड़ रहा था, और मौत करीब आ रही थी।

हिरण रोने लगा, "कैसे मैंने अपने सींगों की प्रशंसा की और अपने पैरों को कैसे धिक्कारा।" "अब मुझे अपने पैरों की असली कीमत का एहसास हुआ, क्योंकि उन्होंने मुझे लगभग सुरक्षित स्थान पर ला दिया था।"

शेर, हिरण पर कूद पड़ा और उसे मार डाला। बक का शानदार करियर ख़त्म हो गया।

आख़िरकार, दिन पूरा हो गया और आराम करने का समय आ गया है।

अक्षय इस गहन विचार में उलझा हुआ था और उसके मन में कई सवाल थे, जिनमें "मौत का कारण क्या होगा?"

- हिरन के सुन्दर सींग?
- हिरण का घने जंगल में प्रवेश।
- हिरण का खुद पर गर्व करना।
- हिरण का अपने पैरों पर शर्मिंदा होना।

अक्षय विशाल आकाश की ओर देख रहा था उसे लगा कि टिमटिमाते तारे उससे बहुत कुछ कहना चाह रहे हैं। लेकिन वह समझ नहीं पाया। कई विचार उनके मन में आये उसमे एक विचार यह था कि "अंधेरे के बिना, हम कभी तारे नहीं देख पाएंगे।"

श्री शाम्बव

एक गहरी आवाज- “अक्षय, तुम्हें क्या परेशान कर रहा है, हिरण अपने शरीर पर शर्मिंदा महसूस करता है, या अपने सींगों पर गर्व करता है, या हिरण की मौत?”

अक्षयने तेज आवाज के उत्तर दिया- “हिरण की मृत्यु।”

अक्षय की तेज़ आवाज़ से उसकी नींद खुल गई, और उनस ने देखा कि सूरज ठीक उसके सिर के ऊपर था, और उसने देखा कि अन्य भक्त अपना नियमित काम कर रहे थे। वह जल्दी से उठा और अपनी दिनचर्या में लग गया।

गुरुजी ने अपने सभी भक्तों को बुलाया और घोषणा की, “देखो, हम अगले कुछ दिनों तक यहीं रहेंगे।” भक्तों ने सिर हिलाया और अपनी दिनचर्या शुरू कर दी।

गुरूजीने अक्षय को बुलाया और उसे एक कहानी सुनाना शुरू किया: “एक बार, किसागोतमी अपने एकमात्र बच्चे के साथ, जो अचानक मर गया, रोती, रोती और चिल्लाती हुई बुद्ध के पास आई।

उसकी दुर्दशाने बुद्ध के शिष्यों को प्रेरित किया, और उन्होंने मन में प्रार्थना की कि बुद्ध दया दिखाएँ। बुद्ध को बच्चे को पुनरुत्थान और पुनर्जनन का आशीर्वाद देना चाहिए।

बुद्ध के सभी समर्थक भावनाओं से अभिभूत थे और यह दृश्य इतना रोमांचक और मर्मस्पर्शी था कि हर कोई दंग खड़े थे।

बुद्‌ध, एक लंबे मौन के बाद, वह मृत बच्चे के पास और फिर वह रोती हुई माँ के पास गये और उससे कहा, “अपने बच्चे को पुनर्जीवित करने के लिए एक काम करो।”

इस बच्चे को यहीं छोड़ दो, शहर चले जाओ। “जाओ और पूछो कि क्या उनके परिवार में कभी किसी की मृत्यु हुई है, और क्या तुम्हें कोई ऐसा व्यक्ति मिल सकता है जिसकी मृत्यु न हुई हो,” बुद्‌ध ने कहा, “जिनके परिवार मे किसी की मृत्यु नहीं हुई है, वे मुझे एक मुट्‌ठी राई दे दें।”

तुरंत जाओ, अपना समय बर्बाद मत करो, “बुद्‌ध ने सलाह दी।”

यह खबर सुनकर किसागोटामी रोमांचित और राहत महसूस कर रही थी। वह बुद्‌ध के चरणों में गिर पड़ी और एक के बाद एक परिवार से मदद मांगने के लिए शहर में इधर-उधर भागने लगी।

नगर के प्रत्येक परिवार ने कहा, “यह अकल्पनीय है। इस शहर में ही नहीं, पूरी दुनिया में एक घर ऐसा नहीं होगा जहां कभी किसी की मृत्यु नहीं हुई हो, जहां किसी ने कभी मृत्यु और दुःख, दर्द और पीड़ा का सामना नहीं किया हो जो कि मृत्यु से आता है।

किसागोटामी तब तक उत्सुक थी जब तक उसने पूरे शहर को घेर नहीं लिया। उनके आँसू सूख गए, उसकी उम्मीदें धुंधली हो गईं, लेकिन उन्हें शांति, स्थिरता और सच्चाई की एक नई भावना

महसूस हुई, और उसे एहसास हुआ कि जो भी पैदा हुआ है उसे मरना ही होगा। यह अपरिहार्य है। कुछ दूसरों की तुलना में जल्दी वह धूल चाटेगा, परन्तु मृत्यु उससे दूर न रहेगी। वह बेहोश हो गई और बुद्ध के चरणों में गिर गयी, और दावा किया, "जैसा कि लोग कहते हैं, आपके मन में व्यक्तियों के प्रति गहरी करुणा है।"

"खुद से पूछने में कभी देर नहीं होती,"क्या मैं जो जीवन जी रहा हूं उसे बदलने के लिए मैं तैयार हूं ? क्या मैं भीतर से बदलने के लिए तैयार हूं?" यह शर्म की बात है अगर आपके जीवन में एक दिन अगले दिन के समान है। प्रत्येक नई सांस के साथ पुनर्जन्म होना चाहिए और जन्म लेने का केवल एक ही तरीका है: मरने से पहले मरना।"

- शम्स तबरीज़।

अक्षय ने कहा, "जो कुछ भी आप देखते हैं, जिन चीज़ों से आप प्यार करते हैं या जिन लोगों से आप नफरत करते हैं, वे अलग-अलग मात्रा में आपके अंदर मौजूद हैं।"

अध्याय ७

भक्ति

"एक व्यक्ति छोटे-छोटे पत्थर हिलाकर पहाड़ को हिला सकता है।"

अगली सुबह, लोग गुरुजी के चारों ओर इकट्ठा हो गए। वे संतुष्ट थे और कृतज्ञता से भरे हुए थे क्योंकि उन्होंने विभिन्न प्रश्न पूछे थे। गुरुजी ने भक्तों को आशीर्वाद दिया।

यह एक छोटा सा गाँव था, लेकिन यह हरियाली और पानी वाले क्षेत्रों से भरा हुआ था, पक्षी भोजन को इकट्ठा करने में व्यस्त थे। और तितलियाँ नदी के चारों ओर फूलो पर नृत्य कर रही थी।

गुरुजी एक विशाल बरगद के पेड़ के नीचे बैठे थे।

आसपास के गांवों से लोग फल और फूल लेकर पहुंचे। सभी ने दयालुता के साथ प्रतिक्रिया व्यक्त की। कुछ काफी दोहराए गये थे, लेकिन गुरुजी ने प्रत्येक की बात ऐसे सुनी जैसे वे उनके अपनी हों।

हमने गुरुजी को कभी थका हुआ नहीं देखा था। गुरुजी, हमेशा चेहरे पर सुखद मुस्कान के साथ रहते थे। जो लोग उनके पास

आते थे वे इस संतुष्टि की भावना के साथ जाते थे मानो उनकी समस्याएँ हल हो गई हों। यह सचमुच एक जादुई अनुभव था।

विद्यार्थी के मन में अनेक विचारों के साथ काफी असमंजस की स्थिति चल रही थी।

विध्यार्थी, "गुरुजी को इन सभी लोगों को देखने की क्या ज़रूरत है? हमारी यात्रा का उनसे कोई लेना-देना नहीं है। क्या इन लोगों के साथ समय बिताना जरूरी है? क्या यहां लोगों को उनके उत्तर मिल गये? कई और भी प्रश्न विचार करने के लिए हैं ..."

गुरुजी ने अपने भक्तों को बुलाया और उन्हें एक आदिवासी सरदार के बेटे थिम्मन की कहानी सुनाई,जो एक प्रसिद्ध तीरंदाज था और अक्सर शिकार अभियानों पर लोगों का नेतृत्व करता था। थिम्मन एक बार शिकार के दौरान जंगल में अपने दोस्तों से बिछड़ गया और किसी अज्ञात हिस्से में चला गया। जंगल से बाहर निकलने का रास्ता खोजते समय, उसे "लिंगम" नामक एक छोटा मंदिर मिला। पहली नज़र में, यह साफ लग रहा था, लेकिन वह अस्पष्ट रूप से इसकी ओर आकर्षित हुआ और भगवान शिव को कुछ अर्पित करना चाहता था। हालाँकि, वह नहीं जानता था कि भगवान शिव से कैसे प्रार्थना करनी है या क्या चढ़ाना है। वह शिव के प्रेम से मंत्रमुग्ध और तल्लीन हो गया।

उसके पास जो था, हाल ही मैं शिकार का ताज़ा मांस जो उसने पेश किया। थिम्मन संतुष्ट होकर, उसकी वापसी का रास्ता ढूंढने के इरादे से वहाँ से चला गया।

यह मंदिर प्राचीन था और इसकी देखभाल कोचरियार नामक ऋषि करते थे। जो कई मील दूर निकटतम शहर में रहते थे। ऋषि, शिव के सच्चे भक्त थे। वह हर दिन लंबी दूरी की यात्रा नहीं कर सकते थे इसलिए, वह हर दो सप्ताह में यहाँ आते थे, पूजा की वस्तुएं अपने साथ लाते थे, साफ-सफाई करते थे, देवता से प्रार्थना करते थे और प्रसाद चढ़ाते थे।

जब ऋषि कोचरियार ने भगवान शिव के बगल में मांस पड़ा देखा, तो वह दंग रह गए!

बाद में मान लिया कि कोई जानवरों ने भोजन के बाद अपना मांस छोड़ दिया होगा, ऋषि ने अपनी पूजा प्रक्रिया शुरू करने से पहले लिंग को पास के झरने के ताजे पानी से धोया और उस दिन के लिए संतुष्ट हो गए।

थिम्मन, अगले दिन और अधिक मांस लेकर लौटा। उसने कुछ समय लिंग से बात करने में बिताया, जिससे वह अधिक प्रसन्न हुआ और वह हर दिन मंदिर में आने लगा, और वो जो कुछ भी शिकार करता था उसे अपने साथ ले आता था।

श्री शाम्बव

थिम्मन, कुछ दिनों तक ऐसा ही करता रहा। एक दिन उसे महसूस हुआ कि उसका मालिक गंदा और धूल से ढका हुआ है और उसे स्नान की आवश्यकता है, लेकिन वह कैसे स्नान कर सकता है? उसके पास पानी लाने के लिए कोई बर्तन नहीं था! अंत में, उसने पास की एक छोटी सी धारा से दोनों हाथों में पानी लाने का फैसला किया।

थिम्मन को एक आत्मज्ञान हुआ। वह घुटनों के बल बैठ गया, अपना मुँह पानी से भर लिया, और मंदिर में गया, जहाँ उसने लिंगम पर अपने मुँह से पानी छिड़का। दिन के लिए रवाना होने से पहले, उसने अपना प्रसाद चढ़ाया और अपने सर्वशक्तिमान से बात की।

जब ऋषि मंदिर लौटे तो जो देखा उससे घृणित और चिढ़ गये। एक बार फिर हर जगह मांस था। ऋषि कोचरियार ने कहा, "यह किसी जानवर का काम नहीं है।" "कोई मेरे भगवान को बदनाम करने के बारे में सोच भी कैसे सकता है?"

उन्होंने धैर्यपूर्वक मंदिर की साफ-सफाई की, लाई गई सामग्री अर्पित की, और यह आशा करते हुए चले गए कि ऐसा अपमान दोबारा नहीं होगा।

जब ऋषि ने एक ही बात को बार-बार होते देखा तो वे क्रोधित हो गए और उन्होंने अपनी भावना व्यक्त की। उनसे रहा नहीं गया और रोने लगे।

“हे भगवान, यहाँ क्या हो रहा है?” ऋषि कोचरियार ने कहा। “आप सबसे शुद्धतम, महानतम में महानतम और सभी में सबसे प्रसिद्ध हैं। मेरे भगवान के लिए यह अपमान कैसे अधीन किया जा सकता है? क्योंकि आप ऐसा पाप होने देते हैं, आप सर्वव्यापी, सर्वशक्तिमान और सर्वज्ञ हैं!”

ऋषि के अनुरोध ने भगवान शिव को प्रभावित किया, और वह उनके सपने में आए, और कहा, “प्रिय, आप अपना अपमान क्या मानते हैं? मेरा भक्त अपने नि:स्वार्थ प्रेम से कार्य कर रहा है। मैं उसकी भक्ति से जुड़ा हुआ हूं। आप यदि उसके नि:स्वार्थ प्रेम को देखना चाहते हैं तो आप झाड़ी के पीछे छिपकर देख सकते हो।”

ऋषि कोचिरियार उस भक्त से नाराज थे जिसकी भगवान शिव ने प्रशंसा की थी और झाड़ियों के पीछे छिप गए।

थिम्मन हमेशा की तरह, हाथों में मांस और मुँह में पानी लिए हुए प्रकट हुए; उसने अपने मुँह से लिंग पर जल छिड़का और उसका प्रसाद चढ़ाया। ऋषि ने जब यह देखा तो वह जहां छिपे हुए थे वहाँ कंपकंपाने लगे।

थिम्मन ने जो प्रदान किया, सर्वशक्तिमान ने स्वीकार करने से इनकार कर दिया तो वह चिंतित और आश्चर्यचकित हो गया। वह इस बात से परेशान था कि उसने क्या गलत किया है। उसने लिंग पर पैनी नजर रखी, उसे आश्चर्य हुआ, जब उसने भगवान

की बायीं आंख से कुछ बहता हुआ देखा! दृष्टि से घबराकर वह कुछ जड़ी-बूटियाँ इकट्ठा करने के लिए दौड़ा, जिनका उपयोग वो अपनी आँखों की समस्या के लिए किया करता था और वह बेहतर हुआ था, लेकिन वह और भी बदतर हो गयी। उसके पास कुछ और उपाय थे जिससे कोशिश की, लेकिन उनमें से कोई भी प्रभावी नहीं हुआ।

चिंतित थिम्मन ने अंततः यह निर्णय लिया की इस समस्या को हल करने का एकमात्र तरीका उसकी आंख चढ़ाना है। उसने चाकू लिया और उसने अपनी बायीं आँख निकालकर लिंग पर रख दी। रक्तस्राव तुरंत बंद हो गया और थिम्मन ने राहत और खुशी की सांस ली। थिम्मन ने खुशी में नृत्य किया, लेकिन उसकी खुशी अल्पकालिक थी।

कुछ देर बाद जब नीला आसमान साफ हो गया तो वह आश्चर्यचकित रह गया जब उसने देखा कि दाहिनी आंख से पहले की तरह खून बह रहा है! लेकिन अब, उसके पास एक समाधान था। वह बिना किसी हिचकिचाहट के अपनी दाहिनी आंख दान करने के लिए तैयार था।

थिम्मन ने सोचा, "एक बार जब मेरी दाहिनी आंख ले ली जाएगी, तो मैं अंधा हो जाऊंगा, और मैं दाहिनी आंख कैसे लगा सकता हूं?" समाधान निकालने से पहले उसने एक क्षण सोचा। उसने

अपने दाहिने पैर का अंगूठा भगवान की दाहिनी आँख पर रख दिया, और उसने अपने चाकू से उसकी दाहिनी आँख काट दी।

ऋषि शिव कोचरियार अचंभित रह गए और विश्वास नहीं कर सके! एक आवाज आई। भगवान शिव चिल्लाए, "रुको, कणप्पा, रुको!" यहां तक कि भगवान शिव भी इतना महान बलिदान सहन नहीं देख सके और उनके सामने प्रकट हुए। थिम्मन ने तुरंत अपनी दृष्टि वापस पा ली और भगवान शिव को प्रणाम किया।

ऋषि शिव कोचरियार भी जहा छुपे थे वह स्थान से बाहर आये और भगवान शिव के सामने साष्टांग प्रणाम किया।

भगवान शिव ने उन दोनों को उनकी अद्वितीय भक्ति के लिए आशीर्वाद दिया और उनकी प्रशंसा की। उन्होंने घोषणा की, "थिम्मन को अब से कनप्पा के नाम से जाना जाएगा।" (तमिल में कान का अर्थ आंखें होता है)। वह तिरसठ शैव संतों में से एक हैं जिन्हें सामूहिक रूप से कनप्पा नयनार के नाम से जाना जाता है।

भगवान शिव ने सच्चे प्रेम और भक्ति पर जोर दिया जो हमारे द्वारा की जाने वाली प्रार्थनाओं और अनुष्ठानों से अधिक महत्वपूर्ण है। भगवान शिव को जो सच्चे दिल से प्रेम करता हैं केवल वही उसे (ईश्वर को) पाने की आशा कर सकता है!

गुरुजी ने कहा, "मन और प्रेम एक ही चीज़ से नहीं बने हैं।"

गुरुजी ने कहा, "कुशलता व्यक्ति को उलझनों और खतरों में बांधती है, लेकिन प्यार सभी सीमाओं और खतरों को तोड़ देता है।" "बुद्धि निरंतर सतर्कता है, चेतावनी है, 'सावधान रहें', जबकि प्रेम कहता है, 'ठीक है, परेशान मत हो!' चतुराई को नष्ट करना कठिन है; हालाँकि, प्यार आसानी से टूट जाता है कम हो जाता है। एक आदमी का दर्द हम सभी को पीड़ा पहुँचाता है। एक आदमी की ख़ुशी हर किसी को खुशी देती है। वह थोड़ा गुनगुनाए और फिर छात्र की ओर मुड़कर अपनी बातचीत जारी रखी।

भाग ३

अध्याय ८

कर्म और धर्म

"यदि आप खुद को ऊपर लाना चाहते हैं, तो दूसरों को ऊपर लाएं।"

धर्म को हम कर्तव्य के रूप में परिभाषित करते हैं; यह "कर्म के नियम" और "आंतरिक सत्य" के तहत किसी के आचरण और कार्यों को संदर्भित करता है । धर्म शब्द "ध्रु" से लिया गया है, जिसका अर्थ है "बनाए रखना, पोषण, कायम रखना और एकजुट करना।" एकीकृत करने वाली शक्ति जो विशाल ब्रह्मांड की प्रकृति और कार्यों को नियंत्रित करती है, कायम रखती है और प्रकाशित करती हैं। धर्म, सामाजिक परिस्थितियाँ और हमारा वास्तविक जीवन के लक्ष्यों के प्रति हमारे दृष्टिकोण का संश्लेषण है।

अधर्म, प्रकृति के विपरीत है- अनैतिक, नीति

श्री शाम्बव

विरुद्ध या गैरकानूनी गतिविधियाँ। निःस्वार्थता, आत्म-बलिदान, दया, दूसरों और स्वयं को लाभ पहुंचाने के परोपकारी इरादे से धर्म, हमारे जीवन, समाज और ब्रह्मांड के सभी पहलुओं में शांति और सद्भाव को संरक्षित करता हैं और बढ़ावा देता है। अधर्म अपने स्वार्थी उद्देश्यों के कारण दूसरों को हानि, पीड़ा और दुख पहुँचाता है।

"धर्म" शब्द का प्रयोग प्रारंभिक वैदिक काल में "रतम" और "सत्यम" की एकीकृत दृष्टि को दर्शाने के लिए किया गया था। रतम और सत्यम का अनुवाद "सच" और "सत्य" होता है। ये वेदों के दो सबसे महत्वपूर्ण शब्द हैं। पहला शब्द भौतिक, नैतिक और आध्यात्मिक कानूनों या हर जगह देखी जाने वाली चीजों के क्रम को संदर्भित करता है। जबकि दूसरा सत्यता और व्यक्तित्व के सामाजिक कार्यों को संदर्भित करता है।

भट्टभास्कर "रता (रतम्) को मानसयज्ञ और सत्य को वाचिकयज्ञ" बताते हैं।

सन्याना, "रता (रतम्) सही विचार और सत्य को सही वाणी" बताते हैं।

गुरूजी- "छात्रों, धर्म को हम- धर्म, कर्तव्य और धार्मिकता के रूप में समझते है। ये सब आंशिक सत्य हैं, परन्तु वास्तविक धर्म को समझना मतलब ईश्वर के नियम, कर्म के नियम और आंतरिक सत्य को समझना।

धर्म, किसी वस्तु विशेष का आवश्यक स्वभाव है। इसकी गुणवत्ता या उससे जुड़ी गतिविधि और पहचान को बरकरार रखा जाना चाहिए।

गुरुजी ने कहा - "छात्रों, गन्ना आपको गन्ना का रस देगा, करेला आपको कड़वा स्वाद देगा, इमली आपको खट्टा स्वाद देगी और मिर्च तीखा मसालेदार होगा।"

गुरुजी- "इसी तरह, पेड़ उगेंगे, सूरज उगेगा और डूबेगा, चाँद उगेगा और डूबेगा, और रात में तारे चमकेंगे। यही उनका धर्म है।"

गुरुजी- "उसी तरह, पुरुष और महिला, माता और पिता, छात्र और पेशा प्रत्येक अपनी स्वयं की संबद्ध पहचान से जुड़े हुए हैं।"

गुरुजी ने कहा, "माँ का मातृ धर्म है, पिता का पितृ धर्म है, भाई का बत्रु धर्म है, गुरु का गुरु धर्म है।"

जब कोई विद्यार्थी मन लगाकर पढ़ता है तो वह अपने विद्यार्थी धर्म का पालन करता है। जहां एक मां अपने बच्चे की परवाह करती है, वहीं उसका मातृ धर्म है।

इस बातचीत के दौरान एक बुजुर्ग महिला ने पारंपरिक साड़ी पहनी हुई थी और उसका चेहरा उदासी से भरा हुआ था, एक प्रश्न पूछा, मानो उसने अपने जीवन में सब कुछ खो दिया हो "अधर्म क्या है? पशु-पक्षियों का क्या धर्म होता हैं?"

गुरुजी मुस्कुराए और धीरे से अपने गाल को सहलाया, पदमा - "आपको धर्म का पालन करना चाहिए और अधर्म से बचना चाहिए और हमें जो करना है उसे स्वधर्म कहा जाता है।"

उदाहरण के लिए, माता-पिता को अपने बच्चों की जरूरतों के प्रति जागरूक रहना चाहिए और उनका ध्यान रखना चाहिए। विद्यार्थी को अच्छे से अध्ययन करने में समय और ऊर्जा लगानी चाहिए और गुरु को अपने भक्तों को सही दिशा में मार्गदर्शन करना चाहिए।

मैं एक कहानी सुनाता हूँ: एक ऋषि और उनके भक्त एक बार जंगल में चलते समय रास्ते में एक नदी के पास आये। नदी के तट पर ऋषि ने एक बिच्छू को पानी में डूबते देखा,उस पर दया करते हुए, ऋषि ने उसे पानी से बाहर निकाला और जमीन पर रख दिया। बहुत जल्दी, बिच्छू ने ऋषि को डंक लगाया, और वह एक बार फिर पानी में फिसल गया; ऋषि ने उसे फिर से बचाया, और उसने फिर से उन्हें काटा। एक जिज्ञासु भक्त ने ऋषि से पूछा कि जब यह इतना कृतघ्न हैं और आपको इतना कष्ट दे रहा है तो आपने इसे क्यों बचाया। ऋषि ने उत्तर दिया, *"बिच्छू का धर्म डंक मारना है और मेरा धर्म रक्षा करना है।"*

पदमा को विश्वास नहीं हुआ और पूछा, "गुरुजी, हम धर्म और अधर्म के नाम पर कब तक कष्ट सहते रहना चाहिए?"

गुरुजी को लगा कि पदमा घोर यातना से गुजर रही है।

गुरुजी ने कहा, "पदमा, पांडव एक बार कौरवों से पासे के खेल में हार गये। अपनी हार के कारण उन्हें इंद्रप्रस्थ छोड़ना पड़ा।"

कौरवों ने कहा, "तुम हार गए हो, तेरह वर्ष तक जंगल में, बिना घर के और बिना पहेचान रहकर ही, तुम राज्य का दावा कर सकते हो।"

पांडव, प्रारंभ में यथाशीघ्र आक्रमण करके अपना खोया हुआ राज्य पुनः प्राप्त करना चाहते थे।

"नहीं," श्रीकृष्ण ने कहा, यह धर्म के विरुद्ध है। आप चुनौती हार चुके हैं और आपको अपनी हार स्वीकार करनी चाहिए और निर्वासन में जाना चाहिए।

१३ साल बाद, जब पांडव कई कठिनाइयों के बाद वनवास से लौटे और कौरवों से अपना खोया हुआ राज्य मांगा तो वे वादे से मुकर गये।

श्री कृष्णने कौरवो को कहा, "आप धर्म का खंडन कर रहे हैं। पांडवों ने अपना वादा पूरा किया अब तुम्हें अपना वादा निभाना होगा।"

श्रीकृष्ण के अनुरोध को कौरवों ने अस्वीकार कर दिया।

श्री शाम्बव

श्रीकृष्ण ने निवेदन किया, "ठीक है, शांति के लिए, उनको कम से कम पाँच गाँव दो। युद्ध से बचने के लिए उन्हें यह स्वीकार है।

कौरवों में सबसे बड़े दुर्योधन ने उत्तर दिया, "नहीं।"

श्रीकृष्ण ने घोषणा की कि अराजकता केवल युद्ध और रक्तपात को जन्म देगी।

जब दोनों पक्ष युद्ध की तैयारी कर रहे थे, बलराम असंतुष्ट थे और लड़ने के लिए तैयार नहीं थे। रिश्तेदारों के खून से- "जमीन या कानून के लिए लड़ना व्यर्थ है। उन्हों ने, दोनों तरफ, लड़ने से इनकार कर दिया।"

श्रीकृष्ण ने तर्क दिया: "यदि यह युद्ध नहीं हुआ, तो अधर्म सर्वोच्च शासन करेगा।"

अर्जुन का रथ श्रीकृष्ण के हाथ में था।

श्रीकृष्ण ने कहा, "अर्जुन, पृथ्वी पर धर्म स्थापित करने में मेरी मदद करो।"

न मे पार्थास्ति कर्तव्यं त्रिषु लोकेषु किञ्चन ।

नानवाप्तमवाप्तव्यं वर्त एव च कर्मणि ॥२२॥

- कर्म योग अध्याय- ३.२२

भावार्थ: - "हे पार्थ! समस्त तीनों लोकों में मेरे लिए कोई कर्म निश्चित नहीं है, न ही मुझे किसी पदार्थ का अभाव है और न ही मुझमें कुछ पाने की अपेक्षा है फिर भी मैं निश्चित कर्म करता हूँ।"

अर्जुन भावुक था, उनकी आंखों से आंसू बह रहे थे। "मैं जमीन के एक छोटे से टुकड़े के लिए अपना खून- अपने रिश्तेदारों और संबंधियों - को कैसे मार सकता हूं?"

श्रीकृष्ण ने अर्जुन को अपना विश्वरूप दिखाया।

श्री कृष्ण ने अर्जुन से कहा, "यह 'धर्म' के बारे में लड़ाई है, आपके राज्य या आपकी शक्ति के लिए लड़ाई नहीं है। आपको अन्यायियों को नष्ट करना चाहिए क्योंकि यह आपका कर्तव्य है, क्रोध, लालच, शक्ति या बदले की भावना से नहीं। "जीवन के चक्र को चलाने वाले परमात्मा के हाथ में आप, मात्र एक उपकरण हैं।"

कुरूक्षेत्र के मैदानों पर युद्ध कोई सामान्य युद्ध नहीं था; अधर्म का बोझ से छुटकारा पाने के लिए यह बहुत बड़ी उथल-पुथल की लड़ाई थी। श्री कृष्णने अन्यायी कौरव के खिलाफ जीतने के लिए, धोखा और छल सहित हर रणनीति का उपयोग करके युद्ध की रणनीति बनाई।

युद्ध बड़े पैमाने पर नरसंहार में समाप्त हुआ। द्रौपदी ने अपने बालों को खून से धोया और बदला लेने के बाद ही बांधा था।

द्रौपदी ने घोषणा की- "प्रत्येक स्थान पर धर्म है" और श्रीकृष्ण को धन्यवाद दिया, वही जिन्हों ने विभिन्न शरारतों से गोपियों को बहुत कष्ट पहुँचाया था, जो अपने शरारती स्वभाव के कारण गोपियों के जल से भरा हुआ मटका फोड़ दिया करते थे, जिन्हें पानी से भिगी गोपियों के कपड़े छिपा दिये थे और जिन्होंने अपनी मां पर लगाए गए गोपियों के हर आरोप को नकार दिया था।

"कृष्ण" अपने चंचल और प्रेमपूर्ण कृत्यों के लिए जाने जाते थे, जैसे मक्खन चुराना, गोपियों को उनकी पोशाक को गलत तरीके से प्रस्तुत करने के लिए चिढ़ाना, कालिया को पालन-पोषण करने के लिए, गोवर्धन को उठाने के लिए, और राधा, के प्रति अपार प्रेम के लिए, बांसुरी बजाने वाली दिव्यता के लिए, वृन्दावन के रक्षक, और वृन्दावन के मेदानों मे प्यार और हँसी लाने के लिए।

श्रीकृष्ण ने, अब कुरूक्षेत्र के मैदानों पर अन्यायी राजाओं और योद्धाओं का खून छिड़का वह अगम्य है।

गुरूजी ने अब रामायण से आगे कहना शुरू रखा - "राम के विवाह के बाद, राजा दशरथ अपने सबसे बड़े बेटे को अपना मुकुट सौंपकर, जंगल में जाने के लिए बहुत खुश थे।"

राजा दशरथ की दूसरी रानी कैकेयी ने उन्हें रोका और कहा, "जब मैंने युद्ध में आपकी जान बचाई थी, तो आपने मुझे दो वरदान देने का वादा किया था! मुझे अब उनकी ज़रूरत है।"

कैकेयी ने घोषणा की, "मैं चाहती हूं कि भरत आपका उत्तराधिकारी बनें। इसके अलावा, मैं यह भी चाहती हूँ कि राम चौदह वर्ष तक वन में एकांतवास में रहे।"

यह जानकर, भगवान राम ने बिना शोक या क्रोध के, अपने शाही वस्त्र त्याग दिए और अयोध्या छोड़ दिया। यह सुनकर भरत कौशल्या से मिलते हैं और राम को राजगद्दी से वंचित करने की साजिश रचने का आरोप लगाते हैं। भरत ने कौशल्या को आश्वासन दिया कि वह इस तरह के गलत काम का दोषी नहीं है और वह कौशल्या को आश्वस्त भी करते हैं कि जो किसीने भी राम को निर्वासित करने की सलाह दी है उसने अधर्म किया है और वह अपराध का दोषी है।

तिरुवल्लुवर के पाठ से एक तिरुक्कुरल दोहा जो गूंजता है:

"इरैकक्कुमवयगमेलम अवनिमुरैक्कुमुत्तचेयिम।"

भावर्थ: "जो राजा धर्म के अनुसार न्यायपूर्वक शासन करता है, उसकी धर्म द्वारा रक्षा की जाती है।" शासन करने और जीने का यह धार्मिक तरीका है।

अधर्म, स्वयं को विभिन्न तरीकों से प्रकट करता है: जैसे पीने के पानी को दूषित करने की बुराई, एक मालिक का गलत काम जो अपने नौकर से कड़ी मेहनत करवाता है लेकिन उसे पर्याप्त मुआवजा नहीं देता है, प्यासे को पानी नहीं देना। एक शासक जो

अपने लोगों पर कर लगाता है लेकिन उनके कल्याण की बहुत कम परवाह करता है। किसी व्यक्ति का हिंसक व्यवहार और बुजुर्गों के साथ दुर्व्यवहार, मित्र को धोखा देने का अन्याय। मनुष्य का अपराध यह भी है कि वह अपने परिवार और नौकरों के साथ बांटे बिना भोजन करता है। दो लोगों के बीच मतभेद समाधान न करना भी अनैतिक है।

गुरुजी - "ब्रह्मांड, धर्म नामक कानूनों के समूह पर आधारित है, जो सभी प्राणियों को सद्भाव में एक साथ रहने की अनुमति देता है। जब कोई व्यक्ति इन पवित्र और लौकिक नियमों का उल्लंघन करता है, ब्रह्मांड के कवच को जब मरम्मत से परे क्षतिग्रस्त करता है, तो उसे प्रलय (प्रकटीकरण) का सामना करना पड़ता है।"

पदमा ने पूछा - "गुरुजी, फिर मनुष्य, धर्म क्यों छोड़ देता है?"

गुरुजी ने कहा - "ऋषि मनु ने अपनी मनुस्मृति में धर्म के अभ्यास के लिए दस बुनियादी सिद्धांत निर्धारित किए हैं: दम(आत्म-संयम या पवित्रता), धृति (धैर्य), अस्तेय (ईमानदारी), क्षमा(क्षमा), क्रोध, शौच(शुद्धता), धी (कारण), सत्य (सत्य), विद्या (ज्ञान या सीख) और इंद्रिय -निग्रह (इंद्रियों पर नियंत्रण)।"

पूज्य गुरुजी ने आगे कहा - "धर्म का सार शांति, सत्य, लोभहीनता, बेदाग मन और शरीर और ऊर्जा पर नियंत्रण है।"

गुरुजी ने उत्तर दिया, "मनुष्य अपने आप में इतना भ्रमित है कि ब्रह्मांड के बारे में नहीं सोच सकता। वह लोभ, वासना, ईर्ष्या, मोह, अभिमान और भय के प्रति गहराई से आकर्षित होता है। यह कष्ट और पीड़ा, इच्छाओं के कारण है।"

भागवत पुराण धार्मिक रूप से पुण्य जीवन या जीवन को चार पहलुओं में परिभाषित करता है:

धर्म का बैल: "जब तक 'धर्म का बैल' चारों पैरों पर खड़ा है। तपस (संयम, शौक (पवित्रता, दया (करुणा) और सत्य (सत्य) धर्म के बैल हैं। जब तक वह चारों पैरों पर सीधा खड़ा रहेगा, तब तक धर्म की जीत होगी और वे रामराज्य का आनंद लेंगे और प्रलय से बचेंगे। - श्रीमद् भागवत।

गुरुजी ने कहा, "पदमा, धर्म वह ऊर्जा है जो चेतना को बनाए रखती है और हमारे जीने के तरीके को नियंत्रित करती है। जो लोग 'धर्म' का पालन करते हैं उनका कभी नाश नहीं होता।"

गुरुजी ने कहा: *"हम यह भी समझते हैं कि 'धर्म' को नष्ट नहीं किया जा सकता।"*

"धर्मो ईवा हातो हन्ती धर्मो रक्षति रक्षितः

तस्मद धर्मो नहीं हन्तवह्यो मां नहीं धर्मो हतोवाधित्।"

- मनुस्मृति ८.५

भावार्थ: "धर्म, उनको नष्ट करता है जो उसे नष्ट करना चाहते हैं, और उन लोगों की रक्षा करता है जो इसकी रक्षा करना चाहते हैं। धर्म अविनाशी और अटूट है।"

गुरुजी - "पदमा, अच्छे कर्म करके अधर्म को उचित या अस्वीकार नहीं किया जा सकता है, जबकि दान के कार्यों में यह एक खूबी है। जब कोई व्यक्ति जानबूझकर कोई गलत कार्य करता है तो कर्म का नियम लागू होता है। ऐसे व्यक्ति के लिए पश्चाताप या विनाश यही एक मात्र मार्ग है।"

"अधर्म किसी को क्षणिक खुशी दे सकता है, लेकिन किसी और के दर्द और पीड़ा की कीमत पर। जब कोई व्यक्ति बार-बार दूसरों पर दया दिखने से बचता है तो वह व्यक्ति अधर्मी हो जाता है। यदि कोई व्यक्ति मृत्यु और पुनर्जन्म के इस चक्र से मुक्त होना चाहता है, तो उसे अधर्म के स्थान पर धर्म को चुनना चाहिए।"

अध्याय ९

कर्म

"आप जो भी दूसरों को देते हैं वह हमेशा आपके पास वापस आता है।"

थोड़ी देर आराम करने के बाद, सभी जिज्ञासु शिष्य उत्सुकता से वट वृक्ष के पास फिर से इकट्ठा हुए और अपनी सीखने की अवधारणाओं और मान्यताओं पर चर्चा करने में व्यस्त थे। पद्मा, अपने विचारों में खोई हुई, उसी स्थान पर बैठी, एक छोटी सी छड़ी के साथ जमीन पर पेंटिंग कर रही थी।

जैसे ही श्री गुरुजी, छाया ओर हरे पत्तों वाले विशाल बरगद के पेड़ के पास पहुँचे, जहाँ नियमित बैठकें होती थीं, सभी ने उन्हें बहुत सम्मान के साथ आदर प्रणाम किया। सौम्य और शांत गुरुजी, अपनी सामान्य मुस्कान और संतुष्ट चेहरे के साथ थे। गुरूजी ने वहाँ जो लोग थे उन्हें बैठने के लिए कहा और अपना स्थान लीया।

श्री शाम्बव

अगला सत्र शुरू होने से पहले, वहां ध्यान की अवस्था और गहरा मौन था। ज्ञान के अवतार गुरुजी ने प्यार भरी मुस्कान के साथ धीरे से आँखें खोलीं और पदमा की ओर देखा, जिसने उस दिन पछतावे भरे चेहरे से आंतरिक संघर्ष दिखाया था।

मानसिक दुर्दशा, संदेह से भरी पीड़ा, बार-बार होने वाली कठिनाई, यादृच्छिक घटनाओं और दर्द के बारे में अधिक प्रश्न पदमा को पूछने के लिए परेशान कर रहे थे। अंत में, उसके दिमाग में लगातार घूम रहे विचारों को स्पष्ट करने के लिए, औचित्य और कारण के साथ उत्तर की उम्मीद से प्रश्नों की एक श्रृंखला पर उसने निर्णय लिया।

संपूर्ण विनम्रता के साथ, महाभारत से एक उद्धरण के साथ पदमा, गुरुजी के पास पहुंची: "प्रणाम गुरुजी, मैं पूछना चाहती हूं कि भीम, एक पांडव योद्धा, ने दुर्योधन को अपनी नाभि के नीचे गदा से वार कर हत्या कर दी। क्या यह एक धार्मिक कृत्य था?"

गुरुजी ने पद्म को प्रसंगपूर्वक उत्तर दिया- "दो कुलों के बीच टकराव के आदान-प्रदान में, ऐसा हुआ कि द्रौपदी को शर्मिंदगी के लिए निशाना बनाया गया। कौरवों द्वारा द्रौपदी का अपमान करना भी गलत था, जो गैर-धार्मिक कृत्यों के बराबर है।

व्यापक ज्ञान से संपन्न, गुरुजी, गुण और दोष के मूल्य के बारे में सवालों के जवाब देने के लिए अपने दृढ़ संकल्प के साथ आगे बढ़े। महान महाकाव्यों की कई घटनाएं बाहरी तौर पर अधार्मिक

और अन्यायपूर्ण लगती हैं। शुरुआत में, पासे का खेल टाला जा सकता था। घृणा से भरे दुर्योधन ने पांडवों को पांच गाँव देने से इनकार कर दिया, हो उन्हें उचित रूप से दिया जाना था।

आग्रह पूर्वक, गुरुजी ने, महाकाव्य में घटनाओं की सूक्ष्मताओं पर विचार करते हुए कहा- "हालांकि शुरुआत मे उन्हें अधर्म कहा जाना प्रतीत होता है, पदमा सुनो।"

एक बार, भगवान इंद्र, वेश बदलकर, कर्ण, कौंथेय से मिलते हैं, जिन्होंने उसका दुर्लभ, सुरक्षात्मक और शक्तिशाली कवच भिक्षा के नाम पर हड़प लिया। एक अन्य खेल में, राजा अश्वत्थामा, अपने नुकसान का बदला लेने के लिए पांडवों के बेटों को मार डालते है। कर्ण का अपनी माता (कुन्ती) को विश्वास सहित वचन देना। हम इस सब को धर्म की प्राप्ति के खिलाफ कह सकते हैं।

गुरुजी- "हालाँकि, कलियुग में उसे तर्क द्वारा स्थापित करना उचित है।"

आध्यात्मिक सत्य की जटिल अवधारणाओं में गहराई से डूबे हुए, गुरुजी ने ऐसी कई घटनाओं पर अटकलें लगाते हुए कहा, "यह निम्नलिखित घटनाओं के लिए उचित नहीं लग सकता है: जैसे, कर्ण के शक्तिशाली ब्रह्मास्त्र से अर्जुन को बचाने के लिए, श्री कृष्ण ने भगवान हनुमान के दिव्य संचालित रथ का उपयोग किया, श्रीकृष्ण, कर्ण के सामने एक बूढ़े ब्राह्मण के रूप में प्रकट होते हैं और उससे धर्म का फल मांगते हैं, जो कर्ण ने अपने

परोपकारी कार्यों के कारण अर्जित किया था, ये सभी गलत कार्य प्रतीत होते हैं।"

पदमा, यह अनुभूति करते हुए कि हमारे सत्य बहुत अधिक गूढ़ हैं, हमें एक महत्वपूर्ण पहलू पर आत्मनिरीक्षण करने की आवश्यकता है, जो प्रत्येक प्राणी या अस्तित्व के कार्यों पर निर्भर करता है।

हम हमारे अपने निर्णय या कार्य के लिए ज़िम्मेदार है; उन्हें अपने कार्यों के परिणामस्वरूप पश्चाताप करना होगा या उन गुणों या अवगुणों का सामना करना होगा, जो उन्होंने वर्तमान या पिछले जीवन में किए हैं। आप जानबूझकर या अनजाने में जो कृत्य करते हैं उसके लिए आप पूरी तरह से जिम्मेदार हैं।

महायुद्ध ने पांडवों का नाश कर दिया। वे अवाक, हैरान और मूक थे क्योंकि उन्होंने मृतकों द्वारा झेले गए दर्द को महसूस किया, जो जमीन पर थे और अज्ञात कारणों से खून से लथपथ पड़े थे। यह एक दुखद स्थिति थी।

गांधारी धर्मपरायण रानी, कौरवों की माता, सौ पुत्रों की मृत्यु पर गहरे दुःख, भ्रम और क्रोध से भरी हुई थी। गांधारी के आंसू निरंतर बह रहे थे। राजा धृतराष्ट्र को भी दुःखने चारों ओर से घेर लीया था, जो उदास और असहाय दिख रहे थे। पूरे देश में मृत्यु, दर्द और रोना था और सभी गहरी पीड़ा में थे। युद्ध के बाद की

स्थिति और परिणामों की सराहना करते हुए, पांडव और श्रीकृष्ण, रानी गांधारी और राजा धृतराष्ट्र से मिलते हैं।

राजा के अनुरक्षक संजय ने धीरे से झुककर गांधारी को उनके आगमन की सूचना दी। यह सुनकर उग्र गांधारी खड़ी हो गयी, उसका दुःख स्थिर हो गया और वह मानो एक झटके में अद्रश्य हो गई वह इस मुलाकात से क्रोधित हो गई और उसने पांडवों की उपेक्षा की। संजय ने श्रीकृष्ण को उनका आशीर्वाद लेने में उनकी मदद की और उनका मार्गदर्शन किया।

बहुत उत्तेजित और परेशान गांधारी ने श्रीकृष्ण से उनके महान नुकसान पर सवाल किया- "हर दिन आपसे आदरपूर्वक प्रार्थना करने के बाद भी, आपने मेरे बच्चों को नहीं बचाया। मेरी प्रार्थना नहीं सुनी गई। इस खूनी युद्ध को आप टाल सकते थे!"

श्रीकृष्ण की शांत, सौम्य मुस्कान ने गांधारी को और अधिक दुखी कर दिया और उनके दिल को और अधिक पीड़ा हुई। हालाँकि, क्रोधित रानी गांधारी ने अपनी उदासी प्रकट करना शुरू कर दिया और इस विपत्ति के लिए श्रीकृष्ण को दोषी ठहराते हुए कठोर स्वर में पूछा - *"अरे! श्री कृष्ण, क्या आप इस विपत्ति के बाद भी हँस रहे हैं?"*

रानी गांधारी गुस्से से चिल्लाई, *"इतना सब होने के बाद भी आप हँस रहे हो?"*

श्री शाम्बव

कष्ट और पीड़ा से बिखरी हुई - "ओह! यह सुनो, श्रीकृष्ण: यदि वर्षों से भगवान विष्णु को की गई मेरी प्रार्थनाएँ सच्ची हैं। यदि मैं अपने पति के प्रति ईमानदार और वफादार हूं, तो आप भी मेरी तरह अपने दोस्तों और रिश्तेदारों के पतन और मृत्यु को देखेंगे। आप भी सामान्य जानवर की तरह शिकारियों के हाथों मारे जाओगे?"

यह सब बताते हुए वह रो पड़ी और उसका सारा गुस्सा गायब हो गया।

"माँ, समय की लगातार बदलती गति के कारण आपका श्राप अवश्य फल देगा। श्रीकृष्ण ने अपने कंधे ऊपर उठाये। इस बीच, आइए हम मृतकों की देखभाल करें और उन्हें शांति से उनके रास्ते पर भेजें।" श्रीकृष्ण ने गांधारी को सांत्वना दी और चले गए।

हस्तिनापुर के राजा के रूप में युधिष्ठर के राज्याभिषेक के बाद, श्रीकृष्ण शासन करने के लिए द्वारका लौट आए। उनके शासन में लोगों ने अच्छे और सुखी जीवन का आनंद लिया।

समय के साथ यादव अहंकारी हो गए और आचरण, नैतिकता, अच्छे व्यवहार, नैतिकता, शील और अनुशासन के मूल्य को याद रखने में असफल रहे।

दुर्वासा, विश्वामित्र, नारद और वशिष्ठ जैसे महान ऋषि एक बार विभिन्न स्थानों की यात्रा पर थे। वह श्रीकृष्ण और श्री बलराम से मिलने के लिए द्वारका गए।

यादवों में वृष्णिस, भोदक, अंडक और केकेय थे। जो कभी श्री कृष्ण के सद्गुणी सदाचारी भक्त थे लेकिन उनमें संस्कृति और अनुशासन की भावना खो गई थी। वे किसी बदमाश या उपद्रवी से कम नहीं थे।

भले ही वह अब जवान नहीं था, लेकिन श्रीकृष्ण का पुत्र सांबा, अपनी शरारतों के लिए प्रसिद्ध थे। सांबा और उसके साथियों ने एक बार ऋषियों का उपहास किया था। उन्होंने सांबा को साड़ी पहनाई और विद्वान ऋषियों के सामने लाने से पहले उसके पेट में मिट्टी का एक बर्तन बांध दिया।

"यह महिला गर्भवती है; क्या आप हमें बता सकते हैं कि लड़का होगा या लड़की?" युवक ने ऋषि से पूछा। अपनी गुप्त दृष्टि से वे देख सकते थे कि युवक उनका मजाक उड़ा रहे थे।

ऋषिने उनकी शरारत से क्रोधित होकर उनको श्राप दे दिया। "तुम, सांबा, तुम हमारा मज़ाक उड़ाने पर उतरे हो! दर असल, 'यह महिला' संतान की उपलब्धि करेगी, हालाँकि, यह लोहे का एक टुकड़ा होगा, और यह श्रीकृष्ण के पूरे वंश का विनाश कर देगा।"

आख़िरकार, श्राप सच हुआ और साम्बा ने लोहे के गठठे को जन्म दिया। साम्बा और उसके चचेरे भाइयों को एहसास हुआ कि वे नष्ट होने जा रहे हैं।

अकरूरा ने जल्दबाजी में एक आदेश जारी करके यादव वंश को बचाने की कोशिश की: "गठठे को बारीक चूर्ण बनाकर समुद्र में फेंक दो।"

यादवों ने अंततः अक्रूरा के निर्देशानुसार लोहे की गांठों को पीसना शुरू कर दिया। तेज त्रिकोण के एक टुकड़े के अलावा जो आश्चर्यजनक रूप से कठिन लग रहा था, लोहे की गांठ को बारीक पीस दिया गया था और उसे प्रभास समुद्र में फेंकने के बाद चीजें सामान्य हो गईं। यादव अपनी सामान्य बेचैनी और खुशी की स्थिति में लौट आये। समय बीतता गया और एक बार एक मछली ने गांठ के त्रिकोणीय हिस्से को निगल लिया। ज़ारा, एक शिकारी, जिसे मछली के पेट में लोहे का एक तेज त्रिकोणीय टुकड़ा मिला, बाद में इसका इस्तेमाल उसने एक जहरीला तीर बनाने के लिए किया।

लोहे की गांठ का महीन पाउडर वापस किनारे पर आ गया, जहाँ वह हरी-भरी घास में उग आया। हालांकि, महाभारत की लड़ाई के छत्तीस साल बाद, द्वारका में बहुत अशुभता दिखाई दी। सुदर्शन चक्र, पांचजन्य शंख, भगवान कृष्ण का रथ और बलराम का हल धरती से गायब हो गए।

एक अवसर पर, यादव प्रभास समुद्र तट पर इकट्ठा होते हैं और अपने भयानक अतीत और भयानक गलतियों को याद करते हुए एक-दूसरे को चिढ़ाते हैं। कृतवर्मा और सात्यकि द्वारका के विनाश का कारण थे। कुरूक्षेत्र के युद्ध में कृतवर्मा कौरवों के पक्ष में थे, जबकि सात्यकि पांडवों के पक्ष में थे। उन्होंने युद्ध को लेकर एक-दूसरे का मजाक उड़ाया, उन अत्याचारों को याद किया, जिससे वह क्रोधित हो गए।

सात्यकि ने कृतवर्मा को धक्का दिया और गुस्से में उसका सिर काट दिया जिसके परिणामस्वरूप एक विवाद हुआ। उनके पास कोई हथियार नहीं था, इसलिए उन्होंने लंबे घास के डंठल से एक-दूसरे को मारना शुरू कर दिया। ये घास के तने लोहे के टुकड़ों से बने पाउडर के ब्लेड थे "सांबा द्वारा निर्धारित", इस प्रकार महान संत के अभिशाप को पूरा किया।

यह उस समय की बात थी, दुःख का क्षण था; उनके परिवार के सदस्यों द्वारा वध कर देने पर संपूर्ण यादव वंश नष्ट हो गया। श्री कृष्ण और बलराम को छोड़कर पूरे यादव वंश का नाश हो गया।

श्रीकृष्ण और बलराम, अपने कुल के भ्रातृहत्या के साक्षी बने और वो उदास हो गए। द्वारका का आसन्न विनाश से अच्छी तरह वाकिफ बलराम जंगल में चले गए। श्रीकृष्ण ने द्वारिका की यादव महिलाओं, बूढ़ों और बच्चों को सांत्वना दी और उन्हें इंद्रप्रस्थ

जाने के लिए कहा। तब भगवान श्रीकृष्ण अपने पिता वासुदेव के पास गए और वन जाने से पहले उनका आशीर्वाद लिया। श्रीकृष्ण जानते थे कि उनका प्रिय भाई पहले से ही वहां मौजूद होगा। दर असल, उन्होंने अपने भाई बलराम को एक पेड़ के नीचे योग मुद्रा में ध्यान लगाए बैठे देखा। शीघ्र ही, वो अनंत सर्प में परिवर्तित हुए, एक बहु- सिर वाला साँप जो समुद्र के माध्यम से अपना रास्ता बनाता है। श्रीकृष्ण जानते थे कि बलराम पहले ही अपने अंतिम निवास के लिए प्रस्थान कर चुके हैं।

अपने प्यारे भाई को दुनिया से विदा होते देख श्रीकृष्ण को पता चल गया कि उनका समय भी जल्दी आएगा। बाद में, अपने सांसारिक कर्तव्यों को पूरा करने के बाद, उन्हे यह क्षेत्र छोड़ना होगा। यह जानकर श्रीकृष्ण वन में भटकने लगे। अंततः श्रीकृष्ण, घने पत्तों के बीच जमीन पर ध्यान मे बैठ गए।

जरा नाम का एक शिकारी जंगल में शिकार के लिए गया हुआ था, तभी उसने झाड़ियों के पीछे हलचल देखी और श्री कृष्ण के पैरों को छिपा हुआ हिरण समझा। परिणामस्वरूप, उसने एक घातक तीर चलाया जो श्रीकृष्ण के पैरों में लगा और छेद कर दिया। शिकारी को अपनी गलती का एहसास हुआ और वह जल्द ही झाड़ी के पास पहुंचा और माफ़ी मांगने लगा।

श्रीकृष्ण ने उसे सांत्वना दी और जरा से कहा कि मृत्यु अवश्यंभावी है। श्रीकृष्ण त्रेता युग में प्रकट हुए। राम के रूप में उनके पिछले

जीवन में, उन्होंने बाली (सुग्रीव के भाई)को पीछे से मारकर हत्या की थी। जरा द्वारा राजा बाली के रूप में अपने पिछले जीवन के कारण, श्रीकृष्ण को अब कीमत चुकानी पड़ी। जरा का प्रारब्ध कर्म उन्हे मारना था।

सच्चाई, या सबसे महत्वपूर्ण तथ्य, अब सामने लाया गया है। कर्म सिद्धांत का नियम सर्वोच्च है और सभी के लिए समान है, यहां तक कि "ब्रह्मांड के शासक" के लिए भी। श्री कृष्ण को नश्वर संसार छोड़ना पड़ा। कृष्ण की मृत्यु का समय कलियुग की शुरुआत थी। श्री कृष्ण का गायब होना द्वापर युग के अंत और कलियुग की शुरुआत का प्रतीक है।

गुरुजी ने पदमा से कहा- "छत्तीस वर्ष बाद रानी गांधारी का श्राप सत्य हुआ।"

धर्म बोलने के बजाय सुनना है; यह लेने के बजाय देने के बारे में है; यह असहाय लोगों की मदद करने के बारे में है; यह सही के बजाय स्नेह के बारे में है। जब भूखे लोग भोजन वितरित करते हैं, तो धर्म होता है।

"यहाँ देखो, पद्मा, महाकाव्य में सभी कार्यों और उनकी प्रतिक्रियाओं के कारणों को देखो। क्योंकि उन्होंने अपनी जमीन साझा करने से इनकार कर दिया, रानी गांधारी के बच्चों की मृत्यु हो गई। द्रौपदी के बच्चों की मृत्यु उन्हें माफ करने में असमर्थता के कारण हुई। युद्ध तब तक अपरिहार्य है जब तक हम साझा

करने से इनकार करते हैं, क्षमा करने से इनकार करते हैं, और हमारे लालच को सही ठहराने के बहाने ढूंढते हैं।"

पदमा के मन में एक तर्कसंगत विश्वास घर कर गया,और वह अब अधिक संतुलित और तनावमुक्त महसूस करने लगी, लेकिन उसकी जिज्ञासा बढ़ गई। वह और अधिक जानने को उत्सुक थी।

पद्मा ने पूछा, 'गुरुजी, क्या हर कर्म का तत्काल फल मिलता है? और सभी लोग जन्म से ही एक समान क्यों नहीं होतें?'

गुरुजी ने मधुर मुस्कान के साथ उत्तर दिया, "तुमने मुझसे दो प्रश्न पूछे हैं: मुझे उन्हें दो भागों में विभाजित करने दीजिए। पहला- क्या प्रत्येक कार्य/क्रिया तुरंत अपना परिणाम /प्रतिक्रिया लाती है?"

गुरुजी ने उत्तर दिया- "हां, आप जो बोएंगे वही काटेंगे, लेकिन क्या यह तुरंत होगा? यह कार्य की तीव्रता पर निर्भर करता है।"

गुरुजी कहते हैं, 'कर्म का नियम' धर्म की स्थापना को नियंत्रित करता है। 'कर्म' शब्द पहली बार ऋग्वेद में आया है। कर्म शब्द मूल 'क्री' से आया है, जो एक संस्कृत शब्द है जिसका अर्थ है 'कार्य करना और प्रतिक्रिया करना' या 'करना' । कर्म, इस जीवन और पिछले जीवन में हमारे कार्यों के पूर्ण परिणामों का उल्लेख करता है। सभी अच्छे या बुरे कर्म हमारे भविष्य को प्रभावित करते हैं।

कर्म, कारण और प्रभाव के अनुरूप क्रियाओं और प्रतिक्रियाओं की व्यवस्था करके कार्य-कारण को स्पष्ट करता है, जिससे हमें अतीत की लाभकारी गतिविधियों से रचनात्मक परिणाम मिलते हैं, गलत गतिविधियों से प्रतिकूल परिणाम प्रबल होते हैं, जो कारण और प्रभाव से कार्यों और प्रतिक्रियाओं की समानांतर व्यवस्था लाता हैं। कार्य-कारण न केवल भौतिक दुनिया पर बल्कि हमारे विचारों, कार्यों, शब्दों और अन्य प्रतिक्रियाओं पर भी लागू होता है जो हम अपने लाभ के लिए करते हैं।

कर्म को सरल और संक्षिप्त रूप से परिभाषित किया गया है "कोई भी कार्य या कर्म जो आप जन्म से मृत्यु तक अपने मन की एकाग्रता के साथ करते हैं।"

बुद्धिमानी से कदम उठाना और भावना या जुनून के बिना प्रतिक्रिया करना कर्म को हराने की कुंजी है। इस या दूसरे जीवनकाल में, कुछ कर्म जमा होते हैं और अप्रत्याशित रूप से वापस आते हैं।

कर्मणो ह्यपि बोद्धव्यं बोद्धव्यं च विकर्मणः ।

अकर्मणश्च बोद्धव्यं गहना कर्मणो गतिः ॥1८॥

- भगवत गीता ४.१७

भावार्थ: - "तुम्हें सभी तीन कर्मों-अनुमोदित कर्म, विकर्म और अकर्म की प्रकृति को समझना चाहिए। इनके सत्य को समझना गहन और कठिन है।"

कर्म की जटिलताओं, अनिश्चित सीमा और आकार को समझना मुश्किल है क्योंकि यह अत्यंत आधुनिक, जटिल, गतिशील, दुर्गम और रहस्यमय है। ऐसा ही जीवन है। "कर्म का मार्ग हठीला और अस्थिर है।"

"आप वही हैं जो आपकी सबसे गहरी आंतरिक इच्छा है।" *'आपका मनोबल आपकी इच्छा जितना ही प्रबल है।'* जैसी आपकी इच्छा होती है, वैसा ही आपका कार्य (कर्म) है और जैसा आपका कार्य है, वैसी ही आपकी नियति है।"

- *बृहदारण्यक उपनिषद (700 ईसा पूर्व।*

अध्याय १०

कर्म का नियम

"आपका कर्म आपका अपना कार्य है।"

"जब आप इरादे और सादगी के साथ रहते हैं, तो आपका जीवन एक प्रकाश बन जाता है, जो दूसरों को अतिरिक्त छोड़ने के लिए प्रेरित करता है और जो वास्तव में मायने रखता है उसे गले लगाता है - परिवर्तन की लहरें पैदा करता है जो आपके आस-पास की दुनिया तक फैलती है।"- श्री शाम्बव

कर्म के नियम के तहत, हमारे सभी शब्द, कार्य और विचार "कारण और प्रभाव" की एक श्रृंखला शुरू करते हैं और उनके परिणाम, हम व्यक्तिगत रूप से अनुभव करते हैं। हम कर्म के प्रभाव (परिणाम) को तुरंत नहीं देख सकते हैं, लेकिन आप इस पर भरोसा कर सकते हैं।यह इस जीवनकाल में दिखाई नहीं भी दे सकता है। यह एक ब्रह्मांड का नियम है जो सभी व्यक्तियों के लिए, हर जगह और हर समय प्रासंगिक है।

इतने सख्त कानून की क्या जरूरत है? यह कानून केवल हमारे लाभ और भलाई के लिए मौजूद है। यह हमारी आत्मा के विकास में हमारा मार्गदर्शन और सहायता करता है - *आत्मा की सफर।*

शिष्या पदमा, अपने परम पूजनीय गुरुजी के पास गईं और रोने लगी, अपना सिर गुरुजी की गोद में रख दिया और बोली - "मैं ही क्यों? वह मैं ही क्यों हूँ गुरुजी ? मैंने अपने पति को क्यों खो दिया? जल्द ही मैं अपने इकलौते बेटे को खो दूंगी, जो एक लाइलाज बीमारी से पीड़ित है।"

गुरुजी, पदमा को आश्वस्त करने और समझाने की कोशिश कर रहे थे; वह एक बच्चे की तरह रो रही थी। माहौल गमगीन हो गया, सन्नाटा बढ़ गया और भावनाएँ फूट पड़ीं।

गुरुजी ने आगे कहा- "सबसे विनाशकारी और दर्दनाक कुरुक्षेत्र युद्ध के बाद, धृतराष्ट्र, अपने सभी पुत्रों को खोने के बाद, पूरी तरह से भ्रमीत, संकट और दर्द की स्थिति में थे। उन्होंने पूछा, कृष्ण, मेरे सौ बच्चे थे और वे सभी युद्ध के दौरान मर गए। मैंने क्या गलत किया था? मैंने ऐसा कौन सा अपराध किया जो इतना जघन्य था कि मैंने अपने सभी बच्चों को खो दिया?"

श्रीकृष्ण ने उत्तर दिया, "आप पचास जन्मों से पहले एक शिकारी थे।" "शिकार करते समय, आपने नर पक्षी को मारने की कोशिश की, लेकिन वह उड़ गया। गुस्से में आकर, आपने घोंसले में सौ चूजों (बच्चे पक्षियों) को मार डाला। सौ पुत्रों की मृत्यु का साक्षी

बनने के दुःख और असहनीय पीड़ा के सिवा पिता-पक्षी के पास कोई विकल्प नहीं था।"

कृष्ण ने कहा, "धृतराष्ट्र, यही आप के श्राप की जड़ है, साथ ही आपके सारे दर्द और तकलीफों की भी।"

धृतराष्ट्र ने कहा- "मेरे मन में असंख्य प्रश्न और शंकाएँ आ रही है, मुझे पचास लंबे जन्मों तक इंतजार क्यों करना पड़ा?"

श्रीकृष्ण ने उत्तर दिया, "इसमें समय लगा क्योंकि आप पिछले पचास जन्मों में सौ बच्चों को जन्म देकर पुण्य (अच्छे काम का फल) जमा कर रहे थे।"

श्री कृष्ण- "एक बार जब कर्म परिपक्व हो जाता है, तो आपको अपने 'पाप' का फल मिलता है, जो पाप आपने पचास जन्मों पहले किया था।"

"हमारे शरीर मरते हैं, हमारी आत्माएं शाश्वत रहती हैं और कई जन्मों तक यात्रा करती हैं। इस पूरे जीवन में, आत्मा 'पुनर्जन्म का चक्र', क्रियाओं और प्रतिक्रियाओं (कर्म) की एक प्रणाली बनाता है। वर्तमान यानी वर्तमान जीवन और पिछले जीवन की 'क्रिया और प्रतिक्रिया' का योग ही हमारा भविष्य निर्धारित करता है। मनुष्य अपने पूर्वनिर्धारित भाग्य के कारण ही इस संसार में जन्म लेता है।"

- शतपथ ब्राह्मण (700 ईसा पूर्व)।

अब, क्रिया और प्रतिक्रिया कैसे काम करती है?

हमारे कार्यों, विचारों और शब्दों से हम अपने कर्मों को प्राप्त करते हैं। यह हमारे उकसाने या निर्देशों के तहत सही या गलत काम के संचय से और दूसरों द्वारा किये कर्म का भी हिस्सा है। ये कर्म कर्ता और करानेवाला दोनों के लिए उत्तरदायी होते हैं। अत: दोनों को समान हिसाब-किताब चुकाना पड़ता हैं। इस मुहावरे के अनुसार, "परमेश्वर के पहिये धीरे-धीरे पीसते हैं, मगर बहुत बारीकी से पीसते हैं।"

इस भौतिक संसार में कुछ भी स्थायी नहीं है। आप जो कुछ भी सूंघते, सुनते, छूते, देखते और चखते हैं वह सब प्रकृति का परिणाम हैं और वे क्षणभंगुर हैं- "एक क्षण यह सब हैं, दूसरे क्षण यह चला जाता है।" यदि आप किसी अपरिवर्तनीय, स्थायी चीज़ की तलाश में हैं, तो आपको इस भौतिक भ्रम की बाधाओं को पार कर के आगे बढ़ने की जरूरत है।

विद्यार्थी- "गुरुजी, क्या कर्म का नियम एक सार्वभौमिक सिद्धांत के रूप में कार्य करता है?"

गुरुजी ने कहा, "कर्म की मूल वास्तविकता क्रिया या कर्म है, और 'क्रिया और प्रतिक्रिया', 'कारण और प्रभाव' का सार्वभौमिक सिद्धांत है, जो सभी चेतना को नियंत्रित करता है।"

“कर्म की भूमिका” को चुना नहीं जा सकता, यह सिद्धांतों द्वारा शासित होती है, और सभी जीवित और निर्जीव प्राणियों को कानून का पालन करना ही पड़ता हैं। सूर्य पूर्व में उगता है और पश्चिम में अस्त होता है, आकाशीय पदार्थ अपनी पूर्व निर्धारित कक्षाओं के चारों ओर घूमते हैं। पहाड़ों, नदियों, महासागरों, ब्रह्मांड में हर चीज़ सिद्धांतों और प्राकृतिक प्रक्रियाओं का पालन करती है। इन सिद्धांतों को बदला नहीं जा सकता।

जीस प्रकार, पानी समुद्र से वाष्पित होकर वायुमंडल में पहुंचता है, बादल बनाता है और अंततः वर्षा के रूप में धरती माता पर गिरता है। जो पानी धरती माता पर गिरता है वह अंततः एक झरना और नदी बन जाता है और अंत में समुद्र में लौट जाता है।

गुरुजी ने कहा, “इस ब्रह्मांड में मौजूद सभी निर्जीव पदार्थ, वस्तुएं और जीवित शरीर, शुरुआत, रखरखाव और विघटन के एक चक्र से गुजरते हैं। प्रत्येक गुजरते वर्ष में चार मौसम हो सकते हैं, अर्थात् गर्मी, सर्दी, शरद ऋतु और वसंत। पारस्परिक प्रभाव और परिवर्तन के प्रभाव के कारण, एक बीज अंकुर मैं, फिर एक पौधे में और अंत में एक बड़े पेड़ में बढ़ता है। उसी तरह, एक फूल की कली, एक सुंदर फूल में खिलती है, जो अंततः एक फल बन जाती है। पृथ्वी पर विकास का चक्र विभिन्न रूपों में जारी है।”

“कर्म के नियम में,” गुरुजी ने कहा, “सरल और प्रभावी प्रशासन सुनिश्चित करने के लिए, कुछ निश्चित कानून होना चाहिए जो संपूर्ण अनंत ब्रह्मांड को नियंत्रित करे, आत्मसात करें और प्रबंधन करें।”

“हम सभी जानते हैं कि एक छोटा कार्यालय या यहां तक कि अपना घर चलाने के लिए, सुचारू संचालन और कुशल दैनिक कार्य सुनिश्चित करने के लिए नियम, अनुशासन, प्रक्रियाएं या संरचना होनी चाहिए। इसी प्रकार, कुछ नियम इस जटिल, संपूर्ण, विशाल और अनंत ब्रह्मांड के प्रशासन को नियंत्रित करने के लिए है।”

गुरुजी इसे और अधिक स्पष्ट करते हैं, हम अपने पिछले कर्मों के कर्मों के लिए पूरी तरह से जिम्मेदार हैं। मनुष्य अपने कर्म के बीज बोने के समान फल प्राप्त करता है। किसी को भी दूसरे व्यक्ति के अच्छे या बुरे कर्मों का वारिस नहीं मिल सकता है। फल में उतनी ही क्षमता होती है जितनी इसके प्रभाव की। ‘पक्षी चींटी को खाता है और पक्षी के मरने के बाद, चींटी पक्षी को खाती है।’

विद्वान गुरुजी कहते हैं, “कर्म का आध्यात्मिक सिद्धांत, किसी के जीवनकाल के दौरान एक निश्चित कार्यक्रम का सामना करने से जूडे बल और दिशा को प्रभावित करता हैं।”

कर्म सिद्धांत में, हम अपने कार्यों और उनके सहवर्ती प्रतिक्रियाओं की संपूर्णता का उल्लेख करते हैं। ये सभी चीजें हमारे भविष्य के जन्मों को प्रभावित करती हैं: बुद्धिमान कार्रवाई और प्रखर प्रतिक्रिया "कर्म" पर काबू पाने की कुंजी है। सभी कर्म तुरंत वापस नहीं आते हैं, लेकिन इस या अन्य जीवनकाल में इकट्ठा होते हैं और अप्रत्याशित रूप से लौटते हैं। कर्म होने के चार तरीके हैं:

१. व्यवहार और वाणी द्वारा।

२. हमारे विचारों के माध्यम से।

३. उन कार्यों के माध्यम से जो हम अपने ऊपर लेते हैं।

४. हमारे कारण अन्य जो कार्य करते है उनकी वजह से।

गुरुजी, "छात्रों, हमने जो कुछ भी किया है, सोचा है, बोला है या किया है वह कर्म है। प्रत्येक अच्छा या बुरा कार्य एक समान और उचित प्रतिक्रिया देता है और अपराधी को लगातार पुनर्जीवित करता है और केवल पुरस्कार और दंड को आकर्षित करता है।"

गुरुजी ने अपने भक्तों के सामने अपना सिर झुकाया और अपना दाहिना हाथ अनाहत चक्र (छाती) पर रखकर दिन के सत्र की समाप्ति की।

श्री शाम्बव

जब दिन का व्याख्यान समाप्त हुआ, तो विद्यार्थी ने पश्चाताप करते हुए कहा, "हमारे गुरुजी द्वारा इन लोगों को समझाने और उन्हें सांत्वना देने में समय बिताने के बारे में मेरा निर्णय, मुझे अपने विचार से बहुत हीन महसूस हो रहा है । वर्षों से, मैं हमारे पूज्य बौद्धिक और आध्यात्मिक गुरु के साथ रहा हूँ, गुरुजी की गहराई का अंदाजा नहीं लगा सका।

विद्यार्थी ने विचारों पर विचार किया। वो वहां से चला गया, तरोताजा हुआ, रात के खाने के लिए कुछ खाया और अंत में चांदनी रात में चलना शुरू कर दिया। संयोगवश, उसके मन में उस दिन की सारी घटनाएँ याद आ गईं; अंत में भगवान से प्रार्थना की कि वह स्थिति के उचित अवलोकन के बिना निर्णय लेने की अपनी बेगुनाही के लिए उसे माफ कर दे। वह ज्ञान और ज्ञान की आकांक्षा करता था और एक महान प्रचारक के आधीन उसे जो अवसर मिला उसके लिए वह आभारी था।

अध्याय ११

त्रिजन्म मोक्ष

"तीन जन्मों में मुक्ति।"

हरे रंगों से भरे मनमोहक प्राकृतिक सौंदर्य में दूसरा दिन पूरी तरह से गाँव के साधकों से भर गया, जो गुरुजी के भाषण को सुनने के लिए एकत्र हुए थे। उनमें से कुछ उनसे मिलने और उनका आशीर्वाद लेने के लिए बहुत जल्दी आ गए थे।

वे खूब सारा खाना लाए थे; छात्र अपनी आँखों में प्रेम और करुणा के साथ-साथ गुरुजी के जीवन की महान सच्चाइयों के सच्चे साधक के रूप में देखने की उत्सुकता और इच्छा देख सकते थे।

गुरुजी ने विध्यार्थी को पास आने के लिए इशारा किया।

विध्यार्थी- "यह बहुत असामान्य था, और मैं बहुत रोमांचित और उत्साहित था।"

"गुरुजी ने मेरे कंधे पर हाथ रखा और धीरे-धीरे मेरे साथ चले, सिर झुकाकर सभी भक्तों का अभिवादन किया और अपनी सीट पर वापस चले गए।"

दिन गतिविधियों से भरा था। व्याख्यान के लिए गुरुजी के आगमन की अपेक्षा में लोग एकत्र हो गये।

गुरुजी ने व्यापक मुस्कान के साथ प्रवेश किया, लोग सम्मान दिखाने के लिए खड़े हो गये। उन्होंने सभी को प्रणाम किया और बैठने को कहा। प्रथा के अनुसार, गुरुजी ने अपना भाषण कुछ मिनटों के मौन के साथ शुरू किया, ध्यानपूर्वक अपनी आँखें बंद कीं और दिन के सत्र को सर्वशक्तिमान को अर्पित किया।

ओम! अंतिम ॐ का नाद कंपन! ॐ, ॐ! ब्रह्मलोक के चारों ओर उछल रहा था।

भगवान ब्रह्मा ने "चार कुमारों" का निर्माण किया जिन्हें "चतुरासन" के नाम से भी जाना जाता है। चारों कुमार, सनन्दन, सनक, सनातन और सनत कुमार, ब्रह्मा की इच्छा (मानस) के कारण उनके मन से पैदा हुए थे और उन्हें मानसपुत्र के नाम से भी जाना जाता था। जब चारों कुमारें पहली बार प्रकट हुईं, तो वे सभी शुद्ध गुणों की अभिव्यक्ति थे। उन्होंने वासना, क्रोध, लालच, अभिमान, मोह, अहंकार, ईर्ष्या, या भौतिक इच्छाओं (काम, क्रोध, लोभ, मोह, मतवालापन, ईर्ष्या) जैसे कोई नकारात्मक लक्षण प्रदर्शित नहीं किए।

भगवान ब्रह्मा ने, सृजन की प्रक्रिया में सहायता के लिए इन चार कुमारों या "चतुरासन" की रचना की। हालाँकि, कुमारों ने प्रजनन के उनके आदेश को अस्वीकार कर दिया और इसके बजाय खुद को भगवान और ब्रह्मचर्य (ब्रह्मचर्य) के प्रति समर्पित कर दिया। उन्होंने अपने पिता से पाँच वर्ष के अनन्त आयु का वरदान माँगा।

वैकुंठ, विष्णु का दरबार, जया और विजया नाम के दो द्वारपालों द्वारा संरक्षित था। द्वार पर चारों सनत कुमारों को रोका गया और बताया गया कि श्री विष्णु आराम कर रहे हैं। सनत कुमारो ने उत्तर दिया, "भगवान अपने भक्तों से प्यार करते हैं और उनके लिए हमेशा उपलब्ध रहते हैं। आप हमें हमारे प्रिय प्रभु को देखने से मना नहीं कर सकते।"

जया और विजया ने प्रवेश देने से इनकार कर दिया क्योंकि वे जिद्दी और अहंकारी थे। क्रोधित कुमारों ने दोनों द्वारपालों (द्वारपालों) को श्राप देते हुए कहा कि उन्हें अपनी दिव्यता त्यागनी होगी और नश्वर जन्म लेना होगा और पृथ्वी (भूमि) पर रहना होगा।

जया और विजया को शाप दिया गया। इसके बाद, भगवान विष्णु उनके सामने प्रकट हुए। जया और विजया ने, श्री विष्णु को सनत कुमारों के शाप को दूर करने की प्रार्थना की। श्री विष्णु के अनुसार सनत कुमारों का शाप बदला नहीं जा सकता था। वैकल्पिक रूप से, उन्होंने जया और विजया को विपरीत दो विकल्प पेश किए:

श्री शाम्बव

पहला विकल्प, विष्णु भक्त के रूप में सात सांसारिक जन्म स्वीकार करना था, और दूसरा विकल्प, उनके दुश्मन के रूप में तीन बार पैदा होना था। इनमें से किसी भी विकल्प की सेवा करने से उन्हें वैकुंठ में अपनी स्थिति पुनः प्राप्त करने और अनिश्चित काल तक उनके साथ रहने की अनुमति मिल पाएगी। जया और विजया सात जन्मों तक विष्णु से अलग होने के विचार को सहन नहीं कर सके, इसलिए उन्होंने विपरीत बनने का दूसरा विकल्प चुना।

पहला जन्म: जया और विजया का जन्म सत्य युग के दौरान श्री विष्णु के विपरीत हिरण्याक्ष और हिरण्यकशिपु के रूप में हुआ था। भगवान विष्णु ने भगवान वराह और नरसिम्हा अवतार के रूप में उनका विनाश किया।

दूसरा जन्म: त्रेता युग के दौरान जया और विजया का जन्म भगवान विष्णु के विरोधी रावण और कुंभकर्ण के रूप में हुआ था। श्री विष्णु ने भगवान रामचन्द्र और लक्ष्मण के रूप में उनका वध किया।

तीसरा जन्म: द्वापर युग के दौरान, जया और विजया का जन्म श्री विष्णु के विपरीत शिशुपाल और दंतवक्र के रूप में हुआ था। श्री विष्णु ने भगवान कृष्ण और बलराम के रूप में उसका वध किया।

इस प्रकार जया और विजया को तीन जन्मों के बाद मुक्ति मिल गई।

सनत कुमार- सनातन, सनक, सनन्दन और सनतकुमार- जया और विजया की कहानी सर्वोच्च ज्ञान (अंतःकरण) प्राप्त करने के लिए चार उपकरणों का प्रतीक है, क्योंकि वे मन के चार पहलुओं का प्रतिनिधित्व करते हैं, अर्थात्:

१. बुद्धि (बुद्धिमत्ता)
२. अहंकार (दंभ)
३. चित्त (अतीत के संस्कारों का भण्डार)
४. मानस (ध्यान का अंग)

"अंत" शब्द का अर्थ है "भीतर" और "विकर्ण" का अर्थ है "कौन सा कार्य।" इसमें दस इंद्रियां भी शामिल हैं: सुनना, महसूस करना, देखना, सूंघना, चखना, बोलना, पकड़ना, हलनचलान करना, प्रजनन करना और दूर करना।

वैकुंठ में प्रवेश करने की कोशिश करके - चारों कुमार श्रीमन नारायण के दर्शन के मुख्य लक्ष्य के साथ लक्ष्मी (ज्ञान स्वरूप- उनका शरीर ज्ञान के अलावा कुछ नहीं है) प्राप्त करने की कोशिश कर रहे थे।

जया और विजया सनत कुमारों के लिए बाधा थे। इसी तरह, अंतःकरण की हमारी यात्रा में, हमें हमारे अपने दो द्वारपालों, मानस और बुद्धि द्वारा रोका जाता है।

जब जया- विजया, सनत कुमारों को प्रवेश से मना करते है, तो ऋषियों ने उन्हें इस दुनिया में तीन जन्मों के लिए शाप दे दिया। जया और विजया बेरहमी से जागते हैं और उन्हें अपनी मूर्खता का एहसास होता है। परिणाम स्वरूप जया- विजया को श्राप सहना पड़ा।

जब मानस और बुद्धि, हमारे जीवन के चार पहलुओं को विकसित नहीं होने देते, तो हम धोखा खा जाते हैं और "संसार(फसादा) के चक्र"- इस दुनिया में बार-बार जन्म और मृत्यु के चक्र में गिर जाते हैं।

द्वारपाल का जन्म हमारे जीवन में छह शत्रुओं का प्रतिनिधित्व करता है। काम, मद, काम, क्रोध, लोभ और मत्सर ज्ञान में छह बाधाएं(षड्वर्ग) हैं।

- हिरण्याक्ष हमारी वासना का प्रतिनिधित्व करता है - हिरण्याक्ष ने भूदेवी का पीछा किया और हिरण्याक्ष हमारे काम का प्रतिनिधित्व करता है।

- हिरण्यकशिपु अपने भाई की हत्या के लिए विष्णु से क्रोधित था, और वह हम सभी के क्रोध का प्रतिनिधित्व करता है।

- कुबेर के धन के लिए रावण की लालच ने उसे भगवान राम की पत्नी सीता देवी के साथ-साथ कई अन्य महिलाओं का पीछा करने के लिए प्रेरित किया। रावण हम सभी में लोभ है।

- कुंभकर्ण को जीवन में केवल दो ही शौक थे: सोना और खाना, लेकिन उसे दोनों से अत्यधिक लगाव था। कुम्भकर्ण हम सबके भीतर मोह का प्रतिनिधित्व करता है।

- शिशुपाल का अहंकार इतना प्रबल था कि वह मानता था कि वह कृष्ण से श्रेष्ठ है। वह कृष्ण और बाकी सभी को मार सकता है। शिशुपाल हम सभी में मौजूद मद का प्रतिनिधित्व करता है।

- दंत वक्र कृष्ण का एकहा अश्वमेध यज्ञ प्रदर्शन स्वीकार नहीं कर सका; दंतवक्र हमारे अंदर के मत्सर का प्रतिनिधित्व करता हैं।

अपने जीवन के चार कुमारों को अपने भीतर प्रवेश करने और परम ज्ञान (उच्च ज्ञान) प्राप्त करने की अनुमति देने के लिए, छह प्रतिकूलताओं, षड्वर्ग को भी नष्ट करना होगा।

अध्याय १२

कर्म के प्रकार

"एक बार जब आप अपना पानी ले जाएंगे, तो आपको हर बूंद का मूल्य पता चल जाएगा।"

गुरुजी ने कहा, "कर्म तीन प्रकार के होते हैं, पदमा, अर्थात क्रियामन कर्म, प्रारब्ध कर्म और संचित कर्म।"

1. संचित कर्म- प्रत्येक व्यक्ति के "कुल कर्म" या "संचित कर्म", जो किसी के कमान में तीर की तरह होते हैं।

2. प्रारब्ध कर्म- "कर्म का फल या" प्रारंभिक क्रियाएं- गति में निर्धारित, जैसे उड़ान में एक तीर।

3. क्रियामन कर्म- "वर्तमान कर्म" या "बनाना" हाथ में तीर के समान।

"हमारा भाग्य बनाया गया था - दुनिया के साथ हमारे परिचित होने से बहुत पहले। जब तक संचित कर्म का भंडार समाप्त नहीं हो जाता, तब तक इसका एक हिस्सा वर्तमान जीवन के लिए भाग्य कर्म के रूप में रहता है और और मुक्ति या मोक्ष प्राप्त

करने के लिए 'जन्म और मृत्यु का चक्र' जारी रहता है। जब संचित कर्म पूरा हो जाता है, तो जीव (आत्मा) मोक्ष प्राप्त करता है।"

"कठोरता सड़े हुए फल उत्पन्न करती है जिन्हें 'बुरे कर्म (पापा) के रूप में जाना जाता है, जबकि अच्छे कर्म समृद्ध फल उत्पन्न करते हैं जिन्हें 'अच्छे कर्म' (पुण्य) के रूप में जाना जाता है। जब कोई पुण्य करता है, तो वह पुण्य शाली बन जाता है, और जब कोई अनुचित कार्य करता है, तो वह अनुचित बन जाता है।"

- *तुलसीदास।*

संचित, पिछले जन्मों के कर्मों का संचय है, अर्थात, प्रत्येक जीव अपने पिछले जन्मों के कर्मों, यानी अच्छे और बुरे, के लिए पूरी तरह से जिम्मेदार है। यह जानना भी महत्वपूर्ण है कि हमारी वर्तमान परिस्थितियाँ पिछले जन्मों के कर्मों का परिणाम हैं।

हमें यह पहचानना चाहिए कि प्रत्येक जीवित प्राणी जीवित रह सकता है, और यदि हम अन्य जीवित प्राणियों की मदद नहीं कर सकते हैं, तो हमें उन्हें नुकसान नहीं पहुंचाना चाहिए - "जियो और जीने दो।" यदि आप पिछले जन्म में परेशान हैं, तो इस जन्म (वर्तमान जीवन) में आपका जीवन दुखी होने की संभावना है। इसी प्रकार, यदि आपने इस जीवन में अपने साथी प्राणियों को नुकसान पहुंचाया है या उन्हें पीड़ा पहुंचाई है, तो आपके अगले या भविष्य के जन्म में आपका जीवन दुखी हो सकता है।

यदि आप अपने आस-पास कष्ट और पीड़ा देखते हैं तो उसका विश्लेषण या निदान न करें। इसके बजाय, इसे अच्छे कर्म करने और कष्ट से बचने के लिए एक कार्मिक आह्वान के रूप में देखें।

गुरुजी- "पदमा, हम समझते हैं कि सभी आम एक ही दिन नहीं पकते हैं।" उसका अपना उचित समय आयेगा। इसी तरह, यदि आप आम का बीज बोते हैं, तो आप आम काटेंगे, और यदि आप जंगली जामुन बोते हैं, तो आपको जंगली जामुन की उपज मिलेगी- 'आप जो बोएंगे, वही काटेंगे।'

"जिस प्रकार का बीज बोया होगा, उसी प्रकार का फल उत्पन्न होगा"। जो लोग अच्छे काम करते हैं उन्हें अच्छे फल मिलते हैं। जो लोग बुरा करते हैं उन्हें बुरा परिणाम मिलता है। यदि आप सावधानी से अच्छे बीज बोएंगे, तो आप खुशी के साथ अच्छे फल प्राप्त करेंगे।" - धम्मपद।

प्रारब्ध, फल देनेवाला कर्म, उच्च कोटी का कर्म या परिपक्व कर्म है। यह इस वर्तमान जीवन (वर्तमान जन्म) में हमें दिया गया कर्म फल है, जो अच्छा या बुरा (खुशी या दर्द) हो सकता है। प्रारब्ध कर्म अर्जित कर्म है जो इस अस्तित्व में "पका और परिपक्व" हुआ है और एक विशिष्ट समस्या के रूप में साकार हुआ है।

"सुनो, पदमा," गुरुजी ने कहा। "प्रारब्ध कर्म, पेड़ पर पके आम की तरह है। इसे या तो पेड़ से उठा लिया जाता है या पेड़ से

अलग कर जमीन पर गिरा दिया जाता है क्योंकि यह अनिश्चित काल तक पेड़ पर नहीं रह सकता।"

क्रियामन कर्म से तात्पर्य उन कार्यों से है जो किसी व्यक्ति के वर्तमान जीवन के दौरान किए जाएंगे, चाहे वे अच्छे कार्य हों, बुरे कार्य हों या दोनों का मिश्रण हों। हमारे सभी कर्म संचित कर्म में जमा होते हैं और परिणामस्वरूप, हमारे भविष्य को आकार देते हैं। केवल मनुष्य ही भाग्य की दिशा बदल सकते हैं।

चलिए मान लेते हैं कि अब आपको आम नहीं चाहिए। आपके पास पेड़ों को काटने, जड़ें खोदने और लकड़ी, हरे कचरे का निपटान करने का विकल्प है, लेकिन इसमें आपको बहुत अधिक मेहनत करनी पड़ती है। फिर, यदि एक पेड़ काटा जाएगा, तो वर्ष-दर-वर्ष तुम्हारे लिए कोई फल न रहेगा। इसके बजाय, आप सरसों के बीज बोना चुन सकते हैं और हर कुछ महीनों में फसल काटने का प्रयास कर सकते हैं, इस प्रकार नियमित अंतराल पर आप कर्मफल को साफ करने का प्रयास कर सकते हैं।

गुरुजी- "पदमा, इसलिए यह समझना अत्यंत महत्वपूर्ण है कि हमारा प्रत्येक कार्य (अच्छा या बुरा) संचित कर्म की मात्रा या भार को बढ़ाएगा।"

भाग ४

मन और आत्मा

अध्याय १३

मन और आत्मा

"शाश्वत कानून।"

कर्म, एक कारण-प्रभाव का चक्र, हमें सिखाता है कि जीवन और मृत्यु सह-अस्तित्व में हैं और परस्पर जुड़े हुए हैं। तथ्य ये हैं- "जीवन मृत्यु की शुरुआत का प्रतीक है, और मृत्यु जीवन की उत्पत्ति का प्रतीक है।" अंत फिर से शुरू होता है।

कर्म से तात्पर्य आध्यात्मिक विकास के संबंध में किसी व्यक्ति द्वारा किए गए कार्य (प्रतिबद्धता) से है। कर्म कोई दंड या पुरस्कार नहीं है बल्कि व्यक्ति अपने कार्यों के लिए पूरी तरह जिम्मेदार है।

न्यूटन का तीसरा नियम, गति का नियम, क्रिया के नियम के तुलनीय है। "प्रत्येक क्रिया की समान लेकिन विपरीत प्रतिक्रिया होती है।" क्योंकि प्रतिक्रिया सही समय पर होती है, गति बनाई रखना जरूरी हैं।

"हालांकि, कारणों और प्रभावों के बीच एक निश्चित संबंध है: जो कार्य प्रतिबद्ध नहीं हैं वे कभी भी प्रभाव उत्पन्न नहीं करेंगे, और जो कार्य एक बार प्रतिबद्ध हो जाते हैं, वे कभी भी अपनी क्षमता नहीं खोएंगे।" - दलाई लामा।

विनम्र और मैत्रीपूर्ण गुरुजी ने इस प्रकार कहा- "पदमा, हमारे अच्छे या बुरे कार्य हमारे विचार, शब्द, या क्रिया से बनते हैं।"

"कानून" शब्द का प्रयोग, अधिक उपयुक्त अनुवाद के अभाव में किया जाता है। कर्म के बारह नियम पारंपरिक अर्थों में कानून नहीं हैं, हालांकि वे पाठ या अर्जित ज्ञान की तरह हैं। जब आप इन बारह नियमों का पालन करते हैं, तो आप सकारात्मक कर्म उत्पन्न करते हैं। आप इन कानूनों से सीखने में सक्षम हों जो आपको अधिक प्रगतिशील जीवन जीने के लिए अपने भीतर बदलाव करने की अनुमति देगा।

आप स्वीकार करते हैं कि आपके आस-पास के वातावरण में उथल-पुथल है, यह व्यवस्था और भ्रम के कारण है। जब आप अपने साथ शांति की भावना प्राप्त करते हैं तो आप बाकी दुनिया के साथ शांति और चैन की भावना प्राप्त कर सकते हैं।

"यहां तक कि जब हमारे पिछले कर्म हमें बुराई की ओर प्रेरित करते हैं, तब भी हम सचेत रूप से वैराग्य और अहंकार-मुक्त कार्य की ओर हमारा झुकाव करके तालमेल बिठा सकते हैं, जिससे कर्म का बोझ हल्का हो जाएगा।"

-दादा वासवानी ।

कर्म, कोई बदला, प्रतिशोध, दंड या पुरस्कार के बारे में नहीं है क्योंकि हम अपने हाथों से बीज बोते हैं और फसल काटते हैं। कर्म पिछले कर्म का परिणाम हैं और किए गए कार्यों के लिए उपचार और मुआवजे का अवसर दोनों है। यह हमें, जीवन परिस्थितियों, स्थितियों और रिश्तों के माध्यम से जीवन के सबक की गहराई सीखने के अवसर प्रदान करता है।

इस धरती पर प्राकृतिक ऊर्जा से तुलनीय, साक्योन्ग मिफाम का उद्धरण: *"गुरुत्वाकर्षण की तरह, कर्म भी इतना मौलिक है कि हम अक्सर इसे नोटिस भी नहीं करते हैं।"*

१. महान कानून: "जैसा आप बोओगे, वैसा ही काटोगे।"

"जो थोड़ा बोता है वह थोड़ा काटेगा भी, और जो बहुत बोता है वह बहुत उदारता से काटेगा।" - कुरिन्थियों ९:६.

शांतिपूर्ण, प्रेमपूर्ण, दयालु और खुश रहने के लिए, व्यक्तियों को आनंदित रहना चाहिए। उन्हें सभी जीवों और प्राणियों के प्रति ईमानदार, सच्चा, दयालु और होना चाहिए।

"जब आप प्रेम और दया बोते हैं, तो आप वही काटेंगे जो आप बोएंगे।" हम जो कुछ भी इस ब्रह्माण्ड में बाहर रखते हैं वह हमारे पास वापस आता है।

२. *निर्माण* का कानून

"हमें जो चाहिए वह हमारी साझेदारी से आता है; जीवन अपने आप नहीं बनता; हमें इसे साकार करना पड़ता हैं।"

अगर हम जो चाहते हैं उसे पाना चाहते हैं, तो हमें अपने जीवन में सक्रिय भागीदार बनना होगा। हम यूं ही बैठकर इंतजार नहीं कर सकते कि हमारे साथ क्या होगा। जीवन अपने आप नहीं बनता; हमें इसे बनाना पड़ता हैं। आप अपने आदर्श से उसे बना सकते हैं।

"खुशी की खोज में, निर्माता ने ब्रह्मांड की रचना की जिसमें उसने खुद को छिपा लिया ताकि वह खोज का आनंद ले सके। जैसा कि निर्माता सबसे बड़े आनंद की तलाश में था, उसने आत्म-छिपाने और फिर आत्म-खोज का मार्ग निर्धारित किया।"

- श्री अरबिंदो।

३. ***शिष्टाचार*** का ***नियमः***

"हमें कुछ भी बदलने से पहले अपनी वर्तमान परिस्थितियों को स्वीकार करना चाहिए। सफल लोग मजबूत, दयालु, उदार होते हैं और बहुत विनम्र विचारधारा रखते हैं और विनम्रता के कानून का पालन करते हैं।"

"विनम्रता का अर्थ अपने बारे में कम सोचना नहीं है; वह आपके बारे में कम सोचता है।"-सी. एस. लुईस।

आप अपने से असहमत हर व्यक्ति को दुष्ट व्यक्ति के रूप में देखते या बनाते हैं। यदि आप लगातार चीजों के लिए दूसरों को दोषी ठहराते हैं, आप वास्तविकता के संपर्क से बाहर हो, परिणामस्वरूप, आपको परिवर्तन करना कठिन होगा। आत्म-चिंतन आपको विनम्रता के नियम का नियमित रूप से अभ्यास करने में मदद कर सकता है।

४. विकास **का नियम:**

प्रगतिशील तत्व, स्वयं को ठीक करने के लिए ज्ञान विकसित करने के बेहतर तरीके और साधन सीख के आगे बढ़ने के बारे में है। "खुद को बदलकर, हम अपना जीवन बदलते हैं।"

हमारे पास हमारे खुद पर नियंत्रण है। अनुगामी क्रिया (या निष्क्रियता) हमारे जीवन में सकारात्मक या नकारात्मक परिणाम पैदा करेगी।

विकास का सार्वभौमिक नियम विस्तार के बारे में है, विशेषकर हमारे भीतर। जैसे-जैसे हम बढ़ते हैं जैसे-जैसे हम आगे बढ़ेंगे, बदलेंगे और भीतर से प्रकट होंगे, हमारी बाहरी वास्तविकता भी बदलेगी और बढ़ेगी।

"जिस प्रकार सीखने का कोई अंत नहीं है, उसी प्रकार विकास का भी कोई अंत नहीं है।"

५. दायित्व **का नियम:**

"हमारा जीवन सम्पूर्ण तरीके से हमारे प्रयासों का परिणाम है।"

हमारे जीवन में जो कुछ भी घटित होता है उसके लिए हम जिम्मेदार हैं और यह एक सार्वभौमिक सत्य है: हम अपने चारों ओर जो कुछ भी घटित होता हैं उसे प्रतिबिंबित करते हैं और हम अपने चारों ओर जिस चीज से घिरे होते हैं वह हमें प्रतिबिंबित करता है। आपके जीवन में जो कुछ भी घटित होता है उसकी जिम्मेदारी स्वीकार करें; बहाने बनाने के बजाय, अपने द्वारा किए गये अच्छे और बुरे कार्यों की ज़िम्मेदारी लें। हम अपना जीवन कैसे जियें यह हमारी जिम्मेदारी है।

६. संगठन **(जोड़ने) का कानून:**

"हर कोई अतीत, वर्तमान और भविष्य से जुड़ा हुआ है।"

"संगठन का हमेशा एक नियम होता है; हमें बस जागरूक रहना है और उसके अनुरूप चलना है।" हम दूसरों को प्यार, सम्मान और आदर देकर, खुद से प्यार, सम्मान और आदर पाते हैं।

यदि आप पिछले जन्म के नकारात्मक (बुरे) कर्मों से छुटकारा पाना चाहते हैं, तो 'संगठन के नियम' को याद रखें। यह हमें यह भी याद दिलाता है कि वर्तमान और भविष्य पर हमारा नियंत्रण है, जो हमें अतीत की बुरी चीजों से उबरने में मदद कर सकता है। यह कानून अतीत, वर्तमान और भविष्य की परस्पर प्रकृति पर जोर देता है।

७. एकाग्रता **का नियम:**

"हम एक साथ दो चीजों के बारे में नहीं सोच सकते।"

जब आप उच्च मूल्यों पर ध्यान केंद्रित करते हैं, तो आप 'निचले' विचारों या भावनाओं जैसे - घृणा, आक्रोश, क्रोध और स्वामित्व पर ध्यान केंद्रित नहीं कर सकते। जब आप एक समय में एक कार्य पर ध्यान केंद्रित करते हैं, तो आप अधिक काम करेंगे और बेहतर परिणाम प्राप्त करेंगे। "आप अंधेरे में रहकर मान नहीं सकते कि प्रकाश आप तक नहीं पहुँचता। हालाँकि, रोशनी लाने के लिए, आपको पहले अपनी ज़रूरतों पर ध्यान देना होगा। जब कोई रोशनी नहीं है तो, अपने कमरे और अपने जीवन को रोशन करने के लिए उसकी तलाश करनी चाहिए।"

८. **आतिथ्य** सत्कार **और दान का नियम:**

"हमारा व्यवहार हमारे विचारों और कार्यों के अनुरूप होना चाहिए।"

हम जो मानते हैं वह हमारे कार्यों में प्रतिबिंबित होना चाहिए। हमारे कार्य निस्वार्थ और दूसरों के प्रति परोपकारी होने चाहिए। जो हम उपदेश देते हैं, हमें "बातचीत पर अमल" करके और अपनी मान्यताओ को कार्यान्वित करके उसका अभ्यास करना चाहिए। मान लीजिए आप दान और जरूरतमंदों की मदद करने में विश्वास करते हैं। नतीजतन, "आतिथ्य और दान का नियम" कहता है कि जब आपके पास दान करने का अवसर होता है "आप ऐसा करने की वकालत करने के बजाय दान करे।"

कोई भी कार्य करने के लिए प्रेरणा महत्वपूर्ण है और बदले में कुछ भी अपेक्षा किए बिना परोपकारी होना एक निस्वार्थ कार्य माना जाता है।

९. यहाँ और अभी का कानून:

"अगर हम अभी भी अपने अतीत से चिपके हुए हैं तो हम वर्तमान में नहीं रह सकते।"

अपने वर्तमान कार्यों से जुड़ना, अतीत में वापस जाने की तुलना में अधिक आकर्षक और फायदेमंद हैं। अतीत में वापस जाना प्रगतिशील कार्य नहीं हैं और अक्सर उसके परिणाम निरर्थक हैं। यदि आप अतीत की भावनाओं, विश्वासों और अनुभवों से बहुत मजबूती से चिपके रहेंगे तो आपका एक पैर हमेशा अतीत में रहेगा। इसी तरह, यदि आप चिंता, भय या लालच पर ध्यान केंद्रित करते हैं, तो आपका एक पैर भविष्य में होगा। वर्तमान क्षण में जीना आपको पूर्णता के लाभ अर्जित करने की अनुमति देता हैं।

१०. परिवर्तन का नियम:

"इतिहास तब तक जारी रहता है जब तक हम उससे सीखते हैं और अपने तरीके बदलते हैं।"

जब आपको ऐसा महसूस होता है कि आप गोल-गोल घूम रहे हैं, तो ऐसा इसलिए होता है क्योंकि किसी महत्वपूर्ण चीज़, खुद के

लिए संबोधित नहीं कि है। जब कोई व्यक्ति अपने अनुभव के कारण बेहतर संस्करण प्राप्त कर लेता है, तो वह दुष्चक्र से मुक्त हो सकता है। इस बीच, यदि आपके आस-पास की दुनिया अप्रत्याशित रूप से और नाटकीय रूप से बदल रही है, तो यह एक संकेत है कि आपने हाल ही में अपने विकास में एक महत्वपूर्ण सकारात्मक कदम उठाया है। यदि हम सचेतन रूप से धर्मी मार्गों का पालन करें हम आने वाले समय में महत्वपूर्ण बदलावों की उम्मीद कर सकते हैं।

११. **धैर्य और इनाम का नियम:**

"सबसे मूल्यवान पुरस्कारों में दृढ़ता शामिल है।"

लगातार बने रहना और "कड़ी मेहनत पुरस्कृत करती है," लगे रहना, किसी लक्ष्य को प्राप्त करने के लिए खुद को प्रेरित करना, यही कानून का पुरस्कार के पात्र पालन करना हैं, क्योंकि धैर्य और दृढ़ता को व्यक्ति उसके परिश्रम मे लगाए रखता है।

असाधारण चीजें हासिल करने के लिए समय और दृढ़ता की जरूरत होती है, साथ ही हार न मानना, खुद का जश्न मनाना और रास्ते में आने वाली हर छोटी मंजिल का आनंद लेना आवश्यक है। यदि आप तेजी से परिणाम की उम्मीद करते हैं, तो आप निराश होंगे; आप जो हासिल कर सकते हैं उसकी तुलना में आपकी सफलताएं महत्वहीन हैं ।

१२. महत्व **और प्रेरणा का नियम:**

“श्रेष्ठ पुरस्कार हमारे सामूहिक प्रयास और ऊर्जा से आते है।”

हम जानते हैं कि देने का मूल्य दुनिया में व्यक्ति के योगदान का सकारात्मक सूचक है।

दुनिया पर सकारात्मक प्रभाव डालने के लिए हमारे अनूठे उपहार साझा किए जाते हैं। इसलिए, भले ही हमारा योगदान नगण्य लगे, आपका काम प्रेरणा देता है। दूसरों का सकारात्मक व्यवहार आपके जीवन में अधिक ऊर्जा आकर्षित करता है। हो सकता है कि आप हमेशा महत्वपूर्ण महसूस न करें, लेकिन आप हैं। यदि आप मौजूद नहीं होते तो दुनिया की महत्वपूर्ण ऊर्जा स्वाभाविक रूप से बदल गई होती।

गुरुजी ने संबोधित किया- “जब चीजें टेढ़ी या बुरी होती हैं, तो चीजें हमारे साथ घटित होती हैं, पदमा। हमें उसे एक अच्छी प्रतिक्रिया या बुरे कर्म कहे जाने वाले दंड के रूप में नहीं सोचना चाहिए। कर्मिक न्याय हमें सबक सीखने और कर्म चक्र को बदलने में मदद करता है। बदलने का अवसर देता है। आपको अपनी इच्छाओं को प्रकट करना होगा, कमियाँ और नकारात्मक ऊर्जा को दूर करना होगा। यह हमारे कर्म को बदलने की एक धीमी और स्थिर प्रक्रिया है। हम आज जो करते हैं वह हमारे भविष्य के जीवन को प्रभावित करेगा और इस बदलाव के प्रति जागरूक रहना महत्वपूर्ण है।”

इस अधिनियम के सिद्धांतों से कोई भी मुक्त नहीं हैं- महाकाव्य वाल्मिकी रामायण के अनुसार राजा दशरथ एक कुशल धनुर्धर थे। वह किसी भी दिशा से आने वाली आवाज को सुनकर ही अपने लक्ष्य पर निशाना साध सकते थे। श्रवण अपने अंधे माता-पिता के लिए सरयू नदी के तट पर घड़े में पानी लेने गया था। पानी में कलकल की आवाज ने श्री दशरथ का ध्यान आकर्षित किया और उन्होंने श्रवण को हिरण समझकर तीर चला दिया। जिस दिशा में उसने तीर चलाया था, वहां से उसने एक मानवीय चीख की गूंज सुनी। श्री दशरथ जी को एहसास हुआ कि जिस लक्ष्य पर उसने वार किया था वह कोई हिरण नहीं, बल्कि एक इंसान था। श्री दशरथ उनकी सहायता के लिए दौड़े, लेकिन श्रवण पहले से ही घायल हो चुके थे और मृत्यु शय्या पर थे।

श्रवण ने श्री दशरथ से अपने माता-पिता के लिए पानी का बर्तन ले जाने का अनुरोध किया।

जब अयोध्या के राजकुमार दशरथ श्रवण के माता-पिता के पास पहुंचे, वे ग्लानि से भरे हुए थे और उन्होंने, अनजाने में उनके बेटे की हत्या करना स्वीकार किया। लेकिन बुजुर्ग दंपत्ति ने अपनी इकलौती संतान को हमेशा के लिए खो दिया। वह इस क्षति को सहन नहीं कर सके और उन्होंने श्री दशरथ को श्राप दिया कि उनका भी एक दिन यही हाल होगा और वह भी अपने बच्चे के लिए तरसेंगे। क्योंकि श्राप के समय श्री दशरथ का विवाह नहीं हुआ था, इसलिए श्राप तुरंत प्रभावी नहीं हुआ।

श्री शाम्बव

इस प्रकार श्री दशरथ का कर्म संचित कर्म के रूप में सही समय तक स्थगित कर दिया गया। राम के राज्याभिषेक के शुभ दिन श्राप प्रभावी हुआ। श्राप के कारण राजा दशरथ को मरना पड़ा, जिससे उनके पुत्र राम को अलग होना पड़ा।

जब सर्वशक्तिमान, निराकार (निराकार) भगवान ने मानव रूप (साकार) में, भगवान राम के रूप में अवतार लिया, तो वह भी विनम्रतापूर्वक कर्म के नियम का पालन करने के लिए बाध्य थे। उन्होंने अपने पिता सहित किसी के प्रति पक्षपात या विरोध नहीं किया।

गलत काम करने वाले को उसके कार्यों के लिए जिम्मेदार ठहराया जाता है। इस अधिनियम के दंड किसी को भी प्रावधानों से छूट नहीं है। कोई पलायनवाद नहीं, अच्छे का उद्धार या निम्न स्वभाव वाले दुष्टों के विनाश के लिए इसके प्रयोग में किसी अपवाद की अनुमति नहीं है। जिन बुनियादी कानूनों का हम पालन करते हैं वे हमारी आंतरिक और बाहरी गतिविधियों को बनाए रखते हैं। हमें अपने विचारों, कार्यों और रिश्तों को भी इसी कानून के तहत संचालित करना चाहिए।

भक्तों के बीच, किरण ने निराशा भरे स्वर में, कानून और उसके अनुमानों से बहुत प्रभावित होकर, खुद को उठाया और श्री गुरुजी से पूछा, जिन्होंने भक्तों की दलील सुनकर आंतरिक ज्ञान को प्रकट करने के लिए सहमति व्यक्त की: आस-पास एक नज़र करे

तो, दुनिया बहुत सारी बुराई और अंधकार से भरी हुई है, जो अधर्मियों, कुटिल और निर्दयी, तस्करों और बेईमानों से छाया हुआ है, जो सभी अपूर्णता, विकृति और विरोधाभास, संकीर्णता, क्षुद्रता, कलह और अशुद्धता में डूबे हुए हैं, और जो आनंद में रहते हैं। जीवन में बेहतरीन सुविधाओं का आनंद लेते हैं, वहाँ लेकिन बुनियादी कानून के कम होने का संकट है और अन्याय में वृद्धि हो रही है।

इसके विपरीत, पवित्र लोग, जो "दिव्य विश्व गतिविधियों" में संलग्न हैं, सख्त नैतिक, कानूनी और धार्मिक नैतिकता का पालन करते हैं। मानकों के भीतर ईश्वर की धार्मिकता के मार्ग पर बने रहने के लिए ईमानदारी से प्रयास करते हुए, वे अपना गुजारा भी पूरा नहीं कर पाते हैं। वे गरीबी की दयनीय स्थिति में हैं, यहां तक कि जीवित रहने के लिए सबसे बुनियादी आवश्यकताओं और जरूरतों का भी अभाव है। ऐसी स्थिति में कोई कर्म के नियमों पर विश्वास कैसे कर सकता है?

श्री गुरुजी मुस्कुराए और उत्तर दिया- "किरण, आपने एक अद्भुत प्रश्न पूछा है, जिसका विस्तृत उत्तर है, लेकिन व्याख्यान के साथ आगे बढ़ने से पहले, हमें दोपहर के भोजन के लिए जाना होगा, क्योंकि मुझे लगता है कि आसपास के लोग भूखे हैं।"

अध्याय १४

कानून का विरोधाभास

"पृथ्वी की अज्ञानी प्राचीन भूमि आत्म-परिवर्तन की प्रतीक्षा कर रही है। प्रकृति का नेतृत्व और मार्गदर्शक के रूप में कदम सत्य होगा।"

विशिष्ट मार्गदर्शन के साथ, गुरुजी ने कहा - "सुनो किरण, बचपन में हमें सिखाया गया था कि अच्छा क्या है? या इससे भी बुरा क्या है? हमारे माता-पिता, शिक्षक, बुजुर्ग और हमारे आसपास का वातावरण और व्यवस्था ने हमें जीवन की महत्वपूर्ण अवधारणाएँ शिखाई। कानून के आधार पर कोई व्यक्ति अच्छा, बुरा या सबसे बुरा हो सकता है। मनुष्य एक चुने हुए लोग हैं जो इस दुनिया की सबसे अंधेरी गहराइयों से भी जो चाहे वह कर सकते हैं।"

एक व्यक्ति आंतरिक दिवालियापन का अनुभव कर सकता है, भले ही "कर्म का नियम" कार्य कर रहा हो:

- लोग गलतियाँ करने से क्यों नहीं डरते?

- लोग दण्डित होने से क्यों नहीं डरते?
- निम्न नैतिक अवधारणाओं वाले लोग समाज में प्रमुख स्थान क्यों रखते हैं?
- ईमानदार और कानून का पालन करने वाले लोग क्यों पीड़ित होते हैं?

हम सभी जानते हैं कि जब हम पाप करते हैं, हम इसका भुगतान कष्ट के रूप में करते हैं, जो इस जीवन में या अगले जन्मों में घटित हो सकता है। "कहा जाता है कि प्रत्येक संत का एक अतीत होता है, और प्रत्येक पापी का एक भविष्य होता है।"

कर्म के नियम के अनुसार, एक संत ने आध्यात्मिक प्रगति प्राप्त करने के लिए अतीत में कई अच्छे कर्म किए होंगे। इसी तरह, इस जीवन के किसी व्यक्ति के गलत कर्मों के परिणाम भविष्य में उसके दुख का कारण बनेंगे।

❖ **कानून शाश्वत है:**

समय की शुरुआत से ही, कानून अस्तित्व में हैं, और वो अंत तक अस्तित्व में रहेगा और हमेशा के लिए रहेगा।

❖ **सार्वभौमिक कानून:**

श्री कृष्ण ने भगवद गीता में कहा है, ये सार्वभौमिक नियम इस समग्रता में मौजूद सभी प्राणियों पर समान रूप से लागू होते हैं।

- ❖ **एकरूपता का नियम :**

यह नियम सतयुग, त्रेतायुग, द्वापर और कलियुग जैसे सभी युगों पर लागू होता है।

- ❖ **पूर्णता का नियम :**

अतीत, वर्तमान और भविष्य में कानून का शासन निष्पक्ष और नियमित है।

गुरुजी ने कहा, "किरण, स्वीकार करो कि हम अभी भी कर्म के नियम को पूरी तरह से नहीं समझते हैं। अन्यथा ईश्वर के क्षेत्र में कोई अराजकता, भ्रम या विकृत न्याय नहीं हैं।"

- ❖ **कानून की अज्ञानता:**

"किरन, कानून अलग-अलग जगहों पर अलग-अलग हो सकते हैं, लेकिन एक कानून है जो आपको, मुझे और सभी को सार्वभौमिक रूप से नियंत्रित करता है।"

गुरुजी ने कहा, "हर आदमी अपने लिए" "सबसे मजबूत का अस्तित्व" और "योग्यतम व्यक्ति का अस्तित्व" सभी जंगल के कानूनों के उदाहरण हैं।

मुजे- "द जंगल बुक" से उद्धरण देंने दो।

अब, यह जंगल का कानून है - आकाश जितना पुराना और सच्चा; और जो भेड़िया इसे रखता है वह समृद्ध हो सकता है, परन्तु जो भेड़िया इसे तोड़ता है उसे मरना होगा।

जैसे एक लता पेड़ के तने को कसती है इसी तरह एक कानून आगे-पीछे दौड़ता है - क्योंकि झुंड की ताकत भेड़िया है, और भेड़िये की ताकत झुंड है।

- रुडयार्ड किपलिंग।

❖ **जमीन का कानून** :

"कानून की अनभिज्ञता के लिए माफ़ी नहीं मिल सकती।" हर किसी को कानून का पालन करना चाहिए, जो उस देश का कानून है। उसे "देश का कानून" पता होना चाहिए और इन कानूनों की अनदेखी उसे परेशानी में डाल शकती हैं।

अगर कोई भारतीय अमेरिका जाता है और सड़क के बाएं आधे हिस्से में बिना सुरक्षा बेल्ट के गाड़ी चलाता है तो उसे पुलिस को जुर्माना देना होगा।

एक अमेरिकी, भारत की यात्रा, बिना लाइसेंस के राइफल के साथ करता हैं, यूनाइटेड राज्यों में भले ही उसे लाइसेंस या अनुमति की आवश्यकता न हो, पुलिस उसे गिरफ्तार कर लेगी। जब तक आपके पास परमिट न हो आप भारत में बंदूक नहीं ले जा सकते। इससे कोई फर्क नहीं पड़ता कि आप दुनिया में कहां रहना और

काम करना चाहते हैं, "आपको उस देश के कानूनों और नियमों को समझना चाहिए और सुरक्षा सुनिश्चित करने के लिए उनका पालन करना चाहिए।"

❖ **प्रकृति का कानून** : एक रहस्यमयी हकीकत

गुरुजी ने कहा, *"अगर कोई बच्चा अज्ञानतावश आग में हाथ डालता है, बच्चे* की *निर्दोषता की परवाह किए बिना आग बच्चे को जला देगी।"*

इसी तरह, यदि आप सच्ची खुशी और आंतरिक खुशी को समझना चाहते हैं, आपको पहले कर्म के नियम को समझना होगा, जो पूरे ब्रह्मांड को नियंत्रित करता है।

गुरुजी - "पदमा, मैं आपके पिछले प्रश्न पर विस्तार कर रहा हूं: क्या हर कार्य तत्काल परिणाम देता है, और सभी जन्म से एक जैसे क्यों नहीं होते?"

गुरुजी ने कहा- "चलो चर्चा करते हैं। सभी बच्चे समान क्यों नहीं पैदा होते?"

गुरुजी- "पदमा, देहधारी आत्माएं, कुछ वृतियों, प्रवृतियों, मानसिक परिवर्तन और संस्कार (मानसिक छाप, यादें या मनोवैज्ञानिक छाप हैं), एवं पिछले जन्म से अर्जित व्यक्तित्व के साथ पैदा

होती हैं और मृत्यु के समय मौजूद गुणों या गुणों पर आधारित होती हैं।"

संचित कर्म आमतौर पर मृत्यु को असर करता है। कार्य-कारण के सख्त नियमों के अनुसार, जो कर्म - मृत्यु के क्षण सबसे शक्तिशाली होते हैं, अगले जीवनकाल में व्यक्ति के जीवन के आवश्यक वातावरण को निर्धारित करता है। संचित कर्म का बोज, प्रारब्ध में खिलने के बाद उसमे गिरावट आती हैं, जिससे दर्द, पीड़ा, क्लेश, प्रतिकूलता और क्लेश हो सकता है। कष्ट, शुद्धि में मदद करता है और हमारी यात्रा में योग्यता जोड़ता है।

बौद्ध धर्म के एक ग्रंथ से: निम्नलिखित दस तथ्य, पाप कर्म का कारण बनते हैं:

- मूर्खता, क्रोध और लोभ तीन मानसिक कर्म हैं।
- चोरी, यौन दुराचार और हत्या तीन शारीरिक कार्य हैं।
- निंदा, झूठ, कपट और चापलूसी चार मौखिक कार्य (गैरजिम्मेदार वाणी) हैं।

श्री कृष्ण, अपने व्यक्तित्व के आधार पर आत्माओं की नियति समझाते है, और हमारे पास जो गुण हैं वे हमारे संचित कर्मों पर आधारित हैं। हम अपने बोझ के साथ पैदा हुए हैं, जो अच्छा या बुरा हो सकता है। जिन व्यक्तियों में ज्ञान, गुण और दूसरों के

प्रति सेवा का व्यवहार विकसित होता है, वे स्वाभाविक रूप से अच्छे परिवारों में पैदा होते हैं, सामाजिक कार्यकर्ता, विद्वान आदि के रूप में, या शायद वे उच्च लोकों में चले जाते हैं। जो व्यक्ति लोभ, लालच और सांसारिक महत्वाकांक्षाओं के आगे झुक गए हैं, वे उन परिवारों से संबंधित हैं जो भौतिक उद्देश्यों पर ध्यान केंद्रित करते हैं। वे विकासवादी सीढ़ी से नीचे उतरते हैं। जो लोग आलस्य, नशे, क्रूरता, हिंसा और जिम्मेदारी की उपेक्षा में लिप्त हैं वे विकास की सीढ़ी से और नीचे गिरेंगे। आगे बढ़ने वाला प्रत्येक कदम तीव्र उतार-चढ़ाव, कठिन परिस्थितियों और निर्दयी परीक्षणों के साथ एक लड़ाई होगी।

यदा सत्वे प्रवृद्धे तु प्रलयं याति देहभृत् ।

तदोत्तमविदां लोकानमलान्प्रतिपद्यते ॥१४॥

- भगवत गीता १४.१४

रजसि प्रलयं गत्वा कर्मसङ्गिषु जायते ।

तथा प्रलीनस्तमसि मूढयोनिषु जायते ॥१५॥

-भगवत गीता १४.१५

भावार्थ: - भगवद गीता १४.१४.१५: जिनमें सत्वगुण की प्रधानता होती है वे मृत्यु पश्चात ऋषियों के ऐसे उच्च लोक में जाते हैं जो रजो और तमोगुण से मुक्त होता है। रजोगुण की प्रबलता

श्री शाम्बव

वाले सकाम कर्म करने वाले लोगों के बीच जन्म लेते हैं और तमोगुण में मरने वाले पशुओं की प्रजातियों में जन्म लेते है।"

श्रीकृष्ण और अर्जुन एक बार गुप्त रूप से एक बड़े जमीनदार के घर गए और भिक्षा (भिक्षा) मांगी, लेकिन उसने इनकार कर दिया और उनका अपमान किया। भगवान कृष्ण और अर्जुन जमीनदार को आशीर्वाद देते हुए वहां से चले गए, "तुम्हारा धन बढ़े।" फिर वे एक गरीब आदमी के घर पहुंचे जिसकी आय का एकमात्र स्रोत गाय थी। उसने उन्हें अपना सारा दूध दिया और उनके साथ बहुत प्रेम और आदर का व्यवहार किया। जैसे ही वह जाने लगे, भगवान कृष्ण ने उसे आशीर्वाद दिया और कहा, "तुम्हारी गाय तुरंत मर जाए," और गाय ने वैसा ही किया।

अर्जुन भ्रमित था और उन शब्दों के रहस्य को समझने के लिए संघर्ष कर रहा था। अर्जुन गहरी सोच में डूबा हुआ था और जो हुआ था उसके बारे में सोच रहा था। एक लंबी चुप्पी के बाद, अर्जुन ने कृष्ण से पूछा, "मैंने जो देखा है उससे मैं हैरान हूं; एक ओर, आपने उस जमींदार को अधिक धन का आशीर्वाद दिया है जिसने आपके साथ दुर्व्यवहार किया था, और इसके विपरीत, आपने उस बूढ़े, गरीब आदमी को दंडित किया है जिसने हमारे साथ गहरा सम्मान किया था। खिलाया था।"

कृष्ण ने उत्तर दिया- "अर्जुन, जमींदार पहले से ही अमीर था, और वह अहंकारी था। अगर मैं उसे थोड़ा और पैसा दे दूं तो वह पूरी

तरह मंत्रमुग्ध हो जाएगा। धर्मनिष्ठ गरीब आदमी के पास केवल एक गाय थी जिससे वह जुड़ा हुआ था। यदि यह गाय मर जाती है, तो वो अविभाज्य भक्ति प्राप्त करेगा और मुक्त हो जाएगा।

प्रणाम गुरुजी, किरण ने कहा जो बड़ी उलझन में था- गुरुजी, क्या विकृति का कोई कारण है? क्या बच्चा शारीरिक विकलांगता के साथ पैदा होता है?

गुरुजी ने इस प्रकार उत्तर दिया- "किरण, जो कुछ भी हम अपने चारों ओर देखते हैं, उसका कोई गहन कारण होता है, और हमारे सभी दुखों के लिए हम ही जिम्मेदार हैं।"

बहुत समय पहले, उद्दालक नाम के एक विद्वान ऋषि थे, और उनके शिष्यों में से एक ऋषि कहोडा थे, जिनके उत्साह से उनके गुरु प्रसन्न होते थे।

ऋषि उदालका, ऋषि कहोडा से इस कदर प्रभावित हुए कि पढ़ाई पूरी करने के बाद उन्होंने अपनी इकलौती बेटी सुजाता की शादी उनसे करा दी। अपनी शादी के बाद, दोनों, ऋषि उदलका के आश्रम में रहते थे, जहाँ ऋषि कहोडा, अपने ससुर की शिक्षा में मदद करते थे।

सुजाता कुछ समय पहले गर्भवती हुई और चाहती थी कि उसका बच्चा उसके सभी ऋषियों से आगे निकल जाए। इसलिए वह

उदालक और ऋषि कहोडा के पाठ्यक्रमों में, अजन्मे बच्चे के साथ ध्यान देती थी।

एक दिन जबकि ऋषि कहोड़ा वैदिक मंत्रों का पाठ पढ़ा रहे थे सुजाता का अजन्मा बच्चा गर्भ से बोला- "पिताजी, इस खंड को सुनाने का यह सबसे अच्छा तरीका नहीं है।" ऋषि कहोड़ा अन्य शिष्यों के सामने शर्मिंदा और आहत हुए, इसलिए उन्होंने अपने बच्चे को श्राप देते हुए कहा, "तुम्हारा शरीर कई बार (आठ बार) विकृत हो।"

एक् दिन जब ऋषि कहोडा, राजा जनक के पास पहुंचे, तो उनका सम्मान के साथ स्वागत किया गया, लेकिन उन्होंने खेद व्यक्त करते हुए कहा, "ऋषि कहोडा, मैं वह यज्ञ नहीं कर सकता जो मैं कुछ साल पहले करना चाहता था। वरुण राजा के पुत्र ऋषि वंदिन ने, शर्त रखी हैं कि शास्त्रार्थ में उनको हराने के बाद ही आप यह यज्ञ आरंभ कर सकते हैं, अब तक अन्य सभी विद्वानों को उसने पराजित किया हैं। ऋषि वंदिन ने यह भी कहा हैं कि जो भी शास्त्रार्थ के लिए आगे आएगा, असफल होने पर नदी मे डूब जाएगा। आज तक कई ऋषि-मुनियों की मृत्यु हो चुकी है। आप सामने मौजूद चुनौती पर विचार करें।"

ऋषि कहोडा, वंदिन से बहस करने के लिए सहमत हो गए, लेकिन पास की नदी में डूबाकर उनकी हत्या कर दी गई। घटना के बारे में जानने के बाद सुजाता परेशान हो गई और उसने इस कृत्य

पर पछतावा किया। इस तथ्य के कुछ महीने बाद उसने एक प्रबुद्ध बच्चे को जन्म दिया। चेहरा आश्चर्यजनक और शांत था, और उसकी सुंदर आँखों से प्रकाश की किरणें निकल रही थीं।

हालाँकि, बच्चा शाप के कारण विकृत था। उनकी शारीरिक विकृति के कारण उन्हें देवला नाम दिया गया था। हालाँकि उन्हें अष्टवक्र के नाम से जाना जाता था। अष्टवक्र के दादा उद्दालक ने उन्हें शिक्षा दी। अष्टावक्र अत्यंत बुद्धिमान थे और उनके दादाजी उनकी बहुत प्रशंसा करते थे। अष्टवक्र जब केवल बारह वर्ष के थे, तब उन्होंने अपने दादाजी से वह सब कुछ सीखा जो उन्हें जानना आवश्यक था।

अष्टवक्र को अपने पिता के भाग्य और राजा जनक के यज्ञ के बारे में भी पता चला, जो अधूरा रह गया था क्योंकि कोई भी वंदिन को जीत नहीं सका। उद्दालक के पुत्र अष्टवक्र और श्वेतकेतु, दोनों ही राजा जनक के महल, मिथिला के लिए निकले।

अष्टवक्र का एकमात्र इरादा अपने पिता के अपमान और हार का बदला लेने के लिए वंदिन के साथ बातचीत करना था। मिथिला जाते समय रास्ते में उनकी मुलाकात मिथिला के राजा और उनके सैनिकों से हुई। अष्टवक्र उनके पास आये और उनसे राजा के लिए रास्ता साफ़ करने को कहा। उन्होंने कहा, “क्या आपके शासक को यह एहसास नहीं है कि अपंगों, दृष्टिहीनों और बोझ ढोने वालों को पहले जाने दिया जाना चाहिए?”

राजा जनक युवा व्यक्ति के इतने गहरे शब्दों से आश्चर्यचकित हुए और उन्होंने सबसे पहले अष्टवक्र को जाने दिया।

जब वे मिथिला पहुँचे, तो द्वारपाल ने अष्टवक्र को शास्त्रार्थ कक्ष में प्रवेश करने से इनकार कर दिया। "मैं आपको युवा लग सकता हूं, लेकिन मैंने वेदों पर महारत हासिल की है। आप मुजे रोक या अस्वीकार नहीं कर सकते।" द्वारपाल अत्याचारी था। वह उसे अंदर न जाने देने के लिए मक्कम था।

अष्टवक्र कहते हैं - "बुढ़ापा मनुष्य के ज्ञान की प्रचुरता का प्रतीक नहीं है। राजा को सूचित करें कि मैं वंदिन ऋषि को चुनौती देना चाहता हूं।"

उसी समय द्वार पर राजा जनक प्रकट हुए और उन्होंने अष्टवक्र को पहचान लिया और उन्होंने उसे कहा- "क्या तुम जानते हो कि वंदीन के साथ जो भी विद्वान आये थे, हार चुके हैं? विवादित सिद्धांतों के अनुसार, पराजित व्यक्ति पास की नदी में डूब गये है। अपना बहुमूल्य जीवन जोखिम में न डालें।" फिर उन्होंने अष्टवक्र को जाने का इशारा किया।

"ओह, राजा!" अष्टवक्र ने कहा, आपके विद्वान भूतकाल के महिमा में रहे थे, और उन्होंने उतना नहीं सीखा है जितना आप विश्वास करते थे। मुझे अपने पिता के अपमान का बदला लेने के लिए उनसे मुकाबला करने दो।

राजा एक युवा लड़के के ऐसे दृढ़ संकल्प से आश्चर्यचकित थे। जिसके कारण उन्हें अष्टवक्र को इस प्रतियोगिता में भाग लेने के लिए सहमत होना पड़ा। अष्टवक्र और वंदिन के बीच विभिन्न विवादास्पद पवित्र ग्रंथों के विषयों पर प्रतिवाद के साथ चर्चा शुरू हुई। बारह वर्ष का बालक अष्टवक्र कहीं अधिक श्रेष्ठ सिद्ध हुआ। वंदिन को अपमानित किया गया और उनके पास सिद्धांतों का पालन करने और नदी में डूबकर हार स्वीकार करने के अलावा कोई विकल्प नहीं था।

जनक राजा ने घोषणा की कि, सहमत शर्तों के अनुसार, वंदिन, अब अष्टवक्र की दया पर हैं, अष्टवक्र ने उनके लिए जो भी भाग्य चुना हैं, उसका सामना करने के लिए वह स्वतंत्र हैं।

जवाब में, वंदिन ने उनकी सही पहचान महासागरों के देवता, वरुण के पुत्र के रूप में बताई और कहा कि डूबने से वह अपने दिव्य निवास पर लौटने में सक्षम होंगे। उन्होंने आगे घोषणा की कि अष्टवक्र के पिता कहोड़ा जल्द ही उनके सामने आएंगे और अपने बेटे की उल्लेखनीय उपलब्धियों से प्रसन्न होंगे। कहोड़ा, जैसा कि भविष्यवाणी की गई थी, चमत्कारिक रूप से उन सभी के साथ जो पहले डूब गए थे राजा के दरबार में लौट आये और सभी को आश्चर्यचकित कर दिया। राजा जनक को संबोधित करते हुए गर्व से अभिभूत ऋषि कहोड़ा ने कहा कि हर पिता का सपना होता है कि उसका पुत्र पुण्य में उससे भी आगे निकले। उन्होंने

स्वीकार किया कि अष्टवक्र ने वह हासिल किया जो वह नहीं कर सके और अपने बेटे की सफलता पर बहुत गर्व व्यक्त किया।

योग के तरीके से विद्वानों का सम्मान करने के बाद, प्रतिष्ठित सदस्य के ज्ञान के साथ-साथ राजा के बलिदान की महानता की प्रशंसा करते हुए, वंदिन कृपापूर्वक अपने पानी के क्षेत्र में रवाना हुए। ऋषि कहोड़ा ने अपने पुत्र को अपने गुणों के कारण अपने जीवन के दौरान संचित सभी आध्यात्मिक शक्तियां दीं।

पवित्र सुमंगला नदी में डुबकी लगाते ही अष्टवक्र ने अपना मूल, शुद्ध रूप पुनः प्राप्त कर लिया। यह कथा ऋषि लोमसा ने पांडवों को वनवास (वनवास) में सुनाई थी जब युधिष्ठिर दुर्योधन से पासा का खेल हार गए थे।

अष्टवक्र ने मिथिला में राजा के दरबार में अपना "कलात्मक चरम" संदेश दिया, जिसे बाद में "अष्टवक्र गीता" के नाम से जाना जाता हैं, जो अद्वैत वेदांत शिक्षाओं के लिए एक सांकेतिक संरचना है। अद्वैतवाद के बारे में सोचने का एक तरीका व्यक्तिगत आत्मा की अतुलनीय आत्मा (जीवात्मा और परमात्मा कुछ समान हैं) के साथ एकता या एकता की कहानी रेखांकित करता है। "ईश्वर" या "प्रधान सत्य" की इस जागरूकता को "ब्रह्म" या "ब्राह्मण" के रूप में जाना जाता है।

प्रकृति के इंद्रधनुषी खूबसूरती से चकित हुए, अक्षय को गहराई का एहसास हुआ और महसूस किया की- "गुरुजी के जाने के बाद

यह एक लंबे दिन का सत्र था। हर कोई इधर-उधर फैल गया। आराम करने के लिए अपने अपने घोंसले की ओर आगे बढ़ने लगे। सूर्यास्त सुंदर था, आकाश नारंगी रंग में रंगा हुआ था, पक्षी घर के लिए वापस उड़ रहे थे, अंधेरा हमारे करीब आ रहा था। कुछ ही मिनटों में वह स्थान पर अँधेरा हो गया और शांत हो गया।"

अध्याय १५

क्रियामन कर्म

"वर्तमान का कर्म।"

"प्रत्येक सूर्योदय हमारे लिए किसी के दिन को बढाने और चमकाने का निमंत्रण हैं" अक्षय सोच रहा था। गुरुजी कई लोगों के जीवन में आशा लाते हैं। दूसरों के प्रति उनकी दयालुता और धैर्य, खुद को और अपने आस-पास के लोगों को खुश रखने की उनकी क्षमता बहुत प्रेरणादायक है। सूर्योदय की सुंदरता से मेरे हृदय को गर्म करने दो।

गुरुजी ने दिन की शुरुआत प्रार्थना से की।

गुरुजी - "अक्षय, आइए कर्म और कर्म योग के बीच अंतर पर चर्चा करें।"

अक्षय ने सिर हिलाया और कहा- "हाँ गुरुजी।"

"कर्म संस्कार उत्पन्न करता है, जबकि कर्म योग कोई संस्कार उत्पन्न नहीं करता।" संस्कार या संखारा, कर्म सिद्धांत के विकास की नींव है।

प्रत्येक व्यक्ति के कार्यों, विचारों और शब्दों का उनके मन की गहरी संरचना पर प्रभाव, असर और छाप होता है। यह प्रवृत्तियाँ, अर्धचेतन मान्यताएँ, कर्म के आवेग, पुनर्पाठ क्षमताएँ, अचेतन विश्वास या जन्मजात प्रकृति, ये सभी संस्कार के उदाहरण हैं।

संस्कार का सिद्धांत - प्राचीन भारतीय ग्रंथों में बताया गया है कि मनुष्य चीजों को कैसे और क्यों याद रखता है और यह मनुष्य के दुख, खुशी और संतुष्टि को कैसे प्रभावित करता है।

मैं एक उदाहरण देता हूं - लक्ष्मी नाम की एक महिला, अपनी यात्रा के दौरान, एक साथी यात्री द्वारा पहने गए आभूषणों से आकर्षित होती है। लक्ष्मी ने आभूषण और आभूषण की दुकान के बारे में पूछताछ की। कुछ दिनों बाद वह उन्हीं गहनों को देखने के लिए आभूषण की दुकान पर गई। जब उसे उन गहनों का पता चला जिनकी उसे तलाश थी, तो उसे राहत महसूस हुई। लेकिन जब उसने कीमत टैग देखा तो उसकी खुशी जल्दी से फीकी पड़ गई। आभूषण महंगे थे लेकिन उसने किसी भी कीमत पर आभूषण खरीदने का फैसला किया। लक्ष्मी ने इन गहनों के लिए कई वर्षों की बचत की और उसे कई त्याग करने पड़े।

आत्मा की सफ़र - कर्म

यह कहानी प्रस्तुत करती है कि वासना, इच्छा का बीज है। आकर्षक आभूषण देखने के बाद जो वृत्ति उत्पन्न होती है उसे इच्छा कहते हैं और उसे अपने तक पाने की इच्छा को वासना कहते हैं, जो व्यवहार की वृत्ति है।

लक्ष्मी की इच्छा कार्य में बदल गई और वह आभूषण खरीदने की प्रबल इच्छा के साथ आभूषण की दुकान पर गई। तुरंत, वह उसके अंदर, एक संस्कार पैदा करती है एक पौधा जो वासना के बीज से अंकुर की तरह बढ़ता है।

जब वह नियमित रूप से गहनों के बारे में सोचती है, तो उसमें इसे पाने की इच्छा बढ़ती है और समय के साथ उस इच्छा की तीव्रता बढ़ती जाती है। बढ़ती तीव्रता स्मृति पटल पर छाप के रूप में अंकित होती हैं, उसे संस्कार के नाम से जाना जाता है।

इसी तरह, जैसे-जैसे हम बड़े होते हैं, हम कई संस्कार जमा करते हैं जो अपने आप बढ़ते हैं, और कुछ समय बाद, वे केवल याद करने से अभेद्य हो जाते हैं।

लक्ष्मी की आभूषणों की अभिलाषा ने गहने खरीदने के लिए अपनी सुख-सुविधाओं का त्याग करके पैसे बचाने के लिए मजबूर किया। कर्म वह कार्य है जो आप तीव्र इच्छा के कारण करते हैं। लक्ष्मी को "इच्छा शक्ति" से हार खरीदने के लिए मजबूर होना पड़ा । हालाँकि, इस खरीदारी को कर्म के रूप में जाना जाता है।

इच्छा के आग्रह के साथ किया जाने वाला सब कुछ आंतरिक अंतरिक्ष में एक संस्कार बनाता है और वही संस्कार व्यक्ति को "फिर से" बात दोहराने के लिए आकर्षित करता है।

संस्कार व्यसन का एक रूप है। जब तक संस्कार जीवित है, तब तक इसका दोहराव होना तय है और इसके कारण व्यक्ति को कष्ट होता है।

तीव्रता से जीने की कोई भी भावना आपको आज़ाद कर देगी क्योंकि यह अल्पकालिक है। यह क्रोध, भय, लालसा या किसी वस्तु या व्यक्ति के प्रति लगाव हो सकता है। लक्ष्मी का उन्हीं गहनों के प्रति प्यार उनसे मिलते ही गायब हो जाता अगर वह वही आभूषण खरीद लेती।

इसी प्रकार, जब कोई किसी चीज़ को पर्याप्त रूप से जीता है, तो वह उससे पूरी तरह मुक्त हो जाता है। यदि कोई व्यक्ति स्मरण के पैटर्न में समस्या पर लौटना जारी रखता है, तो इसका मतलब केवल यह हो सकता है कि वह जीवित नहीं है। वो उस संस्कार के समुद्र में रहता है।

उदाहरण के लिए, यदि किसी व्यक्ति को कुछ मिठाइयाँ (लड्डू) खाने की तीव्र इच्छा है और उसे प्रचुर मात्र में दिया जाता है, तो एक बिंदु पर, वह अंततः अधिक खाने से इनकार कर देगा। उसकी

लड्डू की लालसा गायब हो गई। जब किसी पदार्थ की मात्रा या आवृत्ति को गुणा किया जाता है, तो भौतिक वस्तु की इच्छा गायब हो जाती है।

"तीव्रता से जी गई कोई भी भावना हमें उन्हीं भावनाओं से मुक्त करती है।"

गुरुजी ने कहा, "अक्षय, कर्म से संस्कार बनता है। कर्म योग से संस्कार उत्पन्न नहीं होते। लेकिन, आप जिस भी गतिविधि में भाग लेते हैं, उसे पूर्ण त्याग के साथ किया जाना चाहिए। इसका अर्थ है कि आप कर्म करते रहें, हर कार्य में अपने आप को शामिल करे और पुरुषार्थ के रूप में अपनी सभी जिम्मेदारियों को निभानी चाहिए।"

हालाँकि, जहाँ तक फल और परिणामों की बात है, तो भावनात्मक और मानसिक रूप से खुद को अलग कर लें।

कर्म और कर्म योग के बीच अंतर यह है कि-

पहले परिदृश्य में, आपने इलेक्ट्रॉनिक्स की बिक्री करते स्टोर में कुछ वर्षों तक काम किया। जब आप एक सुबह काम पर पहुंचते हैं, तो आपको पता चलता है कि किसी ने दुकान से कई महंगी चीजें चुरा ली हैं।

अब सवाल यह है कि क्या आप चिंतित हुए?

श्री शाम्बव

- जो हुआ उसके बारे में आपको बुरा लग सकता है, लेकिन क्या आप नुकसान को लेकर चिंतित हैं?

दूसरे परिदृश्य में: आपका लैपटॉप एक रात पहले चोरी हो गया। अब सवाल यह है कि क्या आप चिंतित हुए?

हां, आप इस चीज से अपने संबंध के कारण चिंतित रहेंगे।

अक्षय - "गुरुजी, क्रियामन कर्म क्या है?"

गुरुजी ने सिर हिलाया, कुछ देर चुप रहे, और फिर बोले, "बत्सल नाम का एक अंधा आदमी, जो नेपाल की तलहटी में एक छोटे से गाँव में रहता था, वो पड़ोस के गाँव जा रहा था।" बत्सल अपने मार्ग से परिचित था, लेकिन एक रात पहले बर्फबारी हुई थी, जिससे सड़क फिसलन भरी हो गई थी। बत्सल को तब खुशी हुई जब उसे एक अच्छी, लंबी छड़ी मिली जिसे वह अपनी यात्रा के लिए एक कर्मचारी के रूप में उपयोग कर सकता था।

बत्सल ने अपनी लंबी यात्रा जारी रखी, उसकी मदद के लिए और फिसलने से बचने के लिए अपने सामने वो मार्गदर्शक छड़ी रखी।

एक शांत यात्रा के बाद, उसने अपने पीछे एक आवाज़ सुनी। "रुको, तुम अपने हाथ में क्या ले जा रहे हो?" युवा डेवेन्स से पूछताछ की।

"देखते नहीं?" बत्सल ने कहा। यह एक लंबी छड़ी है जो मुझे चलने में मदद करती है।

डेवेन्स की आवाज़ काँप रही थी और चिंतित थी और उसने चेतावनी दी, "सावधान रहें! जो तुम्हारे हाथ में है वह शांत साँप है।" बत्सल आश्चर्यचकित और भ्रमित हुआ- "साँप?" ओह, नहीं- यह एक अच्छा मार्गदर्शक है। मैं लंबे समय से इसका उपयोग कर रहा हूं और यह हमेशा मेरे लिए बहुत मददगार रहा है।

डेवेन्स ने आश्चर्यचकित होकर कहा, "नहीं, नहीं, यह एक साँप है! मैं आपको चेतावनी देता हूँ! इसे जाने दें क्योंकि यह बेहद जहरीला है। देर-सवेर, यह तुम्हें मार डालेगा।"

बत्सल को उसकी चिंता पर संदेह हुआ और उसने अपने आप से पूछा, "यह आदमी मेरा पीछा क्यों कर रहा है? क्या वह मुझे बरगलाने की कोशिश कर रहा है, या मेरी मदद करने की कोशिश कर रहा है?"

बत्सल ने क्रोधित होकर पूछा, "तुम मेरे बारे में इतने चिंतित क्यों हो?"

नापाक कारण होगा । ओह, मैं समझता हूं कि तुम्हारा क्या मतलब है! क्या आप इसे मुझसे छीनना चाहते हैं? हे दुष्ट मनुष्य, क्या तुम किसी अन्धे को धोखा देने का प्रयत्न कर रहे हो?

श्री शाम्बव

बेहतर होगा कि आप दूसरी छड़ी ढूंढ़ लें क्योंकि मैं इसे नहीं छोड़ूंगा।

युवा डेवेन्स ने उसे समझाने की कोशिश की: "मुझे आपके कर्मचारी की ज़रूरत नहीं है क्योंकि मेरे पास देखने के लिए आँखें हैं।" उसने थके हुए स्वर में कहा। "मैं आपकी मदद करने की कोशिश कर रहा हूं क्योंकि आपको इसकी ज़रूरत है।"

विचारों की झिलमिलाती दुनिया में फँसे हुए, बत्सल ने डेवेन्स की बातों को सुनने से इनकार करते हुए, गर्व महसूस करते हुए कि उसने डेवेन्स द्वारा धोखा नहीं दिया गया था, अपनी यात्रा जारी रखी।

जैसे-जैसे दोपहर होती गई, सूरज गर्म होता गया और बर्फ पिघलती गई। बत्सल भ्रमित हो गया क्योंकि उसके हाथ में लाठी जीवित हो गई। क्या डेवेन्स सही थे? क्या उसे इससे छुटकारा पा लेना चाहिए? हालाँकि, वह झिझके, उन्हें संदेह हुआ कि वह अपनी निम्न मानसिकता का उपयोग कर रहा हैं।

जब बत्सल सोच रहा था, सांप ने उसके हाथ में काँट लिया। जहर इतना शक्तिशाली था कि उसे एहसास हो की क्या हुआ उससे पहले ही उसकी मृत्यु हो गई।

बत्सल को डेवेन्स की अक्सर चेतावनियों के बावजूद क्रियामन कर्म का प्रभाव तत्काल था; मार्गदर्शक के साथ उनका रिश्ता

इतना मजबूत था कि उन्हें अलग करना मुश्किल था। इस प्रकरण में, हम सीखते हैं कि कर्म का फल तत्काल था।

कर्म का अपरिवर्तनीय नियम व्यक्त करता है, "कोई भी कार्य निस्संदेह एक समान प्रतिक्रिया देता हैं, कोई भी कारण निस्संदेह एक प्रभाव उत्पन्न करता, और कोई भी प्रयास निस्संदेह एक उचित पूर्वनियति या नियति लाता हैं।"

क्रियामन कर्म, एक संस्कृत शब्द है। क्रिया का अर्थ है "संपूर्ण क्रिया" और मन का अर्थ है "विश्वास" या "विचार"। कर्म शब्द "कृ" से आया है, जिसका अर्थ है "कार्य करना।"

कारण एवं प्रभाव:

- मीलों की यात्रा करने के बाद, राजस्थान के रेगिस्तान में एक यात्री का, यात्रा के लिए लाया गया सारा पानी ख़त्म हो गया था और वह प्यासा था। यात्री की तबीयत खराब थी और वह पानी ढूंढ रहा था। वह थका हुआ और तनावग्रस्त था। ऊपर सूरज तप रहा था और हवा शुष्क थी। उसने दूर से एक व्यक्ति को अपनी ओर आते देखा और तुरंत वह उसकी मदद के लिए आया और उसे एक गिलास पानी दिया। एक और गिलास पानी पीने के बाद यात्री की प्यास बुझ गई। यात्री ने उसकी त्वरित सहायता की सराहना की। हालाँकि, जब व्यक्ति ने तीसरे गिलास

पानी के लिए जिद की। "धन्यवाद" यात्री ने प्रस्ताव को अस्वीकार करते हुए कहा।

१. परिदृश्य एक: यात्री पानी पीकर अपनी प्यास बुझाता है। कारण था प्यास; क्रिया पानी पीना थी, और इसका परिणाम यह हुआ कि तृष्णा पूरी तरह से संतुष्ट हो गई। इसलिए जब आपको प्यास लगे तो आप पानी पीकर अपनी प्यास बुझाते हैं।

२. परिदृश्य दो - भूख लगने पर भोजन करने से भूख का कारण दूर हो जाता है; किसी की भूख को संतुष्ट करना ही असर है। भोजन प्राप्त करना, क्रिया की तत्काल प्रतिक्रिया है।

क्रिया और प्रतिक्रिया:

- आपने मौखिक रूप से किसी के साथ दुर्व्यवहार किया है, यह क्रिया है और इस प्रकार उसे उकसाया है, और वह प्रतिक्रिया देने के लिए तुरंत आपके चेहरे पर थप्पड़ मारता है।

क्रिया और प्रतिक्रिया का नियम - शुरू हुआ और समाप्त हुआ। कारण और प्रभाव का नियम - शुरू हुआ और समाप्त हुआ। प्रत्येक क्रिया इच्छित प्रतिक्रिया के बाद ही शांत हो जाती है; प्रत्येक कारण उसके प्रभाव के तुरंत बाद गायब हो जाता है।

कर्म सकारात्मक या नकारात्मक जिम्मेदारियों का उत्पादन नहीं करता है और उन्हें संचित कर्म के रूप में प्रसारित नहीं करता है। जमीन पर करने के लिए कुछ खास नहीं है।

भाग ५

अध्याय १६

नियति

संचित कर्म

"जीवन एक बूमरैंग है। आप जो बोएंगे वही पाएंगे।"

"अक्षय, कुछ ऐसे क्रियामन कर्म हैं जो हमें फल देने के लिए तुरंत पकते नहीं हैं।" सबसे चतुर और सहज रूप से बुद्धिमान गुरुजी ने कहा । परिणामस्वरूप, वे जमा रहते हैं, पकने और फल लगने के लिए सही समय की प्रतीक्षा करते हैं, और संचित कर्म (संचित कर्म) के रूप में जाने जाते हैं। भविष्य में उचित समय न आये तब तक वह आरक्षण निलंबित रहता है।"

सुनहरा नियम सच होता है: "दूसरों के साथ वैसा ही व्यवहार करें जैसा आप चाहते हैं कि वे आपके साथ करें।"

काम पर प्रकृति का अलिखित नियम "लोग आपके साथ कैसा व्यवहार करते हैं, यह उनका कर्म है; आप कैसे प्रतिक्रिया करते हैं यह आपका कर्म है।"

- डॉ. वेन डायर।

आपका कर्म खाता (संचित), आपका कर्म धन (अच्छा) और जिम्मेदारी (बुरा) का योग है, लेकिन धन और जिम्मेदारियां एक दूसरे को संतुलित नहीं कर सकती हैं। हानि (पाप) और लाभ (पुण्य) दोनों खातों पर दर्ज किए जाते हैं और एक दूसरे की भरपाई नहीं कर सकते हैं। सकारात्मक आनंद का आनंद लेने के लिए नकारात्मक संतुलन को सहना पड़ता है। यही कारण है कि जीवन में सुख, दुःख और निष्पक्षता की अद्भुत झलक मिलती है।

एलेनोर रूज़वेल्ट - "आपकी सहमति के बिना कोई भी आपको हीन महसूस नहीं करा सकता।"

गुरुजी ने कहा, "प्रत्येक निर्णय दिखाता है कि कैसे एक व्यक्ति अपने कार्यों के लिए मुख्य रूप से जिम्मेदार है।"

"जो आसपास जाता है वही आसपास वापस जाता है। अधिक बुरे कर्मों (पाप) के साथ पैदा हुआ व्यक्ति पश्चाताप से भरे वातावरण में रहता है। वे बीमारियों, भावनात्मक झटके, रिश्ते की समस्याओं, दूसरों में खामियों को देखने और नुकसान से पीड़ित हैं। इस

जीवन के लिए किसी व्यक्ति के भाग्य की योजना उसके पिछले कर्मों के आधार पर सावधानीपूर्वक बनाई जाती है और उन कर्मों पर आधारित होती है जो पके हुए होते हैं ताकि उन्हें कर्म खाते के हिसाब में समाप्त और कम किया जा सके।"

"भाग्य" फल की पकने की प्रक्रिया को दिया गया नाम है। कर्म एक उपहार है जो आत्मा को उसके कर्मों के परिणामों और जीवन में सीखे गए पाठों के परिणामों को महसूस करने में मदद करता है। यह ऋण निवारण अधिनियम है।

सिल्वेस्टर स्टेलोन अपने शब्दों या कथनों के माध्यम से बताते हैं: "कर्म का एक प्राकृतिक नियम है कि प्रतिशोधी लोग, जो दूसरों को नुकसान पहुंचाने के लिए किसी भी तरह के रास्ते से जाते हैं, अंततः टूट जाते हैं और अकेले हो जाते हैं।"

"जो बाहर से आता है वह भाग्य है। जो भीतर प्रकट होता है वह नियति है। कर्म, चुनाव का परिणाम है। आपके जीवन की कहानी वहीं लिखी जाती है जहां नियति, भाग्य और कर्म मिलते हैं।"

- वोल्ड एम्बरस्टोन।

जो व्यक्ति बेहतर कर्मों (पुण्य) के साथ पैदा होता है, वह सुंदर वातावरण में रहता है, और उसका परिवार और दोस्त अच्छे होते

श्री शाम्बव

हैं। वो व्यक्ति सफल, बुद्धिमान, उत्कृष्ट शिक्षक, जनसहायक, आध्यात्मिक और दूसरों के लिए प्रेरणादायक हो सकता है। वैसे भी, यदि कोई अपने वर्तमान जीवन या पुरुषार्थ में बेहतर कार्य करता है और कड़ी मेहनत करता है, वह आध्यात्मिक शक्तियाँ प्राप्त कर सकता है, जैसे दूसरों को ठीक करने और आशीर्वाद देने की क्षमता।

अक्षय ने कहा- "नियति गुरुजी!"

एक उद्धरण जो इस मामले में संदर्भ को प्रतिबिंबित कर सकता है:

"नियति कोई संयोग की बात नहीं है। यह पसंदगी का मामला है। यह ऐसी चीज नहीं है जिसके लिए इंतजार किया जाए; यह ऐसी चीज है जिसे हासिल किया जाना चाहिए।" - डब्ल्यू.जे ब्रायन।

गुरुजी ने उत्तर दिया, "हां, अक्षय, मुजे इसे सरल बनाने दो: भाग्य, इस धरती पर किसी की जीवन यात्रा निर्धारित करता है। हमे संचित कर्मों के संयुक्त स्टॉक से पटकथा मिली हैं। नियति हमारे वर्तमान अस्तित्व की पटकथा है। अपने अतीत के कर्मों के कारण हमने इसे बनाया और डिज़ाइन किया हैं। जबकि हम अपनी पटकथा के नायक हैं, जिसे हमने बहुत पहले लिखा था, हम वर्तमान में इसे देख रहे हैं और साक्षी हैं।

संपूर्ण ब्रह्मांड एक मंच है, और हममें से प्रत्येक को अपने संचित कर्म (अच्छे और बुरे) के आधार पर एक भूमिका निभानी है। यह हमें महान नाटककार की विचारोत्तेजक पंक्तियों की याद दिलाता है - "जैसा तुम्हें अच्छा लगे।"

"सारी दुनिया एक मंच है, और सभी पुरुष और महिलाएं केवल कलाकार हैं; उनके पास उनके बाहर निकलने और आने का प्रवेश द्वार है, और अपने समय में एक आदमी कई भूमिका निभाता है, उसके काम सात युगों के हैं।"

- विलियम शेक्सपियर।

हम कुछ दिलचस्प मोड़ की ओर आए।

मनुष्य ईमानदारी से वर्तमान, अतीत और भविष्य के लिए अपने लक्ष्यों और आकांक्षाओं को एक साथ जोड़ने में मदद करने के लिए खाते ढूंढता है। ज्योतिष आता है, और हम इसे संकट के समय में मुकाबला करने के तंत्र के रूप में उपयोग कर सकते हैं; अनिश्चितता की भावना लोगों को अनुमान पर भरोसा करने पर मजबूर कर देती है। हालाँकि, किसी व्यक्ति का भाग्य उसके जन्म स्थान, समय और सितारों की चाल से निर्धारित होता है।

श्री शाम्बव

ज्योतिष के अनुसार, वह नकारात्मक (बुरे) समय, सकारात्मक (अच्छे) समय या दोनों की एक पैटर्न का अनुसरण करता है। ज्योतिष, जीवन के तनाव और अनिश्चितता से निपटने की एक विधि है। भले ही नियंत्रण की वह भावना भ्रामक हो, व्यक्ति अपने जीवन पर अधिक नियंत्रण हासिल करना चाहता है।

मुहूर्त से तात्पर्य उस समय से है जब किसी व्यक्ति का जन्म शुभ समय पर होता है। यह *मुहूर्त,* या *मुहूर्तम,* एक विशेष समय के लिए रखे गए स्टार चार्ट में ग्रहों को सटीक रूप से जोड़ता है। इस चार्ट को हम राशि चार्ट या जन्म कुंडली के नाम से जानते हैं। वे ग्रहों को अलग-अलग घरों या भावों में अलग-अलग स्थानों पर रखते हैं। किसी व्यक्ति की कुंडली में प्लेनेट स्थान के आधार पर- ज्योतिष विज्ञान कई घटनाओं को निर्धारित करता है जो किसी व्यक्ति की जीवन यात्रा में महत्वपूर्ण या महत्वहीन हो सकती हैं।

पटकथा या सामग्री की परवाह किए बिना, नायक या मुख्य मनोरंजनकर्ता अच्छी या पसंदीदा चीजें करता है जो उसे स्वाभाविक रूप से आ सकती हैं। इन पंक्तियों के साथ, स्थान पहले की तरह जारी रह सकते हैं, साथ ही घटनाएँ या घटनाओं का क्रम भी जारी रह सकता है। लेकिन एक मास्टर मनोरंजनकर्ता मिलनसार हो सकता है, सोच-समझकर सोच सकता है, और इस जीवन में एक बेहतर बैलेंस शीट को पूरा करने के लिए एक

उत्कृष्ट दृष्टिकोण रख सकता है। व्यक्ति अधिक अच्छे कर्म (पुण्य) जमा करेगा जिससे अगले जन्म में लाभ मिलेगा।

एक व्यक्ति जो अतीत पर विजय प्राप्त करता है, जो दूसरों के असफल होने पर भी विजय प्राप्त कर सकता है और सफल हो सकता है, उसमें एक विशेष गुण होता है, जो उन्हें उनकी वर्तमान परिस्थितियों से बाहर निकालता है क्योंकि जिसने जीत हासिल कर ली है वह जानता है कि उसका कल नेक कर्मों/कार्यों में है।

कारण और प्रभाव - क्रियामन कर्म:

- एक फलदार पौधा आज लगाया जाता है और अगले चार से पांच साल तक उसकी देखभाल की जाती है । वह अपने कर्मों का फल देगा। उदाहरण के लिए, कटहल का पेड़ कटहल पैदा करेगा, आम का पेड़ आम पैदा करेगा, और जंगली अंजीर का पेड़ जंगली अंजीर पैदा करेगा।

गुरुजी ने समझाया, कर्म के परिणामों द्वारा "व्यक्तिगत नियति" व्यक्ति के कार्यों से निर्धारित होती हैं।

"एक बार, ऋषि नारद भगवान शिव से आशीर्वाद प्राप्त करने एक उपवन में ध्यान करने गए।"

शिव ने कहा, "यह तपोवन (जंगल) तपस्या (ध्यान) के लिए है।" "मैं इस वन में ऐसी शक्ति भर देता हूं कि कोई भी ऋषियों को ध्यान करते समय परेशान नहीं कर पाएगा।"

श्री शाम्बव

भगवान शिव के आशीर्वाद से अनजान नारद उसी तपोवन में बैठ गए और ध्यान करने लगे।

इंद्र ने चिंतित होकर पूछा, "नारद इतनी दृढ़ता से ध्यान क्यों कर रहे हैं?"

भगवान इंद्र चिंतित हो गए, उन्हें डर था कि वह उनका सिंहासन हड़प लेंगे, और इस तरह नारद के ध्यान को बाधित करना चाहते थे। इंद्रने नारद को परेशान करने के लिए वरुण, अग्नि और वायु को भेजा। "इंद्र, हमने उनके ध्यान में खलल डालने की कोशिश की, लेकिन हम उसे ध्यान करने से नहीं रोक सके," तीनों ने स्वर्ग लौटते हुए कहा। उन्होंने मनमथ (कामदेव) को बुलाया और वासना को भड़काते हुए नारद को परेशान करने का निर्देश दिया। अपने सर्वोत्तम प्रयासों के बावजूद, कामदेव सफल नहीं हो सके और उन्होंने हार मान ली।

नारद अपनी खुशी रोक नहीं सके और कैलास में भगवान शिव के दर्शन करने चले गए।

भगवान शिव ने कहा, "नारद, आज तुम प्रसन्न दिख रहे हो।"

नारद ने कहा, "भगवान शिव, मैंने कामदेव को हरा दिया है। वह मेरी एकाग्रता को भंग नहीं कर सके।मैं ने प्रेम के भगवान को हराया हैं।"

भगवान शिव ने कहा, "यह अच्छा है, नारद, लेकिन इसकी चर्चा विष्णु से मत करना।" "क्यों नहीं?" नारद ने कहा। शुभ समाचार सुनकर विष्णु प्रसन्न होंगे।

शिव ने कहा, "ठीक है, आप जैसा चाहें वैसा कर सकते हैं, लेकिन मेरा सुझाव है कि इसे विष्णु के पास न ले जाएं।"

नारद, भगवान शिव के पास से सीधे वैकुंठ चले गए और घोषणा की, "भगवान विष्णु, मैंने प्रेम के देवता को हरा दिया है। 'मैं प्यार से बंधा नहीं हूँ;' 'मैं वासना से अखण्ड हूँ;' 'मैं इच्छा से मुक्त हूं।'

आपकी उपलब्धि अद्भुत है, "भगवान विष्णु ने मुस्कुराते हुए कहा।"

भगवान विष्णु ने नारद के अहंकार को पहचाना लिया और माया (भ्रम) को जल्द से जल्द नष्ट करने का निर्देश दिया। माया ने राजा शिलानिधि द्वारा शासित एक भ्रामक साम्राज्य का गठन किया, जिसकी विश्वमोहिनी नाम की एक सुंदर बेटी थी। यात्रा के दौरान, नारद सुंदर राजकुमारी से मिले और तुरंत उनकी ओर आकर्षित हो गए। नारद यह पता लगाने के लिए उतरे कि राजकुमारी कौन थी। राजा शिलानिधि ने बड़े आतिथ्य के साथ उनका स्वागत किया और नारद को विश्वमोहिनी की हथेली में देखने के लिए कहा ताकि उनके भाग्य के बारे में पता चल सके।

श्री शाम्बव

जब नारद ने राजकुमारी विश्वमोहिनी को देखा, तो वह उसकी सुंदरता से इतने प्रभावित हुए कि वह अपना ब्रह्मचर्य व्रत भूल गए और उनसे विवाह करना चाहते थे। उन्होंने राजा को स्वयंवर की व्यवस्था करने का अनुरोध किया (एक ऐसा कार्य जिसमें एक लड़की अपनी स्वतंत्र इच्छा के आधार पर अपना पति चुनती है) और उसे आश्वासन दिया कि हरि (भगवान विष्णु) से कम कोई उसका पति नहीं होगा। फिर, जब नारद वैकुंठ पहुंचे, तो उन्होंने भगवान विष्णु से अपना चेहरा हरि जैसा बनाने के लिए कहा। भगवान विष्णु ने उनकी इच्छा पूरी की। हालाँकि, संस्कृत में हरि के कई अर्थ हैं, जिनमें भगवान विष्णु, घोड़ा, बंदर और शेर शामिल हैं।

विश्वमोहिनी के स्वयंवर में भाग लेने की जल्दबाजी में, नारद ने भगवान विष्णु के आश्वासन पर भरोसा करते हुए अपना चेहरा नहीं देखा। नारद सभी राजाओं और राजकुमारों की सभा में उपस्थित थे। वह यह सोचकर अंदर गये कि वह उन सभी राजकुमारों में सबसे सुंदर राजकुमार है। विश्वमोहिनी, विजय माला लेकर राजकुमारों की सभा के चारों ओर घूमती रही और उनमें से प्रत्येक का निरीक्षण करती रही। जब वह नारद के पास पहुंची, तो वह जोर से हंसने लगी! राजकुमार के वेश में एक सुंदर बंदर मेरा दिल जीतने के लिए आया, और वह उनके पास से चली गयी और इकट्ठे हुए राजाओं में से आखिरी के पास गयी, जहां उसने भगवान विष्णु को माला अर्पित की।

“रुको!” नारद ने कहा। आप गलती कर रही हैं; मैं इस कमरे में सबसे सुंदर और दयालु राजकुमार हूं, और मैं इस माला का हकदार हूं ।

दर्शको में मौजूद सभी लोग जोर-जोर से हंसने लगे...

वैकुंठ परिसर के संरक्षक, जया और विजया, नारद के पास पहुंचे और पूछा, “आप अपने प्रति इतने आसक्त क्यों हैं?” क्या आप आत्म- महत्व से भरे हुए हैं और यह भी नहीं जानते कि आप कैसे दिखते हैं? यह देखने के लिए कि क्या आप अलग दिख रहे हैं, खुद को आईने में देखें।

अपमान से नारद क्रोधित हो गए और गुस्से में कहा, “विष्णु, मैंने आपको मुझे सुंदर बनाने के लिए कहा था ताकि मैं अपने प्रिय को जीत सकूं, लेकिन आपने मुझे बंदर जैसा बना दिया, और अब मैंने अपने प्रिय को खो दिया है। भगवान विष्णु, मैं आपको श्राप देता हूँ! आप अपने प्रिय को खो देंगे और जुदाई का दर्द सहेंगे। उसे वापस पाने के लिए, आप बंदरों से दोस्ती करेंगे जो आपकी सेना और भक्तों के रूप में काम करेंगे। यह मेरा अभिशाप है।”

बाद में, जब नारद को सच्चाई का एहसास हुआ, तो भगवान विष्णु ने उन्हें “हरि” शब्द का संस्कृत पर्याय याद दिलाया।

“बाद में, भगवान विष्णु ने स्पष्ट किया कि नारद को विनम्र करने के लिए उनके द्वारा बनाई गई हर चीज एक भ्रम थी।”

नारद को भी अपनी गलती का एहसास हुआ और वे अपने व्यवहार पर शर्मिंदा हुए। *विश्वमोहिनी माया - बालकाण्ड - तुलसीदास कृत रामचरित मानस से।*

बाद में, भगवान श्री राम के रूप में अपने सातवें अवतार में, भगवान विष्णु को ऋषि नारद द्वारा लगाए गए श्राप के कारण चौदह वर्षों के लिए जंगलों में निर्वासित कर दिया गया और सीता से अलग कर दिया गया। रावण ने सीता का अपहरण किया, भगवान हनुमान और नील के नेतृत्व में राम को मजबूर होकर वानर सेना की सहायता लेनी पड़ी।

क्रिया और प्रतिक्रिया - क्रियामन कर्म:

- आपने आज किसी को नुकसान पहुंचाया है और इससे उस व्यक्ति को बहुत दर्द हुआ है। प्रतिक्रिया कार्रवाई का कारण है। वह बदला लेने के लिए सही समय का इंतजार करेगा।

- आप अपने माता-पिता को उनके बुढ़ापे में परेशान, उपेक्षा और यातना देते हैं, जो कि कार्रवाई है और आपके बच्चे आपके बुढ़ापे में आपको पीड़ा देंगे, जो कि प्रतिक्रिया है।

- आपने एक कुशल संगीतकार बनने के लिए पूरी लगन और महान समर्पण के साथ कोशिश की और काम किया, लेकिन पूर्णता प्राप्त करने से पहले ही आपने अपना शरीर छोड़ दिया। आपकी वर्तमान मेहनत व्यर्थ नहीं जाती है।

आप अपने बाद के जीवन में तब तक कड़ी मेहनत करते रहेंगे जब तक आप पूर्णता प्राप्त नहीं कर लेते। आपको अपनी मेहनत और लगन का लाभ जरूर मिलेगा।

"एक से सो की गिनती" शिशुपाल की क्रूर मौत के पीछे एक दिलचस्प पृष्ठभूमि है।

उद्धव, श्रीकृष्ण के मित्र और सारथी थे।

उद्धव ने पूछा- "श्रीकृष्ण, शिशुपाल युद्ध में क्यों मारा गया?"

जब शिशुपाल का जन्म तीन आंखों और चार भुजाओं के साथ हुआ, तो एक दिव्य आवाज ने घोषणा की कि जो कोई भी इस विकृति को दूर करेगा वह भविष्य में शिशुपाल की मृत्यु के लिए जिम्मेदार होगा।

एक बार श्रीकृष्ण अपनी मौसी सत्यवती से मिलने गये। शिशुपाल शिशु थे और सत्यवती ने श्रीकृष्ण से कहा कि शिशुपाल श्रीकृष्ण के समान ही सुंदर है। श्रीकृष्ण ने बालक को अपनी गोद में उठा लिया और विकृतियाँ तुरंत गायब हो गईं।

श्री कृष्ण की मौसी के अपरिहार्य डर से, कृष्ण ने शिशुपाल को न मारने का सशर्त वादा किया। श्री कृष्णने शिशुपाल की सौ गलतियाँ माफ करने का वादा किया, लेकिन सौ के अंत में वह उसे मार डालेगा।

श्री शाम्बव

अपने पिता की मृत्यु के बाद शिशुपाल चेदि के अहंकारी राजा बने। जैसे-जैसे शिशुपाल बड़ा हुआ, कृष्ण के प्रति उसकी नापसंदगी और नफरत बढ़ती गई और जब उसे पता चला कि श्रीकृष्ण ने उसके मित्र कंस को मार डाला है, तो वह और भी मजबूत हो गई। उन्होंने मगध के शक्तिशाली राजा जरासंध से मित्रता की। शिशुपाल ने श्रीकृष्ण को मारने के लिए कई षडयंत्र रचे। जब श्रीकृष्ण नरकासुर को मारने के लिए प्रागज्योतिष आए, तो शिशुपाल ने द्वारका को जलाने के लिए एक सेना का नेतृत्व किया था।

शिशुपाल को युधिष्ठिर के राजसूय यज्ञ का निमंत्रण मिला। अनुष्ठान के बाद युधिष्ठिर ने श्रीकृष्ण को यज्ञ की आहुति प्रसाद में शामिल होने के लिए बुलाया।

युधिष्ठिर ने कहा- "भीष्म की सलाह के अनुसार मैं आपको सम्मान स्वरूप यह प्रसाद दे रहा हूं।"

शिशुपाल क्रोधित हो गया और चिल्लाया, "क्या आप इस मूर्ख चरवाहे का सम्मान करते हैं जो सर्वोच्च होने का दावा करता है?"

इस टिप्पणी से क्रोधित होकर भीष्म, शिशुपाल को मारने के लिए दौड़े, लेकिन श्रीकृष्ण ने उन्हें रोक दिया। शिशुपाल, श्रीकृष्ण को उनके नाम से उन्हें बुलाते रहे, उनका अपमान करते रहे, लेकिन श्रीकृष्ण चुप रहे।

शिशुपाल ने कहा - "तुम इस बूढ़े की बात क्यों सुनोगे?"

जिस व्यक्ति ने अंबा का अपहरण तब किया जब वह किसी और से शादी करना चाहती थी! शिशुपाल, श्रीकृष्ण और भीष्म का अपमान करता रहा। श्री कृष्ण ने शिशुपाल के अपमान की गिनती रखी। जल्द ही सैकड़ों की गिनती समाप्त हुई और श्रीकृष्ण के लिए उसे मारने का समय आ गया। श्री कृष्ण वर्षों से गिनती कर रहे थे, और यह सौवीं बार था जब श्री कृष्ण ने अपने सुदर्शन चक्र, धर्म के प्रतीक, अनुष्ठान चक्र का आह्वान किया और इसे शिशुपाल की ओर निर्देशित किया। तुरंत सिर काट दिया गया।

कृष्ण ने उन्हें आशीर्वाद देते हुए कहा, "तुम्हारी आत्मा धन्य हो," और उधधव से कहा कि शिशुपाल की आत्मा उन्हें अर्जुन के समान ही प्रिय है।

"हमारे इरादे हमारी वास्तविकता बनाते हैं।"

- डॉ. वेन डायर।

परिणामस्वरूप, फल देने से पहले कार्यों और प्रयासों को परिपक्व होना चाहिए। उस समय तक वे संचित कर्म के रूप में संग्रहीत, निलंबित और संचित होते हैं। लेकिन हर क्रिया की एक प्रतिक्रिया होती है, हर कारण का एक प्रभाव होता है, और हर प्रयास, बिना किसी अपवाद के, समय के साथ अपना भाग्य निर्धारित करता है।

श्री शाम्बव

कई उदाहरण कर्म के सिद्धांत का समर्थन करते हैं जैसे कि पुराणों की कहानियां, हमारे शास्त्रों की घटनाएं और हमारे दैनिक जीवन में होने वाली घटनाएं।

जैसे बोओगे, वैसे ही तुम इस जन्म में या अगले जन्म में या अगले जन्म में तुरंत या सही समय पर पकने वाले फल को काटेंगे।

"मनुष्य जो बोता है वही काटता है।" कोई भी व्यक्ति दूसरे व्यक्ति के अच्छे या बुरे कर्मों को विरासत में नहीं पाता है। फलों में क्रिया के समान क्षमता होती है।"

- *महाभारत से ।*

अध्याय १७

द्वेत

"द्वैत के बिना, मन सोच नहीं सकता। प्रत्येक द्वैत मौन में विलीन हो जाता है। मौन प्रेरणा का सबसे गहरा स्रोत है।"

- श्री अरबिंदो और माँ।

हम दो दिन पहले ही इस गांव में आए थे। हमने भक्तों में भावनाओं, संतोष और खुशी देखी जो जीवन और उसके उद्देश्य की अधिक समझ के साथ अधिक जागरूक हो गए हैं। अक्षय ने पद्मा को अपने चेहरे पर एक बड़ी मुस्कान के साथ आते देखा। अक्षय हैरान था क्योंकि उसने पिछले दो दिनों में पदमा के चेहरे पर मुस्कान नहीं देखी थी।

अक्षय ने पदमा से कहा, "आप उत्साही लग रही हैं।"

“हाँ, मैंने सपने में गुरुजी को आशीर्वाद देते हुए देखा,” पदमा ने समझाया। अगली ही क्षण मुझे पता चला कि मेरे पूरे शरीर पर रोंगटे खड़े हो गए थे। मेरी जानकारी के बिना, मेरी आँखों से आँसू बह निकले, मेरा शरीर सुन्न और अत्यधिक हल्का हो गया और मुझे खुशी महसूस हुई। मैं सबसे खुश इंसान हूं।

अक्षय ने आगे कहा, “आप बहुत तरोताजा दिख रही हैं।”

पदमा ने उत्तर दिया, “मुझे अच्छी नींद आई जो दस वर्षों में नहीं मिली। मैं शांति में हूं, और मैं श्रीगुरुजी की सदैव आभारी हूं।”

अक्षय ने कहा- “हर चीज जल्दी बदल जाती है। केवल अड़तालीस घंटे पहले हम इस जगह पर नए थे, और अब हम एक परिवार बन गए हैं, एक-दूसरे के सुख-दुख साझा करते हैं। करुणा, दयालुता, धैर्य, एकता, एक-दूसरे की समस्याओं को सुनना और साथी साथियों के लिए बहुत सम्मान जो हमें एक साथ पालता हैं।”

“अक्षय, मुझे यकीन नहीं है कि मुझमें क्या बदलाव आया है, लेकिन एक बात मैं कह सकती हूं, ‘मैं जीवित हूं,’ गुरुजी ने मेरे जीवन को नया अर्थ और महान दिशा दी है,” पदमा ने अपने आंतरिक विचारों में उन्नत होकर कहा।

अक्षय ने कहा- “मैं तुम्हारे लिए खुश हूं।”

इस बीच वासुदेव और विद्यार्थी उनकी बातचीत में शामिल हो गए, और वे अपनी दैनिक गतिविधियों और रास्ते में सीखी गई महत्वपूर्ण चीजों के बारे में बात कर रहे थे।

“आस-पास कोई दिलचस्प जगह है?” वासुदेव ने ग्रामीणों से पूछताछ की।

“हरियाली से घिरी एक छोटी सी पहाड़ी और भगवान शिव का एक मंदिर जो दैवीय शक्ति और सकारात्मक ऊर्जा से भरपूर हैं।” ग्रामीण ने उत्तर दिया।

अगर कोई समस्या है तो गाव के लोग भगवान शिव के आध्यात्मिक रूप को देखने के लिए सुबह-सुबह इस मंदिर में आते हैं। ग्रामीणों का मानना है कि अगर वे अपनी समस्या (संकल्प) उनके चरणों में रखेंगे तो उन्हें समाधान मिलेगा। इस ग़र्भगृह में दिव्यता की शक्तिशाली कृपा के बारे में कई किस्से और कहानियाँ भी हैं। महान ऋषियों ने इस स्थान का दौरा किया है और इस पहाड़ी पर ध्यान करते हुए समय बिताया है, जिसमें उच्च औषधीय महत्व की विशेष जड़ी-बूटियाँ भी शामिल हैं और कुछ दिनों तक सुबह कुछ घंटे टहलने से स्वास्थ्य में सुधार होता हैं।

वासुदेव - “तुम्हारा मतलब है कि यह स्थान बहुत दिव्य है?”

“हर साल हम देखते हैं कि लोगों की भीड़ इस पहाड़ी पर आती है और कुछ विशेष जड़ी-बूटियाँ इकट्ठा करते हैं, जिन्हें वे बहुत

गुप्त रखने की कोशिश करते हैं," ग्रामीण ने आगे कहा। जिज्ञासा वश मैंने यह जानकारी जुटाई कि उन्होंने उन जड़ी-बूटियों को क्यों एकत्र किया। लेकिन मुझे सच्चाई जानने में कुछ साल लग गए। वे ये जड़ी-बूटियाँ नवपाषनम तैयार करने के लिए एकत्र कर रहे थे।"

जिज्ञासु विद्यार्थी ने चौंककर पूछा - "नवपाषनम?"

ग्रामीण ने कहा - "हाँ।"

ग्रामीणोंने अद्भुत नवपाशनम की गहराइयों के बारे में विस्तार से बताते हुए, कीमियागरों ने जहर को जादुई औषधि में बदल दिया- नवपाशनम मानव जाति के लिए ज्ञात सबसे सिद्ध अमृत में से एक है। तमिल शब्द/संस्करण- "नव" का अर्थ है नौ, और "पशनम" का अर्थ है जहर। इन नौ सबसे खतरनाक जहरों से एक अनुपात में मिलें मिश्रण से एक नई दवा बनेगी जो कई बीमारियों का इलाज करेगी। ऋषि बोगर ने अपने गुरु अगस्तियार (आयुर्वेदिक चिकित्सा के जनक) की मदद से एक मिश्रण तैयार किया था।

बोगर, जिसे भोगर, बोगनाथर या बोयांग के नाम से भी जाना जाता है, एक तमिल सिद्धार थे जो ५५० और ३०० ईसा पूर्व के बीच थे। पलानी पहाड़ियों पर अरुलमिगु धनधायुथापानी स्वामी मंदिर के पीठासीन देवता का निर्माण और अभिषेक अठारह पूज्य

संतों में से एक, भगवान धनधायुथापानी स्वामी (मुरुगन) द्वारा किया गया था।

मुरुगन मूर्ति (भगवान सुब्रमण्यम) नौ जहरीली जड़ी-बूटियों के मिश्रण से बनी है। किंवदंती के अनुसार, मूर्तिकार को उसे पूरी तरह से पूरा करने के लिए काम तेजी से करना पड़ा।

बोगर ऋषि और ज्ञानी ने मूर्ति पर दूध और पंचामिर्थम चढ़ाने का फैसला किया जिसे वे दवा वितरित कर सकते थे।

पंचमीर्थम हिंदू पूजा में उपयोग की जाने वाली एक मीठी रचना है और पांच खाद्य पदार्थों का मिश्रण है, आमतौर पर शहद, तरल गुड़, गाय का दूध, दही और घी। इस मूर्ति पर डाले जाने वाले दूध और पंचामिर्थम में नवपाशनम की थोड़ी सी मात्रा होगी जो सामान्य बीमारियों के लिए कारगर इलाज साबित होगी।

विध्यार्थी, बहुत खुश हुआ और उसने उस स्थान को पवित्र घोषित किया और उसका नाम "पुण्यभूमि" रखा।

सभी भक्त चर्चा में तल्लीन थे और उन्हें जल्द ही समझ आ गया कि पूज्य गुरुजी अपना प्रवचन शुरू करने वाले हैं। नतीजतन, हम तैयारी के लिए निकल पड़े।

कुछ घंटों बाद, हमने देखा कि गुरुजी सफेद वस्त्र पहने हुए, सिर झुकाए और धीरे से अपने स्थान की ओर बढ़ते हुए भक्तों की

श्री शाम्बव

ओर आ रहे थे। उन्होंने सभी को अपनी-अपनी सीट पर बैठने का इशारा किया और फिर वह अपनी सीट पर बैठ गए।

गुरूजी ने पदमा को बुलाते हुए कहा, "तुम खुशमिजाज लग रही हो! परिस्थिति और उसके परिणाम चाहे जो भी हों, मन की एक ही स्थिति में रहने का प्रयास करें।"

पदमा ने शांति से उत्तर दिया, "हां गुरुजी, आपका मार्गदर्शन और कृपा मुझे सुरक्षित और खुश रखेगी।"

गुरुजी ने मुस्कुराते हुए उत्तर दिया, "परिस्थिति चाहे कितनी भी कठिन क्यों न हो, आप हार नहीं मानेंगे।"

पदमा ने कहा, "हां गुरुजी, मैं वही करूंगी।"

प्रबुद्ध गुरुजी ने अपना प्रवचन जारी रखते हुए कहा, "हमारा जीवन सर्वशक्तिमान द्वारा बनाया गया एक नाटक है।" हमारे पिछले कई जन्मों में हमारे कार्यों पर आधारित एक स्क्रिप्ट, यह प्रारब्ध कर्म के रूप में संचित एवं परिपक्व होता है। जो हम अपने सामने देखते और महसूस करते हैं वह माया या भ्रम है। इच्छा, अहंकार, मोह, वासना और ईर्ष्या के साथ-साथ शारीरिक और भावनात्मक स्तरों की माया हमें प्रेरित करती है।

"हम इसके पीछे की वास्तविकता को बंद करने या खोलने के लिए तैयार नहीं हैं। परम या शाश्वत सत्य के दो छोर होते हैं, एक जन्म लेने का और दूसरा मरना, और इस बीच, हम सभी

एक निर्धारित भूमिका निभाते हैं, हम यह देखने के लिए तैयार नहीं हैं कि हमने आयाम और समय से परे क्या नहीं देखा है।"

"हम अपने मंदिर (देह) को अच्छे कपडे, अच्छे भोजन और उन चीज़ों को इकट्ठा करने में व्यस्त हैं जिनका कोई मूल्य नहीं है। हमने अपना अधिकांश जीवन इन चीजों का पीछा करते हुए यह सोचकर बिताया हैं कि वे चीजें हमें खुशी देंगी।"

यदि कोई सोचता है- चीजों को हासिल करने की इस दौड़ में, क्या वे चीजें उसे अधिक खुशी या दुःख देती हैं?

- क्या मैंने सार्थक जीवन जीया?
- क्या मैं जीवन का अर्थ समझ पाया हूँ?

हमने अपने अस्तित्व के कारण की दृष्टि खो दी है। हम थक गए हैं, हम खुशी की तलाश में हैं और हम इसके लिए भुगतान करने के लिए तैयार हैं।

तब गुरुजी ने जीवन की वास्तविकताओं और इसके मूल मूल्यों के बारे में बात करते हुए कहा, अब, पदमा, इन सरल तथ्यों को सुनो: जब आप सुबह उठते हैं, तो आपको आनन्दित होना चाहिए और तीन कारणों से सर्वशक्तिमान को धन्यवाद देना चाहिए:

- पहला- तुम जीवित हो।
- दूसरा - आपके परिवार के सदस्य जीवित हैं।

- तीसरा- आपके निकट के सहयोगि जीवित हैं।

गुरुजी ने पूछा, "क्या यह हास्यास्पद नहीं है कि पदमा आज खुश है, लेकिन दुनिया में कोई और दुखी है?"

इसी तरह, दुनिया के कुछ हिस्सों में, वे बच्चे के जन्म का जश्न मनाएंगे, जबकि अन्य में, वे किसी प्रियजन की मृत्यु पर शोक मनाएंगे।

गुरुजी ने कहा: "जीवन के विनोदी आभूषणों में से एक, पदमा, जन्मजात विरोधाभास है जो हमें एक सीमा से पूरी तरह विपरीत अनुभव की ओर धकेलता है। अक्सर, एक ही पल, हमें दो समान रूप से वांछनीय लेकिन पारस्परिक रूप से अनन्य विकल्पों के साथ प्रस्तुत करता है।

इसका मतलब यह हो सकता है कि निम्नलिखित में से किसी भी पहेली के साथ काम पूरा करना।

"किसी चीज़ से आगे बढ़ें"- अपने करियर में लाभ के विरुद्धध एक सभ्य पारिवारिक और सामाजिक जीवन, अपने आस-पास की सुंदरता की सराहना करने के बजाय और अधिक के लिए प्रयास, एक स्वस्थ जीवन शैली जीने की बजाय जो चाहे वो खाना। इस भंवर में घूमते हुए ..., सूची बढ़ती जाती है..., चुनौतियों, जटिलता और परिवर्तन, नेतृत्व, सत्तावाद, आदि से निपटने के लिए।"

"पहाड़ी जितनी कठिन होगी, चढ़ाई उतनी खड़ी होगी, फिनिश लाइन से दृश्य उतना ही बेहतर होगा।"

- पॉल न्यूमैन।

अंततः व्यक्ति की जीवन यात्रा एक आदर्श और वह प्रकाश की दृष्टि को प्रतिबिंबित करते हुए समाप्त होनी चाहिए और उसे नीचे दिए गए विचार के साथ जोड़ सकते हैं।

"कोई फर्क नहीं पड़ता कि आप किस दौर से गुजर रहे हैं, हर सुरंग के अंत में एक रोशनी है। इसे ढूंढना कठिन लगता है। कुछ सुरंगें दूसरों की तुलना में लंबी लगती हैं, लेकिन आप यह कर सकते हैं। बस इसके लिए काम करते रहें।"

हमारी यात्रा के रास्ते में, हमें खींचा जाएगा, घुमाया जाएगा और कई दिशाओं में फेंक दिया जाएगा, इससे पहले कि हम महसूस करें कि हम अपनी पसंद से वश में हो गए हैं। हम तत्काल आवश्यकता या मांग जैसी बाधाओं के आधार पर निर्णय लेते हैं। विरोधाभासी क्या है? जैसा कि काव्यात्मक अभिव्यक्तियों से पता चलता है, जीवन रहस्यमय है और हम इसे अपने जीवन के तरीके में प्रतिबिंबित कर सकते हैं। आदमी का मानना है कि वह सही दिशा में आगे बढ़ रहा है, लेकिन वह इस रवैये से परेशान है। वह अनुकरण करने की कोशिश करता है।

प्रकृति में द्वेत अंत तक बना रहता है और “स्वर्ग के शिकार कुत्ते” की काव्य पंक्तियों की तरह अपनी खोज जारी रखता है।

"लेकिन लापरवाह पीछा के साथ, और यादृच्छिक गति,

सुविचारित गति, राजसी तत्व, वे मारते-पीटते हैं और आवाज निकालते हैं । पैर से भी तेज़-"

"हर चीज़ तुम्हें धोखा देती है, वह मुझे धोखा देती है।"

- फ्रांसिस थॉम्पसन ।

मानव जाति मन की आंतरिक गरबी से पीड़ित है, जो विकृत विचारों और आदर्शों के प्रसार में प्रेरक कारक है। कर्म और अस्तित्व के क्रम के बीच संतुलन प्रदान करने के लिए द्वेत मौजूद है, इसलिए यदि कोई व्यक्ति केवल इन विकर्षणों को दूर कर सकता है, तो वह गहन ज्ञान के साथ एक महान जीत हासिल करेगा।

द्वेत के पहलुओं पर विचार करने के लिए गुरुजी ने सभा से प्रयाण किया।

प्रकृति के द्वेत के परिणामस्वरूप कई वैज्ञानिक प्रगति हुई है, जैसे कि क्वांटम भौतिकी की केंद्रीय अवधारणा, जो “यह बताती है कि प्रकाश, कणों या तरंगों से बना है या नहीं।”

द्वेत का चुनाव अक्सर दर्दनाक या निराशाजनक हो सकता है। यदि कोई व्यक्ति कृपापूर्वक विरोधाभास को स्वीकार कर सकता है, तो वह एक आनंदमय जीवन जी सकता है। यह बहुत संभव है कि, उचित अभ्यास के माध्यम से, कोई इसे अपने लाभ में परिवर्तित कर सकता है।

"तो हमें इसे पूरा करने के लिए कैसे आगे बढ़ना चाहिए?" वासुदेव ने कहा।

गुरुजी ने नम्रतापूर्वक कहा - "भाग्य के पहिये के रूप में, परिवर्तन ही एकमात्र स्थिरता है।"

वासुदेव ने कहा - "हाँ, आदरणीय गुरुजी।"

गुरुजी ने कहा, "वासुदेव, आज आप प्रसन्न होगे। हालाँकि, अगले दिन आप उदास महसूस कर सकते हैं। सुख और दुःख दोनों आंतरिक रूप से संबंधित हैं। आप एक दिन अमीर हो सकते हैं और अगले दिन गरीब। "खुशी और दर्द, सकारात्मक और नकारात्मक, आप और मैं।"

लाओत्ज़ु का एक अनुकरणीय चित्रण, उन्हें लाओज़ी और लाओ-त्ज़े भी कहा जाता है। प्राचीन चीनी विचारक, लेखक और "ताओ ते चिंग" के प्रख्यात लेखक कौन थे? वह दार्शनिक विचारधारा ताओवाद के संस्थापक थे।

जब लाओत्ज़ु ताओ ते चिंग में "विरोधाभासों की एकता" का उल्लेख करते हैं तो यही बात संदर्भित करते हैं।

"स्वर्ग के नीचे, हर कोई सुंदरता को सुंदरता के रूप में देख सकता है क्योंकि वहां कुरूपता है।
सभी अच्छे को अच्छा जान सकते हैं क्योंकि वह बुरा है।

होना और न होना एक दूसरे को उत्पन्न करते हैं।

कठिनाई का जन्म सरलता में होता है।

दीर्घ को लघु से, उच्च को निम्न से परिभाषित किया जाता है।
पहले और बाद में एक-दूसरे के साथ जाएं।

- लाओत्ज़ु, "द चिंग ऑफ़ द ताओ"

लाओत्ज़ू समझाने की कोशिश करते है, "हम सभी ने असुविधा का अनुभव किया है और शारीरिक और मानसिक रूप से सहन किया है। हम एक ऐसी दुनिया में रहते हैं जहां सकारात्मक और नकारात्मक एक ही सिक्के के दो पहलू हैं। चाहे वह सफलता हो या असफलता, दर्द हो या असाधारण भावनाएं, हर निराशा, प्रगति के विपरीत है और हर उत्साह राहत की अविश्वसनीय भावना के विपरीत है।

गुरुजी ने कहा, "अगर हमने जीवन की विचित्रता का अनुभव नहीं किया हैं तो हम वास्तविक सुंदरता को नहीं समझ पाते।" "अंधेरे में ठोकर खाने के बाद हम रोशनी की सराहना करते हैं।"

तो हम द्वैत की शक्ति का उपयोग कैसे कर सकते हैं-

विरोधाभास को सिर्फ स्वीकार करें:

मुक्त रहो और मजबूत मत बनो। इन वर्गीकरणों को अनदेखा करने और संकीर्ण मानसिकता से चिपके रहने के बजाय उत्साह के साथ असंगति को स्वीकार करने से हमें कोई नहीं रोक सकता।

लेबल: हम सभी एक गलती करते हैं कि हम लगातार खुद को और दूसरों को लेबल करने के तरीके ढूंढते रहते हैं। हम नहीं जानते क्यों।

हमारे अस्तित्व में एक भ्रमपूर्ण या झूठा डर है जो हमें यह विश्वास दिलाता है कि यदि हम कुछ लेबलों के अनुरूप नहीं होंगे तो हम नष्ट हो जायेंगे। दुर्भाग्य से, हम इस तथ्य से बेपरवाह हैं कि हमें लेबल नहीं किया गया है।

हमारे समाज ने हम पर थोपे उन नामों, लेबलों, टैगों और बक्सों तक सीमित हुए बिना हम अपने अस्तित्व में रह सकते हैं।

हम लेबल से चिपके बिना भी अपने अस्तित्व में अधिक सार्थक तरीके से मौजूद रह सकते हैं। हम अभी भी जीवित रह सकते हैं

यदि हमारे पास पसंद की बहुत अधिक स्वतंत्रता है। 'यह सब ठीक है न, वासुदेव?' पूज्य गुरुजी ने पूछा। वासुदेव ने अपना सिर हिलाया।

श्री गुरुजी ने कहा, "हम अधिक कुशल हो सकते हैं और फलदायी और दूरगामी तरीके से अधिक हासिल कर सकते हैं। दुर्भाग्य से, हम अपनी भावनाओं, यादों और व्यवहारों के आधार पर खुद को शीर्षक और लेबल देते हैं, बिना यह महसूस किए कि हम एक जीवित जीव हैं जो लगातार बदल रहा है और विस्तार कर रहा है।"

"क्या हमे नहीं लगता कि मृत लेबल को जीवित अस्तित्व के लिए परिभाषित करना अतार्किक और पागलपन है?"

गुरुजी ने शाश्वत ज्ञान और प्रेमपूर्ण मुस्कान के साथ कहा, "हम लगातार ऐसा कर रहे हैं, और हम दूसरों को भी ऐसा करने देते हैं।"

- आपने पहले ही अपनी पहचान परिभाषित कर ली है तो आप कैसे बदल सकते हैं?
- यदि आप स्पष्ट से परे देखने को तैयार नहीं हैं तो आप कैसे बदल सकते हैं?
- यदि आप अपने आंतरिक स्वभाव की वास्तविक प्रकृति को नहीं समझते हैं तो आप कैसे रूपांतरित हो सकते हैं?

जोखिम लेने और अज्ञात में उद्यम करने के लिए साहस चाहिए। वास्तविक परिवर्तन के लिए अपने वास्तविक सार को समझने के लिए आपके भीतर गहरी खुदाई करने की प्रतिबद्धता की आवश्यकता होती है। व्यक्ति का वास्तविक स्वरूप जो समाज से अछूता है।

आप सच्चे परिवर्तन का अनुभव तब कर सकते हैं जब आप सभी विचारों, भावनाओं और भावनाओं से परे खालीपन पाते हैं। सबसे पहले, आप जिस चीज से भरे हुए हैं उससे खुद को खाली करें और अपनी इच्छा से खुद को भरें। अब आप डर और मजबूरी के बजाय अपनी परिस्थितियों के आधार पर कोई भी लेबल चुन सकते हैं।

निराकार बनो:

द्वेत के विरोधी को मूर्त रूप देकर एक आकाशहीन तरलता के रूप में पानी की तरह मिश्रित होने का प्रयास करें।

"अपने मन को खाली करो, निराकार, आकारहीन - पानी की तरह बनो । यदि आप एक कप में पानी डालते है, तो यह एक कप बन जाता है। आप एक बोतल में पानी डालते हैं ; यह एक बोतल बन जाता है। आप इसे एक चायदानी में डालते हैं ; यह एक चायदानी बन जाता है। पानी बह सकता है, या तोड़ सकता है, मेरे दोस्त।"

श्री शाम्बव

- ब्रूसली ।

नए नियम में प्रेम और शांति का संदेश फैलाने के लिए ईशु ने उनके अनुयायीओ को दिया गया एक अच्छा उदाहरण हम ले सकते है।

ईशु ने उनसे कहा: "देखो, मैं तुम्हे भेड़ियों के बीच में भेड़ों के समान भेजता हूं; इसलिये की तुम साँपों के समान बुद्धिमान और कबूतरों के समान भोले बनो।" - मैथ्यू १०.१६

तुम्हें अपमानजनक और हानिकारक, एक ठंडी, मित्रहीन और क्रूर दुनिया में भेजता हूं। आपकी बेगुनाही की रक्षा नहीं की जाएगी। साँप की तरह बुद्धिमान बनो (बुद्धि का प्रतीक)। संभवतः उस विषय में जिसमें ईशु ने अपने अनुयायियों को खतरे से बचने के लिए साँप की नकल करने के लिए प्रेरित किया था, खतरे से बचने के लिए यह उनकी सावधानी थी। खतरे से बचने के लिए साप जो झड़प और कौशल दिखाते उसकी बराबरी कोई नहीं कर सकता। इसलिए मसीह ने अपने शिष्यों से कहा, तुम्हें अपने जीवन की तलाशकी दुनिया में सावधानी और बुद्धि की आवश्यकता है। वे उन्हे हानिकारक न होने के लिए और जोखिम को न उठाने का भी निर्देश करते है।"

स्पष्ट निरपेक्षता से चिपके रहने के जोखिम के बजाय विरोधाभास को स्वीकार करना हमेशा बेहतर होता है। उदाहरण के लिए, तरंग-कण द्वेत ने लंबे समय से भौतिकविदों को हैरान किया है।

भौतिक विज्ञानी प्रकाश को तरंग या कण के रूप में चर्चा करते हैं। अब हम जानते हैं कि चीजों में तरंग और कण दोनों गुण होते हैं।

मैं महाभारत से एक कहानी सुनाता हूँ - ऋषि कश्यप एक सप्तर्षि थे, जिन्हें व्यापक रूप से मनुष्यों, दैत्यों, देवों (देवताओं) और संपूर्ण पक्षी और पशु समूह का पिता माना जाता है। ऋषि कश्यप ने दक्ष प्रजापति की, जो भगवान ब्रह्मा के मानसपुत्रों में से एक थे, तेरह बेटियों से विवाह किया।

दिति, मरुतों और असुरों (दैत्यों) की माता है। अदिति दिव्य देवताओं, इंद्र, आदित्यों (देवताओं) और अन्य आदित्यों की माता हैं जो दुनिया पर शासन करते हैं।

देवताओं के विभिन्न युद्धों में दिति के बेटे मारे गए। व्याकुल और क्रोधित होकर, दिति ने अपने पति से एक शक्तिशाली पुत्र की याचना की और उनके आशीर्वाद से उसके गर्भ में एक बच्चे को जन्म दिया।

जब अदिति को पता चला कि दिति का बच्चा ताकतवर होगा तो वह और चिंतित हो गई। जब उसे पता चला कि बच्चा उसके बेटे इंद्र से अधिक शक्तिशाली होगा, और वह उसे देवताओं के सिंहासन से हटाने में सक्षम होगा। अदिति इंद्र के पास गई और उन्हें उस भय के बारे में बताया जो बड़े पैमाने पर मंडरा रहा था।

“मुझे डर लग रहा है,” अदिति ने लंबी पीड़ा भरी कराह निकाली। “मुझे डर है! यदि आपने इस बच्चे को दुनिया में आने दिया तो यह आपका अंत होगा।”

अपनी माँ की चिंता और आगे के खतरे को सुनकर, इंद्र ने सफल होने के लिए एक योजना बनाई।

उस दिन शाम को इन्द्र, दिति के पास गये और बोले, “माँ! आप देखें! आप एक बच्चे को जन्म दे रही हैं! आप बहुत दुबले-पतले और दयालु हैं! कृपया मुझे आपकी देखभाल करने की अनुमति दें।

दितिने इन्द्र को बिना किसी संदेह के, रत्ती भर भी सन्देह के, घर में आने दिया। इंद्रने दिति का ख्याल रखा और उसका दिल जीत लिया। जब दिति थक गई और आराम कर रही थी, तब इंद्र ने अपना वज्रायुध (हीरा हथियार) निकाला और अपनी शक्तियों से दिति के गर्भ में प्रवेश किया। इंद्र ने बालक के सात टुकड़े किये, लेकिन अन्य पुराणों में उनतालीस टुकड़ों का उल्लेख मिलता है।

इंद्रने अपना वज्रायुध वापस खींचा और एहसास हुआ कि कुछ गलत हुआ हैं, भ्रूण रोया। “माँ रूता !” इंद्रने गर्भ से धीरे से कहा। (संस्कृत में मा रुता का अर्थ है “रोओ मत!”)

दिति तुरंत जाग गई और उसने महसूस किया कि उसका गर्भाशय कांप रहा है। उसे एक कड़वी भावना थी कि कुछ गड़बड़ है। वह बहुत चिंतित और व्यतिथ थी कि इंद्र दोषी थे।

दिति ने इंद्र को धिक्कारा, "तुमने खुद को दुनिया के शासक-तीनों लोकों के शासक के रूप में स्थापित करने के लिए मेरे बच्चे को नुकसान पहुँचाया।"

दिति ने उपहास करते हुए कहा, "आप कभी भी शांति से शासन नहीं कर पाएंगे।"

दिति ने गुस्से और दर्द से चिल्लाया।

दिति ने पूछा, "क्या तुमने अदिति के कहने पर ये अमानवीय कृत्य किया है? मैं अदिति को भी इस घिनौने कृत्य के लिए श्राप दूँगी।"

दितिने गुस्से में चिल्लाया, "मैं उसे शाप देती हूं कि वह जेल में होगी, और वह अपने बच्चों को भी अपनी आंखों के सामने मरते हुए देखेगी और इसे रोकने में असमर्थ होगी।"

ऋषि कश्यपए ने दिति को समझाते हुए कहा, "कृपया अपना गुस्सा छोडो! चिंता मत करो! आपके गर्भ में पल रहा भ्रूण सुरक्षित है! सब तुम्हारे बच्चे को मरुथ के नाम से जानेंगे और वो शक्तिशाली होंगा।"

"उसने मेरी माँ और मुझे श्राप दिया हैं!" इंद्र ने सिर हिलाया, उसके चेहरे पर भयावह भाव थे जब वो यह कह रहे थे।

ऋषि कश्यप ने निष्कर्ष निकाला, "आपको और अदिति को उनका श्राप सहन करना होगा।"

द्वैत का विरोधाभास जीवन का निर्माण बन गया है। यह हमें पसंद की स्वतंत्रता और संतुलन देता है।

यद्यपि यह विरोधाभासी लग सकता है, विरोधाभास आपके जीवन में सद्भाव और संतुलन पैदा कर सकते हैं। यदि हम विरोधाभासों को स्वीकार करते हुए और उनके साथ बहते हुए इसे पानी की तरह तरलता से खेलते हैं, तो हम अपने लाभ के लिए विरोधाभासों का उपयोग कर सकते हैं।

जब आप सभी विचारों, भावनाओं और भावनाओं से परे खालीपन पाते हैं, तो आप सच्चे परिवर्तन का अनुभव कर सकते हैं। आप जो हैं उसे खाली करे और जो आप चाहते हैं उससे खुद को भरें। अब आप डर और मजबूरी के बजाय परिस्थितियों के आधार पर कोई भी लेबल चुन सकते हैं।

श्री गुरुजी- "वासुदेव, सब कुछ माया है; हम क्या देखते हैं, क्या सुनते हैं, क्या चखते हैं और क्या महसूस करते हैं। उसके साथ बह जाए।"

श्री गुरूजी ने वर्तमान की ओर झुकते, उनकी दोनों हथेलियाँ को आशीर्वाद की मुद्रा में उठाया और बोला - "चलो आज जी लेते हैं।"

सत्र समाप्त हो गया है, और मैं लगभग ३:00 बजे फिर से शुरू करूँगा।

पदमा, गहरी, चिंतनशील मुद्रा में स्थिर और निश्चल बैठी रही। उसने एक गहरी आवाज सुनी जो सत्य को प्रतिध्वनित कर रही थी और उसके गहरे आत्म में संदेश को अदृश्य उत्कीर्ण किया। पदमा, अनुभव कर सकती थी लेकिन सत्य नहीं समझ पा रही थी।

वासुदेवने पदमा को हचमचाते हुए उसे वर्तमान में लाने की कोशिश की- "पदमा!" वह सिहर उठी! काल्पनिक कल्पनाओं और अवधारणाओं ने उसके चिंतन पर कब्ज़ा कर लिया और वह मंत्रमुग्ध थी।

वासुदेव ने कहा- "सत्र का एक घंटे से अधिक समय बीत चुका है!"

पदमा - "एक घंटे से अधिक!"

वासुदेव ने कहा - "हाँ।" फिर उसने पूछा, "तुम्हें क्या हो गया है?"

पदमा, ने उत्तर दिया - “जैसे शांत जल पर कंकर गिरने से लहरें पैदा होती हैं।”

वासुदेव ने पूछा - “तुम्हारा मतलब है कि गुरुजी ने कंकर गिराया हैं ।”

कुछ क्षणों के लिए गहन और पूर्ण मौन छा गया ।

भाग ६

अध्याय १८

त्याग

प्रारब्ध कर्म

"जीवन आपके सामने जो कुछ भी लाता है, आप उससे क्या बनाते हैं, यह पूरी तरह आप पर निर्भर करता है।"

हमारी इच्छाओं, आवेगों, अनुरोधों और स्थितियों के प्रति प्रतिक्रियाएं हमारे इरादों से प्रेरित होती हैं।

गुरुजी, सबसे गहन और व्यापक वक्ता, श्रोताओं को प्रभावित करने के दृढ़ संकल्प के साथ शुरू करते हैं: "ओह, पदमा, मुझे प्रारब्ध कर्म के बारे में विस्तार से बताने दो।" प्रारब्ध कर्म से तात्पर्य, संचय करने वाले कार्यों से है, परिपक्व और फल देने के लिए तैयार। हम आम तौर पर इन्हें नियति, भाग्य, प्रारब्ध और किस्मत के रूप में संदर्भित करते हैं।

यदि कोई व्यक्ति बिस्तर पर है या लकवा या अन्य असाध्य रोगों से ग्रस्त है, जब तक वो अपने वर्तमान जीवन से सभी तमाम

श्री शाम्बव

प्रारब्ध कर्मों को समाप्त न करे, अपने अपंग शरीर से मुक्त होने की उसकी तीव्र इच्छा के बावजूद, वह इस देह (भौतिक शरीर) को नहीं छोड़ सकता। उसके नियत कर्मों को इस जीवन से समाप्त करने के बाद, वह तुरंत इस शरीर से मुक्त हो जाता है और नए नियत कर्मों का आनंद लेने के लिए एक अलग शरीर की प्रतीक्षा करता है।

अपने जीवनकाल के दौरान, हम अपने पूर्वनिर्धारित प्रारब्ध कर्मों का अंत करके अधिक नए कर्मों का निर्माण और संचय करते है। प्रत्येक नये कर्म के संचय को संचित कहा जाता है और यह हर जन्म में खुद को दोहराता हैं।

परिणामस्वरूप, दुष्चक्र अनिश्चित काल तक जारी रहता है, कम होने के बजाय बढ़ता ही जाता है। क्रियामन कर्म के माध्यम से नए कर्मों के संचय के कारण संचित कर्मों का भंडार तेजी से बढ़ता है।

"आशा एक पंखदार चीज़ है

जो आत्मा में रहती है, और बिना शब्दों के गाती है, और कभी नहीं रुकती।"

- एमिली डिकिंसन ।

आत्मा की सफ़र - कर्म

आशा, आशा, आशा यह मानवता को दी गई एकमात्र सांत्वना है; प्रत्येक जन्म के दौरान कर्म में कमी की आशा, हालांकि *"जीवन का चक्र"* अनवरत जारी है और मुक्ति के मार्ग की कोई आशा नजर नहीं आती।

कुल संचित कर्म = पुराना संचित कर्म (पिछला जन्म) + नया संचित कर्म (वर्तमान) - प्रारब्ध कर्म (वर्तमान) को कम करता है।

श्री आदि शंकराचार्य एक भारतीय दार्शनिक और धर्मशास्त्री थे जो आठवी सदी की शुरुआत में थे और "अद्वैत वेदांत का सिद्धांत" संहिताबद्ध किया था। शंकराचार्य नम्रतापूर्वक सर्वशक्तिमान से प्रार्थना करते है कि वह उसे जन्म और मृत्यु के अंतहीन बंधन से मुक्त कराने में मदद करे।

"पुनरपि जननं पुनरपि मरणं, पुनरपि जननी जठरे शयनम्। इह संसारे बहुदुस्तारे, कृपयाऽपारे पाहि मुरारे॥२१॥"

- भज गोविंदम श्लोक-२१

भावार्थ: - "बार-बार जन्म, बार-बार मृत्यु, बार-बार माँ के गर्भ में शयन, इस संसार से पार जा पाना बहुत कठिन है। हे कृष्ण! कृपा करके मेरी इससे रक्षा करें।"

राधा और श्री कृष्ण, अपने अटूट प्रेम के बावजूद, अलग क्यों हुए?

श्री शाम्बव

श्राप का स्रोत श्रीदामा और राधा के बीच का झगड़ा था। एक दिन राधाने अपनी सखियों से जाना कि, श्री कृष्ण, गोपियों में से एक बृंदा के साथ बहुत समय बिताते हैं। राधा क्रोधित हो गईं और उनके क्रोध ने उन्हें ऐसा करने पर मजबूर कर दिया।

राधाने, गोपियों को उसे जानने के लिए निर्देशित करते हुए कहा- "उसे दिखाओ।"

वहां जाने के लिए राधा रथ पर सवार हो गई। उसने एक सुंदर, मुस्कुराते हुए गार्ड को प्रवेश द्वार की रखवाली करते हुए देखा, जो श्रीकृष्ण की प्रिय मित्र, श्रीदामा थे। पहरेदार को देखकर राधा का क्रोध और तीव्र हो गया और वह क्रोध में चिल्ला उठी, "जाओ! बाहर निकलो, नौकर!"

राधा के ऐसे वचन को सुनकर, बलवान और साहसी श्रीदामा ने, हाथ में एक छड़ी लेकर, उन्हें प्रवेश करने से मना कर दिया, लेकिन अन्य गोपियों ने श्रीदामा को गुस्से में धक्का दे दिया। गोलोक के लोगों का भारी हंगामा सुनकर और राधा की नाराजगी को महसूस करते हुए, भगवान कृष्ण गायब हो गए।

जब बृंदा ने "राधा" शब्द सुना और भगवान कृष्ण को गायब होते देखा, तो वह भयभीत हो गई और रहस्यमय योग के अभ्यास के माध्यम से, उसने अपना प्राण त्याग दिया और तुरंत गोलोक की परिक्रमा करने वाली एक नदी बन गई।

श्रीदामा सदैव कृष्ण के लिए उपस्थित रहते थे और वह श्री कृष्ण का अपमान करते हुए नहीं सुन सकते थे। श्रीदामा ने राधा से कहा, "यदि आप एक बार भी मेरे प्रभु का अपमान करोगे तो मैं आपको श्राप दूँगा।"

श्रीदामा के अत्यंत शक्तिशाली शब्द सुनकर राधा रानी क्रोधित हो गईं। "ओह, तुम बेवकूफ हो!" उसने कहा। "मैं जो कहती हूँ उसे ध्यान से सुनो। आपने स्वयं को आश्वस्त कर लिया है कि आप सब कुछ जानते हैं! क्या आप मानते हैं कि मैं आपके ईश्वर की गलत व्याख्या कर रही हूँ?"

राधा ने कहा, "मुझे पता है कि आप हमेशा कृष्ण की प्रशंसा करेंगे जबकि राधा की निंदा करेंगे। आप बिना कारण मुझ पर दोष लगाने का प्रयत्न कर रहे हो, क्योंकि राक्षस सदैव देवताओं की निंदा करते हैं। इसलिए, मैं तुम्हें अगले जन्म में राक्षस बनने और गोलोक छोड़कर राक्षस राजा बनने का शाप देती हूं। श्रीदामा, मुझे देखने दो कि तुम्हें मेरे शाप से कौन बचा सकता है। प्रतिक्रियाओं ने वातावरण को प्रभावित किया, जो जड़ता से भरा था और परिणामों से अनभिज्ञ था।"

श्रीदामा इस घटना को इतनी तीव्रता से पचा नहीं सके और उन्होंने भी राधा रानी को श्राप दे दिया - "आप अधीर हो, और एक इंसान की तरह क्रोधित हो रही हो। इसलिए, निस्संदेह आपके पास पृथ्वी पर रहने वाले एक इंसान का रूप होगा। यह मेरा श्राप है: गोकुल

श्री शाम्बव

में, आप कृष्ण की संगति का आनंद लोगे, और जंगल में मनोरंजन का आनंद लोगे।

"बाद में, गोलोक लौटने से पहले आप सौ वर्षों के लिए हरि से अलग हो जायेंगे।"

राधा से यह कहकर श्रीदामाने उन्हें प्रणाम किया और कृष्ण से मिलने चले गये। उन्होंने कृष्ण को सब कुछ समझाया और रोने लगे।

श्री कृष्णने श्रीदामा से कहा, "मैं देख सकता हूं कि जब आप पृथ्वी पर जाएंगे, तो आप राक्षसों के राजा शंखचूड़ के रूप में दिखाई देंगे।" "तुम्हें कभी कोई हरा नहीं सकता। पाँच सौ युगों के बाद, तुम राक्षस शरीर त्याग दोगे और भगवान महादेव के त्रिशूल में फंसा हुआ गोलोक को लौट आओगे।"

श्रीदामा के जाने के बाद, राधा आँखों में आँसू लेकर कृष्ण के पास गईं और उन्हें पूरी कहानी सुनाई।

राधारानी वृषभानु की पुत्री के रूप में जन्मी और अभिमन्यु से विवाह किया, जैसा कि ब्रह्म-वैवर्त पुराण में वर्णित है।

हम कर्म के नियम से बच नहीं सकते; "सार्वभौमिक कानून" का कोई अपवाद नहीं हो सकता। यहां तक कि सर्वव्यापी भगवान राम (विष्णु अवतार) को भी संदेह करने वालों से अपमान,

शर्मिंदगी, अलगाव की पीड़ा, तीखी टिप्पणियों और कटाक्ष का सामना करना पडा। टिप्पणियों से गुजरना पड़ा। उसने सीता को श्री राम से अलग किया ओर रावण के वध करने के बाद,लंका से अयोध्या लौट आए।

भगवान विष्णु ने नारद के श्राप पूर्ति कि अनुभूती की। इसी तरह, सीता भी कर्म के नियम की अपवाद नहीं थीं। बचपन में सीता देवी अपनी सहेलियों के साथ महल के बगीचे में खेल रही थीं। वह तोते के एक जोड़े को गंभीरता से चर्चा करते हुए देखकर आश्चर्यचकित हो गई और उसने श्री राम से संबंधित उनका नाम सुना।

सीता देवी ने जिज्ञासा से तोते से पूछा, वे कौन हैं? वे कहां रहते हैं।

तोताने, महर्षि वाल्मिकी आश्रम से संबंधित होने का दावा किया। वह अक्सर आश्रम में लोगों को श्री राम और सीता देवी के बारे में चर्चा करते हुए सुनते थे। यह समाचार सुनने के बाद देवी सीता, श्री राम और उनके विवाह के बारे में और अधिक उत्सुक हो गईं और उन्होंने दोनों तोतों को पिंजरे में बंद कर दिया। वह कई प्रश्न पूछती रही, जैसे, "श्री राम कौन थे?" शादी कैसे होगी ?

बेचैन सीता देवी को उनके तमाम प्रश्न के जवाब मिल गए और उन्होंने ये भी जाना की श्री राम दशरथ के पुत्र हैं और उन्होंने स्वयंवर में शिव के धनुष (पिनाक) को तोड़कर उनसे शादी करने की योजना बनाई हैं। भविष्यवाणियों के बाद, तोते जोड़े ने वापस लौटने की इच्छा व्यक्त की और उनसे जाने की अनुमति मांगी। सीता देवी बहुत जिद पर अड़ी थीं और अपनी शादी होने तक उनको न छोड़ने की जिद की। नर तोते ने कहा कि उसकी पत्नी गर्भवती है और इससे पहले कि बहुत देर हो जाए, उसे लौट जाना चाहिए।

तोते ने अपनी राहत के लिए जोर देकर कहा कि पक्षियों के लिए खुले आसमान में रहने से ज्यादा आरामदायक कुछ भी नहीं है। सीता देवी ने भी इन पक्षियों को मुक्त न करने की ठान ली थी। अंततः उन्हों ने नर पक्षी को छोड़ दिया, लेकिन मादा पक्षी को छोड़ने से इनकार कर दिया।

अलग होने की वजह से नर तोता निराशा और असंतोष के दौर से गुजर रहा था, वह सीता देवी के फैसले से दुखी था। बिदाई की पीड़ा ने घृणा की लहर पैदा कर दी और निराश मन की भावना ने क्रोध की ज्वाला भड़का दी, जो गंभीर अभिशाप के हद तक पहुंची।

सीता के इस कदम से उनको श्राप मिला। तोते ने सीता को श्राप दिया की जब उनकी पत्नी गर्भवती थी तब उन्होंने उन्हें और

उनकी पत्नी को अलग कर दिया था। गर्भावस्था के दौरान सीता को भी अपने पति से वियोग सहना पड़ेगा।

रामायण में धोबी ने मांग की कि राम अपने राज्य से सिताजी को त्याग दें। धोबी वही नर तोता निकला जिसने श्राप दिया था। जब सीता गर्भवती हो गई, तो श्राप राम और सीता के अलगाव का असली कारण बन गया।

जब हम अधूरा या खराब प्रदर्शन करते हैं तो हमे पस्तावा होता हैं और हम यथासंभव कम आत्मसम्मान को बढ़ावा देते हैं। जब हम अच्छा प्रदर्शन करते हैं, तो यह हमें संतुष्ट करता है। पापपूर्ण कार्यों से निपटने की एक और रणनीति हैं, सकारात्मक कार्यों को अधिक महत्व देना और कर्म संचय करना। नुकसान को कम करते हुए कार्मिक लाभ को अधिकतम करना महत्वपूर्ण है।

श्रीकृष्ण के चाचा अक्रूर, पांडवों, कौरवों और पितामह से मिलने के बाद, वापस लौटे और श्रीकृष्ण से पूछा, "क्यों, द्वारिकाधीश, विधुर जैसे महान और पवित्र आत्मा, सम्माननीय, प्रशंसनीय, सत्यवादी, गहन गुणवत्ता के प्रतीक हैं?" वह कौरवों, विशेषकर दुर्योधन के कारण क्रोध, गुस्सा, अपमान, शर्मिंदगी और अपमान सह रहे है।

श्रीकृष्ण ने उत्तर दिया, "यह बदला वर्तमान की क्रियाओ का नहीं, अतीत के कार्यों का है।" शासक ने सामान की कथित चोरी के

लिए एक युवा ऋषि मार्कंडेय ऋषि को गलत तरीके से दंडित किया था। ऋषि की प्रतिष्ठा को जानने के बाद, शासक को वर्तमान वास्तविकताओं का एहसास हुआ। सीखने पर मोक्ष की याचना की, और संत ने अपनी सहज प्रकृति के अनुसार उसे स्वीकार कर लिया। जब ऋषि मार्कंडेय ने आदित्य (सूर्य देव) के पुत्र यम से पूछा कि उन्हें दंडित क्यों किया गया? जबकि उसकी अपनी कोई गलती नहीं थी?

यम ने बताया कि एक बच्चे के रूप में, ऋषि मार्कंडेय ने पक्षियों को कांटों से चोट पहुंचाई थी, जिससे उन्हें असुविधा और पीड़ा हुई थी। परिणामस्वरूप, उनको उसके घिनौने कृत्य की सज़ा मिली है।

यह सुनकर मार्कण्डेय ऋषि क्रोधित हो गये।

जवाब में, ऋषि मार्कंडेय ने यमराज को शाप दिया और कहा, "बच्चे की उम्र जानकर, आपने मुझे मृत्युदंड दिया है, जिसकी कानून अनुमति नहीं देता है। यह सूचित करता है कि आप न्याय करने के लिए नियुक्त अधिकारी नहीं हैं और आपका व्यवहार अनुचित है। परिणामस्वरूप, मैं आपको शाप देता हूं - आप समतल पृथ्वी (पृथ्वी) पर उतरकर गरीबों के बीच जन्म लेंगे, अपने कर्मों की पीड़ा, कुछ नाराजगी, अपमान और शर्मिंदगी भुगतोगे। वहाँ पृथ्वी पर, आपकी अपनी प्रतिभा दोषरहित होगी; आप बुद्धिमत्ता, तर्कसंगतता, गहन गुणवत्ता और नैतिकता के बारे में बात करेंगे,

फिर भी कोई लेने वाला नहीं होगा चाहे आपका अस्तित्व ईमानदार हो और आप सच बोलते हों।

विधुर एक ज्ञानी (बुद्धिमान व्यक्ति) थे, जीवन भर शांत और बुद्धिमान थे। पिछले जन्मों में शाप के कारण अन्य प्रफुल्लित आत्माओं और यमराज को भी कष्ट भोगना पड़ा था।

महाभारत युद्ध के बाद श्रीकृष्ण ने गांधारी और धृतराष्ट्र की एक और महत्वपूर्ण निंदा को विनम्रता के साथ स्वीकार किया।

गांधारी ने कहा, "हे कृष्ण, आपने महाभारत के भयानक युद्ध में मेरे कुल का जीस प्रकार विनाश किया है, अगले छत्तीस वर्षों मे इसी तरह तुम्हारे यादव वंश को नष्ट होना होगा।"

गांधारी का श्राप छत्तीसवें वर्ष में सत्य हुआ।

भगवान कृष्ण के पुत्र और पौत्र मारे गए, जिससे यादव वंश का अंत हो गया।

ऐसे कई चतुर उदाहरण हैं - प्रतिकूलता की कहानियां।

- कुरूक्षेत्र की युद्धभूमि में राजा धृतराष्ट्र के सौ पुत्रों का क्या हुआ?
- जया और विजय ने तीन राक्षसी अवतार क्यों लिए?
- राधा के श्री कृष्ण से अलग होने का क्या कारण था?

श्री शाम्बव

- श्री कृष्ण शिशुपाल को सौ बार क्षमा करने का क्या महत्व था?
- भगवान शिवने विघ्नर्त का सिर क्यों काटा?
- शमीक ने राजा परीक्षित को क्यों श्राप दिया था?
- पांडवों को कष्ट क्यों हुआ?

प्रारब्ध कर्म - को आगे तीन प्रकारों में वर्गीकृत किया गया है:

1. इच्छा (व्यक्तिगत इच्छा) ।
2. अनिच्छा (बिना इच्छा) ।
3. परेछा (दूसरों की इच्छाओं के कारण) ।

आत्मज्ञानी व्यक्ति (जीवन से मुक्त) की कोई इच्छा नहीं होती फिर भी उन्हे अनिच्छा और परेछा और प्रारब्ध कर्म को पार करना पड़ता है।

किरण ने कहा - "हाँ, सच हैं गुरुजी।"

गुरुजी ने कहा, "कर्म के नियम का सबसे संयमित, प्रतिबंधात्मक और अपरिवर्तनीय भाग हैं:" "जैसा बोओगे, वैसा काटोगे।"

किरण ने कहा - "हमें हमेशा आश्चर्य होता है कि अधिकांश बेईमान, अनैतिक और भ्रष्ट लोग कैसे खुश होते हैं और जीवन की सभी सुख-सुविधाओं का आनंद लेते हैं।"

गुरुजी ने उत्तर दिया, "किरण, वे भौतिक चीज़ों का आनंद ले रहे हैं। हम अपर्याप्त महसूस करते हैं और इससे हमारे मन में बहुत निराशा होती है। परिणामस्वरूप, हम अक्सर सर्वशक्तिमान में विश्वास खो देते हैं और अपनी आंतरिक चेतना को सुनना बंद कर देते हैं।

अंततः हम लाचार और कमज़ोर हो जाते हैं, जो ऐसे अनैतिक व्यवहार की ओर ले जाता है। ऐसी विकट परिस्थितियों में हमें धैर्य रखना चाहिए, प्रतिकार करना चाहिए और गलत रास्ता अपनाने से बचना चाहिए।

कर्म का नियम हमें समझता है:

- आपके दर्द का स्रोत क्या है?
- तुम्हें इन कठिन परीक्षाओं से क्यों गुजरना पड़ता है?

"कर्म के नियम" के अनुसार प्रभाव, पक्षपात, हस्तक्षेप या भ्रष्टाचार का कोई अपवाद नहीं है। आप मानव (मानव), देव (देवता), राक्षस (राक्षस) और यक्ष (प्रकृति आत्मा) की भूमिकाएँ निभा सकते हैं। आप कोई अपवाद नहीं हैं, इस कानून के दायरे में, कोई भी पुण्य कर्म या कोई भी पवित्र कार्य बिना प्रतिफल के नहीं जाएगा और कोई भी पाप कर्म (पाप कर्म) बिना दंड के नहीं जाएगा।

जो व्यक्ति बेईमान, निर्दयी और भ्रष्ट होते हैं वे जीवन में सभी सुख -सुविधाओं का आनंद लेते हैं। यह उनके वर्तमान पाप कर्मों के कारण नहीं है। पहले के जन्मों में, उन्होंने संचित कर्मों के रूप में कई पुण्य कर्म (पुण्य कर्म) अर्जित किए हैं, जो इस जन्म के लिए प्रारब्ध(भाग्य, नसीब, अवसर और इसी तरह) के रूप में परिपक्व और फलित हो गए हैं। अपनी वर्तमान स्थिति में, वे आनंद ले रहे हैं और खुद को थका रहे हैं।

उनके वर्तमान पाप कर्म (पाप कर्म) परिपक्व होंगे, पकेंगे और संचित कर्मों को संचित करते हुए जमा होंगे। उनके वर्तमान पाप कर्म (पाप कर्म) संचित कर्मों के रूप में परिपक्व होंगे, पकेंगे और जमा होंगे।

इसी तरह, अच्छे कर्मों और गहन गुणों वाले ईमानदार व्यक्ति अब पीड़ित होते दिख रहे हैं। यह उनके वर्तमान अच्छे कर्मों (पुण्य कर्म) के कारण नहीं है। उनके पिछले पाप (पापा कर्म), जो उन्होंने पिछले जन्म मे पैदा और अर्जित किये हैं, संचित कर्म, जो अब इस जन्म के लिए परिपक्व हो गए हैं, जीवन भर दर्द और थकान का कारण बनते हैं ।

उनके सभी कष्ट और पुण्य कर्म (पुण्य कर्म) जो वे वर्तमान में संचित कर्म के रूप में अर्जित करते हैं, समय पर परिपक्व और फलित होने दो। जैसे ही आप अपने पिछले पाप कर्मों को समाप्त कर देंगे, वे आपको खुशी के मीठे फल देना शुरू कर देंगे।

श्री गुरुजी ने आत्मविश्वास से कहा - "किरण, व्यक्ति में पर्याप्त धैर्य, साहस, इच्छा शक्ति, सहनशीलता और कर्म के प्रति पूर्ण विश्वास होना चाहिए।"

श्री गुरुजी ने कहा - "किरण, अच्छे चावल भी मूसली के मार खाने की सज़ा भुगतते है।"

मैं एक कहानी के साथ उदाहरण समझाता हूं: राकेश और रोशन दोनों अनाज विक्रेता थे, वे एक गांव में रहते थे। शुरुआती दिनों में, अनाज पारंपरिक रूप से मिट्टी के बर्तनों (बड़े संग्रह, टैंक) में संग्रहीत किया जाता था, जिसमें अनाज निष्कर्षण नीचे और अनाज भरने का हिस्सा शीर्ष, उपर होता था।

राकेश उच्च गुणवत्ता वाला चावल बेचता था जबकि रोशन निम्न गुणवत्ता वाला चावल बेचता था ।

राकेश के चावल की उच्च गुणवत्ता और उचित कीमत के कारण लोग उसकी प्रशंसा करते थे और उसका सम्मान करते थे। राकेश जल्द ही एक अमीर और पसंदीदा सदस्य के रूप में मशहूर हो गया।

रोशन का चावल घटिया क्वालिटी का था, इसलिए लोगों ने उससे खरीदना बंद कर दिया। तब उसे अपनी गलती का एहसास हुआ और पश्चाताप हुआ। उसने चावल के सर्वोत्तम दानों को उचित

मूल्य पर बेचा। उनके अच्छे इरादों के बावजूद, लोग उससे खरीदारी करने के लिए उत्सुक नहीं थे।

इस बीच राकेश की इच्छा दिन-ब-दिन प्रबल होती गई। वह लालची हो गया, जिसके परिणामस्वरूप उसने घटिया चावल बेचना शुरू किया, लेकिन लोग उससे चावल खरीदते रहे।

रोशन असमंजस में था। अभी भी सब राकेश के साथ ऐसा व्यवहार क्यों कर रहे है?

भले ही रोशन के इरादे बेहतरीन थे लेकिन मिट्टी के बर्तन में जो उसने हल्की क्वालिटी के चावल भरे थे, उन्हें बेहतरीन चावल देने से पहले खाली करना पड़ेगा।

राकेश का इरादा अनुचित और अनैतिक था, पर उसने मिट्टी के बर्तन में जो बेहतर गुणवत्ता वाले चावल भरे था, उसे घटिया चावल परोसने से पहले ख़त्म करना पड़ेगा।

गुरूजी हँसे, और दिन का सत्र कई लोगों को कर्म के बुनियादी सिद्धांतों की बेहतर समझ और उन्हें अपने जीवन में लागू करने के तरीके के साथ समाप्त हुआ।

अध्याय १९

इच्छा

"यदि आप अधिक चीजों की इच्छा रखते हैं, तो अधिक चीजें आपको कम लगेंगी।"

दिन की शुरुआत, गुरुजीने परिवर्तन के विषय से की, "हम लगातार अधिक से अधिक पाने की लालसा रखते हैं। हम हमेशा भौतिक चीजों के पीछे हैं, और हमारा मानना है कि यह परम सत्य और खुशी का मार्ग होगा।"

हमारे जीवन की गुणवत्ता हमारे पास मौजूद धन या संपत्ति की मात्रा पर निर्भर नहीं करती है। यदि ऐसा होता, तो सभी अमीर, अमीर और समृद्ध, तथाकथित भाग्यशाली, हर चीज में सर्वश्रेष्ठ होते। यदि आप चारों ओर देखेंगे तो पाएंगे कि स्थिति ऐसी नहीं है।

"इच्छा सभी बुराइयों की जड़ है।"

- गौतम बुद्ध.

वासुदेवने, गुरुजी से पूछा - "दुख का कारण क्या हो सकता है?"

गुरुजी ने उत्तर दिया - "हमने यह तय नहीं किया है कि हम जीवन में क्या चाहते हैं; इसलिए, हम इसे पूरा नहीं कर पाए हैं। इसलिए, हम असंतुष्ट भी हैं और असफलता की धारणा रखते हैं। हमारा मानना है कि जिन लोगों ने जीवन में अपने लक्ष्य हासिल कर लिए हैं वे खुश हैं। हालांकि, हम अक्सर असामान्य स्थितियों को देखते हैं जिसमें जिन लोगों ने सब कुछ पा लीया है वो अभी भी असन्तुष्ट है। हमारे पास एक गहरी आवश्यकता है, जो भौतिक संपत्ति से परे है (भौतिक)। वो हमेशा हमें कहती है की हमारा जीवन (भौतिक) पदार्थों की सफलता के इस भ्रम या माया से परे का लक्ष्य है।"

वासुदेव ने उत्तर दिया - "हाँ गुरुजी।"

गुरुजी ने कहा - "हम सभी सोचते हैं कि हमारा दिमाग बहुत तार्किक है, लेकिन मुझे यह बहुत अतार्किक लगता है।"

गुरुजी ने आगे कहा - "अगर मैं आपसे अगले एक मिनट तक अपना मन एक ही चीज़ पर केंद्रित रखने के लिए कहूं, तो ध्यान केंद्रित करना मुश्किल है।"

गुरुजी ने एक छोटा सा अभ्यास सुझाया- "सभी भक्तों, कृपया अपनी आंखें बंद करें, अब सामान्य रूप से सांस लें, और अपनी सांस देखें। इस अभ्यास को एक मिनट तक जारी रखें।"

गुरुजी ने कहा- "ठीक है, अब आपके मन मे, आपके जीवन में आपकी तीन पसंदीदा चीजों के बारे में सोचे।"

गुरुजी ने कहा- "आपका असली ध्यान अगले पांच मिनट के लिए अब शुरू होता है। आप जो चाहें सोचने के लिए स्वतंत्र हैं, जब तक आप उन तीन पसंदीदा चीज़ों के बारे में नहीं सोचते जिनके बारे में आप पहले ही सोच चुके हैं।"

भक्तों ने श्रद्धा पूर्वक अपना निर्धारित अभ्यास प्रारंभ किया।

एक मिनट बाद गुरुजी बोले, "तुम्हारा एक मिनट पूरा हो गया। मुझे आशा है कि आपने अपनी तीन पसंदीदा चीज़ों के बारे में नहीं सोचा होगा।"

तीन मिनट बाद- "आप अच्छा काम कर रहे है, आपने तीन मिनट पूरे कर लिये। मुझे आशा है कि आपने अपनी तीन पसंदीदा चीज़ों के बारे में नहीं सोचा होगा।"

पाँच मिनट बाद गुरुजी ने कहा, "कृपया अपनी आँखें खोलो, और कृपया अपने हाथ उठाए, जिन्होंने उन तीन प्रिय चीजों के बारे में नहीं सोचा था।"

किसी ने हाथ नहीं उठाया।

गुरूजी मुस्कुराए और बोले, "तुम्हारे पास दुनिया में सोचने के लिए बहुत सारी चीज़ें थीं, लेकिन जब मैंने तुम्हें तीन तक सीमित

कर दिया, तो तुम्हारा दिमाग उन चीज़ों के बारे में सोचने लगा, भले ही तुम उनसे बचने की कोशिश कर रहे थे।"

स्वामी विवेकानन्द का एक सुन्दर उद्धरण कहता है - "मन एक शराबी बंदर जैसा है जिस को हजारों बिच्छुओं ने डंख मारा है।"

गुरूजी हँसे - "आप यह स्थिति को समझ सकते हैं।"

सभी भक्त हँसने लगे।

गुरुजी ने आगे कहा, "हमारे अधिकांश विचार, भय और लालच से उत्पन्न होते हैं, और दिलचस्प बात यह है कि हमें इसके बारे में पता भी नहीं चलता है। यह चिंता की बात है कि यही विचार हमारा अंतिम निर्णय तय करते हैं। मेरा भविष्य कैसा होगा? मेरा क्या होगा?"

गुरूजी हँसते हुए बोले - "हम अपने मन को नियंत्रित नहीं करते, बल्कि हमारा मन हमें नियंत्रित करता है।" अपने जीवन की गुणवत्ता में सुधार करने के लिए, हमें खुद से कुछ प्रश्न पूछने चाहिए और स्थिति का निष्पक्षता से विश्लेषण करना चाहिए।

- वास्तव में सत्य क्या है?
- क्या यह मेरी इच्छा है, या यह बाहरी रूप से प्रेरित इच्छा है?

- समस्या क्या है? क्या सच है? - परिस्थितियों से बचाता है।

समृद्धि की गुणवत्ता का मतलब पैसा, दौलत और बाहरी दुनिया की विलासिता नहीं है। यह आंतरिक विश्व(अहंकार) की समृद्धि है।

जब हमारा मन "और अधिक" पाने के लिए जुनूनी होता है, तो हम मान लेते हैं कि अधिक से व्यक्ति की इच्छा पूरी हो जाएगी और उसे खुशी और संतुष्टि मिलेगी। हालाँकि, इससे उसे अधिक पीड़ा होती है और वह पागल हो जाता है, और उसमें भौतिक तल के क्षैतिज आयाम के लिए लालसा विकसित हो जाती है।

"जो चीज़ हमें प्रेरित करती है वह है लालच और भय।"

लालच, हमारे विचारों और शब्दों को हमारे कार्यों की ओर प्रेरित करता है; इसलिए, केवल उसे सजाने के बजाय, हम अपने आस-पास की सुंदर चीज़ों, शरीर की सराहना नहीं करते हैं। जब हम स्वयं को माया के भ्रम में अंधा कर लेते हैं तो हम अपने मार्ग या उद्देश्य से चूक जाते हैं। हम भ्रम के पर्दे के पीछे चलने को तैयार नहीं हैं।

हम अपने सामने मौजूद भ्रम को ही अंतिम सत्य मान लेते हैं और इकट्ठा करने और इकट्ठा करने की होड़ में लग जाते हैं। जल्दबाजी में हम यह भूल जाते हैं कि हम संस्कारों के कारण अनेक कर्म संचित कर रहे हैं।

यदि हम सावधान रहें, तो हम अपनी उपलब्धियों से संतुष्ट महसूस करेंगे, लेकिन 'अधिक मन' वाली स्थिति हमेशा कुछ और चाहेगी।

मैं आपको एक उदाहरण देता हूं कि रात को अच्छी नींद कैसे लें: एक किसान पूरे दिन खेत में काम करता है और फिर रात के खाने के बाद एक सख्त तकिया के साथ जमीन पर सो जाता है। इससे विपरीत, व्यक्ति को किंग साइज बेड की इच्छा होती है लेकिन उसे सोने में कठिनाई होती है।

गुरुजी- "कृपया मुझे माफ करना, मैं तुम्हें किंग साइज़ बिस्तर पर न सोने के लिए नहीं कह रहा हूँ।"

मंडली के सभी लोग हंसने लगे।

आप उसे आनंद लेने की मानसिकता में नहीं हैं। आप अपनी वर्तमान स्थिति से असंतुष्ट हैं। यदि आप सादे बिस्तर पर नहीं सो सकते हैं, तो किंग साइज़ बिस्तर भी पर्याप्त नहीं है। एक बार जब आपको किंग साइज बिस्तर मिल जाए, तो आप नई चीजों की कल्पना करना शुरू कर देंगे! इसका कोई अंत नहीं है और यह कभी न ख़त्म होने वाला चक्र है।

गुरुजी ने एक छात्र की बात सुनाई जिसने अपने गुरु से पूछा - "त्याग क्या है?"

"आध्यात्मिक ज्ञान प्राप्त करने की खोज में अक्सर यह भौतिक सुख-सुविधाएंओ का त्याग दर्शाता है," मास्टर ने उत्तर दिया।

एक छात्र ने पूछा, "गुरुजी, क्या मैं आध्यात्मिक ज्ञान प्राप्त करने के लिए संसार का त्याग कर सकता हूँ?"

मास्टर मुस्कुराए और बोले, "बच्चे, जो हमारे पास है उसे छोड़ना नहीं हैं। जो हमारे पास नहीं है वो छोड़ना हैं।"

"हमें अधिक की इच्छा के साथ-साथ अपने लालच को भी त्यागना होगा; हमें डर छोड़ना होगा; हमें वासना का त्याग करना होगा; हमें आसक्ति छोड़नी चाहिए, और हमें दूसरों के लिए ईर्ष्या छोड़नी चाहिए।"

मैं आपको एक कहानी सुनाता हूँ कि ब्रह्माने अपना पाँचवाँ सिर "वासना" के कारण कैसे गवाया था।

जब ब्रह्मा, त्रिमूर्ति, ब्रह्मांड का निर्माण कर रहे थे। ब्रह्मा ने स्त्री देवता, शतरूपा की रचना की। ब्रह्म पुराण के अनुसार, मनु के साथ शतरूपा को ब्रह्मा की रचना में पहली महिला माना जाता है।

जब ब्रह्मा ने शतरूपा को बनाया, तो वह शतरूपा की सुंदरता पर मोहित हो गये। वह जहां भी गई उन्होंने उसे खोजा। उनकी नजरों से ओझल होने के लिए वह अलग-अलग दिशाओं में चली गई। लेकिन वो जहां भी गई, ब्रह्माने अपना सिर उस दिशा में घुमा

दिया। इस अप्रत्याशित घटना ने ब्रह्मा को युवती के प्रति और भी अधिक उत्सुक बना दिया और जब हताश शतरूपा उनकी नजरों से बचने के लिए उनके सिर से ऊपर गई, तो उनका पांचवां सिर उनके चार सिर से ऊपर उठ गया।

कभी न ख़त्म होने वाली इस प्रक्रियाने शिव को, ब्रह्मा का पांचवां सिर काटने के लिए मजबूर होना पडा। इसे समझें तो शतरूपा उनकी पुत्री (निर्माता होने के नाते) थीं। ब्रह्मा का अपनी पुत्री के प्रति मोह ग़लत और व्यभिचारी था। शिव ने यह भी कहा कि ब्रह्मा के "अपवित्र कार्य" के लिए कोई उनकी उचित पूजा नहीं होगी। परिणामस्वरूप, केवल दो अन्य त्रिमूर्ति देवताओं, विष्णु और शिव की अभी भी पूजा की जाती है।

ब्रह्मा, को अपनी गलती का एहसास हुआ और तपस्या के रूप में उन्होंने हर महीने एक वेद, चार वेदों का पाठ करना शुरू कर दिया।

छात्र ने पूछा, "गुरुजी, क्या "वासना" में दर्द होता है?"

कल के बारे में असुरक्षा हमें असंतुष्ट, दुखी, चिंतित, जरूरतों को लेकर चिंतित और दूसरों की इच्छाओं के प्रति लालची महसूस कराती है।

वासना (इच्छा का बीज) उत्पन्न होने पर खुद को ध्यान से जांचते हैं, तो हम अपने शरीर में अधिक असुविधा और अपने मन में

गहरी चिंता देखते हैं। अब हमने वासना को एक संस्कार (क्रिया की अवस्था) में बदल दिया है, और यदि वे इच्छा पूरी करते हैं, तो आप एक नई इच्छा, एक और अवस्था बो़एंगे।

“यदि हम अपनी इच्छा पूरी नहीं करते हैं, तो उसे पूरा करने की लालसा उत्पन्न होगी, जिससे लालच, क्रोध, ईर्ष्या और संस्कार खोने का डर पैदा होगा, जिससे नए कर्म उत्पन्न होंगे।”

वासना के दो प्रकार होते हैं:

- बंध हेतु (बाध्यकारी प्रेरक) ।
- भोग हेतु (खुशी का प्रेरक) ।

ज्ञान (बुद्धि) प्राप्त करने के लिए, केवल बंधे हेतु वासना को हटाना ही पर्याप्त है। माया, कल्पना की प्रतिमूर्ति है:

- एक भ्रम है कि रेगिस्तान में पानी है - मिराज।
- एक लड़का रस्सी को सांप और सांप को रस्सी के रूप में गलत पहचानता है।

इच्छा, एक कभी न ख़त्म होने वाली प्रक्रिया है जो तनाव और तनाव का कारण बनती है।

मैं एक उदाहरण से समझाता हूं: जब आप किशोर थे, तो आप शायद विदेश में रहने या अच्छी नौकरी पाने की इच्छा रखते थे, यह उम्मीद करते हुए कि आपका जीवन पूर्ण और शांतिपूर्ण होगा। जब आप उस क्षण पर आते हैं, तो हम घर बनाने या खरीदने

श्री शाम्बव

का काम करते हैं, यह विश्वास करते हुए कि हम बस जाएंगे और आरामदायक और स्थिर होंगे। आप घर खरीदने के बाद जिंदगी में स्थाई होने के बारे में सोचते हैं। परिणामस्वरूप, आप बच्चों की उम्मीद में शादी कर लेते हैं, जिससे आपको ख़ुशी मिलेगी। बच्चे होने के बाद आप उनकी शिक्षा, नौकरी और शादी के बारे में सोचते हैं, यह विश्वास करते हुए कि वे आपको खुशी देंगे। आपके बूढ़े होने पर वे आपकी देखभाल करेंगे, ताकि आप बिना किसी चिंता के अपना जीवन जी सकें।

गुरूजी हंसते हुए - "आप कब्र के नजदीक हैं, और आप अभी भी एक चिंतामुक्त जीवन और खुशी पाने के लिए दौड़ रहे हैं।"

श्री कृष्ण, अर्जुन को सही ढंग से कर्म करने और "निष्काम कर्म" करने की सलाह देते हैं।

कर्मण्येवाधिकारस्ते मा फलेषु कदाचन।

मा कर्मफलहेतुर्भूर्मा ते सङ्गोऽस्त्वकर्मणि ॥४७॥

भगवत गीता अध्याय-*२.४७।*

भावार्थ:- "तुम्हें अपने निश्चित कर्मों का पालन करने का अधिकार है लेकिन अपने कर्मों के फल में तुम्हारा अधिकार नहीं हे, तुम स्वयं को अपने कर्मों के फलों का कारण मत मानो और न ही अकर्म रहने में आसक्ति रखो।"

गुरुजी ने एक बात सुनाई: एक बार एक छात्र ने पूछा, "गुरुजी, ज्ञान क्या है?"

"जब एक भूखा आदमी खाता है और एक थका हुआ आदमी सोता है," मास्टर ने उत्तर दिया।

"क्या यह सच नहीं है कि हर कोई ऐसा ही करता है?" छात्र ने मास्टर से पूछा।

मास्टर ने उत्तर दिया - "निश्चित नहीं! जब वे खाते हैं, तो क्या वे खाते हैं? नहीं, वे भविष्य के लिए योजना बनाते हैं। वे अपने अतीत के बारे में चिंता करते हैं और सोते समय हजारों योजनाएँ बनाते हैं।"

यह कोई असंभव कार्य नहीं है। इसे हासिल करना हमेशा आपके सामने था। बस इसे (देह) सुनने और इंद्रियों को प्रतिक्रिया देने से यह आपको आनंद और ज्ञान की और ले जाएगा। हमें प्रतिभा या बुद्धि की जरूरत नहीं है। हमें बस इस शरीर को सुनने और उन इंद्रियों को स्वीकार करने की जरूरत है। हमें इस बुनियादी समझ की आवश्यकता है।

"वासुदेव, क्या तुमने कभी समस्या के बारे में चिंता करके किसी समस्या का समाधान किया है? इसके बजाय, आपने कठिनाईओ को बढ़ा दीया होगा? यदि वहाँ चार समस्याएँ होगी तो, चार का कष्ट सहकर आपने पाँच खड़ी कर दी होगी।"

जैसा कि किसी ने एक बार कहा था, "मुझे पता है कि आग जलाती है, फिर भी मैं उसमें अपना हाथ डालने की मजबूरी का विरोध नहीं कर सकता।" आप उसे तभी देख सकते हैं, जब आपने लोगों को कुछ चीज़ों की लत लग जाते देखा होगा।

वासुदेव ने कहा- "गुरुजी, जिस वातावरण में हम रहते हैं वह भी अधिक इच्छाओं के लिए जिम्मेदार हैं।"

गुरुजी ने कहा- "हाँ, आप सही कह रहे हैं - हम दूसरे लोगों की इच्छाएँ एकत्र करना शुरू कर देते हैं।"

आपको एक उदाहरण देता हूं: नागा म्यूजिक सिस्टम खरीदने के लिए एक इलेक्ट्रॉनिक्स स्टोर पर जाता है। अपनी खरीदारी के दौरान, नागा की मुलाकात एक पुराने दोस्त, क्रिश से होती है, जो एक रंगीन टेलीविजन खरीद रहा है। टेलीविज़न पर एक प्रदर्शन देखने के बाद, नागा को भी इसे खरीदने में दिलचस्पी हो गई। अपने दोस्त से मिलने से पहले वह टेलीविजन के बिना भी ठीक था। उसने इस संभावना पर विचार नहीं किया था।

- क्या हुआ होगा?
- इस इच्छा के बढ़ने का कारण क्या है?

हम अपने रिश्तों, जीवनशैली, खान-पान की आदतों और भौतिक संपत्ति के कारण वासना प्राप्त करते हैं और उन कार्यों को पूरा करने का दबाव महसूस करते हैं।

"लोगो को ईर्ष्या क्यों होती हैं ?" किरने, गुरूजी से पूछा।

गुरुजी ने मुस्कुराते हुए पूछा, "क्या आपको ईर्ष्या नहीं हो रही है ना?"

सभी हँसे, और गुरूजी भी हँसे "किरण, तुमने अच्छा प्रश्न पूछा है," गुरुजीने धीरे से उत्तर दिया।

बच्चों के रूप में, हमें दूसरों से अपनी तुलना करने के लिए प्रोत्साहित और प्रशिक्षित किया जाता है। हम हर चीज़ और हर किसी को समान मानसिकता से आंकते हैं। हम वही काम करते रहते हैं, जो जीवन भर चिंता और अशांति का कारण बनता है।

- तुलना घर से शुरू होती है; यदि दो बच्चे हैं, तो उनकी शिक्षा के आधार पर उनकी तुलना करते हैं।
- स्कूल में, हम तुलना के लिए ग्रेड सिस्टम का उपयोग करते हैं।
- पड़ोसी को हम तुलना के शुरुआती बिंदु के रूप में उपयोग करते हैं।
- काम पर हम अपनी क्षमताओं के अनुसार तुलना करते हैं।

यह तुलना हमारे, भ्रम, दुःख, क्रोध, हिंसा और आक्रोश का कारण बनती है।

किरण ने पूछा, "गुरुजी अगर हम तुलना नहीं करेंगे तो हम प्रगति कैसे कर सकते हैं?"

गुरुजी ने उत्तर दिया, "कोई तुलना करके आगे नहीं बढ़ सकता।"

हम एक व्यक्ति की दूसरे से तुलना कैसे कर सकते हैं? सर्वशक्तिमान की रचना के तहत हर कोई अद्वितीय है। हर किसी का एक उद्देश्य होता है।

कुछ बच्चे अत्यंत रचनात्मक होंगे; कुछ खेल में अच्छे होंगे, कुछ कला में निपुण होंगे, कुछ तर्क में निपुण होंगे, कुछ विश्लेषणात्मक कौशल आदि में अच्छे रहेंगे।

यदि आप सभी को एक ही प्रणाली के तहत योग्य बनाते हैं, तो यह समस्या की शुरुआत है। आप स्वीकार नहीं करते हैं या, वे क्या हैं उनके लिए कोई श्रेय नहीं देते हैं।

जब हम एक-दूसरे की तुलना करते हैं, तो हम ईर्ष्या और घृणा के बीज बोते हैं; अपनी बहन के लिए भाई की नफरत, क्योंकि वह पढ़ाई में अच्छा कर रही है, उच्च या निम्न आत्मसम्मान की ओर ले जाती है।

जब हमारा आत्म-सम्मान कमज़ोर होता है, तो हम एक खोल में सिमट जाते हैं; हम उपलब्धि हासिल करने वालों से ईर्ष्या करते हैं और हमारा व्यवहार ऐसा बनता है कि समाज हमारा समर्थन नहीं करता।

यदि हमारा आत्म-सम्मान ऊंचा नहीं है तो, हम ऐसा व्यवहार करेंगे कि समाज हमारा समर्थन नहीं करेगा। हमें दोनों ही मामलों में समुदाय से खुद को बचाने की जरूरत है। हमने अपनी युवावस्था में जो बीज बोया था वह आज हिंसा, चोट, ईर्ष्या और दूसरों के प्रति नफरत का पेड़ बन गया है। परिणामस्वरूप, हम दूसरों के प्रति नकारात्मक दृष्टिकोण विकसित करते हैं और उन्हें नुकसान पहुँचाने की कोशिश करते हैं। हम अपनी आक्रामकता से दूसरों को परेशान करते हैं और हम लोगों को नीचा दिखाते हैं, लोगों को शर्मिंदा करते हैं और उनकी प्रगति में बाधा डालते हैं। जितना अधिक हम तुलना करते हैं, उतने ही हम अधिक कुटिल और कुटिल हो जाते हैं।

अंत में, हम अपने आप से पूछते हैं, "हम कैसे आगे बढ़ेंगे?" "तुलना का प्रमाण क्या है?" "आप इस नतीजे पर कैसे पहुंचे?"

गुरुजी ने कहा - "किरण, सत्य की एक झलक ईर्ष्या को दूर कर देगी।"

गुरुजी ने महेश को बुलाया- महेश, इसी गांव में रहने वाला एक भक्त है।

महेश ने उत्तर दिया- "हाँ गुरुजी।"

गुरुजी- "हम कल का समय पास की पहाड़ी पर बिताएंगे।"

महेश ने उत्तर दिया - "हाँ गुरुजी, हम व्यवस्था कर देंगे।"

गुरुजी ने हाथ उठाया और सत्र छोड़कर चले गये।

अक्षय इस पहाड़ी को देखकर बहुत खुश हुआ। जिस पर एक दिन पहले चर्चा हुई थी और सभी छात्र, उत्साह में शामिल हो गये थे।

भाग ७

अध्याय २०

तीन गुण

गुण

"प्रकृति के गुण सारे कार्य करते हैं।"

"जीवन के बाहरी और सतह क्षेत्रों से हमारे आंतरिक क्षेत्रों तक की यात्रा। हमारी आंतरिक शक्तियों की खोज करने के लिए।"

"Another world, another day, another dawn, the early morning's thinnest silver light appeared silently. Several billion trillion tons of superhot exploding hydrogen nuclei rose slowly above the horizon and managed to look small, cold, and slightly damp. There is a moment in every dawn when light floats, there is the possibility of magic. Creation holds its breath."

- Douglas Adams.

“एक और दुनिया, एक और दिन, एक और सुबह, भोर की सबसे पतली चाँदी की रोशनी चुपचाप प्रकट हुई। कई अरब ट्रिलियन टन सुपरहॉट शोषण हाइड्रोजन नाभिक धीरे-धीरे क्षितिज के ऊपर उभरा हुआ और छोटा, ठंडा और थोड़ा नम प्रकट होने में कामयाब रहे। प्रत्येक भोर में एक क्षण ऐसा आता है जब प्रकाश तैरता है, जैसे जादू की संभावना। सृष्टि अपनी सांसें रोक लेती है।” - डगलस एडम्स ।

अक्षय, जल्दी सूर्योदय से ठीक पहले ही उठ गया, और वह धीरे-धीरे आगे बढ़ा, उत्सुकता से सूर्योदय का इंतजार कर रहा था। इसी बीच उनकी नजर विद्यार्थी और वासुदेव पर पड़ी। अक्षयने इतनी तारीफ की थी कि सभी भक्त सुंदरता से भरपूर इस जगह के दर्शन करने के लिए उत्सुक थे।

“*Over me, God is blue in the welkin.” - Shri Aurobindo.*

“मेरे ऊपर, भगवान वेल्किन नीले में है।”- श्री अरबिंदो.

आकाश की सुंदरता अक्षय को ऊपर कि पंक्ति याद करके, भव्यता से बांध रही थी। उसने आकाश की कल्पना एक सुंदर नीले, नारंगी और सफेद चित्र के रूप में की। सफेद बादल के माध्यम से, सूरज की किरणें पत्तियों पर ओस को सहलाती हैं। उड़ान भर रहे पक्षियों

की रचना और ठंडी हवा ने उसे याद दिलाया कि वह कुछ देर से आकाश की ओर देख रहा था।

निम्नलिखित पंक्तियाँ शांत, शांति और वातावरण का वर्णन कर सकती हैं:

"There is another Sky,
Ever serene and fair,
And there is another sunshine,
Though it be darkness there;
Never mind faded forests, Austin,
Never mind silent fields-
Here is a little forest,
Whose leaf is evergreen;"
 - Emily Dickinson.

"वहाँ एक और आकाश है, हमेशा शांत और निष्पक्ष, और वहाँ दूसरा सूर्य प्रकाश है, भले ही वहाँ अँधेरा हो; कम जंगल की परवाह नहीं, ऑस्टिन,

शांत क्षेत्र की परवाह मत करो- यहाँ एक छोटा सा जंगल है,जिसका पत्ता सदाबहार है;

- एमिली डिकिंसन।

वासुदेव ने चिल्लाकर कहा- "अक्षय, कहाँ हो तुम? क्या आप सपने में खोये हुए हैं? मैंने आपका ध्यान आकर्षित करने के लिए तीन बार बुलाया, लेकिन ऐसा लगता है कि आप किसी चीज़ में खोए हुए हैं।"

अक्षय ने कहा- "ओह! क्षमा करें, कृपया मुझे बताएं कि मैं आपकी कैसे मदद कर सकता हूं।"

वासुदेव- "हमें यात्रा के लिए कुछ चीजों की व्यवस्था करनी है।"

अक्षय ने कहा, "पिछली रात, मैंने यह सुनिश्चित किया हैं कि हर चीज़ का ध्यान रखा जाए।" "एक और नज़र के लिए आपका स्वागत है।"

दोनों यह सुनिश्चित करने और यात्रा के लिए तैयार होने के लिए चले गए।

हमारे सिर सूरज चमकने लगा और सभी भक्त गुरुजी के आगमन की प्रतीक्षा में उनके पास इकट्ठा हो गए। इसी बीच महेश अपने रिश्तेदारों के साथ आ पहुंचा।

"अक्षय, मुझे थोड़ी देर हो गई है," महेश ने समझाया। "आपको मदद की ज़रूरत है?"

अक्षय ने उनका अभिवादन किया और कहा - "वासुदेव और मैंने सभी आवश्यकताओं की व्यवस्था कर दी है।"

महेश ने कहा, "अक्षय, मैंने भोजन और यात्रा संबंधी जरूरतों का इंतजाम कर लिया है।"

"आपने व्यवस्था कर ली है!" अक्षय ने कहा।

"हाँ," महेश ने मुस्कुराते हुए उत्तर दिया।

हमे, गुरुजी के कदमों की आहट सुनाई दी और उन्हों ने उज्ज्वल मुस्कान के साथ सभी का स्वागत किया।

आख़िरकार, हमने अपने जीवन की सबसे दिलचस्प और रोमांचक यात्रा शुरू की, जिसका लंबे समय से इंतजार था।

हम हरी घास से घिरी आनंदमयी पहाड़ी की चोटी पर पहुँचे, उसके आसपास हरी घास के मैदान और धान के खेतों से भरपूर शांति थी। जैसे ही हम चलने लगे, जंगली जड़ी-बूटियों और फूलों कि खुशबू से वातावरण भर गया, और जैसे ही हम हरी घास के पास से चल रहे थे, हमने टिड्डियों को खुशी से उछलते हुए देखा, साथ ही चिड़ियों को बीज खाते हुए। जैसे ही हम शिखर के पास पहुंचे, हमने साफ पानी से भरी एक छोटी सी धारा बहती देखी। अंततः हम पहाड़ी की चोटी पर पहुँच गये। यह सुन्दर, सुखद और शांति से भरपूर था।

अक्षय ने उनसे कहा-"अब मैं स्वीकार करता हूं कि यह जगह इतनी पवित्रता से भरी क्यों है।"

श्री शाम्बव

सभी भक्त, भोजन एवं जल पाकर तरोताजा हुए। श्री गुरूजी ने अपना सत्र प्रारम्भ किया।

शास्त्रीय सांख्य सिद्धांत के अनुसार, प्रकृति और पुरुष अनंत और अनादि हैं। वे एक-दूसरे के साथ मिल-जुल नहीं सकते। भगवद-गीता के अनुसार, प्रकृति और पुरुष, स्वतंत्र नहीं बल्कि प्रतिस्पर्धी पक्ष हैं। तो आइए हम प्रकृति और पुरुष को दो गुण मानें। प्रकृति भगवान का सर्वोच्च व्यक्तित्व है और पुरुष सर्वोच्च ब्रह्मांडीय विस्तार है।

ब्रह्माण्ड की रचना के कारण जीवों को कुछ महत्व प्राप्त हुआ है। इस ब्रह्माण्ड में कौन रहेगा? एक दृष्टिकोण से, प्रकृति अर्थात् विस्तार और अंतरिक्ष-समय है, और दूसरी ओर पुरुष अर्थात् चेतना है। ब्रह्मांड में भगवान की स्थिरता के सिद्धांत में चेतना और अंतरिक्ष-समय (विस्तार) शामिल हैं।

प्रकृति साधक श्रृंखला की शुरुआत का कारण है। कारण और प्रभाव का संबंध प्रकृति के क्षेत्र में ही होता है, जबकि पुरुष को दुःख और सुख है।

कार्यकारणकर्तृत्वे हेतुः प्रकृतिरुच्यते।

पुरुषः सुखदुःखानां भोक्तृत्वे हेतुरुच्यते ॥२१॥

- भगवत गीता अध्याय १३.२१

भावार्थ:- "सृष्टि के विषय में प्राकृत शक्ति ही कारण और परिणाम के लिए उत्तरदायी है और सुख-दु:ख की अनुभूति हेतु जीवात्मा को उत्तरदायी बताया जाता है।"

जब पुरुष प्रकृति के साथ संपर्क करता है तो उसे सुख और दु:ख दोनों का अनुभव होता है। जागरूकता और चेतना के बिना हम अनुभव नहीं कर सकते। यह केवल पुरूषों में ही उपलब्ध है। प्रकृति एक अंध क्रिया है, जबकि पुरुष अव्यक्त चेतना है। इस प्रकार, पुरुष और प्रकृति अभिन्न रूप से जुड़े हुए हैं।

एक उदाहरण लेते हैं: जब हम दौड़ते हैं, चलते हैं, या किसी अन्य गतिविधि में संलग्न होते हैं, तो हम मानते हैं कि हम सचेत कार्य कर रहे हैं। किसी भी कर्म में कभी चेतना का भाव नहीं होता। वह हमेशा बेभान होता है। क्रिया (क्रिया) प्रकृति के गुणों को संदर्भित करती है, जो नि:स्वार्थ हैं।

पुरुष चेतन होने के कारण, वह कार्य नहीं करता है। परिणामस्वरूप, यह एक अजीब मिश्रण है, जागरूकता का मिश्रण जो प्रकृति की तरह नहीं है जो कार्य करती है, लेकिन परिणामों से अनजान है, जिसके परिणामस्वरूप सचेत गतिविधि का उदय होता है। पुरुष, प्रकृति में, प्रकृति के गुणों की सराहना करते प्रतीत होता हैं।

चलो मैं एक और उदाहरण देता हूं : पानी सूर्य को प्रतिबिंबित करता है। जब पानी में हलचल होती है तो वह हिलता हुआ प्रतीत

होता है। इसी प्रकार, जब पानी शांत होता है, तो परावर्तित सूर्य भी शांत प्रतीत होता है। जब पानी में गंदलापन होता है, तो पानी पर प्रतिबिंबित होने वाला सूर्य भी गंदला होता है।

गुरुजी ने कहा, 'हमें यह समझने की जरूरत है कि न तो सूर्य हिलता है और न ही वह गंदा होता है।'

इसी प्रकार पुरुष प्रकृति के साथ मिलकर सुख या दुःख का भ्रम पैदा करता है। हमें इस सत्य को समझने की आवश्यकता है - "मनुष्य स्वयं में आनंद है।"

मैं एक और समानता खींचता हूं - एक रंगीन पदार्थ का प्रतिबिंब एक शुद्ध सफेद क्रिस्टल को रंग देता हुआ प्रतीत होता है। यहां, रंगीन पदार्थ सफेद क्रिस्टल को प्रभावित करता है। जब बैंगनी गैजेट को सफेद क्रिस्टल के करीब लाया जाता है, तो यह बैंगनी रंग को प्रतिबिंबित करता है। नतीजतन, पुरुष न तो आनंद लेता है और न ही दुःख पाता है।

प्रकृति की गति, सत्व, रजस और तमस के साथ होती है। जब पुरुष, प्रकृति के सत्व गुण के संपर्क में आता है, तो पुरुष को प्रसन्नता (पारदर्शी) का अनुभव होता है, जब उकसाया जाए, नाराज किया जाए या भावुक किया जाए, तो राजस गुण परिलक्षित होता है। हालाँकि, तामसिक प्रकृति सुस्ती, आलस, निर्जीवता और ठहराव के रूप में प्रकट होती है।

सत्व, रजस और तमस जैसे प्रकृति के गुणों के साथ नियमित संपर्क के कारण, पुरुष का तथाकथित सुख और दुःख - सुखद, अप्रिय या स्थिर के त्रिविध अनुभव उत्पन्न करता हैं। उनका अक्सर पुरुषों के साथ मिलना-जुलना और संपर्क के कारण ये पुरुष इस गुण के आदी हो जाते हैं। पुरुष अपनी मूल सार्वभौमिकता की दृष्टि खो देता है और वह वासना की पूर्ति में व्यस्त रहने की प्रवृत्ति को बढ़ावा देता है।

चलो मैं तुम्हें एक कहानी सुनाता हूँ - एक भूखे शेरने, एक बार भेड़ झुंड पर हमला किया और एक भेड़ को मार डाला। एक भेड़ने, शेर के शावक को पाया और शावक उसके पीछे हो लिया, और उसने उसकी देखभाल की और उसे खिलाया। शावक, भेड़ों के साथ बड़ा हुआ और उसने घास खाना सीखा। जब एक बूढ़े शेरने "भेड़ -शेर" को देखा तो वह डर गया और उसने उसे भेड़ से दूर खींचने की कोशिश की, लेकिन जैसे ही वह पास आया शावक भाग गया। बूढ़े शेरने, भेड़ -शेर को खुद पकड़ने के मौके की धैर्यपूर्वक प्रतीक्षा की, और उसे पकड़ लिया, और वह उसे पानी के एक साफ तालाब के पास ले गया और कहा, "बच्चे, तुम भेड़ नहीं, बल्कि एक शेर हो। अपने आप को पानी में देखो।"

भेड़-शेर डर के मारे कांपने लगा, उसने धीरे से अपनी आँखें खोलीं और फिर दहाड़ते हुए कहा, "मैं शेर हूं, लेकिन भेड़ नहीं।" शेर ने गुर्रा कर उसका सारा डर दूर कर दिया।

शेर ने कहा, "बच्चे, तुम सोचते हो कि तुम एक भेड़ हो, लेकिन तुम एक शेर हो, सभी जानवरों का राजा।" "तुम मि मि नहीं सकते, तुम्हें गर्व के साथ दहाड़ना चाहिए।"

गुरुजी ने कहा, "अक्षय, हम अपनी आदतों के कारण भेड़ के वेश में छिपे शेर हैं। हमारा परिवेश हमें सम्मोहित करके कमज़ोर बना देता है।"

गुरुजी ने कहा- "अक्षय, आओ हम गुण के बारे में और समझें।"

अक्षय ने कहा- "हाँ गुरुजी।"

मनुष्य, भोजन, जीवित चीजों और प्राकृतिक (जन्मजात) चीजों सहित सभी पदार्थों में, प्रकृति के तीन गुण, सत्व, रजस और तमस मौजूद हैं।

यह गुण हमारे मन और शरीर दोनों को प्रभावित करते है। बाहरी वस्तुएँ, रहन-सहन और विचार, गुण के स्तर को बदल सकते हैं। हम गुणों को बढ़ा के या घटाकर संतुलन कर सकते हैं; जो भी गुण हावी होगा, वह इस बात को प्रभावित करेगा कि हम दुनिया को कैसे देखते हैं। हमारे कार्य, विचार और शब्द प्रकृति के गुणों से प्रभावित होते हैं।

आइए विभिन्न गुणों वाले एक व्यक्ति का उदाहरण लें:

- तामसिक गुण वाला व्यक्ति: - वह चीजों को देखने के तरीके में निराशावादी और विनाशकारी होगा।

- सात्विक गुण वाला व्यक्ति: दुनिया को आशावादी, उत्साहवर्धक और आशावादी नजरिए से देखता है। उसे हर चीज़ में आनंद और खुशी मिलती है।

गुरुजी ने कहा - "अक्षय, हालांकि, हमारा मन बंदर की तरह चंचल है और वह एक गुण से दूसरे गुण में उतार-चढ़ाव कर सकता है।"

सत्त्व: इस व्यक्ति का स्वभाव शुद्ध, शांतिपूर्ण, प्रेमपूर्ण और सामंजस्यपूर्ण होता है। उनके गुण हैं संतोष, प्रसन्नता, संतुष्टि, बड़प्पन और अच्छाई। वे भय, हिंसा, क्रोध और दुर्भावनापूर्ण इरादे से मुक्त होते हैं, और वे दिल से शुद्ध और पापियों को क्षमा करते हैं, और वे "मुक्ति के मार्ग" पर होते हैं।

उदाहरण के लिए, सात्विक शिक्षक, "बातचीत पर अमल करने वाले" बहुत ज्ञानी, आध्यात्मिक होते हैं और सभी प्राणियों को अपना मानते हैं। वे दूसरों को नुकसान पहुंचाने में विश्वास नहीं करते या सिखाते नहीं हैं और प्रशंसा या आलोचना से अप्रभावित रहते हैं।

रजस: इस जातक का स्वभाव अत्यंत ऊर्जावान, भावुक, क्रोधी एवं शीघ्र निर्णय लेने वाला होगा। उनके लक्षण हैं इच्छा, लालच, घमंड, अहंकार, ईर्ष्या और दुःख।

एक रजस शिक्षक पूजा और अधिक अनुयायियों का आनंद लेता है। वो अपने अनुयायियों को प्रभावित करने और मंत्रमुग्ध करने के लिए नाटकीय तकनीकों और दिखावों का उपयोग करता हैं।

लेकिन “जिस तरह से वो बात करता हैं वैसा व्यवहार नहीं करता है।”

तमस: यह जातक अज्ञानी, आलसी, धीमा, नींद्रालु, लापरवाह एवं मूर्ख होगा।

उदाहरण के लिए, एक तमस शिक्षक अपनी इच्छाओं के अनुरूप शिक्षाओं और सिद्धांतों को अपनाता है और शक्ति हासिल करने के लिए अनैतिक आचरण में जुड़ता है।

गुरुजी ने कहा, “अक्षय, रजस और तमस के बिना, शुद्ध सत्त्वगुण नहीं हो सकता। तमस और सत्वगुण के बिना, शुद्ध रजस गुण नहीं हो सकता, न ही रजस या सत्व के बिना शुद्ध तमस हो सकता है।”

सत्व गुण, हमें खुशी से बांधता है, रजस गुण हमें गतिविधि से बांधता है, और तमस गुण, हमें भ्रम से बांधता है। इन तीन गुणों में से कोई भी एक गुण जितनी देर तक हम पर प्रभाव डालता है, हमें उतना ही अधिक कष्ट होता है। हालाँकि हम माया में सीमित हैं।

मुक्ति की राह पर:

- पहला कदम: - हमें सत्व को बढ़ाना चाहिए और रजस और तमस को कम करना चाहिए।

- दूसरा कदम: तीन गुणों में से प्रत्येक में से खुद को अलग करें और अदृश्य को देखें।

जब कोई व्यक्ति तीनों गुणों से परे हो जाता है, तो उसे पता चलता है कि द्वैत एक ही समान है। वह इन गुणों से परेशान नहीं होगा क्योंकि वह समझता है कि ये प्रकृति का हिस्सा हैं और वास्तविक नहीं हैं।

गुणानेतानतीत्य त्रीन्देही देहसमुद्भवान्।

जन्ममृत्युजरादुःखैर्विमुक्तोऽमृतमश्नुते ॥२०॥

- भगवत गीता १४.२०

भावार्थ: "शरीर से संबद्ध प्राकृतिक शक्ति के तीन गुणों से गुणातीत होकर कोई जन्म, मृत्यु, रोग, बुढ़ापे और दुखों से मुक्त हो जाता है तथा अमरता प्राप्त कर लेता है।"

आपको एक और उदाहरण देता हूं: कोई व्यक्ति गुणों के आधार पर एक ही कारण से कैसे कार्य करेगा?

प्रारब्ध कर्म के कारण व्यक्ति को भूखा और एक दिन बिना भोजन के रहना पडा।

सत्त्व: सत्व प्रकृति का व्यक्ति स्वेच्छा से मंत्रों या प्रार्थनाओं का जाप करके और अपने मन को पवित्र विचारों में व्यस्त रखकर पवित्र उपवास करेगा। परिणामस्वरूप, वह स्वेच्छा से अपने पिछले पाप का प्रायश्चित करते हुए एक दिन बिना खाए रहने के अपने

प्रारब्ध का स्वीकार करेगा। अपने गलत कार्यों का प्रायश्चित करते हुए, वह अपने पवित्र कर्मों के माध्यम से अच्छे कर्म भी अर्जित करता है।

रजस: एक रजस प्रकृति का व्यक्ति, काम की तत्कालिकता के कारण, वह कार्यालय में काम करने के लिए मजबूर होता है और उसे खाने का समय नहीं मिलता, और वह अपने पिछले पापों के प्रायश्चित के रूप में भूखा रहता है।

तमस: तमस प्रकृति का व्यक्ति- अपने असहिष्णु स्वभाव के कारण अपनी पत्नी से झगड़ा करता है और क्रोध के कारण भोजन छोड़ देता है। परिणामस्वरूप, उसे अपना प्रारब्ध भुगतना पड़ेगा। इस प्रक्रिया के दौरान, उसने नए कर्म अर्जित किए, जो संचित कर्म के रूप में जमा होंगे और भविष्य में पकेंगे।

सात्विक लोग अपने विनाश का सामना शुद्ध और पवित्र मन से करते हैं, जबकि राजसिक लोग स्वार्थी उद्देश्यों के साथ इसका सामना करते हैं, और तामसिक लोग अपने संदिग्ध स्वभाव के कारण पीड़ित होते हैं। इन मामलों में विनाश अपरिहार्य है क्योंकि मनुष्य अपने कार्यों के लिए मुख्य रूप से जिम्मेदार है।

गुरुजी ने कहा- "अक्षय, हमने गुणों के आधार पर चर्चा की है कि वह प्रारब्ध कर्म का सामना कैसे करेगा।"

अब देखते हैं वे क्रियामन कर्म कैसे करते हैं:

सत्व: व्यक्ति परिणाम की परवाह किए बिना पवित्र और महान मन से अपने कार्य करेगा, और "कर्म ही पूजा है" की अवधारणा में भी विश्वास करता है।

रजस: व्यक्ति अपने कार्यों को यह प्रमाणित करने के बाद ही करेगा कि उसके कार्यों से उसे लाभ होगा।

तमस: व्यक्ति तब तक कार्य नहीं करेगा जब तक उसे लाभ न मिले।

उदाहरण के लिए, एक डॉक्टर का अपने मरीज़ के प्रति दृष्टिकोण पर विचार करें।

सत्व: डॉक्टर अपने मरीजों का इलाज पूरी जिम्मेदारी और देखभाल के साथ करता है, उनके दर्द को सुनता है और अमीर और गरीब के बीच कोई अंतर नहीं करता है। मरीज को भुगतान करने की कोई बाध्यता नहीं होगी और फीस न्यूनतम होगी।

राजस: डॉक्टर अपने मरीज का इलाज यह सुनिश्चित करने के बाद करता है कि मरीज उसके इलाज का खर्च उठा सकता है या नहीं और उसकी फीस मामूली से अधिक होगी।

तमस: काउंटर पर भुगतान प्राप्त करने के बाद ही, डॉक्टर अपने मरीजों का इलाज करता हैं। मरीज की स्थिति चाहे जो भी हो, फीस अधिक होगी।

उदाहरण के लिए, अपने ग्राहक के प्रति खुदरा विक्रेता के दृष्टिकोण पर विचार करें।

सत्व: इलेक्ट्रानिक्स दुकान विक्रेता, सात्विक प्रकृति- यदि कोई व्यक्ति कोई उत्पाद खरीदता है और समय सीमा के भीतर उसमें कोई दोष पाता है, तो वह उसे वापस कर देगा और अपने पैसे वापस ले लेगा।

रजस: इलेक्ट्रानिक्स दुकान के डीलर, राजसिक प्रकृति- यदि कोई व्यक्ति कोई उत्पाद खरीदता है और उसमें कोई गलती पाता है, तो वह उसे वापस नहीं कर सकता है या अपना पैसा वापस नहीं पा सकता है - "एक बार बेचे गए सामान को वापस नहीं लिया जा सकता है या बदला नहीं जा सकता है।"

तमस: कुछ स्थान, जैसे सिनेमाघर और कानून कार्यालय, आपको तब तक सामान देखने नहीं देंगे जब तक कि आप अग्रिम भुगतान न करें।

गुरूजीने मुस्कुराते हुए कहा, "अक्षय, यह जगह मेरे दिल के बहुत करीब है। मैं पहले भी कई बार यहां आ चुका हूं। जब भी मैं यहां आता हूं तो मुझे हमेशा नए अनुभव और विचार मिलते हैं। मैं बचपन में यहां काफी समय बिताता था।"

गुरुजी ने उंगली दिखाकर कहा- "क्या तुम्हें वह विशाल पेड़ दिख रहा है?"

अक्षय ने कहा- "हाँ गुरुजी।"

गुरुजी - "जब मैं छोटा था तो उस पेड़ के आसपास खेलता था और जब थक जाता था तो उसके नीचे आराम करता था। महापूजा के समय उस पेड़ के नीचे बहुत से लोग एकत्र होते थे। विशाल वृक्ष द्वारा प्रदान की गई छाया और आश्रय से कई लोगों को लाभ हुआ है। क्या आपको ऐसा नहीं लगता? उसने सभी प्रकार के लोगों, सभी प्रकार की घटनाओं, सभी प्रकार के परिवर्तनों को देखा होगा, और फिर भी वह इस सारे ज्ञान के बावजूद इतना विनम्र और शांतिपूर्ण है।"

गुरुजी- "जब भी मैं यहां आता हूं, मैं एक बच्चे में बदल जाता हूं, और मैं बहुत भावुक हो जाता हूं जैसे एक बच्चा अपनी खोई हुई मां को ढूंढ रहा हो। मेरा मानना है कि जब मैं यहां आता हूं तो मैं बहुत सी चीजें सीखता हूं। लेकिन मुझे यकीन नहीं है कि वास्तव में मुझे क्या मिलता है, लेकिन इस जगह पर बहुत सारी सकारात्मक ऊर्जा हैं।"

गुरूजी - "यह स्थान गतिशील ऊर्जा से परिपूर्ण है।"

गुरुजी ने सभी को शिव मंदिर परिसर में प्रवेश करने और भगवान शिव की पूजा करने का निर्देश दिया। उन्होंने सभी से खाना खाकर थोड़ी देर आराम करने को कहा।

अध्याय २१

नियति

"कर्म ही भाग्य का बीज हैं।"

अक्षय ने पूछा - "गुरुजी, क्या मेरे जीवन में चीजें प्रारब्ध कर्म के कारण पूर्वनिर्धारित हैं?"

गुरूजी हँसे - "चलो मैं तुम्हें शम्स तबरीज़ की एक दिलचस्प कहानी बताता हूँ।"

एक बार एक युवती ने एक दरवेश से पूछा: "भाग्य क्या है?"

दरवेश ने उत्तर दिया: "मेरे साथ आओ और दुनिया को देखो।"

जल्द ही वे एक जुलूस में शामिल हुए। जिस व्यक्ति ने अपराध किया था उसे फाँसी देने के लिए प्लाजा ले जाया गया था।

दरवेश ने महिला से पूछा: "इस आदमी को मारा जा रहा है।" क्या ऐसा इसलिए था क्योंकि किसी ने उसे हत्या का हथियार खरीदने के लिए पैसे दिए थे? क्या ऐसा इसलिए था क्योंकि जब उसने अपराध किया था तो किसी ने हस्तक्षेप नहीं किया था या ऐसा

श्री शाम्बव

इसलिए था क्योंकि वह बाद में पकड़ा गया था? "इस मामले में कारण और प्रभाव कहाँ है?" दरवेश ने पूछा।

गुरुजी ने कहा- "अक्षय, सबके मन में भविष्य को लेकर अलग-अलग सवाल हैं।"

- क्या मैं ऐसा जीवन जी रहा हूँ जो बेतरतीब ढंग से चल रहा है?
- यदि सब कुछ पूर्व निर्धारित है तो मेरे पास क्या नियंत्रण है?
- मैं अपने कार्यक्रमों का चयन और योजना बना सकता हूँ?
- यदि मेरे जीवन की प्रत्येक परिस्थिति दैवीय रूप से पूर्वनिर्धारित है। मुजे क्या भूमिका निभानी चाहिए?
- भाग्य और प्रयास के बीच सटीक संबंध क्या है?
- अगर सब कुछ पहले से तय होगा तो कई सवाल उठेंगे। मुझे यहाँ क्या करना होगा?

सत्यव्रत, एक ऋषि और महान शासक, समान संदेह के साथ घिरे हुए थे। मत्स्य पुराण से श्री विष्णु के अवतार, भगवान मत्स्य उत्तर प्रदान कर सकते हैं।

"हे भगवान, क्या अधिक महत्वपूर्ण है: किसी का प्रयास या किसी का भाग्य और परिश्रम?" राजा सत्यव्रत ने मत्स्य भगवान से पूछा।

"भाग्य के विपरीत स्वतंत्र इच्छा" का शाश्वत रहस्य या पहेली, राजा सत्यव्रत द्वारा प्रस्तुत किया गया था।

भगवान मत्स्य ने कहा, "तीन तत्व - भाग्य, समय और प्रयास - सभी किसी के जीवन को प्रभावित करते हैं।"

भगवान मत्स्य - "एक किसान फसल उगाने के लिए तीन कारकों पर निर्भर करता है: बारिश, बुआई और समय। बारिश भाग्य है और बीज बोना श्रम है। यदि कोई किसान बीज बोता है, अगर बारिश नहीं होती है तो उसके पास कोई फसल नहीं होगी। यदि बारिश होती है परन्तु वह बोएगा नहीं तो उसके पास फसल नहीं होगी। भाग्य और प्रयत्नों के साथ समय भी जरूरी है। यदि हम धर्म का पालन करें, और अच्छे कार्यों में शामिल होंगे तो हमें अपने अच्छे कर्मों से लाभ होगा। परन्तु यदि हम पाप करेंगे, तो हम अपने बुरे कामों का फल भोगेंगे।"

भगवान मत्स्य ने कहा - "समय के साथ हमारे भाग्य में, अच्छे कर्म हमारे प्रयासों के लिए अनुकूल परिस्थितियों के रूप में प्रकट होते हैं जबकि गलत कर्म प्रतिकूल परिस्थितियों के रूप में प्रकट होते हैं।"

श्री शाम्बव

सर्वस्य चाहं हृदि सन्निविष्टो मत्तः स्मृतिर्ज्ञानमपोहनं च।
वेदैश्च सर्वैरहमेव वेद्यो वेदान्तकृद्वेदविदेव चाहम् ॥१५॥
-भगवत गीता १५.१५

भावार्थ: - "मैं समस्त जीवों के हृदय में निवास करता हूँ और मुझसे ही स्मृति, ज्ञान और विस्मृति आती है। केवल मैं ही सभी वेदों द्वारा जानने योग्य हूँ, मैं वेदांत का रचयिता और वेदों का अर्थ जानने वाला हूँ।"

नियति हमें थोड़े से प्रयास से खुशी या दुःख दे सकती है। जैसा की, किसी अमीर या सुशिक्षित परिवार में या रोगग्रस्त शरीर के साथ जन्म लेना।

ईश्वरः सर्वभूतानां हृद्देशेऽर्जुन तिष्ठति।

भ्रामयन्सर्वभूतानि यन्त्रारूढानि मायया ॥६१॥

- भगवत गीता १८.६१

भावार्थ: "हे अर्जुन! परमात्मा सभी जीवों के हृदय में निवास करता है। उनके कर्मों के अनुसार वह भटकती आत्माओं को निर्देशित करता है जो भौतिक शक्ति से निर्मित यंत्र पर सवार होती है।"

पुरुषार्थ और नियति का सम्बन्ध सीधा प्रतीत होता है। और हमारी नियति हमारे बार-बार किए गए प्रयासों से बनती हैं। जैसा कि

कहा जाता है, "हमें वह मिलता है जो हम चाहते हैं," यह भाग्य और प्रयास के बीच के संबंध में स्पष्ट नहीं है।

मृत्यु के देवता यम, पूरे ब्रह्मांड पर शासन करने वाले, श्रीमन नारायण को देखने के लिए वैकुंठ आए थे। जैसे ही वह वैकुंठ के पास पहुंचे, उन्होंने प्रवेश द्वार के बाईं ओर एक कबूतर और दाहिनी ओर एक बाज को देखा। जैसे ही वह द्वार के पास पहुंचे, यम की नजर कबूतर पर पड़ी।

यम की नजर कबूतर को परेशान और भयभीत कर देती है, जो भ्रमित हो जाता है कि वह उसे क्यों घूर रहे है। कबूतर के मन में कई विचार आए: मृत्यु का देवता मुझे क्यों घूर रहा होगा? क्या यह मृत्यु का संकेत था, और क्या उसने अंततः कहा कि यदि वह रुका, तो वह मर जाएगा?

कबूतरने बाज से इस स्थिति से बाहर निकलने और बचाने की बिनती की, क्योंकि वह मरने को तैयार नहीं था। कबूतर की बात सुनकर बाज ने उससे कहा कि वह चिंता न करे क्योंकि पूरी जगह सुरक्षित है और कोई भी चीज़ उस पर असर करने की हिम्मत नहीं करेगी। कबूतर अधीर और भ्रमित था और उसने बाज से उसे एक सुरक्षित स्थान पर ले जाने का अनुरोध किया जहां पृथ्वी पर कोई भी उसे नुकसान न पहुंचाए।

बाज, उसे दूर एक स्थान पर ले गया जहाँ वह सुरक्षित रहे और वह वैकुण्ठ लौट आया। यम, श्रीमन नारायण को मिलकर, जब

वापस लौटे, तो उन्होंने बाज को देखा और पूछा कि कबूतर कहाँ है। बाजने उसे बताया कि कबूतर पहाड़ों में है।

यम ने मुस्कुराते हुए उत्तर दिया, “मैं बस सोच रहा था कि यह कबूतर इस द्वार पर क्यों मौजूद है।” “उसे पहाड़ों में होना था, जहाँ एक बाज उसे मार डालेगा। ‘यह उसकी नियति थी।’

गुरूजी हंसकर बोले- “प्रारब्ध।”

अक्षय ने पूछा - “गुरुजी, मैंने सुना है, ‘जितनी अधिक मेहनत करूंगा, उतनी सफलता मिलेगी।’ इस पर आपका क्या विचार है?”

गुरुजी- “गरीबी या कठिनाई में पैदा हुआ व्यक्ति अपने जीवनकाल में करोड़पति बनता है या नहीं यह बहस का विषय है।”

गुरूजी- “ऐसा क्यों होता है?”

गुरुजी- “अब मन में प्रश्न उठता है कि प्रारब्ध कर्म की अवधारणा का क्या?”

गुरुजी- “दुर्भाग्य से, लोग मानते हैं कि मैंने अपना भाग्य बनाया है। यह सब मेरी बुद्धिमत्ता और दृढ़ता के कारण है।”

यह आपके अच्छे कर्मों (क्रियामन कर्म) का केवल एक महत्वहीन हिस्सा है; हालाँकि, यह पिछले कर्मों का महत्वपूर्ण योगदान है, जिससे आप सही समय पर सही जगह पर सही निर्णय लेने में सक्षम होते हैं। शायद यह आपकी गलती नहीं है, लेकिन इसका

मतलब यह नहीं है कि मैं जितना अधिक काम करूंगा, मुझे उतनी अधिक सफलता मिलेगी, यह गलत है।

आख़िरकार, हमें जो मिलता है वह इस बात का मिश्रण है कि हम क्या चाहते हैं और हम क्या उसके लायक हैं।

आइए समझने के लिए एक उदाहरण का प्रयास करें। बहुत से लोग करोड़पति बनना चाहते हैं, लेकिन केवल कुछ ही सफल हो पाएंगे, और केवल एक छोटा प्रतिशत ही सफल हो पाएगा। कुछ लोग धन विरासत में पाने की इच्छा लेकर पैदा होते हैं। कोई दूसरा समूह कड़ी मेहनत के बावजूद करोड़पति नहीं बन पाएगा।

अच्छी गतिविधियाँ करना कर्म खाते में जमा करने के समान है: जब जमा राशि परिपक्व हो जाती है, तो आप इसे निकाल सकते हैं और इसका आनंद ले सकते हैं। एक व्यक्ति जो अमीर बनने की इच्छा रखता है और उसके पास पर्याप्त सराहनीय कार्य हैं, वह अमीर पैदा हो सकता है, जबकि कम क्रेडिट वाले अन्य लोगों को इसके लिए काम करना पड़ता है।

आइए, नियति के कुछ पूर्वनिर्धारित उदाहरणों पर नजर डालें और समझने की कोशिश करें:

- राजा चाहे अपने सेवक से कितना ही प्रसन्न क्यों न हो। वो उसे मंत्री पद पर पदोन्नत नहीं कर सकता।

- किसी कंपनी का चेयरपर्सन अपने नौकर को सिर्फ इसलिए सीईओ नहीं बना सकता क्योंकि वह उससे खुश है।
- कौआ, अपना रंग काले से सफेद में बदलने की कोशिश कर रहा है।
- दिन के दौरान, अधिकांश पक्षी भोजन करने और उड़ने के लिए प्रतिबद्ध होते हैं, जबकि उल्लू, चमगादड़ आदि दिन के दौरान देख नहीं पाते हैं। तो क्या आप यह असमानता के लिए सूर्य को दोष देते हैं?

नियति एक सूक्ष्म, अचल एवं अजेय शक्ति है। सीमित स्थान, रूपों की कमी और धोखे के लचीलेपन ने, इस ब्रह्मांड में अस्तित्व के लिए नीव तैयार कि है। *"नियति दुनिया के रहस्यों का हवाला रखती है।"*

नियति एक ऐसी अवस्था है जहाँ हम अपने कार्यों को पूरा कर सकते हैं। खम्भे से बंधी गाय केवल रस्सी तक ही जा सकती है। इसी प्रकार, हमारी पिछली गतिविधियाँ हमारे वर्तमान प्रयासों को निर्धारित करती हैं। एक अमीर परिवार में पैदा हुए व्यक्ति के पास गरीबी में पैदा हुए व्यक्ति की तुलना में अधिक अवसर और स्वतंत्रता होती है।

आपको एक उदाहरण देता हूं: पशु और पौधे दोनों के जीवन रूपों में लगभग कोई स्वतंत्र इच्छा नहीं होती है, और वे भौतिक प्रकृति से प्राप्त तरीकों का उपयोग करते हैं। आत्मा को इस रूप में

अपनी नियति को आकार देने की स्वतंत्रता है। इसीलिए मानव जीवन को बहुत खास माना जाता है। "स्वतंत्रता हमेशा जिम्मेदारी के साथ आती है," यही कारण है कि केवल मनुष्य ही कर्म संचय कर सकता है, अर्थात बुरा या अच्छा। पशु या वनस्पति जीवन, कर्म के नियम के आधीन नहीं है, उनके आत्मा की उच्च जीवन रूपों में प्रगति अपने आप होती है।

"आप अपनी स्वतंत्र इच्छा का प्रयोग करके और पूर्ण आध्यात्मिक जीवन जीकर अपना भाग्य बदल सकते हैं।"

मार्कण्डेय की कहानी में - सोलह वर्ष की आयु के बावजूद मार्कण्डेय अमर हो गये। भगवान शिव में उनके अटूट विश्वास ने उन्हें असंभव को हासिल करने में सक्षम बनाया।

नये नियम में लाज़रस का पुनरुत्थान: यूहन्ना 11:144, जिसमें ईशुने, बेथनी लाजरस को चार दिन के बाद जीवित किया। अपने कर्म के अनुसार, लाजरस पूर्व निर्धारित दिन पर मर जाएगा। परिणामस्वरूप, "कर्म का नियम न्यायसंगत है।" ईशुने बाद में लाजरस को मृत से जीवित किया।

कभी-कभी अमरता, अभिशाप हो सकती है। द्वापर युग में, द्रोणाचार्य के पुत्र अमर अश्वत्थामा एक प्रतिभाशाली शिक्षक और दुर्योधन के करीबी दोस्त थे। अश्वत्थामा ने तीन अस्वीकार्य पाप किये। वह एक योद्धा था जिसने गैरकानूनी तरीके से अभिमन्यु को मार डाला और बाद में द्रौपदी के पांच पुत्रों, उपपांडवों को मार

डाला। इन घटनाओं से भगवान श्री कृष्ण क्रोधित हो गए और उन्हें अमरता का श्राप दे दिया।

अश्वत्थामा, महाभारत के महान योद्धा और भगवान शिव के महान भक्त थे। अश्वत्थामा के माथे पर एक मणि के साथ उनका जन्म हुआ था, जिसने उसे हथियारों, बीमारियों और सर्पदंश से बचाने का वादा किया था, लेकिन श्री कृष्ण ने इसकी निंदा की थी। कृष्ण ने अश्वत्थामा को श्राप दिया कि वह कभी भी इस दर्द से उबर नहीं पाएंगे और कष्ट भोगेंगे, संसार में घूमेंगे और दुर्भाग्य भोगेंगे।

अक्षय ने पूछा, "गुरुजी, क्या हर किसी के भाग्य में भाग्य, प्रयास और समय की भूमिका होती है?"

गुरुजी - "जैसा कि हमने देखा, कुछ पौराणिक कथाओं के अनुसार, कुछ भाग्य पूर्व निर्धारित होते हैं और उन्हें बदला नहीं जा सकता। हम समृद्ध हिंदू आध्यात्मिक लेखन और अन्य धार्मिक ग्रंथों दोनों से कई उदाहरण दे सकते हैं।"

- जरा नामक शिकारी के हाथों श्रीकृष्ण की मृत्यु।
- चार कुमारसन के श्राप के कारण जया और विजया के तीन जन्म हुए।
- ऋषि श्रृंगी द्वारा परीक्षित को सात दिन के भीतर सर्पदंश से मरने का श्राप मिला था।

- वह श्राप जिसने राधा और कृष्ण को उनके अटूट प्रेम के बावजूद अलग रखा।

गुरुजी ने कहा, "अक्षय, तुम मेरे सामने बैठे हो।" "क्या यह पूर्व निर्धारित है? आपके शरीर में कई चीजें हो रही हैं, सांस लेना, धड़कना, पंप करना, फ़िल्टर करना, निष्कर्षण, आदि। क्या आप इसके बारे में कुछ कहना चाहते हैं?"

अक्षय ने उत्तर दिया- "नहीं गुरुजी।"

गुरूजी ने कहा- "आप सही कह रहे हैं। इस शरीर की ९८% से अधिक गतिविधियों पर कोई नियंत्रण नहीं है।"

गुरुजी ने कहा, "इसी तरह, जब आप गलती से गिर जाते हैं या आपकी जानकारी के बिना किसी दुर्घटना का शिकार हो जाते हैं, तो यह तय पूर्वनिर्धारित है।" "आपको इस मामले में कुछ कहने का अधिकार नहीं है। यदि जो चल रहा है उस पर आप नियंत्रण रखते हो, तो आपकी इच्छाशक्ति आपको स्थिति को बदलने में मदद करेगी।"

उदाहरण के लिए, यदि हम सड़क पर चल रहे हैं और एक कार से टकरा जाते हैं, तो हमारा प्रारब्ध कर्म परिणाम निर्धारित करेगा।

इसी प्रकार, क्रियामन कर्म, हमारी खुद कि रचना है कि आप क्या करना चाहते हैं। क्या आप भाग्य को पूरा करते हुए और अपनी

इच्छा को प्राप्त करने का प्रयास करते हुए अच्छे या बुरे कर्म बनाना चाहते हैं?

मुजे, झेन की एक कहानी सुनाने की अनुमति दो: भले ही उसके विरोधियों ने उसकी सेना पर दबाव डाला, एक जापानी जनरल ने एक महत्वपूर्ण लड़ाई के दौरान हमला करने का फैसला किया। हालाँकि जापानी कमांडर को विश्वास था कि वह जीतेगा, लेकिन उसके सैनिक घबराये हुए थे। युद्ध के लिए जाते समय वह एक पवित्र स्थान पर रुका। लोगों के प्रार्थना करने के बाद, जनरल ने अपनी जेब से एक सिक्का निकाला और घोषणा की, "अब मैं इस सिक्के को उछालूँगा।" यदि वो सिर होगा तो हम जीतेंगे, यदि वह पूंछ है, तो हम हार जाएंगे।

जापानी जनरल ने कहा, "नियति सामने आएगी।" उसने सिक्का हवा में उछाला और सभी, उत्सुकता से इंतजार करने लगे। जब वह सिक्का नीचे आ रहा था, तो सैनिकों में से एक ने कहा, "यह सिर है।" सभी सैनिक बहुत खुश और आनंदित हुए, उन्होंने विश्वास के साथ सबसे पहले विरोधी खेमे पर धावा बोला और विजयी रहे। लड़ाई के बाद, लेफ्टिनेंट ने जनरल से कहा, "कोई भी भाग्य को कभी नहीं बदल सकता।"

"उत्कृष्ट!" जनरल ने उत्तर दिया और लेफ्टिनेंट को सिक्का सौंप दिया, जिसके दोनों ओर सिर थे।

गुरुजी ने आश्वासन दिया, "अक्षय, वास्तव में व्यक्ति को वही मिलता है जो उसके भाग्य में होता है।" हालाँकि, कहाँ किसी के भाग्य को स्वीकार करना उचित है और कहाँ व्यक्तिगत प्रयास अधिक महत्वपूर्ण हैं, के बीच स्पष्ट अंतर करने की आवश्यकता है।

- उदाहरण के लिए, नौकरी पाना भाग्य की बात है, लेकिन इसे ईमानदारी और लगन से बनाए रखना व्यक्तिगत प्रयास की बात है।

- भाग्य एक सुंदर घर पाने की क्षमता को आकार देता है। इसे बनाए रखने के लिए व्यक्तिगत प्रयास की आवश्यकता होती है।

- धन प्राप्त करने या विरासत में पाने की क्षमता ही नियति है। हालाँकि, यह आम भलाई के लिए कैसे उपलब्ध है यह हर किसी की पसंद और प्रयासों पर निर्भर करता है।

गुरुजी ने कहा, "अक्षय, किसी का भाग्य नौकरी, धन या परिवार निर्धारित करेगा। लेकिन उसके वर्तमान जीवन में जो भी भाग्य उसके साथ आया है, उसे चतुर बुद्धि के साथ सर्वोत्तम उद्देश्यों के लिए एक उपकरण के रूप में उपयोग करना आना चाहिए। हालाँकि, उसे पसंदगी और प्रयास की स्वतंत्रता है, और यह व्यक्ति पर निर्भर करता है कि वह कम कमाता है या अधिक।"

ख़ुशी इस बात पर निर्भर नहीं करती कि आपने कितना धन इकट्ठा किया है। अक्सर, धन गलत रास्ते से चला जाता है और जीवन में बहुत कष्ट और वीरानी लाता है। जिन लोगों ने बेईमानी, पापपूर्ण तरीकों से धन इकट्ठा किया है, वे अपने जीवन में विनाशकारी आदतों, अपने बच्चों या यहां तक कि अपने जीवनसाथी के गलत कामों से उत्पन्न दु:ख पाते हैं। बेशर्म व्यवहार से सदमा बौना हो जाता है।

व्यक्ति को भाग्यवश धन की प्राप्ति होती है। व्यक्ति को अवसर का लाभ उठाकर इसे अपने अच्छे कर्मों को सुधारने और व्यक्तिगत आंतरिक विकास के साधन के रूप में परिवर्तित करना चाहिए।

व्यक्ति को अपने लाभ के लिए और आध्यात्मिक उत्थान के लिए ईमानदारी से प्रयास करने का प्रयास करना चाहिए। हर छोटी चीज दूसरों को चोट पहुंचाए बिना, स्वार्थ की धुन पर और किसी की नैतिकता और सिद्धांतों को खतरे में डाले बिना हासिल की जा सकती है।

गुरूजी ने कहा - "कल का क्रियामन कर्म, आज का प्रारब्ध कर्म है, और आज का क्रियामन, कल का प्रारब्ध है। कारण और प्रभाव, क्रिया और प्रतिक्रिया, एक दूसरे के विरोधी नहीं है; इसके बजाय, वे एक दूसरे के पूरक हैं, इसलिए क्रियामन कर्म, प्रारब्ध कर्म का पूरक है।"

दिन के सत्र के बाद, उन्होंने पास के एक गाँव में रुकने की योजना बनाई।

विद्यार्थी और वासुदेव अक्षय से जुड़ गये। जैसे ही उन्होंने सुंदर सूर्यास्त देखा, वे दिन के सत्र के बारे में बात करने लगे। जब आसमान अस्पष्ट हुआ, वे घर जाने को बाध्य थे।

भाग ८

अध्याय २२

असंख्य द्वैत

अवतार का सिद्धांत

"मैंने द्वैतभाव को दफना दिया है। मैं दो दुनियाओं के विलीनीकरण का साक्षी बना हूँ।"

सर्वशक्तिमान ने एक बचाव योजना के साथ, मनुष्यों को शुद्धि से बचाने के लिए, उन्हें धर्म के मार्ग पर मार्गदर्शन करने और सद्भाव, शांति और धार्मिक जीवन शैली स्थापित करने के लिए, एक दिव्य विधि के साथ एक शानदार प्रहार किया।

वे जागृत आत्मा के अतिरिक्त आयाम को प्राप्त करते हैं और सर्वव्यापी सार्वभौमिक, सत्य और सद्गुण के अवतार की ओर बढ़ते हैं। इस सृष्टि पर अवतारों का उद्देश्य और योजना ब्रह्मांडीय क्षेत्रों में चेतना, तर्कसंगत विचार और ब्रह्मांडीय के क्षेत्र में सर्वोच्च कारण के मार्ग का अनुसरण करना था। यह "पृथ्वी पर दिव्य जीवन" के वादे को साकार करने के लिए सहयोग और अभिव्यक्ति लाने के लिए एकता की एक उत्कृष्ट दृष्टि है।

श्री शाम्बव

भोर से मंत्रमुग्ध होकर, अक्षय भीतर ही भीतर ध्यान कर रहा था - दिन के शुरुआती घंटों में कोहरे के बीच अपनी सुनहरी रोशनी से चमकता सूर्योदय बहुत ही मनभावन दृश्य था। रात का अँधेरा धीरे-धीरे कम हो रहा था, आकाश के तारे धुंधले होने लगे, आकाश में विलीन होने लगे, और पूर्वी क्षितिज अपनी सुनहरी चमक और नारंगी रंग की रोशनी से आकाश को छेदते हुए, अपनी दौड़ को उज्ज्वल और तेज करने लगा। पक्षी मधुर चहचहाहट से अपने घोंसलों में बैठे छोटे पक्षियों को जगा रहे थे। छोटे बहुरंगी पक्षी चहचहाने में व्यस्त थे, और कुछ पक्षी दिनभर के लिए भोजन इकट्ठा करने के लिए अपने पंख फैलाकर बाहर निकले थे।

वातावरण हर्षित और ताज़ा था। किसान के परिश्रम का दिन अपने खेतों में काम करने की जिम्मेदारी के साथ शुरू हुआ। भोजन की तलाश में कुत्ते आसपास घूम रहे हैं, धीरे-धीरे, जैसे-जैसे सूरज आसमान में ऊपर चढ़ता गया, गतिविधियाँ और अधिक व्यस्त हो गईं।

"विध्यार्थी, दिन के अपने कार्यक्रम के बारे में सोचते हुए चिल्लाया, जो अभी शुरू नहीं हुआ था। अक्षय हमे तैयार होने की जरूरत है।"

अक्षय ने जवाब दिया- "मेरे पास पहले से ही सब कुछ तैयार है।"

जल्द ही, वासुदेव और महेश बाकी भक्तों के साथ शामिल हो गए।

सभी लोग अच्छे मूड में दिखे और खुशी-खुशी एक-दूसरे का अभिवादन कर रहे थे। समूह के सभी भक्त अपनी शिक्षा के विभिन्न विषयों पर चर्चा करने लगे।

आदरणीय गुरुजी के कदमों की आहट सुनकर सभी इकट्ठे हो गए और उनकी ओर बढ़ने लगे।

मन में इतने सारे प्रश्नों का मंथन करते हुए, सभी अभिव्यक्तियों और सभी सरलता में अनुभव करते हुए, श्री गुरुजी को उच्च ज्ञान के साधकों को, दृढ़ विश्वास के साथ, सत्य के मूल तथ्यों और जीवन के आधार को समझने में मदद करना था। कुछ क्षणों के मौन के बाद, उन्होंने अपना प्रवचन शुरू किया क्योंकि सभी शिष्य "जीवन के आधार और अर्थ" को समझने की उत्सुकता के साथ आए थे।

व्यक्ति के जीवन में अलग-अलग घटनाएँ घटित होती हैं, जो छोटी-बड़ी मानी जाती हैं। ये घटनाएँ केवल इस जीवन में हमारे कार्यों का परिणाम नहीं हैं। यह उसके द्वारा अतीत में किए गए कार्यों से भी जुड़ा हो सकता है।

इस संसार में जन्म लेने वाला प्रत्येक व्यक्ति अपने साथ प्रारब्ध नामक कर्म का बोझ लेकर आता है। मनुष्य प्यार, लगाव और

श्री शाम्बव

बंधन को व्यक्त करने में विश्वास करते हैं, वे प्यार और सुरक्षा पर भरोसा करते हैं, और वे आलिंगन और लाड़-प्यार करना पसंद करते हैं। जब एक बच्चा पैदा होता है, तो उसके आस-पास के लोग उसे प्यार और स्नेह देंगे, उसकी देखभाल करेंगे। जो स्थायी और शाश्वत है वह मानवता के मन में कभी प्रतिबिंबित नहीं होता है।

बच्चे को जन्म देना माँ के लिए एक सुखद अनुभव होता है और एक अद्भुत तथ्य होता है, लेकिन अगर हम बच्चे के जन्म से नौ महीने पहले की कल्पना करते हैं, तो माँ को इस बात का जरा भी अंदाजा नहीं होता है कि उसका बच्चा कैसा होगा। आज, माँ गर्व से अपनी बाहों में एक उज्ज्वल, आकर्षक और प्यारा बच्चा रखती है।

यदि वही बच्चा नब्बे वर्ष की आयु तक बड़ा हो जाता है, दाँत रहित, चेहरे पर झुर्रियाँ, बोल नहीं सकता, धुंधली दृष्टि, खाँसी, मल-मूत्र त्यागने में कठिनाई तथा जैविक प्राणी के रूप में अपना कार्य नहीं कर पाता। जब तक कोई व्यक्ति दयालु और आत्म-समर्पण करने वाला नहीं होगा, कोई भी व्यक्ति उसके करीब जाने में प्रसन्न नहीं होगा, किसी व्यक्ति को गले लगाना तो दूर की बात है।

जब कोई व्यक्ति मर जाता है, तो वह अपना देह (भौतिक शरीर) छोड़ देता है, लेकिन, आत्मा कर्मों के आधार पर अपनी यात्रा

जारी रखती है जब तक कि उसे अपने प्रारब्ध कर्म के आधार पर एक नया शरीर नहीं मिल जाता।

गुरुजी ने कहा, "अब जब मृत्यु की घटना के कारण देह (भौतिक शरीर) बदल गया है, तो हमें लगता है कि हमने एक नई शुरुआत की है।"

गुरुजी ने उत्तर दिया, "यह सच नहीं है।"

सच तो यह है कि जिस परिवार में जन्म होता है, वह समाज, देश और स्थान सब हमारे भूतकाल के कर्म के कारण पूर्व-नियत है।

गुरुजी ने टिप्पणी की, "वासुदेव, सुंदर, मनमोहक शिशु अपने साथ कर्म का बोझ ले जा रहे हैं, जिसे यात्रा के दौरान खाली किया जाएगा।"

गुरुजी ने कहा, *"पिछले कर्मों का फल हमारे दैनिक जीवन के हर क्षण और व्यवहार में दिखाई देगा।"*

गुरुजी ने कहा, "वासुदेव - जिस क्षण एक बच्चा पैदा होता है, वह जीवन में चार प्रमुख घटनाओं से गुज़रेगा जो बहुत महत्वपूर्ण हैं और उनमें से कोई भी बच नहीं सकता है। हम विलियम शेक्सपियर की दर्शन 'जीवन और मनुष्य' की प्रसिद्ध सदाबहार

पंक्तियों को याद कर सकते हैं, जीसे "एझ यू लाइक" से उद्धृत किया गया है, ये हैं:

"सारी दुनिया एक मंच है, और सभी पुरुष और महिला केवल खिलाड़ी;

उनके लिए, उनके अंदर जाने और बाहर जाने के प्रवेश द्वार हैं; और अपने समय में मनुष्य अनेक भूमिकाएँ निभाता है, उनकी हरकतें सात जन्मों की उम्र मे,..., - विलियम शेक्सपियर

- पहला- व्यक्ति के उम्र बढ़ने की प्रक्रिया उसके जन्म के पल से शुरू होती हैं।
- दूसरा- व्यक्ति को आघातों और रोगों से कष्ट उठाना पड़ता है। अपने कर्मों के बोझ के आधार पर, बीमारियाँ इलाज योग्य या लाइलाज होंगी।
- तीसरा - जब बालक का जन्म हुआ तो बालक के साथ ही मृत्यु का भी जन्म हो गया था। चक्र के कारण ही इस ग्रह पर जन्म लेने वाले को मरना पड़ता है।
- चौथा, मृत्यु के बाद पुनर्जन्म अवश्य लेना पड़ता है। कोई भी व्यक्ति जीवन के कभी न ख़त्म होने वाले चक्र (जन्म और मृत्यु) से बच नहीं सकता। वो अस्तित्व में शामिल हर चीज़ों का एक वास्तविकता हिस्सा है।

आत्मा की सफ़र - कर्म

श्री कृष्ण भगवद गीता अध्याय २.१३ में आत्मा के एक जीवनकाल से दूसरे जीवनकाल में स्थानांतरण के सिद्धांत को स्थापित करते हैं। वह स्पष्ट करते हैं कि एकाकी जीवन में; हम किशोर से युवावस्था में, विकास में और अंततः उन्नत अवस्था (वृद्धावस्था) में बदलते हैं।

देहिनोऽस्मिन्यथा देहे कौमारं यौवनं जरा।

तथा देहान्तरप्राप्तिर्षीरस्तत्र न मुह्यति ॥१३॥

- भगवत गीता अध्याय २.१३

भावार्थ:- "जैसे देहधारी आत्मा इस शरीर में बाल्यावस्था से तरुणावस्था और वृद्धावस्था की ओर निरन्तर अग्रसर होती है, वैसे ही मृत्यु के समय आत्मा दूसरे शरीर में चली जाती है। बुद्धिमान मनुष्य ऐसे परिवर्तन से मोहित नहीं होते।"

गुरुजी ने पूछा - "अंतिम सत्य या वास्तविकता क्या है?"

गुरुजी ने कहा, "मृत्यु एक सरल प्रक्रिया है जिसमें आत्मा, पूर्व निर्धारित कर्म के आधार पर एक शरीर से दूसरे शरीर में स्थानांतरित होती है।"

आपके वर्तमान जन्म में प्रारब्ध कर्म के सुख या दुःख फल, खत्म करने के बाद तुम्हें मृत्यु का सामना करने के लिए तुरंत, शरीर छोड़ देना ही पड़ता हैं। तुम्हें नये शरीर को सजाने के लिए नए

श्री शाम्बव

गर्भ में प्रवेश करना होगा। नया जन्म लेकर, आप अपने क्रियामन या संचितकर्म से प्राप्त, अपने पिछले जन्मों के प्रारब्ध कर्म के एक नए समूह का आनंद लें सकते हैं, यह एक पका हुआ फल है जो आपके कर्मों के आधार पर आपको सुख या दुःख देने के लिए तैयार है। नतीजतन, एक नया शरीर प्राप्त करना, जिसे जन्म कहा जाता है, और पुराने शरीर को छोड़ना, जिसे मृत्यु के रूप में जाना जाता है, निरंतर और अविरत हैं। जन्म और मृत्यु का चक्र अनवरत, अनन्त और अनिश्चित काल तक चलता रहता है, और इस दुष्चक्र से बाहर निकलने का कोई रास्ता नहीं है - *"जीवन का चक्र: जन्म और मृत्यु।"*

गुरुजी - "मृत्यु, जीवन की अस्वीकृति नहीं है, बल्कि जीवन की प्रक्रिया है; हमारा विकास पूरा नहीं हुआ है, लेकिन जारी है।"

भगवद गीता अध्याय २.२२ - श्रीकृष्ण पुनर्जन्म पर जोर देते हैं और इसकी तुलना हमारी दैनिक गतिविधियों से करते हैं। जब हमारे कपड़े फट जाते हैं और बेकार हो जाते हैं, तो हम उन्हें त्याग देते हैं और नए पहन लेते हैं, लेकिन हम खुद को नहीं बदलते हैं। इसी प्रकार, जब आत्मा मृत्यु के समय अपने जीर्ण-शीर्ण शरीर को छोड़कर अन्यत्र किसी अन्य शरीर में प्रवेश करती है, तो वह अपरिवर्तित रहती है।

वासांसि जीर्णानि यथा विहाय नवानि गृह्वाति नरोऽपराणि।

तथा शरीराणि विहाय जीर्णा न्यन्यानि संयाति नवानि देही ॥२२॥

भावार्थ: - "जिस प्रकार से मनुष्य अपने फटे पुराने वस्त्रों को त्याग कर नये वस्त्र धारण करता है, उसी प्रकार मृत्यु होने पर आत्मा पुराने तथा जीर्ण शरीर को त्याग कर नया शरीर धारण करती है।"

हम इस भौतिक शरीर के भीतर द्वेत - सुख और दुःख, सम्मान और अपमान तक ही सीमित हैं और इस अवधारणा का सामना करते हुए इस दुनिया में यात्रा करते हैं।

गुरुजी ने कहा- "वासुदेव, हम सभी चाहते हैं कि हमें स्वीकार किया जाए, सराहा जाए और सम्मानित किया जाए।"

गुरुजी - "हम सभी अनंत द्वेत में जीते हैं।"

हमें यह समझने की जरूरत है कि जैसे-जैसे आप उठेंगे, वैसे-वैसे गिरेंगे भी। "उत्थान और पतन दोनों अनंत चीजें हैं, और हम द्वेत का केवल एक पक्ष नहीं रख सकते।"

दुर्भाग्य से, हम द्वेत का सबसे वांछनीय पहलू चाहते हैं, जो यह है कि हम सुंदर दोस्त चाहते हैं जिनके पास सुंदर आवाज़ें, सुंदर रूप और सभी बेहतरीन चीजें हों। जितना हम ज्यादा चाहते हैं, उतना ही हमें आंतरिक सत्य, विचारों के तथ्यों को समझने की

जरूरत है। हम, वृद्धि और गिरावट, द्वैत का दूसरा भाग बिना जाने उस हिस्से को स्वीकार करते हैं।

भगवद गीता अध्याय २.१५ में अर्जुन को स्पष्टता के माध्यम से इन द्वेत से ऊपर उठने के लिए प्रोत्साहित करते हैं। इस भेदभाव को विकसित करने के लिए, निम्नलिखित प्रश्नों के उत्तर खोजने की आवश्यकता है। हम ख़ुशी की चाहत क्यों रखते हैं? भौतिक सुख प्राप्त करने के बाद भी व्यक्ति असंतुष्ट क्यों रहता है?

यं हि न व्यथयन्त्येते पुरुषं पुरुषर्षभ।

समदुःखसुखं धीरं सोऽमृतत्वाय कल्पते॥१५॥

भावार्थ: "हे पुरुषों में श्रेष्ठ अर्जुन! जो मनुष्य सुख तथा दुःख में विचलित नहीं होता और इन दोनों परिस्थितियों में स्थिर रहता है, वह वास्तव में मुक्ति का पात्र है।"

गुरुजी ने कहा: "वासुदेव, अब हम कह सकते हैं कि हमारे कर्म हमारे भाग्य को आकार देते हैं, जो कर्म हमने अतीत में किए, जो कर्म हम अभी कर रहे हैं और जो कर्म हम भविष्य में करेंगे।" हमारे कार्यों को क्या प्रेरित करता है?

- हमारे कार्यों का कारण क्या है?
- हमें ऐसा करने के लिए क्या प्रेरित करता है?

आत्मा की सफ़र - कर्म

वासुदेव ने पूछा- "पूज्य गुरुजी, मेरे मन में एक प्रश्न गूंज रहा है, इच्छाएँ एक वासना?"

वासुदेव - "हमारी इच्छा को क्या आकार दे रहा है?"

श्री गुरुजी ने उत्तर दिया - "वासुदेव, वह संवेदनशील वस्तुओं से हमारा लगाव है। उन इच्छाओं को पूरा करते समय हम कुछ ऐसे कार्य करते हैं जिससे कर्म होता है। इसलिए, हमारे कार्य हमारे भविष्य को आकार देंगे।"

गुरुजी ने कहा, "व्यक्ति को यह समझना चाहिए कि कर्म क्या है क्योंकि यह व्यक्ति के भाग्य में भूमिका निभाता है। इसे समझना और सराहना ज़रूरी है। यह खुशी की कुंजी है, और यह आपके मुक्ति की भी कुंजी है।"

भगवद गीता अध्याय ४.१७- श्रीकृष्ण ने कर्म को तीन प्रकारों में वर्गीकृत किया है, अर्थात् कर्म, विकर्म और अकर्म।

कर्मणो ह्यपि बोद्धव्यं बोद्धव्यं च विकर्मणः ।

अकर्मणश्च बोद्धव्यं गहना कर्मणो गतिः ॥१८॥

भावार्थ: "तुम्हें सभी तीन कर्मों-कर्म, विकर्म और अकर्म की प्रकृति को समझना चाहिए। इनके सत्य को समझना कठिन है। इनका ज्ञान गलत है।"

श्री शाम्बव

कोई भी "कार्य" "करने वाले पात्र" की धारणा के बिना किया जाता है। जहां कर्ता, कर्म के फल से प्रभावित न हो, इसे 'अकर्मण्यता' कहते हैं। कर्म क्रियाएँ हैं:

- नियत कर्म - बंधे कर्तव्य।
- काम्य कर्म - इच्छा से प्रेरित कार्य।

कर्म की क्रियाए, नियत कर्म, वास्तव में दो भाग मे विभाजित हैं:

- दैनिक कर्म - दैनिक दिनचर्या।
- औपचारिक कर्म - विशेष अवसरों पर कर्तव्य।

गुरुजी ने कहा- "कर्तव्य करना ही कर्म है। जो व्यक्ति निषिद्ध कर्म करता है वह विकर्म कहलाता है और न करना अकर्म है।"

गुरुजी- "सच्चे कर्म बंधन में नहीं डालते, बल्कि वासना का नाश करते हैं।" निषिद्ध कार्य वासना को जोड़ते हैं और कोई कार्य न करना, वासना को बांधता है और उसे जमा करता है।

आपको एक उदाहरण देता हूं: भारत में, किसी को सड़क के दाहिने आधे हिस्से पर गाड़ी चलानी चाहिए, जो कर्म है (उचित नियमों का पालन करना); यदि वह सड़क के आधे बाहिने भाग पर गाड़ी चलता है तो यह विकर्म है।

आत्मा की सफ़र - कर्म

पतंजलि योग सूत्र में कहते हैं, *"अतीत। कर्मों के सभी परिणाम, चाहे सुखद हों या कष्टदायक, दुःखदायी ही होते हैं क्योंकि..."*

तीन कारकों के कारण, ये सभी अतिरिक्त बंधन और पीड़ा का कारण बनते हैं।

- पहला कारक - चिंता और खोने का डर।

- दूसरा कारक - मन की स्थायी छाप, संवेदी वस्तुओं की चाह।

- तीसरा कारक - व्यक्ति किसी भौतिक वस्तु या गतिविधि में निरंतर या अनिश्चित समय तक ध्यान के साथ संलग्न रहता है।

वास्तविकता को समझना और अपनी स्वतंत्र इच्छा का प्रयोग करना चाहिए। यदि आप अपनी स्वतंत्र इच्छा का दुरुपयोग करते हैं और इस दुनिया में उन चीज़ों का पीछा करते हैं, जो उन चीज़ों पर दावा करते हैं जो आपकी नहीं हैं, तो आप अपना भाग्य निर्धारित करेंगे; आप प्रकृति के साथ सामंजस्य बनाकर नहीं रहेंगे और आपको निश्चित परिणाम नहीं मिलेंगे। यदि आप अपने जीवन से पूछें "आप कौन हैं? जीवन का अर्थ क्या है?" आप प्रकृति के साथ सामंजस्य बनाकर रहेंगे और आध्यात्मिक सिद्धांतों के अनुसार अपने जीवन को आकार देंगे।

गुरुजी ने कहा - "वासुदेव, तुम्हारा भाग्य तुम्हारे ही हाथ में है।"

गुरुजी - “वासुदेव, हमने कर्म पर चर्चा की है, और अब हम पुनर्जन्म की ओर आगे बढ़ेंगे।”

पुनर्जन्म, इसे स्थानांतरण या मेटेमसाइकोसिस के रूप में भी जाना जाता है। धर्म और फिलसूफ़ी के अनुसार, जैविक मृत्यु के बाद, जानवर की गैर-भौतिक या गैर-वास्तविक प्रकृति एक अलग भौतिक रूप में दूसरा जीवन शुरू करती है। इसे स्थानांतरगमन या पुनर्जन्म के नाम से भी जाना जाता है।

पुनर्जन्म भारतीय धर्मों, जैसे बौद्ध धर्म, जैन धर्म, सिख धर्म और हिंदू धर्म में एक मान्यता है। ऐसी हिंदू सभाएँ हैं जो पुनर्जन्म में विश्वास नहीं करतीं बल्कि मृत्यु के बाद जीवन में विश्वास करती हैं। प्लेटो, पाइथागोरस और सुकरात जैसी यूनानी हस्तियों द्वारा धारण किया गया मेटेम्पसाइकोसिस(परिवर्तन) पुनर्जन्म में विश्वास रखता है।

“पुनर्जन्म” शब्द लैटिन शब्द “रिटर्न टू द बॉडी” से आया है। ग्रीक शब्द मेटमसाइकोसिस मेटा (परिवर्तन) और एम्प्सिखोन (विचार या भावना को अंदर डालना), पायथागॉरियन अभिव्यक्ति से लिया गया है। स्थानांतरण एक ऐसा विकल्प है जो एक जीवन (शरीर) से दूसरे जीवन (शरीर) में संक्रमण का संकेत देता है। पैलिंजेनेसिस, जिसका अर्थ है “फिर से जन्म लेना”, एक और ग्रीक शब्द है जिसे कभी-कभी एक दूसरे के स्थान पर उपयोग किया जाता है।

आत्मा की सफ़र - कर्म

पुनर्जन्म एक विचार है जो महत्वपूर्ण भारतीय धर्मों में पाया जाता है और शब्दों के वर्गीकरण का उपयोग करके समझाते हैं। संस्कृत में पुनर्जन्म का अर्थ फिर से जन्म लेना होता है, और इसके कई अन्य विकल्प भी हैं जैसे पुनरावृत्ति, पुनर्जाती, पुनर्जीवन, पुनर्भव, जो बौद्ध पाली संदेशों जैसे उतपत्ति, निब्बत्तीन और उपाजना में आम हैं।

प्रारंभिक वेद, कर्म या पुनर्जन्म के सिद्धांत को छोड़ देते हैं, लेकिन वे मृत्यु (पश्चात जीवन) के बाद अस्तित्व में विश्वास की बात करते हैं। प्रारंभिक उपनिषदों, यानी पूर्व-बुद्ध और पूर्व-महावीर में, इन विचारों का निर्माण और विस्तार किया गया है।

पुनर्जन्म को लेकर हिंदू धर्म, बौद्ध धर्म और जैन धर्म में अलग-अलग मान्यताएं और सिद्धांत हैं। बौद्ध धारणा "कोई आत्मा नहीं है, कोई स्व नहीं है" (अनात्मन), के बजाय हिंदू धर्म अपने मौलिक प्रस्ताव या "आत्मा की, स्वयं मौजूदगी"(आत्मान) पर निर्भर करता है।

हिंदू रीति-रिवाजों के अनुसार, आत्मा, एक अनंत अभिव्यक्ति, जीवित शरीर की निरंतरता और आधार है, पुनरुत्थान या पुनर्जन्म के माध्यम से जब तक कि यह आत्म-ज्ञान तक नहीं पहुंच जाती। इसके विपरीत, "बौद्ध धर्म" स्वयं के बिना पुनरुत्थान या पुनर्जन्म को मानता है और निर्वाण (निब्बान) के रूप में स्वयं या शून्य की स्वीकृति का सम्मान करता है। इस प्रकार, बौद्ध धर्म और

हिंदू धर्म में आत्मा की उपस्थिति पर परस्पर विरोधी विचार हैं, जो उनकी विभिन्न पुनर्जन्म परिकल्पनाओं या सिद्धांतों के हित के मुद्दों को प्रभावित करता है।

बौद्ध धर्म के विपरीत, "जैन धर्म" इस विश्वास को स्वीकार करता है कि एक आत्मा (जीव) का अस्तित्व है और यह आत्मा पुनर्जन्म की प्रक्रिया में लगी हुई है। कबालाह गिलगुल या आत्मा का स्थानांतरण विश्वास का प्रतिनिधित्व करता है, और इस प्रकार, हासीडीक यहूदी धर्म में पुनर्जन्म समावेशी है।

पवित्र और विश्वसनीय हिंदू ग्रंथ और पवित्र ग्रंथ, इसी तरह यह प्रमाणित करते हैं कि व्यक्ति उनके कार्यों के परिणामों के जवाब में अक्सर पुनर्जीवित होता है और "कारण-प्रभाव" संबंध पर जोर देते है।

भगवद गीता अध्याय ४.५- श्रीकृष्ण समझाते हैं कि उनकी तुलना मनुष्यों से नहीं की जानी चाहिए क्योंकि वे मानव रूप में अर्जुन के सामने खड़े हैं।

श्रीभगवानुवाच।
बहूनि मे व्यतीतानि जन्मानि तव चार्जुन।

तान्यहं वेद सर्वाणि न त्वं वेत्थ परन्तप ॥५॥

भावार्थ: - "तुम्हारे और मेरे अनन्त जन्म हो चुके हैं किन्तु हे परन्तप! तुम उन्हें भूल चुके हो जबकि मुझे उन सबका स्मरण है।"

भगवद गीता अध्याय ४.८- श्री कृष्ण तीन कारणों से पृथ्वी पर अवतरित हुए। कारण- दुष्टों का नाश करने, धर्मनिष्ठ की रक्षा करने और धर्म की स्थापना करने।

परित्राणाय साधूनां विनाशाय च दुष्कृताम्।

धर्मसंस्थापनार्थाय सम्भवामि युगे युगे ॥8॥

भावार्थ: "भक्तों का उद्धार, दुष्टों का विनाश और धर्म की मर्यादा को पुनः स्थापित करने के लिए मैं प्रत्येक युग में प्रकट होता हूँ।"

हिंदू धर्मग्रन्थ पुनर्जन्म के अनेक उदाहरणों से भरपूर हैं:

- आदि- पराशक्ति - दाक्षायनी, पार्वती।
- महाभारत में यम-विधुर।
- जया और विजया- हिरण्याक्ष और हिरण्यकशिपु।
- शिखंडी - राजकुमारी अम्बा।
- महाभिष - शांतनु (भीष्म के पिता)।
- वर्चस (सोम का पुत्र)-अभिमन्यु।

- विश्वेदेव - उपपांडव -द्रौपदी के पुत्र।
- शल्य- प्रह्लाद का भाई सांह्लाद।
- भगवान नारायण - दस अवतार।
- रामायण में बाली - महाभारत में जरा।
- रामायण में लक्ष्मण - महाभारत में बलराम।
- देवी शचि - महाभारत में द्रौपदी।

हनुमान के मार्गदर्शन पर ऋषि वाल्मिकी, पृथ्वी पर लौट आये क्योंकि गोस्वामी तुलसीदास द्वारा औसत व्यक्ति के लिए रामायण को फिर से लिखी थी। भविष्योत्तर पुराणों का एक संदर्भ।

श्री गर्गाचार्य और वज्रनाभ के बीच प्रवचन में कलियुग में दैवी शक्तियों का गर्ग संहिता अध्याय, अश्वमेघ खंड, ६१ ऋषि द्वारा प्रत्याशित अभिव्यक्ति थी:

- सनक, सानंद निबार्काचार्य होंगे।
- वामन का पुनर्जन्म विष्णु के रूप में होगा।
- ब्रह्मा माधवाचार्य के रूप में प्रकट होंगे।
- रामानुजाचार्य के रूप में शेष नाग।

उदाहरण के लिए, विजाभिनंदन, शालिवाहन, विक्रमादित्य, कल्कि भगवान और श्री नागार्जुन जैसे राजा कलियुग के दौरान “धर्म” के रक्षक होंगे। उन्होंने अराजकता को नष्ट करने की योजना बनाई।

गुरुजी ने कहा, “वैकुंठ में श्री विष्णु के जया और विजया के तीन पुनर्जन्म। महाभारत में राजसूय यज्ञ के दौरान, ऋषि नारद ने राजा युधिष्ठिर को कहानी सुनाई, जब भगवान कृष्ण शिशुपाल को मारने के लिए सुदर्शन चक्र का प्रयोग किया।”

- सतयुग - हिरण्याक्ष और हिरण्यकशपु।
- त्रेता युग - रावण और कुम्भकरण।
- द्वापरयुग - शिशुपाल और दन्तवक्त्र।

भगवान विष्णु ने वराह अवतार, नरसिंह अवतार, भगवान राम अवतार और भगवान कृष्ण अवतार के रूप में उन पर विजय प्राप्त की, उन्हें नष्ट किया और श्राप से मुक्त किया।

गुरुजी ने कहा, “वासुदेव, पुनर्जन्म की चर्चा न केवल पवित्र हिंदू धर्मग्रंथों या धर्मग्रंथों में बल्कि तोराह, कबालिस्टिक कार्यों और ड्रुज़ में भी की गई है।”

यहूदी धर्म - तेरहवी सदी में पहली बार वितरित ज़ोहर, विशेष रूप से तोराह भाग “बालक” में पुनर्जन्म पर बड़े पैमाने पर बात करता है। पुनर्जन्म पर सबसे दूरगामी कबालीवादी कार्य, “शारहा

गिलगुलिम," चैम वाइटल द्वारा रचित था, जो निर्णायक रूप से शिक्षाओं पर आधारित था। आइझेक लूरिया, सोलहवीं शताब्दी का कबालीवादी अपनी अर्ध- भविष्यवाणी में क्षमताओं के लिए जाना जाता है। उनके पास एक अंतर्ज्ञान था जो उन्हें प्रत्येक व्यक्ति के पिछले अस्तित्व या पिछले जीवन को देखने की अनुमति देता था।

हान प्रशासन के ताओवादी अभिलेखों में दावा किया गया है कि लाओ त्ज़ु पृथ्वी पर अलग अवसर पर विभिन्न व्यक्तियों के रूप में प्रकट हुए थे।

ड्रुज़ आस्था में, पुनर्जन्म एक केंद्रीय सिद्धांत है, और भौतिक शरीर और आत्मा के बीच एक अनंत द्वेत है। आत्मा को शरीर से अलग नहीं किया जा सकता।

"भजा" "गोविंदम" के सबसे खूबसूरत शब्द हमें जीवन की अंतिम वास्तविकता और सच्चाई की याद दिलाते हैं।

पुनरपि जननं पुनरपि मरणं,

पुनरपि जननी जठरे शयनम्।

इह संसारे बहुदुस्तारे,

कृपयाऽपारे पाहि मुरारे ॥२१॥

-भज गोविंदम श्लोक-२१

भावार्थ:- "फिर से जन्म लेने से, फिर से मरने से और माँ के पास से गर्भ में रहते हुए इस संसार को पार करना कठिन है। अपनी असीम करुणा से, हे मुरा के विनाशक, मुझे बचा लो।"

वासुदेव ने पूछा, "अक्षय, क्या तुमने देखा कि गुरुजी ने इस सत्र के दौरान कई बार मेरे नाम का उल्लेख किया? वह मुझसे संवाद करने की कोशिश कर रहे थे, लेकिन मैं समझ नहीं पा रहा था कि वह क्या कह रहे है। पदमा, पहले भी कुछ ऐसी ही स्थिति से गुजर चुकी हैं।"

अक्षय ने उत्तर दिया - "वासुदेव, उन्होंने अवश्य ही आपका नाम पुकारा होगा।"

वासुदेव - "नहीं अक्षय, मैंने इस यात्रा में बहुत कुछ देखा है जिसे मैं बता नहीं सकता। आशा है, तुमने भी अनुभव किया होगा।"

अक्षय - "हाँ, वासुदेव, पदमा को क्या हुआ?"

वासुदेव- "मुझे भी उत्सुकता है कि वह पिछले दो दिनों से क्यों नहीं आई।"

अक्षय- "उम्मीद करते हैं कि सब ठीक हो।"

अध्याय २३

प्रारब्ध - पुरुषार्थ

"यदि फल आपकी आशा है, तो यह आपका अच्छा कर्म है। यदि आप इसकी आशा नहीं करते हैं, तो यह आपका बुरा कर्म है।"

तेजस्वी और गतिशील, पूज्य गुरुजी ने बड़ी मुस्कान के साथ कहानी सुनाई। बहुत समय पहले अभय नाम के एक बूढे साधु रहते थे। अपने निरंतर अभ्यास के माध्यम से, उन्होंने एक निश्चित स्तर की रहस्यमय शक्ति और गहरी आध्यात्मिक पैठ हासिल कर ली थी।

उनके पास, आइशी नाम का एक बारह वर्षीय प्रशिक्षु था। एक दिन साधु, अभया का चेहरा पढ़ने के लिए अपनी रहस्यमय शक्ति का उपयोग करते है। उन्होंने देखा की लड़का थोड़े ही महीने में मर जाएगा। इससे निराश होकर, साधु अभया ने आइशी को अपने घर के लोगों से मिलने और कुछ महीनों तक उनके साथ रहने के लिए प्रोत्साहित किया।

साधु अभया ने लड़के से कहा, "बच्चे, तुम अपने माता-पिता के साथ रहना और आनंद करना।"

साधु अभया को लगा कि जब लड़के की मृत्यु हो, तब उसे अपने परिवार के साथ होना चाहिए।

लड़का सहमत हो गया और उसने अपनी यात्रा शुरू की।

थोड़े महीनो के बाद, साधु अभया ने लड़के को फिर से पहाड़ पर देखा और वह उसके सामने आया तो वह आश्चर्यचकित हो गये। उन्होंने उसके चेहरे को वापस पढ़ा तो वो आश्चर्यचकित हो गये। उन्होंने देखा कि लड़का अब वयस्क होने तक जीवित रहेगा।

साधु अभया को उस पर विश्वास ही नहीं हो रहा था जो उन्होंने अभी देखा।

साधु अभया ने लड़के से कहा, "मुझे वह सब कुछ बताओ जो तुम्हारे जाने के दौरान हुआ था।"

लड़का पहाड़ से उतरते समय का घटनाक्रम बताने लगा। उसने जंगल से गुजरने की विस्तृत जानकारी दि और पहाड़ी पर चढ़कर सभी गाँवों और कस्बों की घटनाओं का हवाला दिया। फिर उसने गुरु को बताया कि कैसे वह एक जलधारा के पार आया और उसे कैसे पार किया। इस साहसिक कार्य के दौरान उसको चींटियों की एक बस्ती मिली। वे बहती धारा के बीच में एक छोटे से पत्थर पर थे।

"गुरुजी, यह बेचारे जीव जो प्रवाह को पार करने का संघर्ष कर रहे थे उनके के लिए खेद महसूस करते हुए, मैंने एक पेड़ की एक शाखा ली और इसे धारा के एक हिस्से में और दूसरे को द्वीप के दूसरे छोर पर रख दिया," लड़के ने समझाया। आख़िरकार चींटियाँ इसे पार कर गईं।

"मैंने यह सुनिश्चित किया कि शाखा तब तक वहीं रहे जब तक कि सभी भूमिगत कीड़े (चींटियाँ) दूसरी ओर की सूखी भूमि पर भाग न जाएँ।" लड़के ने समझाया। फिर मैंने वहां से अपना साहसिक कार्य जारी रखा।

साधु अभया ने लड़के को गले लगाया और कहा, "ओह! अब मुझे समझ आया कि क्या हुआ था।"

गुरुजी ने कहा, "अक्षय, आइए हम यह समझने की कोशिश करें कि पुरुषार्थ को कहां लागू करना है और प्रारब्ध पर कहां भरोसा करना है।"

अक्षय ने उत्तर दिया- "हाँ गुरुजी।"

श्री गुरुजी ने कहा- "पुरुष का अर्थ है मनुष्य, नर या मादा।" अर्थ का अर्थ धन है, लेकिन पुरुषार्थ में, अर्थ किसी लक्ष्य या गंतव्य को संदर्भित करता है। अत: पुरुषार्थ का अर्थ है मानवीय लक्ष्य।"

श्री गुरुजी ने कहा, "अतीत को बदलने की स्वतंत्रता और भविष्य को बेहतर या बदतर के लिए आकार देने को पुरुषार्थ (स्व-प्रयास) के रूप में जाना जाता है।"

ये दिखाने के लिए मैं एक उदाहरण का उपयोग करता हूँ- नदी के प्रवाह के साथ तैरता हुआ एक लट्ठा, नदी की गति के समान गति से यात्रा करेगा, मान लीजिए तीन किलोमीटर प्रति घंटा। यदि लकड़ी को मोटर चालित नाव के साथ जोड़ दिया जाता है और लॉग गति को एक बुद्धिमान चालक द्वारा प्रबंधित और नियंत्रित किया जाता है, तो लॉग स्वतंत्र रूप से चलना शुरू कर देगा। मान लीजिए कि मोटर चालित नाव दस किलोमीटर प्रति घंटे की गति से यात्रा करती है और लकड़ी का लट्ठा तेरह किलोमीटर प्रति घंटे की गति से यात्रा करता है।

अगर लकड़ी का लट्ठा, धारा की विपरीत दिशा मे गति करता हैं तो गति धीमी होकर सात किलोमीटर प्रति घंटा हो जाती है। नदी का प्रवाह स्थिर था और उसमें कोई परिवर्तन नहीं हुआ। लकड़ी का लट्ठा ही एकमात्र बदलाव है जिसे हमने देखा है।

पौधे और जानवर नदी में तैरते लट्ठे की तरह चलते हैं, जो उनकी सहज प्रवृत्ति और आवेगों द्वारा निर्देशित और मार्गदर्शित होते हैं। मनुष्य में तर्क क्षमता और विवेक क्षमता विकसित होती हैं और हम नाव को सुरक्षित रूप से उसके गंतव्य तक ले जाने के लिए दोनों का उपयोग कर सकते हैं।

श्री गुरुजी ने कहा - "हमारे जीवन के हर पल, हम केवल अपने पिछले कर्म का केवल फल ही नहीं जीते है बल्कि आने वाले कल की रचना भी करते है।"

इसी प्रकार, हम अपने भावी जीवन के लिए हर पल खुद को तैयार करते हैं। कल अधिक खुश रहने के लिए, अच्छे, नेक मार्ग का अनुसरण करें, कुटिल मार्गों से दूर रहें, अधर्म से दूर रहें और उच्चतम लक्ष्य को प्राप्त करने के लिए सही मार्ग का अनुसरण करें। यदि हमारा मार्ग सही है तो हम अपनी मंजिल तक पहुंच जाएंगे।

जब हम कर्म के नियम को समझते हैं, तो हम अपने भविष्य के निर्माता बन जाते हैं। हम किसी शक्तिशाली तानाशाह के हाथों के मोहरे नहीं हैं। यदि हम कमजोर या दुखी हैं तो यह केवल हमारी इच्छा के कार्यों के कारण ही है। हो सकता है कि अतीत में हमने अज्ञानता, लालच के कारण जीवन में नकारात्मक मूल्यों को ग्रहण कर लिया होगा और उसका फल अब प्रत्यक्ष हो गया हो, जो हमें आज के जीवन में मिल रहा है जो वातावरण को स्वरूप देता है।

श्री गुरुजी ने कहा - "अक्षय, हम इस भ्रम में हैं कि हमारे सभी कार्य पूर्व निर्धारित हैं, और फिर हमारे प्रत्येक कार्य में, हमारे प्रयासों से आत्म-सुधार की कोई गुंजाइश नहीं है।"

गुरुजी - "तो हमें सोचना शुरू करना चाहिए कि हमें एक महान और नैतिक जीवन क्यों जीना चाहिए?"

गुरुजी ने पूछा, "यदि ईश्वर हर चीज का आदेश देता है, तो पुरुषार्थ इसमें कहां फिट बैठता है?"

हमारे पास सीमित विकल्प हैं; जब हम लोहे के मोटे टुकड़े को नहीं मोड़ पाते, हालाँकि, हम इसे जंजीर बनाकर लचीला कर सकते हैं। शुद्ध विचार, शुद्ध कर्म और शुद्ध शब्दों का प्रयोग करके हम जीवन के लक्ष्य को प्राप्त कर सकते हैं।

गुरुजी - "विध्यार्थी, हमें अपने मन को अच्छे विचारों से भरना चाहिए और आत्मचिंतनशील विचारों को दोहराते रहना चाहिए।" 'मैं सहनशील हूं, और मैं सभी से प्यार करता हूं' धीरे-धीरे सामने आएगा, और हम अपने अंदर बदलाव देखेंगे। हम पा सकते हैं कि हमारा गुस्सा कम हो गया है, दूसरों के प्रति हमारा प्यार और अपने साथियों के प्रति हमारी करुणा बढ़ गई है।"

जब हम समय-समय पर कुछ कार्य करते हैं तो हमें अपनी कमजोरियों के बारे में पूरी तरह से अवगत होना चाहिए। हमारा दोहराव कार्य हमारे मन में एक धारणा या छाप बनाता हैं जो शुद्ध या अशुद्ध हो सकता है, जिससे अनुभवों की गुणवत्ता और हमारे मन की गुणवत्ता निर्धारित होती है। जीवन के विभिन्न चरणों में हम विभिन्न प्रकार के अनुभवों से गुजरते हैं।

आत्मा की सफ़र - कर्म

चलो, मैं रत्नाकर की कहानी सुनाता हूं, जो एक प्रबुद्ध आत्मा बन गए, जिन्हें ऋषि वाल्मिकी के नाम से जाना जाता है, जिन्हें "आदिकवि" या पहला कवि भी कहा जाता है। उन्होंने रामायण लिखी, जिसे पहला महाकाव्य माना जाता है।

रत्नाकर का जन्म ऋषि प्रचेतास से हुआ था और उनका नाम उनके माता-पिता ने रखा था। रत्नाकर बचपन में जंगल में खो गये थे। उधर से गुजर रहे एक शिकारी की नजर रत्नाकर पर पड़ी और उसने उसे अपनी देखरेख में ले लिया। अपने पालक माता-पिता के प्यार और देखभाल के कारण रत्नाकर अपने जैविक माता-पिता के बारे में भूल गए। अपने पालक पिता के संरक्षण में वह बड़े होकर एक कुशल शिकारी भी बने।

जब रत्नाकर की उम्र विवाह योग्य हुई तो उन्होंने एक शिकारी परिवार की लड़की से विवाह किया। थोड़े ही समय में रत्नाकर के कुछ बच्चे हुए। जैसे-जैसे उनका परिवार बड़ा होता गया, उनका भरण-पोषण करना कठिन हो गया। परिणामस्वरूप, वह डकैती की ओर मुड़ गया और एक गाँव से दूसरे गाँव तक राहगीरों को लूटना शुरू कर दिया।

एक दिन नारद ऋषि उस जंगल से गुजर रहे थे जहाँ रत्नाकर रहते थे। अवसर से अवगत होकर रत्नाकर ने नारद पर लूट के इरादे से हमला किया।

श्री शाम्बव

नारद को निराश न देखकर रत्नाकर प्रसन्न हुए। रत्नाकर को आश्चर्य हुआ क्योंकि लोग उसे देखकर आमतौर पर चिंतित और भयभीत हो जाते थे।

नारदने, रत्नाकर को सवाल किया कि वह इतना जघन्य पाप क्यों कर रहा है।

रत्नाकर ने उत्तर दिया - "अपने परिवार का भरण-पोषण करने के लिए।"

नारद ने पूछा - "रत्नाकर, क्या ये पाप आपके परिवार द्वारा साझा किया जाएगा?"

रत्नाकर ने बिना किसी हिचकिचाहट के उत्तर दिया - "निस्संदेह, हाँ, क्योंकि मैं जो भी पाप कर रहा हूं वह उनके लाभ के लिए है।"

नारद ने मुस्कुराते हुए कहा, "रत्नाकर, अपने परिवार से पूछें कि क्या वे आपके द्वारा किए गए पापों में भागीदार हैं।"

यह सुनिश्चित करने के लिए कि नारद भाग न जाएँ, उन्होंने नारद को भागने से रोकने के लिए एक पेड़ से बाँध दिया। रत्नाकर अपने परिवार के पास वापस गए और प्रत्येक सदस्य से पूछा कि क्या वे उनके पाप में साझा करने के लिए तैयार हैं, घरवाले उस पर हंसने लगे।

परिवार के सदस्यों ने रत्नाकर से पूछा - "तुम्हारे पाप का बँटवारा कैसे हो सकता है?"

परिवार के सदस्यों की बात सुनकर रत्नाकर का दिल टूट गया और वह नारद के पास लौट आए।

रत्नाकर ने पूछा - "मैं क्या ग़लत कर रहा हूँ?"

रत्नाकर ने कहा, "मैंने हमेशा माना है कि मैं अपने परिवार के लिए जो कुछ भी कर रहा हूं वह सही है, और मैं अपने परिवार की बुनियादी जरूरतों को पूरा करने में हमेशा दृढ़ और निस्वार्थ रहा हूं। आपकी बात सुनकर मैं असमंजस में पड़ गया हूं। कृपया मुझे इस झंझट से निकालने में मदद करें।"

नारद ने उनसे "राम" का जाप करने के लिए कहा, लेकिन रत्नाकर पूरी कोशिश के बावजूद राम का उच्चारण नहीं कर पाते थे, इसलिए नारदने, रत्नाकर से "मरा" उच्चारण करने को कहा। नारद ने उन्हें उनके लौटने तक जप करने का भी निर्देश दिया। रत्नाकर ने मरा के रूप में जप करना शुरू किया, उनका बार-बार जप राम के रूप में सुनाई देता था।

रत्नाकरने वर्षों तक जप किया और वे चींटी से भरी मिट्टी से घिर गए।

अंततः नारद आये और उनके शरीर से उन्होंने पूरी चींटी का मिट्टी वाला घर निकाल दीया।

नारद ने कहा, "आपके पवित्र कार्य का फल मिल गया है।" आपके काम से भगवान प्रभावित और प्रसन्न हुए।

रत्नाकर को बाद में ब्रह्मर्षि का दर्जा दिया गया और उनके पुनर्जन्म के कारण उन्हें वाल्मिकी नाम दिया गया। ऋषि वाल्मिकी ने अपना आश्रम गंगा के तट पर स्थापित किया।

गुरुजी ने कहा, "डाकू एक ऋषि बन गया, और उसने संस्कृत में 'वाल्मीकि रामायण' नामक सबसे लोकप्रिय महाकाव्य की रचना की।"

गुरुजी - "छात्रों, अपने अद्‌वितीय स्व को समझने के लिए सबसे पहले उन कारणों और लक्ष्यों को समझना होगा जिसके लिए उसने इस धरती पर जन्म लिया है और फिर उन उद्‌देश्यों को पूरा करना चाहिए।"

चार पुरुषार्थ हैं - जिन्हें "चतुर्विद-फल-पुरुषार्थ" के रूप में जाना जाता है।

१. धर्म - कर्तव्य, धार्मिकता
२. अर्थ - धन(संपत्ति)
३. काम - इच्छा
४. मोक्ष - मुक्ति

किसी व्यक्ति या व्यक्तियों को वैध साधनों (धर्म) के माध्यम से आजीविका (अर्थ) अर्जित करके और अपनी गतिविधियों को पूरा

करके और अपनी इच्छाओं (काम) को पूरा करके एक सार्थक और टिकाऊ जीवन जीना चाहिए। पुरुषार्थ में "अर्थ" का अर्थ है उद्देश्यों की प्राप्ति की ओर बढ़ना सार्थक है।

व्यक्ति इन चार उद्देश्यों को प्राप्त करके खुद को समझ और विकसित कर सकते हैं। वे स्वायत्त या एक दूसरे से असंबंधित नहीं हैं और अलगाव में दिखाई नहीं देते हैं। व्यक्तिगत उद्देश्य को प्राप्त करने की गतिविधि को दूसरों की पूर्ति का भी समर्थन करना चाहिए और एक भी पुरुषार्थ को बाकात रखे बिना चार पुरुषार्थों के बीच संतुलन बनाए रखना चाहिए। पुरुषार्थ किसी के जीवन में एकतरफी बन सकता है और अंतिम गंतव्य तक पहुंचने में बाधा बन सकता है।

धर्म:- व्यक्ति का उचित कर्तव्य; धर्म का एक उदाहरण उनकी पेशेवर या पारिवारिक नौकरियाँ हो सकती हैं, जैसे विशेषज्ञ, शिक्षक, मंत्री, माता-पिता, गृहिणी, आदि। एक व्यक्तिगत धर्म - कभी-कभी दुनिया के साथ उसके परिचय से निर्धारित होता है, लेकिन हमेशा ऐसा नहीं होता है। जैसे-जैसे वह जीवन में आगे बढ़ता है, उसका धर्म कई चीजों का मिश्रण बन सकता है, क्योंकि विभिन्न चरण अलग-अलग धर्मों, वैध उद्देश्यों या जीवन जीने के सही तरीकों का कारण बन सकता हैं।

अर्थ: - यह व्यक्तिगत विस्मयादिबोधक और आराम प्रदान करने के लिए भौतिक प्रचुरता की खोज है। कुछ लोगों का मानना है

कि दुनिया का मार्ग या आध्यात्मिक विकास और भौतिक बहुतायत का मार्ग असंबंधित है। यह सच नहीं है।

ब्रह्मांड, उसकी प्रचुरता (लक्ष्मी) को दर्शाता है, और प्रकृति सभी पहलुओं में प्रचुर है। यदि समृद्धि एक ईश्वरीय (दिव्य) गुण है, तो "प्रचुरता की खोज" ईश्वरीय गुण से किस प्रकार भिन्न है?

गुरुजी - "मनुष्य मुक्ति का मार्ग कैसे अपना सकता है?"

गुरुजी - "मोक्ष के मार्ग पर चलने के लिए उन चिंताओं से परे जाना होगा।"

हालाँकि, भौतिक प्रचुरता से अलग होना आवश्यक है। व्यक्ति को किसी भी संपत्ति या उपलब्धि की प्रचुरता से अनासक्त रहना चाहिए। इस दृष्टिकोण से इनाम या प्रचुरता की तलाश करना सर्वोच्च या दिव्य की तलाश करने के समान है क्योंकि कोई व्यक्ति इनाम या प्रचुरता को आनंद या दिव्य के रूप में देखता है। धन संचय करने की इच्छा धीरे-धीरे अपने आप गायब हो जाती है, जिससे मुक्ति का मार्ग प्रशस्त होता है।

काम: व्यक्ति की लालसा को पूरा करता है; इच्छा कई रूप ले सकती है, जैसे प्रचुरता, शक्ति, स्थिति, यौन आवश्यकताएं आदि। काम, पुरुषार्थ की हिमायत करता है कि उन लालसाओं को उनके जीवनकाल के दौरान संतुष्ट किया जाये, हालांकि सचेत अवस्था में, बिना किसी को नुकसान पहुंचाए। गहराई से प्रगति करने के

लिए, सबसे पहले व्यक्ति को अपनी लालसा में मुक्ति का मार्ग प्राप्त करना होगा, बाधाओं को दूर करना होगा। यह या तो इच्छाओं को संतुष्ट करने या उदात्त बनाने या पार करने के द्वारा कार्यात्मक है।

इच्छा: दमन, पूरी तरह से कुंडलित स्प्रिंग के समान है; दबाई हुई इच्छाएँ फूट सकती हैं, जिससे नकारात्मक परिणाम हो सकते हैं। जैसे-जैसे कोई अपनी लालसाओं के प्रति जागरूक होता है और जागरूकता के साथ उन्हें संतुष्ट करने के लिए आगे बढ़ता है, वे तेजी से उन्हें उदात्त करने और अंततः, उन्हें पार करने के विकल्प के चरण में आगे बढ़ते हैं।

मोक्ष:- जिसे हिंदू आत्म-साक्षात्कार कहते हैं और बौद्ध निर्वाण कहते हैं, वह मानव जन्म का सरल उद्देश्य है। आंतरिक जागरूकता के इस स्तर पर, व्यक्तिगत स्व केवल प्रमुख या सर्वोच्च स्व से मेल खाता है, जो दो वाक्यों "तत त्वम् असि" और "अहं ब्रह्मा अस्मि" से अनुभूत होते है। रास्ते अलग-अलग हो सकते हैं - आसान या कठिन, लेकिन वे सभी "स्वतंत्रता के पथ" की ओर ले जाते हैं।

गुरुजी ने कहा: *"सभी नदियों की तरह, वे अंततः समुद्र की ओर ले जाएंगे।"*

शिष्य ने पूछा, "गुरुजी, मुझे कहां पुरुषार्थ लगाना चाहिए और कहां प्रारब्ध पर भरोसा करना चाहिए?"

गुरुजी हँसे, "विद्यार्थी, एक व्यक्ति, अपने भाग्य में पूर्वनिर्धारित वस्तु प्राप्त करता है।" "व्यक्ति को उसके पूर्वनिर्धारित कर्मों के कारण ही माता-पिता, परिवार, नौकरी या पेशा मिलता है।"

उदाहरण के लिए, किसी व्यक्ति को लाभदायक व्यवसाय बनाए रखने या व्यक्तिगत नियति के साथ संघर्ष करने के लिए कम - प्रोफ़ाइल नौकरी या उच्च- प्रोफ़ाइल नौकरी की तलाश करने के लिए बाध्य किया जा सकता है। उस नौकरी या पेशे को कुशलता, ईमानदारी और सत्यनिष्ठा से करने के लिए मर्दानगी की आवश्यकता होती है।

गुरुजी ने कहा - "तुम्हें वही मिलेगा जो तुम्हारे भाग्य में है, लेकिन तुम्हें इसे बिना सोचे-समझे बर्बाद करने के बजाय अच्छे कार्यों में लगाना चाहिए।"

स्थायित्व (दुख):- शारीरिक, मानसिक और भावनात्मक - सभी स्तरों पर महत्वहीन माना जाता है। मन और शरीर में द्वैतवादी परिवर्तनों के कारण क्लेश उत्पन्न होता है। मनुष्यों में, यह इस प्रकार प्रकट होता है; कष्ट और सहनशक्ति, आकर्षण और घृणा, लगाव और वैराग्य, आवश्यकताएँ, जुनून, भावनाएँ, बीमारी, बुढ़ापा, आदि।

सभी दुखों का मुख्य स्रोत मानसिक अस्थिरता है। इच्छा ही मानसिक अस्थिरता का मूल कारण है जो संवेदी पदार्थों के लगातार संपर्क से उत्पन्न होता है। यह हमारे झुकाव और हमारे

आस-पास की चीजों और चीजों पर हमारी निर्भरता पर निर्भर करता है जो हम द्वैतवादी स्थिति में महसूस करते हैं।

मन और शरीर के बीच लड़ाई जारी रहेगी। क्युकी "मन" सभी इरादों और इच्छाओं का मुख्यालय है, यह मनुष्य के लिए कभी न खत्म होने वाला संघर्ष और दुख है।

सभी मनुष्य आनंद की शुद्ध अवस्था में पैदा होते हैं, और पीड़ा, मानवीय अज्ञानता और इच्छा के कारण उत्पन्न एक असामान्य स्थिति है। हम यह जानना चाहते हैं कि "अपनी मूल स्थिति में वापस" कैसे आएँ। इसके बजाय, हम अपने जीवन में कई गुना और कई गुना इच्छाओं को पूरा करने में लगे हुए हैं।

एक व्यक्ति बंगले, महंगे फर्नीचर, कार, सोना, पैसा, अच्छा भोजन, कपड़े और अंतहीन सूची जैसी भौतिक चीजों को इकट्ठा करने और उनका पीछा करने में व्यस्त है। वह एक सरल और आरामदायक जीवन के लिए, सांसारिक चीजों की कभी न खत्म होने वाली खोज में व्यस्त है। अर्थ: एक ऐसा शब्द है जिसका उपयोग उन लोगों का वर्णन करने के लिए किया जाता है जो आत्म-केंद्रित होते हैं। यह मानते हुए कि ये भौतिक चीज़ें उसे ख़ुशी देंगी।

व्यक्ति अपनी पत्नी, बच्चों, रिश्तेदारों, दोस्तों और उन लोगों की अंतहीन सूची के माध्यम से विस्तार चाहता है जिनके साथ वह

अपनी संपत्ति साझा कर सकता है। आनंद लेने की इस इच्छा को काम कहा जाता है।

व्यक्ति को संतुष्टि होती है या हानि का भय होता है तो वह यज्ञ, दान, पुण्य, तीर्थ यात्रा आदि कर्म करता है, जिसे "धर्म" कहा जाता है।

सभी इच्छाएँ संतुष्ट होने के बाद भी, उसके जीवन में शून्यवकाश का अभाव होगा, और वह मुक्ति का मार्ग चाहता है, जिसे मोक्ष भी कहा जाता है।

धर्म और मोक्ष: व्यक्ति को प्रारब्ध पर छोड़ने के बजाय पुरुषार्थ (प्रयास) के लिए प्रयास करना चाहिए। अर्थ और काम को प्रारब्ध पर छोड़ देना चाहिए, क्योंकि उनके सर्वोत्तम प्रयासों के बावजूद, उनका और कुछ नहीं बनना तय है।

कर्म के नियम की अज्ञानता के कारण, वे धर्म और मोक्ष के लिए पुरुषार्थ (प्रयास) करने के बजाय प्रारब्ध की उपेक्षा करते हैं या छोड़ देते हैं। जब वे अर्थ (धन) और काम (आनंद) के लिए कड़ी मेहनत करते हैं, तो वे अपनी सारी नसों पर दबाव डालते हैं और धन और सुख के पीछे पागल होकर, दिन-रात, जीवन भर कड़ी मेहनत (पुरुषार्थ) करते हैं। हालाँकि, उन्हें अपने विनाश के अलावा कुछ नहीं मिलेगा। परिणामस्वरूप, वे अपने प्रयासों को विपरीत और गलत दिशा में निर्देशित करके जीवन में असफल हो जाते हैं।

धर्म, अर्थ, काम और मोक्ष उचित क्रम में हैं और हिंदू धर्म और उसके शास्त्र अर्थ (धन) और काम (धन का आनंद) का विरोध नहीं करते हैं। मनुष्य केवल धार्मिक नैतिकता और पवित्र कार्य करने के माध्यमों से धन प्राप्त कर सकता है, अनैतिक, कुटिल साधनों और पापों से नहीं।

फलस्वरूप, "धर्म" के पदानुक्रम मे प्रथम स्थान, जीवन जीने का सही तरीका (धार्मिक तरीके), और धन दूसरे नंबर पर आता है। धर्म (नैतिकता और पवित्र कार्यों) के माध्यम से अर्जित धन उन्हें पूजा और ज्ञान की ओर ले जाएगा। अर्थशास्त्र में कौटिल्य के अनुसार, "अनैतिक तरीकों, पापों और कुटिल मार्गों से एकत्रित किया गया धन नष्ट हो जाता है।"

पितामह भीष्म द्वारा शान्ति पर्व, महाभारत में धर्मराज (युधिष्ठर) को उनकी मृत्यु शय्या पर दिए गए महाकाव्य भाषण में "ज्ञान के मोती।" कई कहानियाँ दिखाती हैं कि कैसे शासक, धर्म की कृपा से अधर्म की ओर गिर गए।

कोई व्यक्ति "ब्रह्मांडीय कानून" की सीमा के भीतर सद्गुणों या जीवन जीने के सही तरीके से धन प्राप्त कर लेता है, तो वह अपने काम को पूरा करने के लिए जीवन की सभी विलासिता का आनंद उठाएगा। व्यक्ति को जुनून की खाई में नहीं गिरने, केवल आनंद और भोग के माध्यम से आत्म-संतुष्टि खोजने की अनुमति

है। हालाँकि, उन्हें पता होना चाहिए कि यह अतृप्त है, और इसे खत्म करने का प्रयास करना चाहिए।

जब उन्हें सच्चाई का एहसास होता है- "आत्म-संतुष्टि के लिए आनंद का घमंड या भ्रम अतृप्त है।" वे मोक्ष के महत्व को समझेंगे, और परिणामस्वरूप, उन्हें लक्ष्य या "मुक्ति का मार्ग" खोजेंगे।

श्री आदि शंकराचार्य - "अत्यंत गंदे पानी की तरह, जो कीचड़ को छानने पर फिर से साफ पानी बन जाता है। जब अशुद्धता (मन की लापरवाही) साफ हो जाती है, तो व्यक्ति का वास्तविक स्वरूप फिर से चमक उठता है।"

कर्म करने में तक है, लेकिन प्रतिक्रिया से मुक्ति नहीं है। निष्काम कर्म का उदारतापूर्वक पालन करें, कर्म और परिणाम को सर्वशक्तिमान पर छोड़ दो, जैसा कि भगवान कृष्ण भगवद गीता- अध्याय २.४७ में जोर देते हैं।

कर्मण्येवाधिकारस्ते मा फलेषु कदाचन।

मा कर्मफलहेतुर्भूर्मा ते सङ्गोऽस्त्वकर्मणि ॥४७॥

भावार्थ: "तुम्हें अपने निश्चित कर्मों का पालन करने का अधिकार है लेकिन अपने कर्मों के फल में तुम्हारा अधिकार नहीं हे, तुम स्वयं को अपने कर्मों के फलों का कारण मत मानो और न ही अकर्म रहने में आसक्ति रखो।"

हमारे धर्मग्रंथों के अनुसार, सच्ची खुशी, चीजों को अपने पास रखने और उनकी सराहना करने की इच्छा के अभाव से आता है। आनंद और स्वतंत्रता परस्पर विनिमय योग्य हैं; वे तब उत्पन्न होते हैं जब हम "इच्छाओं और आसक्तियों की स्वतंत्रता" से अलग हो जाते हैं। आदि शंकराचार्य के अनुसार, आसक्ति, इच्छा, सुख और दु:ख सभी बुद्धि या मन की क्षमताओं के रूप में मौजूद हैं। उनका अस्तित्व नहीं होता है। नतीजतन, वे केवल मन की संपत्ति हैं, न कि "आत्मा" (स्वयं) की।

एक क्षण पर - जब मानसिक शक्ति का ध्यान रखा जाता है; और मन एकाग्र होता है, व्यक्ति अपनी लालसा को हराता है और आंतरिक सद्भाव और भरोसेमंदता प्राप्त करता है। प्रशिक्षण के माध्यम से, कोई भी लगाव पर काबू पा सकता है और अपनी गहरी प्रकृति का एहसास कर सकता है क्योंकि वे अपनी क्षमताओं को नियंत्रित करके, मन को जुनून से मुक्त करके, उदासीनता के बीच भी अविचल रहकर मासूमियत और समता विकसित करते हैं।

श्री गुरुजी सत्र से बाहर निकले और दिन का सत्र समाप्त हो गया, और हर कोई निकलने की तैयारी के लिए अपना सामान इकट्ठा करने में व्यस्त था।

वासुदेव और विध्यार्थी ने, अक्षय से संपर्क किया और दिन की योजना के बारे में पूछा। इस बीच महेश भी उनके साथ शामिल

हो गया और उनके बीच एक घंटे से अधिक समय तक चर्चा हुई। अपनी बातचीत के दौरान वे सत्र में पदमा की अनुपस्थिति से चिंतित थे।

उसी शाम, उन्हें महेश से खबर मिली कि पदमा के बेटे की लंबी बीमारी के कारण मृत्यु हो गई है।

भाग ९

अध्याय २४

दु:ख

"दुनिया शत्रुतापूर्ण शक्तियां और प्रतिकूल ऊर्जाओं के प्रभाव में हैं, जो इच्छाएँ, आवेग और मिश्रित इच्छाओं के कारण हैं जो नियंत्रण से बाहर और असत्य में डूबी हुई है. दुख मानव जाति द्वारा उत्पन्न किया गया फल है।"

अक्षय हमेशा की तरह जल्दी उठ गया था, और वह प्रकृति की सुंदरता और भोर की प्रशंसा कर रहा था। "प्रत्येक सूर्योदय किसी का दिन बनाने और चमकाने का निमंत्रण है। सूर्योदय की सुंदरता से मेरे दिल को हुंफ देने दो। सूर्योदय देखना मुझे ईश्वर के प्रेम की याद दिलाता हैं।" एक खूबसूरत दिन के लिए आभारी रहें। उसे आश्चर्य हुआ, जब उसने अपने बगल में बैठे विध्यार्थी को देखा, वह कालातीत की सुंदरता, अपरिवर्तित और विशिष्ट प्रकाश से चकित था।

अक्षय ने पूछा - "छात्र, मुझे विश्वास है कि तुम आज बहुत जल्दी उठ गए हो?"

विध्यार्थी- "हां अक्षय, मैं कल के समाचार से चिंतित और भ्रमित था। मैं कल रात सो ही नहीं पाया।"

अक्षय ने कहा- "मुझे ये सुनकर दुख हुआ।"

विध्यार्थी ने कहा, "मुझे पंद्रह साल पहले अपने माता-पिता के बारे में ऐसी ही खबर मिली थी।"

अक्षय ने पूछा- "तुम्हारे माता-पिता को क्या हुआ था?"

विध्यार्थी ने कहा, "मैंने पंद्रह साल पहले, अपने माता-पिता को एक कार दुर्घटना में खो दिया था। मौके पर ही दोनों की मौत हो गई और मैं रातों-रात अनाथ हो गया।"

अक्षय कुछ ज्यादा ही भावुक हो गया और कहा, "मुझे हमेशा आश्चर्य होता था कि आपने दूसरों से दूरी क्यों बनाए रखी हैं। यह भी सोचा कि आप हमेशा उदास क्यों रहते हो?"

विध्यार्थीने कहा, "अक्षय, मैं खुश रहने की कोशिश करता हूँ और मैं हमेशा मानता हूं कि अगर मैं खुश हूं, तो यह एक शगुन का संकेत है। लेकिन थोड़ी ही देर में चिंता मुझे सताने लगती हैं।"

विध्यार्थी- "उस दिन मेरा जन्मदिन समारोह था। मैं बहुत खुश था ओर आनंद से भरा हुआ था, लेकिन वह आनंद कुछ घंटों तक भी नहीं टिक सका।"

आत्मा की सफ़र - कर्म

"जन्मदिन समारोह के बाद लौटते समय, मेरे माता-पिता एक दुर्घटना का शिकार हो गए और उनकी मृत्यु हो गई। कई महीनों तक मैं अपने दादा-दादी के साथ रहा, जिन्होंने मेरी देखभाल की। लेकिन मेरे दादाजी की बीमारी के कारण मृत्यु हो जाने के बाद सब कुछ ठीक नहीं था। मेरे दादाजी के निधन से, सदमे में मेरी दादी भी बीमार पड़ गईं और उनका निधन हो गया। मैं बहुत अकेला था और मेरी देखभाल करने वाला कोई नहीं था। अंत में, मैंने अपने गुरु के आशीर्वाद की शरण ली और श्री गुरुजी के साथ रहने लगा।"

जैसा कि आप जानते हैं, हमारे पूज्य गुरुजी की वैज्ञानिक खोज और आध्यात्मिक खोज उनके परम सत्य की खोज में प्रशंसनीय है और उन्होंने अपना आरामदायक जीवन छोड़ दिया है। उन्होंने अपना जीवन पवित्र शास्त्र के सूक्ष्म सत्यों को स्पष्टता और अनुभवात्मक गहराई के साथ प्रकट करने के लिए समर्पित कर दिया है। यह सत्संग जीवन में उच्च संस्कार संगठित करने वाले सभी साधकों के लिए अत्यधिक उत्थानकारी और पुरस्कृत हैं।

"पूज्य गुरुजी मेरे लिए सब कुछ हैं। मैंने सालों से अपने चारों ओर जो कठोर कवच बना लिया है, वो उस कठोर आवरण को तोड़ने की पुरजोर कोशिश कर रहे है। वह हमेशा मुझे नीलकुरिंजी कहते हैं- एक फूल जो हर बारह साल में केवल एक बार खिलता है।"

श्री शाम्बव

अक्षय की आँखों में आँसू आ गए और वह विद्यार्थि की तरह सोचता था कि यहाँ बहुत सारी कहानियाँ होंनी चाहिए, और गुरुजी के लिए उसकी प्रशंसा हज़ार गुना बढ़ गई।

अक्षय उदासी में खो जाता है और मैथ्यू ६:३ से बाइबिल की पंक्ति को याद करता है - *"जब आप जरूरतमंदों को देते हैं, तो आपके बाये हाथ को मालूम न हो की आपका दाहिना हाथ क्या कर रहा है, जिससे आपका दान गुप्त रहे। और आपके पिता, जो गुप्त रूप से देखते है, वो तुम्हें प्रतिफल देंगे।"*

विध्यार्थीने कहा-"अक्षय, मुझे तुम्हारे साथ दुःख और दुःख से भरी अपनी गहरी भावनाओं को साझा करने के लिए खेद है, लेकिन तुम्हारे साथ चर्चा करने के बाद मुझे आराम महसूस हो रहा है।"

अक्षय ने कहा- "मेरे मन में आपके लिए सम्मान कई गुना बढ़ गया है।"

अक्षय और विद्यार्थी दोनों ने देखा कि सूरज उनके सिर के ऊपर था, उन्होंने पर्याप्त समय बिताया था और दिन के सत्र में देर हो रही थी।

पूज्य गुरुजी ने विस्तृत मुस्कान के साथ सभी का स्वागत किया।

गुरुजी ने पूछा, "अक्षय, दुख क्या है?" मानो विद्यार्थी से बात करते समय क्षण भर पहले जो कुछ हुआ था, गुरुजीने उसे पढ़ लिया हो।

हम सभी ने अपने जीवन में कभी न कभी दर्द का अनुभव किया है। हम सभी पीड़ा से बचने की कोशिश करते हैं चाहे शारीरिक हो या भावनात्मक, लेकिन दुःख भी हमारे जीवन का उतना ही हिस्सा है जितनी ख़ुशी। जब हम खुशी की स्थिति में होते हैं, तो हम इतने खुश होते हैं कि हम यह समझना भूल जाते हैं कि हम खुश क्यों हैं, जब हम नाखुशी की स्थिति में होते हैं, तो यह पता लगाना भूल जाते हैं कि हमें दर्द क्यों महसूस होता है। जब आप किसी शारीरिक बीमारी से पीड़ित होते हैं तो क्या आप यह जानने की कोशिश करते हैं कि ऐसा आपके साथ क्यों हो रहा है? आप अपने दर्द को कम करने के लिए विद्वान पुरुषों की मदद लेते है।

पीड़ा की मौलिक वास्तविकता के लिए पाली अभिव्यक्ति दुःख है। संस्कृत में दुःख का अर्थ है वेदना। हालाँकि, इसे अस्वीकार्य या असंतोषजनक मानना अधिक समझदारी है। यह अस्पष्ट हो सकता है, जैसे कि मानसिक पीड़ा, बीमारी और मृत्यु से हमारा संघर्ष, या यह बहुत मूर्त हो सकता है, जैसे कि आप जो चाहते हैं वह नहीं मिल रहा है लेकिन जो आप नहीं चाहते हैं वह मिल रहा है।

श्री शाम्बव

सहनशीलता, जिसे दुःख भी कहा जाता है, जो शारीरिक, मानसिक और भावनात्मक अनिश्चितता और पीड़ा (क्लेश) को दर्शाता है। यह द्वेत के कारण, शरीर और मन में होने वाले परिवर्तन का परिणाम हैं। कष्ट और सहनशक्ति, आकर्षण और द्वेष, जुड़ाव और अलगाव, इच्छा, इच्छाएं, जुनून, भावनाएं, बुढ़ापा, विकार, बीमारी, मृत्यु, पुनर्जन्म, और इसी तरह, ये सभी मानव जीवन में परिवर्तन की अभिव्यक्ति हैं।

"जीवन में खुशी है, दोस्ती में खुशी है, परिवार में खुशी है, स्वस्थ शरीर और दिमाग में खुशी है... लेकिन जब कोई इसे खो देता है, तो दुःख होता है।"

- धम्मपद।

गुरुजी ने कहा, "अक्षय, दुःख या पीड़ा हमारे जीवन का अभिन्न अंग है। व्यक्ति का दुःख, जन्म-मृत्यु के संसार से उत्पन्न होता है। व्यक्ति उन क्षणभंगुर वस्तुओं और दिखावे की सनसनीखेज ब्रह्मांड की माया में फंस जाता है और उनसे बंध जाता है। उसके पास दुख से निकलने का कोई रास्ता नहीं है।"

श्री गुरुजी ने कहा - बुद्ध ने कम से कम तीन मुख्य श्रेणियों से, दुःख पर खूबसूरती से चिंतन किया है।

१. कष्ट या पीड़ा(दुःख): कष्ट में भावनात्मक, शारीरिक और मानसिक पीड़ा शामिल है। उदाहरण के लिए, यदि कोई

व्यक्ति किसी त्रासदी का शिकार होता है, तो उसे शारीरिक पीड़ा का अनुभव होगा। जब हम अपने परिवार में किसी को खो देते हैं, तो हम मानसिक पीड़ा से गुजरते हैं। दुख और शोक के अप्रिय अनुभव को रोकने के लिए हम कुछ नहीं कर सकते।

गुरुजी ने कहा, “हमारी इच्छाएं जो भी हों, हम पैदा हुए हैं इसलिए चोट, बीमारी, बुढ़ापा और हानि, सभी चीजों के आधीन हैं।” हम अलगाव और दुर्भाग्य का दर्द महसूस करेंगे क्योंकि हमारे दोस्त और परिवार उन्हीं परिस्थितियों पर निर्भर हैं।

२. अनस्थिरता या परिवर्तन (विपरिनामा-दुःख) : दुःख उन चीजों को संदर्भित करता है जो शाश्वत नहीं हैं और परिवर्तन के लिए उत्तरदायी हैं। इस प्रकार, हम सुख को दुःख के रूप में पहचान सकते हैं क्योंकि यह स्थायी नहीं है। दुःख एक बहुत लंबी दूरी तक ध्यान के गहन अध्ययन के दौरान अनुभवित बड़ी उपलब्धि है, जिस पर ध्यान नहीं दिया गया। आनंद सबसे शुद्ध अवस्था है। इसका मतलब यह नहीं है कि खुशी, उपलब्धि या आनंद की स्थिति में होना अस्वीकार्य या गलत है। यदि आप खुश हैं, तो इसकी सराहना करें, लेकिन इससे चिपके न रहें।

एस संदर्भ में हमारी पीड़ा की सीमा हमारे निम्नलिखित संदर्भ के ढलान पर निर्भर करती है:

- लालच- इसमें आनंददायक भावनाओं की लालसा, चिपकना और लत शामिल है।
- अज्ञान- ज्ञान का अभाव, आशंका या ग़लतफ़हमी की कमी को दर्शाता है।
- अवमानना- अस्वीकृति, निंदा, घृणा, अस्वीकृति और ऊब की भावनाओं के साथ संघर्ष की विशेषता हैं।

शेम्स तबरीज़ का नियम- "नरक यहीं और अभी है, और इसलिए स्वर्ग भी। यातना के बारे में चिंता करना या स्वर्ग के बारे में कल्पना करना बंद करें क्योंकि वे दोनों मौजूद हैं, अभी, यहीं और आपके भीतर। जब भी हम प्यार में होते हैं तो हम स्वर्ग जाते हैं, और जब भी हम किसी को नापसंद करते हैं, ईर्ष्या करते हैं या उससे बहस करते हैं तो हम नरक की आग में गिरते हैं।"

३. वातानुकूलित अवस्थाएँ या अनुभव (संखरा- दुःख) हैं: अनुकूलन का अर्थ है किसी नई चीज़ पर आधार रखना। संखरा पीड़ा तब उत्पन्न होती है जब हम किसी अस्पष्ट शारीरिक या मानसिक अनुभव के प्रति प्रत्यक्ष घृणा से गुजरते हैं और अस्वास्थ्यकर मानसिक अभ्यास में संलग्न होते हैं, उदाहरण के लिए, "चाहिए" और "नहीं चाहिए" निर्णय और घबराहट से भरे हुए विचार और सवाल। संखरा दुःख, तन्हा (लालसा) से बना है, जो एक मनोवैज्ञानिक आंदोलन है जो चीजों को अपने तरीके से

बनाने की लालसा को दर्शाता है। हमारी आवश्यकता जैसा ही हो।

गुरुजी ने समझाया, “उदाहरण के लिए, यदि किसी व्यक्ति का पैर टूट जाता है, तो उसकी पीड़ा केवल यह होगी कि वह दर्द में है।” संखरा दुःख इसके विपरीत, आंतरिक प्रश्नों में व्यस्त ऐसे चिंता उठाएंगे-

- मुझे वहां जाने से बचना चाहिए था।
- यह उचित नहीं है कि मैंने अपने पैर पर मोच आने दी।
- यदि यह अच्छे से ठीक न हुआ तो क्या होगा?
- मैं एक ही समय में बीमार और घायल होना बर्दाश्त नहीं कर सकता।

श्री गुरुजी ने पूछा- “अक्षय, तुम्हें ऐसा अनुभव हुआ होगा कि कोई लगातार उसकी कार का हॉर्न चला रहा है, आस-पास के लोग चिढ़ रहे है, संखरा दुःख की मानसिक रचना - “अगर उसने शोर मचाना बंद नहीं किया, तो यह मुश्किल हो जाएगा... अभी, मैं बुरी प्रतिक्रिया देने जा रहा हूं।”

श्री गुरुजी मुस्कुराये और बोले, “मैं तुम्हें जो बताने जा रहा हूँ उसके लिए तैयार हो जाओ।” एक साधु एक चट्टान के पास चुपचाप टहल रहा था तभी उसने एक बाघ को अपनी ओर आते देखा और उसने साधु का पीछा करना शुरू कर दिया। साधु जितनी

तेजी से दौड़ सकता था भागने लगा क्योंकि उसके पास चट्टान से कूदने और बाघ की नज़र से बचने के अलावा कोई विकल्प नहीं था। जैसे ही उसने ढलान से छलांग लगाई, वह एक लता को पकड़ने में कामयाब हो गया जो चट्टान पर से नीचे जा रही थी। भिक्षु हवा में लटक गया, बाघ ऊपर से उस पर गुर्रा रहा था; और उसके नीचे चट्टानों से भरपूर ढलाव मैं तेज प्रवाह में बहता हुआ झरना। उसी समय उसने एक लता पर एक चूहे को पीड़ा में देखा।

साधु एक भयानक स्थिति में था और चेतावनी के संकेतों से घिरा हुआ था। साधु ने अपने सामने पत्थर में एक जामुन का पौधा उगते देखा। उसने कुछ ताजे जामुन तोड़े, आराम महसूस किया और कहा, "हम्म, यह अच्छा है!"

सभी भक्त हँसने लगे।

श्री गुरुजी ने कहा-*"क्षण को जियो।"*

गुरुजी ने समझाया, "उपनिषदों में, द्रष्टाओं ने अप्रत्याशित रूप से या अलग तरीके से इस मुद्दे पर संपर्क किया।" "उन्होंने दु:ख के मुख्य कारणों पर ध्यान केंद्रित किया और तपस्या, संयम और त्याग, शुद्धता, समानता, एकता, सुरक्षा, शांति, संतुलन, वैराग्य और उदासीनता विकसित करके उन्हें भीतर से हल करने का प्रयास किया।"

उपनिषदों के अनुसार इच्छा ही सभी दु:खों की जड़ है। जब जीव स्वार्थी आचरण में संलग्न होते हैं, तो उन्हें कष्ट होता है। खुशी, दु:ख का इलाज नहीं है। सुख और दुःख दोनों एक ही द्वैत या विरोधी शक्तियों के कारण होते हैं। हमारा लक्ष्य दोनों को पीछे रखना होना चाहिए।

पूज्य गुरुजी ने कहा, "भगवद गीता के अनुसार, व्यक्ति प्रकृति के दोहरे चरित्र, सत्व, रजस और तमस के तीन गुणों के कारण और अपने कर्म के आधार पर 'सुख और दु:ख' का अनुभव करता है।"

भगवद गीता अध्याय-१४.५ - भौतिक प्रकृति तीन प्रकार की होती है: अच्छाई (सत्व), जुनून (रजस), और अज्ञान (तमस)। जब कोई प्रकृति के संपर्क में आता है, तो वह इन तीन अवस्थाओं से वातानुकूलित हो जाता है।

सत्त्वं रजस्तम इति गुणाः प्रकृतिसम्भवाः।

निबध्नन्ति महाबाहो देहे देहिनमव्ययम् ॥५॥

भावार्थ:- "हे महाबाहु अर्जुन! प्राकृतिक शक्ति सत्व, रजस और तमस तीन गुणों से निर्मित है। ये गुण अविनाशी आत्मा को नश्वर शरीर के बंधन में डालते हैं।"

सत्व: व्यक्ति दूसरों की मदद करके, पवित्र जीवन जीकर, त्याग, दान आदि करके अच्छे कर्म संचय करता है, वह सात्विक जीवन जीता है और वह अपने अच्छे कर्मों से अच्छे कर्म बनाता है।

रजस: व्यक्ति भावुक जीवन जीता है और जीवन की खुशियों का आदी होता है। वह कामुकता के माध्यम से 'रजस' जीवन जीता है जो अल्पकालिक खुशी प्रदान करता है और आनंद के समय आकर्षक लग सकता है, जो अंततः दर्द और पीड़ा का कारण बनता है।

तमस: व्यक्ति आलसी जीवन व्यतीत करता है। उसे नींद, आलस्य, अहंकार, कर्तव्य से विमुख होना और भ्रम में रहना पसंद है। वह अंततः तमस का जीवन जीता है, जो दर्द और पीड़ा का कारण बनता है।

भगवद गीता से: अध्याय-१४.६ अच्छाई (सत्व), अध्याय-१४.७ जुनून (रजस) के बारे में, अध्याय-१४.८ अज्ञान या अंधकार (तमस) के बारे में चर्चा करता है।

श्री गुरुजी ने कहा - "अक्षय, यह स्पष्ट है कि व्यक्ति किस प्रकार का जीवन जीना चाहता है। किस प्रकार के कर्म करने का इरादा है?"

आत्मा की सफ़र - कर्म

सात्विक जीवन आपको सुख की ओर ले जाएगा, जबकि राजसिक जीवन आपको पीड़ा और कष्ट की ओर ले जाएगा, और तामसिक जीवन आपको पूर्ण भ्रम की ओर ले जाएगा।

श्री गुरुजी ने कहा - "चुनाव आपका है..., आप कैसे जीना चाहते हैं!"

गुरूजी - चलो, मैं श्रीमद्भागवत पुराण की एक कथा सुनाता हूँ - एक बार कृष्ण कथा सुनाते हैं। बहुत समय पहले उज्जैन नगर में एक ब्राह्मण रहता था। उसने विभिन्न व्यवसायों का सहारा लेकर अपार धन अर्जित किया। यह ब्राह्मण दुखी था, वह कभी भी जरूरतमंदों को पैसे नहीं देता था और बुरे स्वभाव के कारण प्रतिकूल वातावरण में रहता था।

इस तरह की बेतुकी स्थिति का अंत होने में ज्यादा समय नहीं लगा, और उसकी पूरी मेहनत के साथ कमाई हुई दौलत उसकी आंखों के सामने गायब हो गई। ब्राह्मण के परिवार और मित्र द्वारा संपत्ति का कुछ भाग लूट लिया गया। ब्राह्मण का शेष धन चोरों द्वारा लूट लिया गया, दुश्मनों द्वारा जब्त कर लिया गया और प्राकृतिक आपदाओं द्वारा नष्ट कर दिया गया। परिणामस्वरूप, उसने अपनी सारी संपत्ति खो दी, जिसका उपयोग उसने कभी आनंद या दान के लिए नहीं किया था।

ब्राह्मण की बदनामी हुई और वह दयनीय स्थिति में था। जब वह रो रहा था, उसके गले में घुटन हो रही थी और लगभग असहनीय चिंता महसूस कर रहा था, ब्राह्मण ने अपने दुःख, उदासी और निराशा पर विजय प्राप्त की।

ब्राह्मण को कुछ समय के लिए ऐसी परेशानी हुई। उनकी घबराहट असाधारण खुशी में बदल गई, उसने खुशी की लड़ाई लड़ी जिसे उसने धीरे-धीरे अपने शरीर के माध्यम से महसूस किया और त्याग की एक ठोस भावना ने से जीत लिया।

"ओह!" ब्राह्मण चिल्लाया। मैंने अपना पूरा जीवन खुद को यातना देते हुए, क्षणिक प्रचुरता के लिए पीसते हुए बिताया, जिसका उपयोग मैंने कभी भी धर्म या खुशी के लिए नहीं किया।

ब्राह्मण- "हम अपना पूरा जीवन दुख और चिंता में बिताते हैं और अपने धन और संपत्ति को अर्जित करने और उसकी रक्षा करने के लिए सत्यापित सत्य को नहीं समझ पाते हैं।"

ब्राह्मण ने कहा, "हम पहले पैसा कमाते हैं और उसे बढ़ाना चाहते है। यह तय करना एक निरंतर संघर्ष है कि इसे सुरक्षित रखा जाए या खर्च किया जाए। कुछ ही समय में, जो भी मेरे करीबी लगते थे, वे पराए हो गए। भगवान ने यह शरीर मुक्ति का रास्ता खोजने के लिए दिया है, लेकिन अस्थायी धन की खोज में मैंने अपना जीवन लापरवाही मे बर्बाद कर दिया, अगर मैंने उस धन

का उपयोग किसी अच्छे उद्देश्य के लिए किया होता, यह मुझे मोक्ष का रास्ता दिखाता।"

ब्राह्मण- "मैं माया से भरमाया हुआ था और गुलाम था।"

ब्राह्मण - "श्रीमन् नारायण मुझ पर बहुत प्रसन्न हैं। उन्होंने मुझमें असंतोष का बीज बोया है, जिससे मुझे वैराग्य या सभी भौतिक वस्तुओं से मोहभंग प्राप्त करने में मदद मिली है।"

ब्राह्मण ने कहा, "मुझे साधारण यातनाओ के विस्तार को पार करने के लिए एक नाव मिल गई।"

ब्राह्मण ने बहुत पहले ही स्वीकार कर लिया था कि क्या हो रहा है, और वह एक बिखरे हुए भिखारी के रूप में इस दुनिया में असहाय होकर घूमने निकला।

बूढ़ा ब्राह्मण जहाँ भी गया, उसका अपमान हुआ; कुछ लोगोने उसे चोट पहुँचाई, कुछ लोगोने उसे परेशान किया, कुछने उसे चोर, धोखेबाज़ कहा, उसकी पुरानी घटनाओं से उसे प्रेरित किया और कुछ ने उसका मज़ाक उड़ाया। उसे तीन प्रकार के दुःख झेलने पड़े।

- आध्यात्मिक: स्वयं के शरीर और मन के कारण होने वाला दुर्भाग्य।

श्री शाम्बव

- अधिदैविक: गर्मी, सर्दी आदि प्राकृतिक घटनाओं के कारण कष्ट।

- आध्यात्मिक: दूसरों द्वारा अपमान आदि के रूप में सहना।

ब्राह्मण ने सभी कष्टों को स्वीकार किया, उनमें से प्रत्येक के साथ खुद को समायोजित किया, 'निर्वाह' के विचार को एक साथ लागू किया, अपने विचार को निम्नलिखित शब्दों में व्यक्त किया: "मेरी खुशी और परेशानी इन व्यक्तियों पर, इस शरीर, ग्रहों, मेरे कर्म, काल (समय) और दिव्य जीव पर निर्भर नहीं है।"

"मन सभी दुखों की जड़ है; वह सभी गतिविधियों की शुरुआत करता है, चाहे वह दान हो, अपने कर्तव्यों का पालन करना हो या कोई अच्छा काम करना हो। यह सभी संवेदना को नियंत्रित करता है, और मन सबसे मजबूत है।"

सभी शत्रुओं में सबसे असाधारण शत्रु अनुशासनहीन मन है। यह न केवल शरीर को बल्कि हमारे आंतरिक अस्तित्व को भी नुकसान पहुंचाता है। मन (विचार) को कोई हरा नहीं सकता। हमारे पास इस पर जीत हासिल करने के अलावा कोई विकल्प नहीं है।

ब्राह्मण ने कहा- "अगर मैं नहीं जीतूंगा तो भाग्यशाली या दुर्भाग्यपूर्ण परिस्थितियों, असंबंधित स्थितियों या व्यक्तियों से तालमेल बिठाने की कोशिश करूंगा। मैं स्वीकार करता हूं कि जो

लोग मुझे नेक काम देते हैं और मुझे पहचानते हैं वे मेरी खुशी का स्रोत हैं, जबकि जो लोग मुझे परेशान करते हैं वे मेरे दुःख का स्रोत हैं। मुझे केवल शारीरिक संरचना (देहा) में रुचि है और मैं छिपा अतीत देखने में असमर्थ हूं।"

अगर कोई अपनी जीभ को दांतों से काट ले तो इस दर्द का जिम्मेदार कौन होगा?

"आत्मा (स्व)" शरीर और मन दोनों के बाहर मौजूद है। यह आत्मा इस मन (विचार) के सुख या दुःख को साझा नहीं करता; वह अज्ञेयवादी है। बाहरी दुनिया केवल शरीर और मन को प्रभावित कर सकती है, आत्मा को कभी नहीं। जब किसी के शरीर पर माला पहनाई जाती है और उसकी प्रशंसा की जाती है, तो उसका मन प्रफुल्लित हो जाता है। आत्मा उसके अपमान और सुख को देखने वाला मात्र दर्शक है।

पंचमहाभूत प्रत्येक वास्तविक शरीर का निर्माण करते हैं। दिव्य ज्ञान प्रत्येक व्यक्ति (प्रत्येक शरीर) में सर्वोच्च स्व (आत्मा) के रूप में विद्यमान है। क्या दोनों प्राणियों में कोई अंतर है? जब व्यक्ति एक-दूसरे का सम्मान या अपमान करते हैं, तो वे एक ही धरती के परिवर्तन हैं।

जीभ पर महसूस हुआ दर्द दाँत की आक्रामकता के कारण होता है। मैं अपने दांतों और जीभ को सिर्फ "मैं(मेरा)" के रूप में सोचता

हूं। इसी प्रकार, दोषी और आहत दोनों एक ही आत्मा की अभिव्यक्तियाँ या स्थितियाँ हैं।

ब्राह्मण कहते हैं, "जैसे आत्मा मुझमें है, वैसे ही आत्मा हर चीज में है। तो फिर मेरा अपमान कौन कर सकता है? प्रतिक्रिया देने या निराश होने की जहमत क्यों उठाएं? सभी कष्ट अन्यता के भाव के कारण उद्भव होते है, "दूसरे ने मुझे नुकसान पहुँचाया है।"

हमारा शरीर पंचमहाभूतों से बना है। वह किसी भी भावना का अनुभव नहीं कर पाता, चाहे वह ख़ुशी हो या दुःख। स्व(आत्मा), शुद्ध चेतना, पूरी तरह से परलौकिक है, यह हर किसी को महसूस करना चाहिए। यह आनंद, ख़ुशी और दुःख से परे है। जब मन चेतना द्वारा अनुकूलित होता है, तो वह सुस्त पदार्थ (देह) से पहचान करता है। तब जीव सच्चे आनंद का अनुभव करता है और माया से परे हो जाता है। व्यक्ति अदृश्य को देखने के लिए कवच तोड़ता है।

शरीर(देह) से आत्मा (आत्मा) की ओर एक महत्वपूर्ण बदलाव के लिए हमारे परिप्रेक्ष्य में भारी बदलाव या मौलिक बदलाव की आवश्यकता होती है। श्री कृष्ण के ब्राह्मण व्यक्तित्व के रिपोर्ट ने हमें अविश्वसनीय रूप से अभिनव बनने के लिए प्रेरित किया। यह हमें आत्म-स्वीकृति या आत्म- साक्षात्कार के मार्ग पर आगे बढ़ने में मदद करता है।

कुछ मिनट की चुप्पी के बाद गुरुजी ने कहा, "चलो कुछ घंटों में फिर मिलते हैं।"

गुरूजीने विद्यार्थी को अपने साथ आने को कहा। विध्यार्थीने इसे आसानी से स्वीकार कर लिया और धीरे-धीरे व्याख्यान से दूर जाने लगे।

अक्षय ने कहा - "वासुदेव, क्या तुम देख रहे हो कि गुरुजी बिना एक भी शब्द बोले बहुत सी बातें कह रहे हैं?"

वासुदेव ने उत्तर दिया - "मैं समझता हूं कि कोई कारण होगा, लेकिन मैं स्पष्ट नहीं हूं।"

अक्षय ने कहा, "आज विद्यार्थी का जन्मदिन है।"

अध्याय २५

दुःख को उखाड़ दो

"बाहरी वस्तुएँ वह नहीं हैं जो हमें एक साथ बांधती हैं। यह आंतरिक संबंध है जो हमें बांधता है।"

अक्षय- "गुरुजी, विद्यार्थी के साथ मुस्कुराते हुए अंदर आए, और मैं विद्यार्थी के चेहरे पर राहत और खुशी देख सकता था। मैं पूरी घटना से उतना ही खुश था।"

गुरुजी अपना सत्र शुरू करने से पहले कुछ देर तक चुप रहे।

चलो मैं आपको एक कहानी सुनता हूँ: बहुत समय पहले, नसरुद्दीन नाम का एक आदमी था। वह अपनी तीव्र बुद्धि के लिए जाना जाता था। एक दिन, उसका ध्यान भटक गया। और वह अपने बगीचे में कुछ ढूंढ रहा था। पड़ोसी उसकी खोज के बारे में उत्सुक थे, और उनमें से एक उसके पास आया और पूछा, "क्या मैं आपकी खोज के बारे में जान सकता हूँ?"

नसरुद्दीन ने उत्तर दिया, "मैं अपने घर की चाबी ढूंढ रहा हूं।"

पड़ोसी उसकी मदद करना चाहता था, इसलिए वो उसकी तलाश में शामिल हो गया।

"क्या तुम्हें याद है कि तुमने इसे कहाँ रखा था?" एक पड़ोसी से पूछा।

मुल्ला नसरुद्दीन ने उत्तर दिया, "बेशक!" मैं इसे घर पर ही रखता हूं।

"तुम यहाँ क्यों देख रहे हो?" वह भयभीत पड़ोसियों ने पूछताछ की।

मुल्ला नसरुद्दीन ने उत्तर दिया, "यहाँ मेरे घर से अधिक रोशनी है।"

आनंद हमारी सबसे शुद्ध और प्राकृतिक अवस्था है। दुःख हमारी निरर्थक और वांछित गतिविधियों द्वारा उत्पन्न एक असामान्य स्थिति है। इस ग्रह पर हमारा प्राथमिक लक्ष्य यह पता लगाना है कि हम आनंद की अपनी अद्वितीय स्थिति - "आनंद की स्थिति" में कैसे लौट सकते हैं। यहां, जब मन एकाग्र होता है, तो शक्तियां नियंत्रित होती हैं। व्यक्ति अपनी लालसाओं पर विजय प्राप्त करता है और सद्भाव और आंतरिक स्थिरता प्राप्त करता है। हम अपनी बुद्धि को केंद्रित करके और अपने मन को वासनाओं से मुक्त करके शांति और स्थिरता प्राप्त करते हैं।

उथल-पुथल के बीच भी हम अप्रभावित रह सकते हैं। दर्द के स्रोत इस प्रकार हैं।

- अनस्थिरता - जीवन अत्यंत असुरक्षित और अनिश्चित है।
- इच्छाएँ- कर्म का कारण बनती हैं।
- लगाव- भावनात्मक जुड़ाव का कारण बनता है।
- माया - भ्रम और अज्ञान का कारण बनती है।
- द्वैत - राग और द्वेष।
- मैं - स्वामित्व और कर्तापन।
- दुष्चक्र - मृत्यु और पुनर्जन्म।
- गुण - सत्व, रजस और तमस।
- संपर्क और जरूरतों की चीजों से अलग होना।
- आसक्ति - वस्तुओं को समझने की क्षमता।
- स्वयं और उच्च स्व में विश्वास की कमी।
- गुण- अभिमान, अहंकार, इच्छा, क्रोध, लोभ और ईर्ष्या।
- विवेक या निर्णय का अभाव।

गुरुजी ने व्यक्त किया, "अक्षय- कर्म को अपरिहार्य मानते हुए, व्यक्ति अपने भाग्य को आकार देने और अतीत की गलतियों को

संयोजित करने में उच्च मानसिक आत्म-श्रम के महत्व को समझता है।"

किरण ने पूछा- "गुरुजी, कर्म नतीजों से बचने का कोई रास्ता है?"

गुरूजी हँसे और बोले - भगवद गीता अध्याय २.४७ हमें चार निर्देश देता है:

- अपना कर्तव्य करो लेकिन परिणाम पर जोर मत दो।
- कार्य करते हुए भी कार्य करने का अभिमान त्याग दो।
- आपके कर्मों का परिणाम आपके आनंद के लिए नहीं हैं।
- निष्क्रियता से चिपके मत रहो।

कर्मण्येवाधिकारस्ते मा फलेषु कदाचन।

मा कर्मफलहेतुर्भूर्मा ते सङ्गोऽस्त्वकर्मणि ॥४७॥

भावार्थ: "तुम्हें अपने निश्चित कर्मों का पालन करने का अधिकार है लेकिन अपने कर्मों के फल में तुम्हारा अधिकार नहीं हे, तुम स्वयं को अपने कर्मों के फलों का कारण मत मानो और न ही अकर्म रहने में आसक्ति रखो।"

दुर्भाग्य से, इस श्लोक का अर्थ गलत समझा गया है। किसी को अपने प्रयासों के लिए किसी पुरस्कार की उम्मीद नहीं करनी चाहिए। बिना किसी पहल, अपेक्षा या बदले में कोई फल, प्राप्त

करने की इच्छा के बिना किए गए कर्तव्य के लिए, जैसे मजदूरी, वेतन, यह व्याख्या गलत है। कोई भी अपने प्रयासों, जैसे पारिश्रमिक, श्रम लागत आदि के लिए मौद्रिक पुरस्कार के बिना काम नहीं करना चाहता।

अगर आप अपने ऑफिस में पूरे महीने अपना काम ईमानदारी से करते हैं तो आप अपनी पगार की मांग कर सकते हैं। आपका वेतन महीने के अंत में आपकी कड़ी मेहनत का परिणाम (कर्म) है।

गुरुजी - "किरण, तुम अपनी कीमत और जोखिम पर जो चाहो करने के लिए स्वतंत्र हो, लेकिन तुम्हें परिणाम भुगतने के लिए भी तैयार रहना होगा। आपका अपने कार्यों पर पूरा नियंत्रण है लेकिन परिणामों (प्रतिक्रियाओं) पर कोई नियंत्रण नहीं है।"

मैं एक उदाहरण लेता हूँ: "किरण, तुम्हें शादी के रिसेप्शन पर रात्रि भोजन के लिए आमंत्रित किया गया है। खाने की मेज पर विभिन्न प्रकार के व्यंजन हैं, जिनमें से अधिकांश आपके पसंदीदा हैं। अब किरण, अपना स्वास्थ्य जानकर यह बताओ कि भोजन और मिठाइयाँ लेनी चाहिए या नहीं और कितनी मात्रा में लेनी चाहिए, इसका कर्तव्य और उत्तरदायित्व किसका है?"

गुरुजी- "किरण, सिर्फ इसलिए कि तुम्हें गुलाब जामुन (मीठा) पसंद है, अगर तुम इसे खाते हो क्योंकि तुम्हें यह पसंद है और यह उपलब्ध भी है।"

गुरुजी- "आप खाने के लिए स्वतंत्र हैं, लेकिन ज्यादा खाने से आपके पेट में समस्या हो जाएगी जिस पर आपका कोई नियंत्रण नहीं है।"

गुरुजी- "किरण, बार-बार शौचालय जाने के लिए मजबूर करने से तुम्हारी हरकतें तुम्हें परेशान कर सकती हैं।"

वासुदेव ने पूछा- "गुरुजी, अच्छे कर्म करके क्या दुष्कर्मों को कम किया जा सकता है?"

कर्म अंकगणित जितना सरल नहीं है। एक व्यक्ति कहता है- मैंने पचास अच्छे काम किए हैं, इसलिए यदि वे इस धारणा के तहत काम करते हैं की मेरे पास दस बुरे काम करने की शक्ति है। कर्म के नियम के अनुसार, प्रत्येक कार्य - अच्छा या बुरा, एक अलग कार्य के रूप में गिना जाता है। एक व्यक्ति पचास अच्छे कामों से खुश होगा और दस बुरे कामों से दुःख भोगेगा। अच्छे और बुरे सहित कर्मों की संख्या साठ होगी।

अक्षय ने पूछा, "गुरुजी, हम कब आज़ाद होंगे?"

गुरुजी- "अपने पूरे जीवन में, आप बहुत सारी सांसारिक भौतिक चीजें कमाते और रखते हैं। आप इन चीजों के प्रति एक मजबूत लगाव विकसित करते हैं, उन्हें खोने के लिए ही उन्हें इकट्ठा करते हैं, और आप अपने जीवन के अंत में आध्यात्मिक रूप से दिवालिया हो जाते हैं।"

इस शरीर का लक्ष्य जन्म और मृत्यु के कभी न ख़त्म होने वाले चक्र को तोड़ना है। स्व से उच्च स्व की ओर, चेतना से सर्वोच्च चेतना की ओर जाएं; सर्जन करना (देहा) हमारा उद्देश्य है।

इस रास्ते पर हम माया के जाल में फंस गए हैं। हम विचलित हो जाते हैं और परम सत्य से दृष्टि खो बैठते हैं।

गुरुजी- "वासुदेव, "मोक्ष" आत्मा का सार और जन्मसिद्ध अधिकार है।"

"आपके खाते में एक भी क्रियामन, संचित या प्रारब्ध कर्म है तो भी आप मोक्ष (मुक्ति) प्राप्त नहीं कर सकते।"

वासुदेव ने पूछा, "गुरुजी, सभी कर्मों को दूर करने के लिए क्या करना चाहिए?"

गुरुजी ने मुस्कुराते हुए कहा- "इस वर्तमान शरीर को छोड़ने से पहले तुम्हें अपने वर्तमान जीवन के दौरान क्रियामन कर्म, संचित और प्रारब्ध को नष्ट करने के लिए हर काम बहुत सावधानी से, चतुराई और कुशलता से करना चाहिए। ताकि तुम जन्म और मृत्यु के इस दुष्चक्र को तोड़ें सके।"

रूप में है- अध्याय-२.५० परिभाषित एवं उच्चारित।

बुद्धियुक्तो जहातीह उभे सुकृतदुष्कृते।

तस्माद्योगाय युज्यस्व योगः कर्मसु कौशलम् ॥५०॥

श्री शाम्बव

भावार्थ: "जब कोई मनुष्य बिना आसक्ति के कर्मयोग का अभ्यास करता है तब वह इस जीवन में ही शुभ और अशुभ कर्मफलों से छुटकारा पा लेता है। इसलिए योग के लिए प्रयास करना चाहिए जो कुशलतापूर्वक कर्म करने की कला है।"

श्रीकृष्ण के अनुसार, बिना निजी मकसद के काम करने से काम की गुणवत्ता कम नहीं होती है। लेकिन, यह हमें और अधिक कुशल बनाता है। एक ऐसे सर्जन पर विचार करें, जो किसी बीमार मरीज का ऑपरेशन करते समय अपना संयम बनाए रखता है और इस बात की परवाह किए बिना कि मरीज जीवित है या मर गया, वह शांत रहता है। सर्जन परिणाम के बारे में चिंतित नहीं है, और केवल अपना कर्तव्य निभा रहा है। यदि इस प्रक्रिया के दौरान मरीज की मृत्यु हो जाती है, तो सर्जन दोषी महसूस नहीं करेगा। हालाँकि, अगर उसे अपने बच्चे की सर्जरी करनी है, तो वह अन्य सर्जनों की मदद लेगा। बच्चे के प्रति लगाव, उसके काम को नुकसान पहुंचा सकता है और वह चिंतित, भयभीत और तनावग्रस्त हो सकता हैं।

- आरंभ करने के लिए, अपने वर्तमान कर्म पर नियंत्रण रखें, यदि यह आपकी शक्ति और क्षमता के भीतर है। आपको केवल वह क्रियामन कर्म ही करना चाहिए जो आपके वर्तमान जीवनकाल में संचित कर्म के रूप में एकत्रित न हो।

- संचित कर्म - अतीत के कर्म का बोझ - ज्ञान की अग्नि में जला देना चाहिए (ज्ञानाग्नि)- भगवद गीता अध्याय - ४.१९

यस्य सर्वे समारम्भाः कामसङ्कल्पवर्जिताः।

ज्ञानाग्निदग्धकर्माणं तमाहुः पण्डितं बुधाः ॥१९॥

भावार्थ:- "जिन मनुष्यों के समस्त कर्म सांसारिक सुखों की कामना से रहित हैं तथा जिन्होंने अपने कर्म फलों को दिव्य ज्ञान की अग्नि में भस्म कर दिया है उन्हें आत्मज्ञानी संत बुद्धिमान कहते हैं।"

प्रारब्ध कर्म को इस जीवन काल में इस जन्म में आनंद और दु:ख भोगने से ही कम या ख़त्म किया जा सकता है।

शिष्य ने कहा- "गुरुजी, क्या क्रियामन कर्म को नियंत्रित करने का कोई तरीका है?" "क्या बिना प्रदर्शन किए उन्हें रोकना संभव है?"

आप अपने जीवन में क्रियामन कर्म करना कभी बंद या टाल नहीं सकते। यदि आप अपने जीवन में क्रियामन कर्म करना बंद कर देंगे तो आप फंस जायेंगे और अपंग हो जायेंगे। अपने शरीर और दिमाग को स्वस्थ रखने के लिए, आपको खाना, पीना, सोना, मलत्याग करना और कई अन्य गतिविधियों में संलग्न रहना चाहिए। अगर आप शारीरिक गतिविधियां जैसे देखना, सुनना,

बात करना, चलना आदि बंद कर देंगे तो आपका चयापचय काम करना बंद कर देगा।

यहां तक कि शारीरिक और मानसिक गतिविधियों को बंद करने का कार्य भी कर्म का परिणाम होगा। नकारात्मक रूप में, आपका चयापचय धीमा हो जाता है, और आप बीमार पड़ सकते हैं या अप्रत्याशित रूप से मर सकते हैं। यदि आप क्रियामन कर्म करना बंद कर देंगे तो आपके जीवन का उद्देश्य अधूरा रह जाएगा। परिणामस्वरूप, आप अपना क्रियामन कर्म करना बंद नहीं कर सकते।

इसके अलावा, यदि आप कोई क्रियामन कर्म करते हैं, तो आप एक बंधन बनाएंगे। यदि आप पवित्र कर्म करते रहोगे तो आप सुख के पिंजरे में बंध जाओगे; यदि आप पापी बने रहेंगे, तो आप दुख के पिंजरे में गुलाम बन जायेंगे।

यह एक विरोधाभास है; एक ओर, आप किसी भी परिस्थिति में क्रियामन कर्म को एक सेकंड के लिए भी करना बंद नहीं कर सकते। इसके विपरीत, यदि आप कोई भी कार्य करते हैं, चाहे अच्छा या बुरा, पवित्र या पाप, तो आप प्रारब्ध द्वारा कैद किये जायेंगे।

गुरुजी ने मुस्कुराते हुए पूछा, "हम कर्म संचय से कैसे बचें?"

क्रियामन कर्म के बंधन से मुक्ति एक जटिल स्थिति है। ऐसे ही कार्य करते रहना ही एकमात्र विकल्प बचा है; ताकि व्यक्ति इस जीवन में ही थक जाए ओर अगले जन्म के लिए कोई संचित कर्म, संचित न रहे।

वास्तविक चाबी मात्र यही है की वही क्रियामन कर्म ज्ञान और विवेक के साथ करना, जो इस जीवन के दौरान अपने उचित परिणाम साझा करने पर तुरंत विलीन हो जाए ओर अगले जन्मों के लिए संचित कर्म के बोझ में न जुड़े।

गुरुजी ने पूछा, "बुद्ध के मार्ग पर दुःख को उखाड़ना संभव है?"

बुद्ध ने चार आर्य सत्य बताए जो बुद्ध के पाठों में शामिल हैं; हालाँकि, वे स्पष्टीकरण के संदर्भ में बहुत कुछ छोड़ देते हैं। दुःख के सत्यता के तथ्य इस प्रकार हैं:

- दुःख: - पीड़ा का कारण।
- समुदय: - दुख का कारण तृष्णा और इच्छा है।
- निरोध: तृष्णा की समाप्ति से कष्ट समाप्त हो जाता है।
- मग्गा - दुख के अंत की ओर ले जाने वाला मार्ग, महान "अष्टांगिक मार्ग।"

ये वे चरण हैं जो अष्टांगिक मार्ग पर कष्टों को दूर करने की ओर ले जाते हैं:

- बुद्धि - सही विचार, सही धारणा।

- पवित्रता - सम्यक वाणी, सम्यक आजीविका, सम्यक कर्म।

- सचेतन: सही एकाग्रता, सही प्रयास, सही सावधानी।

जब आप चार सत्यों को समझ जाते हैं, तो आप अपना दुःख सिर्फ कम नहीं कर सकते हालाँकि, आप अपना दुःख उखाड़ सकते हैं। यह दुनिया भर में पीड़ा को कम करने में भी योगदान देता है। चार सत्यों को अपनाने से आपको पीड़ा से मुक्ति की ओर संक्रमण करने में मदद मिलेगी।

कमल समानांतर: कमल एक सुंदर फूल और बौद्ध प्रतीक है जो झील में बदबूदार कीचड़ में उगता है। यह जीवन की कठिनाइयों के लिए एक उत्कृष्ट रूपक है; जब बुद्धिमानी से संपर्क किया जाता है, तो दुःख ज्ञान को प्रगति के लिए प्रेरित कर सकता है। कीचड़ के बिना, कमल नहीं है। क्या यह संभव है कि हमारा दर्द उच्च ज्ञान के उत्प्रेरक या प्रमोटर के रूप में कार्य कर सकता है?

मन और शरीर (देह) में युद्ध का सामना करना। बुद्धि सभी लालसाओं, इच्छाओं और इरादों का स्थान है। इसलिए, यह हर इंसान के लिए एक युद्धक्षेत्र है, कुरुक्षेत्र का युद्ध है।

दिन का सत्र समाप्त करने के बाद, गुरुजी ने कहा, "हम अगली सुबह इस गाँव को छोड़ देंगे।"

गाँव के भक्त बहुत दु:खी हो गये। एक भक्त ने हाथ उठाकर धीरे से कहा, "गुरुजी, यदि आप तीन दिन और रुक सकें तो हम आपके आभारी होंगे।" अन्य भक्तों ने लगभग तुरंत ही अनुरोध का समर्थन किया।

गुरुजी ने सिर हिलाकर रुकने की अवधि बढ़ाने पर सहमति व्यक्त करने से पहले कुछ क्षणों के लिए अपनी आँखें बंद कर लीं।

गुरुजी के रुकने के बारे में सुनकर भक्त प्रसन्न हुए और परिसर से बाहर जाने लगे।

विद्यार्थी ने कहा- "अक्षय, मैं खुश हूं। आपके धैर्य के लिए और मेरी कहानी सुनने के लिए धन्यवाद। मैं इतने सालों से पीड़ा झेल रहा था। अब मैं आराम महसूस कर रहा हूं।"

अक्षय ने कहा- "विद्यार्थी, मैं विनम्र हूं; जैसे एक गिलहरी भगवान राम के हाथ में।

विध्यार्थी कृतज्ञतापूर्वक मुस्कुराता है।

भाग १०

अध्याय २६

पस्तावा

"प्रभावित नही करता।"

अक्षय सुबह की धुंध की सुंदरता से मोहित था; एक लुप्त होती चांदनी रात में, चमकती बूंदें एक हर्षित भोर के लिए जगह बना रही थीं, जैसे कि दिव्य हवा को विदाई दे रही हों। हालांकि, जैसा कि वह आगे नहीं बढ़ सकता था, अंधेरे को ध्यान के अपने क्षणों को समाप्त करना पड़ा, क्योंकि दिन सक्रिय रूप से जिम्मेदारी की भावना के साथ मानव जाति के विकास की ओर मुड़ गया। दूर से उसे उसकी पसंदीदा जगह, एक पेड़ के पास कोई बैठा हुआ दिखाई दे रहा था। वह उत्सुक था कि सुबह होने से पहले इतनी जल्दी वहां कौन बैठा था, और यह एक अस्पष्ट दृश्य था, अंधेरे के शुरुआती घंटों की वजह से मुश्किल से दिखाए दे रहा था।

जैसे ही अक्षय अपने पसंदीदा पेड़ के पास पहुंचा, उसने देखा कि उसका दोस्त किरण वहा बैठा था और गहरी सोच में आकाश की ओर देख रहा था।

श्री शाम्बव

अक्षयने किरण को नमस्कार किया और पूछा- "इतनी जल्दी कैसे आ गये?"

किरण मुस्कुराया और बोला - "मुझे नहीं पता था कि तुम इतनी जल्दी उठ जाते हो, लेकिन मैंने सुना है कि तुम जल्दी उठने वाले पंछी हो।"

अक्षय मुस्कुराया - "हां, किरण, यह अतिशयोक्तिपूर्ण लग सकता है, लेकिन सुबह-सुबह जागने से मेरे दिन का हर पहलू अधिक सरल रूप से चलता है।

अक्षय - "सुबह का समय इतना शांतिपूर्ण, इतना शांत होता है कि सन्नाटा मेरे अंदर समा जाता है।"

अक्षय ने पूछा- "किरण, तुम इतनी जल्दी कैसे आ गये?"

किरण ने बताया, "अक्षय, मुझे सोने में दिक्कत हो रही थी। मेरे दिमाग में इतने सारे विचार घूम रहे थे कि मैं अपनी आँखें बंद नहीं कर पा रहा था।"

"मैं बेचैन था और केवल अपने बिस्तर पर करवटे बदल रहा था; आख़िरकार मैंने सोचा, क्यों न कुछ घंटों के लिए ध्यान किया जाए?" किरण ने कहा।

किरण - "यहाँ आने के बाद भी, मैं अपनी भावनाओं को नियंत्रित करने के लिए संघर्ष कर रहा था, और विचार गूंज रहे थे।"

अक्षयने किरण से कहा, "तुम चिंतित दिख रहे हो। कोई चीज़ तुम्हें परेशान कर रही है, जिससे तुम लड़ रहे हो।"

किरण तुरंत रो पड़ा और बोला, "आज मेरे बच्चे का जन्मदिन है। मेरे परिवार ने वर्षों से मुझसे बात नहीं कि है। मेरी पत्नी और बच्चे ने कुछ साल पहले मुझे छोड़ दिया।"

किरण ने कहा- "कुछ साल पहले मैं बहुत अमीर बिजनेसमैन था। मेरा एक छोटा, खुशहाल परिवार था और मेरा एक बचपन का दोस्त था जिसका नाम आर्य था, जो अपनी ईमानदारी, सच्चाई और सीधेपन के लिए जाना जाता था। अपनी सरलता के कारण आर्य कोई व्यवसाय नहीं कर सकता था। इसलिए, आर्य मेरे लिए काम कर रहा था। हम खुश थे, और मेरे परिवार और मेरे व्यवसाय में उसका योगदान अमूल्य था।"

करण नामक एक ओर बचपन का दोस्त था, जो अपनी बेईमानी के लिए जाना जाता था,लेकिन व्यापार करने में अच्छा था। उससे मुझे समय-समय पर बिजनेस के सिलसिले में मदद मिलती रहती थी। आर्य मुझे उससे दूर रहने की चेतावनी देता था और यहां तक कि मेरी पत्नी भी उससे मेरी दोस्ती से खुश नहीं थी।

मेरी पत्नी और आर्य की पत्नी एक साथ बडे हुईं थे और बचपन के दोस्त थे। किरण का बच्चा उसी स्कूल में पढ़ता है जिसमें आर्य का बच्चा पढ़ता था । दोनों बच्चे एक दूसरे के अच्छे दोस्त

बन गये। हमने हर समारोह एक साथ मनाया और आर्य मेरे लिए लगभग एक भाई की तरह था।

करण का प्रभाव मजबूत होता गया ओर चीजें बदल गईं। मुझमें बुरी आदतें विकसित हो गईं और व्यवसाय में मेरी रुचि खत्म हो गई। मेरे इस तरह धीरे धीरे घटने के तरीके से आर्या असहज था और वह दिन-ब -दिन मुझे धीरे-धीरे सिकुड़ता देख रहा था। उसने मुझे समझाने की पूरी कोशिश की। मेरी पत्नी ने मुझे समझाने की कोशिश की। मैंने किसी पर ध्यान नहीं दिया। उसकी बात सुनने के बजाय, मैंने अपनी पत्नी को दुख पहुंचाना शुरू कर दिया और अपने दोस्त को दोषी ठहराना और शर्मिंदा करना शुरू कर दिया। इससे आर्य को कोई परेशानी नहीं हुई क्योंकि वह मेरा सच्चा दोस्त था।

करण धीरे-धीरे मेरा बिजनेस हड़प रहा था। आर्या ने बहुत मिन्नत करते हुए मुझे समझाने की पूरी कोशिश की, लेकिन मैंने उसके साथ एक कार्यकर्ता की तरह व्यवहार किया। आर्य मुझे रोकना चाहता था, इसलिए वह करण के पास गया और उसे चेतावनी दी कि वह अपने दोस्त का जीवन बर्बाद न करे।

करन मुस्कुराया- "देखो इस मजदूर को?" उसकी मुझसे बात करने की हिम्मत कैसे हुई? उसे मेरे स्थान से बाहर फेंक दो।"

आत्मा की सफ़र - कर्म

करणने किरण को बताया कि आर्य ने उसके साथ दुर्व्यवहार किया। यह सुनकर किरण चिढ़ गया।

किरण ने पूछा- "आर्या, क्या तुम करण से मिली हो?"

आर्य ने उत्तर दिया- "हाँ।"

किरण ने पूछा - "क्या तुम उस पर चिल्लाए थे?"

आर्य ने उत्तर दिया - "हाँ।"

किरण ने पूछा- "तुम्हें ऐसा करने के लिए किसने कहा था?"

"मैंने आर्य से ऐसा करने के लिए कहा," किरण की पत्नी ने कहा।

किरण- "जब मैंने यह सुना तो मुझे गुस्सा आया और बुरा लगा और मैंने आर्य को बहाल बुरा सुनाया, उसका अनादर किया और उसे नौकरी से निकाल दिया।"

किरण ने बताया, "मेरे नापाक व्यवहार ने मेरे परिवार और आर्य के परिवार दोनों में पूरी तरह अराजकता पैदा कर दी।" मेरे परिवार वाले निराश हो गये और मुझे छोड़कर अपने वतन लौट गये।

किरण ने कहा- "जब मैंने यह सुना तो मुझे गुस्सा आया और बुरा लगा और मैंने आर्य को कटोरे से मारा, उसका अपमान किया और उसे बाहर निकाल दिया।"

श्री शाम्बव

करण ने कहा- "किरण, तुमने हमेशा कहा कि आर्य तुम्हारा खास दोस्त है। क्या तुमने देखा कि उसने तुम्हारे लिए क्या किया है?"

किरण ने विश्वास किया और कहा- "आर्याने मेरे गोदाम को आग लगाने का यह जघन्य अपराध किया है क्योंकि उसका अनादर किया गया था और उसे व्यवसाय से बाहर निकाल दिया गया था।"

इस बीच, आर्य और उसकी पत्नी किरण की पत्नी को वापस लौटने के लिए मनाने के लिए उनके वतन जाते हैं। आर्य हमेशा सोचता था कि किरण एक अच्छा इंसान है।

किरण ने कहा, 'करण के प्रभाव में आकर मैंने आर्य के खिलाफ उसकी धोखाधड़ी और विश्वासघात करने की शिकायत दर्ज की और उसे गिरफ्तार कर लिया गया और छह महीने के लिए जेल में डाल दिया गया।'

जब तक मुझे सच्चाई का एहसास हुआ, तब तक बहुत देर हो चुकी थी। आर्य ने अपने परिवार के साथ शहर छोड़ दिया, और मेरी पत्नी ने सोचा कि मैं सबसे भयानक व्यक्ति था जिससे वह कभी मिली थी, और मेरे बच्चे ने सोचा कि मैं दुष्ट हूँ।

किरण रोते हुए बोला, "मुझे पक्का पता है, मेरे घिनौने कृत्य के कारण वे कभी वापस नहीं आएंगे।"

अक्षयने किरण को शांत होने के लिए कहा।

अक्षय ने पूछा- "क्या तुमने अपने दोस्त को ढूंढने की कोशिश की?"

किरण ने कहा- 'पिछले आठ साल से मैंने हर कोशिश की, लेकिन व्यर्थ है।'

किरण ने कहा, "मेरा अच्छा व्यवसाय है और अच्छी आय है, लेकिन मेरे पास जो कुछ भी है उसके साथ मैं सो नहीं सकता।"

अक्षय ने कहा- "मुझे पूरा विश्वास है कि तुम अपने दोस्त से मिलोगे।"

किरण ने कहा- "मुझे पता है, लेकिन कब, यह मुझे नहीं पता। वह निश्चित रूप से स्थिति को बदल सकते हैं। केवल वही इसे बदल सकते हैं।"

किरण ने कहा- "मैं एक बुरा इंसान हूं। मैं भयानक था।"

किरण तबाह हो गया था, और उसकी भावनाएँ बाहर आ रही थीं। वह माता-पिता के मार्गदर्शन की आवश्यकता वाले बच्चे की तरह रो रहा था।

अक्षय ने कहा- "मैं सिर्फ इतना जानता हूं कि गुरुजी के साथ आपकी उपस्थिति एक महत्वपूर्ण अंतर ला सकती है। आप समझ जाएंगे।"

किरण ने कहा- "मुझे अच्छे की उम्मीद है।"

अक्षय ने वासुदेव और महेश को अपनी ओर आते देखा। अक्षयने किरण को स्थिति की जानकारी दी। उसने तुरंत अपने आंसू पोंछे और मुस्कुराहट के साथ अपना दुख छिपा लिया।

वासुदेव ने पूछा- "क्या हुआ है?"

अक्षय ने कहा- "अरे कुछ नहीं।"

उन्होंने हमेशा की तरह अपनी बातचीत फिर से शुरू की, और कुछ घंटों के बाद, उन्होंने खुद को अपने नियमित काम में व्यस्त कर लिया।

गुरुजी- "कुछ क्रियामन कर्म ऐसे होते हैं जो इसी जीवन में परिपकव होते हैं, पकते और फल देते हैं। इस शरीर (शरीर) को छोड़ने से पहले वे थक जाते हैं या शून्य हो जाते है। क्रियामन कर्म को संचित कर्म के रूप में आगे नहीं बढ़ाया जाएगा।"

वासुदेव- "कौन सा कर्म संचयी कर्म के रूप में एकत्रित नहीं होता?"

गुरूजी क्रियामन कर्म को इस प्रकार परिभाषित करते है:

- परिणामों को बिना समझे छोटी उम्र में बच्चों द्वारा किये जाने वाले कार्य।

- पागल, बेहोश और नशे में असामान्य अवस्था में किए गए कार्य।
- गैर-मानव जीवित जीवों द्वारा की जाने वाली गतिविधियाँ।
- बिना किसी उद्देश्य, पूर्वाग्रह या लगाव के किये गये कार्य।
- अहंकार के बिना किये गये कर्म।
- समाज के हित और भलाई के लिए किए गए कार्य।
- निःस्वार्थ भाव से किये गये कर्म (निष्काम कर्म)।

गुरुजी ने कहा, "छोटी उम्र में बच्चों द्वारा परिणामों को बिना समझे किये गये कर्म।"

बच्चों को परिणाम की परवाह नहीं होती। वे मासूम, भोले, चंचल और शरारती होंते है। यदि कोई बच्चा गंभीर शारीरिक और मानसिक हानि पहुँचाता है, तो इसका कारण यह नहीं है कि उसका कोई दुर्भावनापूर्ण इरादा है।

बालक, कांच का शीशा तोड़ सकता है, महंगी क्रॉकरी को नुकसान पहुंचा सकता है, बगीचे को नुकसान पहुंचा सकता है, महंगी वस्तुओं को मिट्टी में मिला सकता है, गलती से किसी तेज वस्तु

को धक्का दे सकता है और जीवन को खतरे में डाल सकता है, शरारती कृत्य के कारण दुःखद घटनाओं में परिवर्तित हो शकता है।

अधिकांश समय, उसे अपने माता-पिता से दंड भुगतना पड़ेगा। गंभीर कदाचार के लिए उसे किशोर अदालत में आरोपों का सामना करना पड़ेगा और सुधार के लिए घर भेज दिया जाएगा।

ऐसे शरारती या अपराधी इन कृत्यों में कोई भयावह इरादा शामिल नहीं था, और वे ऐसे शरारती, चंचल और शरारती कृत्य के नतीजों से अनजान थे। मन में कोई ग़लत इरादा, कोई पक्षपात, कोई राग-द्वेष, पसंद-नापसंद, शत्रुता या अहंकार नहीं था।

यहाँ, एक लड़के को जीते जी कुकर्मों की सज़ा दी गई है। क्रियामन कर्म (क्रिया)- अगले जन्मों के लिए उसके संचित कर्म में नहीं जोड़ा जाएगा।

गुरुजी - "पागल, बेहोश और नशे में, मन की असामान्य स्थिति में किए गए कार्य।"

असंतुलित व्यक्ति अपने कार्यों से अनजान होता है। वह बिना किसी पूर्वाग्रह या एकरूपता के, बिना घृणा या लगाव के और बिना अहंकार के कार्य करता है।

उदाहरण के लिए, बाजार में कोई पागल अचानक पत्थर फेंकना शुरू कर सकता है। यदि उसके व्यवहार से किसी को ठेस पहुंची है तो उसे हल्के या गंभीर दंड के लिए मुआवजे या इलाज के लिए किसी संस्थान में भेजा जा सकता है। नतीजतन, अपने वर्तमान जीवन के दौरान ही उसके कार्य परिपक्व होते है, और उसके संचित कर्म भविष्य के जन्मों के लिए जमा नहीं होते हैं।

गुरुजी- "अमानवीय प्राणियों द्वारा किये जाने वाले कार्य।"

मनुष्य के अलावा पशु, पक्षी, जानवर आदि केवल प्रारब्ध कर्म का आनंद लेते हैं, और प्रारब्ध समाप्त होते ही मर जाते हैं। इन्हें भोग योनि के नाम से जाना जाता है।

योनि तीन प्रकार की होती है जिन्हें दिव्य योनि, भोग योनि और कर्म योनि कहा जाता है। ये सभी योनियाँ अपने संचित, अतीत क्रियाएं का परिणाम हैं।

दिव्य योनि: - ये अभौतिक और प्रकाश रूप, सकारात्मक ऊर्जा में विद्यमान हैं। दिव्य योनि अनुभव कर सकती है, मन का उपयोग भी कर सकती है लेकिन कोई क्रिया नहीं कर सकती। वे शुद्ध रूप में मौजूद होते हैं क्योंकि वे अपने संस्कारों और आध्यात्मिक प्रथाओं, जैसे सिद्धों, देवदूतों द्वारा अच्छे कर्मों के माध्यम से संचित होते हैं।

श्री शाम्बव

भोग योनि: - ये मनुष्य के अलावा किसी भी जीवित जानवर या प्रजाति में मौजूद हैं। भोग योनि यहाँ केवल अपने प्रारब्ध का आनंद लेता है। वे अपनी बुनियादी जरूरतों जैसे भूख, नींद और आश्रय से खुद को संतुष्ट करते हैं। उदाहरण के लिए, जानवरों और पक्षियों।

कर्म योनि: - सबसे मूल्यवान और महत्वपूर्ण योनि है कर्म योनि। आत्मा शरीर में प्रवेश करती है और अपने संतुलन को साफ़ करने और खुद को "जीवन के चक्र" (जीवन चक्र) से मुक्त करने और अपने गंतव्य तक पहुंचने के लिए कार्य करती है; जिसे मोक्ष कहा जाता है, उदाहरण के लिए, वह मनुष्य है। मैं कुछ उदाहरण देता हूँ:

- जब वो चलने के लिए बाहर गया है तब कुत्ता हमला कर उसे गंभीर रूप से घायल कर देता है।

- खेत की सफाई करते समय एक किसान को बिच्छू ने डंक मार दिया, जिससे किसान को दर्द हुआ।

- घास का मैदान पार करते समय सांप के काटने से एक व्यक्ति की मृत्यु हो गई।

- गधा, एक व्यक्ति को डर से बचने के लिए लातें मारता है, उसका अंग तोड़ देता है।

आत्मा की सफ़र - कर्म

अगले परिदृश्य में: व्यक्ति या स्थान के आधार पर, उन्हें नुकसान पहुँचाया गया होगा, पीटा गया होगा या मार दिया गया होगा। किसी की नियति के आधार पर, उसे हमला करना होता है, बिच्छू को काटना होता है, साँप को काटना होता है और गधे को मारना होता है जैसा कि उपरोक्त घटना में दर्शाया गया है। इस कृत्य में भोग योनि ने कोई क्रियामन कर्म नहीं रचा है।

काफी मेहनत के बाद जब खेत फसल काटने के लिए तैयार हो गया तो खेत में गायों का एक झुंड आ गया ओर फसलों में घुसकर नुकसान पहुंचाया। किसान, जमीन के इस छोटे से टुकड़े की उपज पर पूरे वर्ष अपने परिवार का भरण-पोषण करता था। यही उनकी एकमात्र आय थी। जब किसान ने यह देखा तो वह दंग रह गया और अपने दु:ख में अटक गया।

यहां किसान द्वारा गाय को दंडित करने से उसके प्रयासों का फल नहीं मिलेगा। हालाँकि वह अपने क्रूर कृत्य के लिए ओर अधिक क्रियामन कर्म जोड़ देगा। दूसरी ओर, गाय को कोई क्रियामन कर्म नहीं मिलेगा।

गुरुजी - "बिना किसी उद्देश्य, पूर्वाग्रह और आसक्ति के किया गया कार्य।"

एक सर्जन, एक मरीज़ को बचाने के लिए उस पर गंभीर सर्जरी करता है। ईमानदारी से प्रयास करने के बाद भी मरीज की मौत

हो जाती है और कार्रवाई होती है। यहां क्रियाम्न कर्मों की गणना नहीं की जाएगी, यद्यपि इसने मनुष्य की आयु को काटने, लहूलुहान करने तथा कम करने का कार्य किया है।

एक हत्यारा उसकी गर्दन काटकर मानव का जीवन लेने का अपराध करता है। कटने से आदमी की मौत हो गई। हत्यारे का इरादा दूषित, पूर्वचिन्तन और द्वेष के साथ-साथ मारने की इच्छा भी थी। मामले की सुनवाई के बाद जज ने हत्यारे को मौत की सजा सुनाई।

कार्रवाई का कर्म हत्यारे के खाते में संचित हुआ, मजिस्ट्रेट को उस कार्यों की कोई असर नहीं होगी क्योंकि मजिस्ट्रेट बिना किसी पक्षपात, पूर्वाग्रह, नापसंदगी या द्वेष के अपना काम कर रहा था।

गुरुजी - "मैं आपको एक ज़ेन कहानी सुनाता हूँ: बहुत समय पहले, एक प्रतिभाशाली युवा तीरंदाज़ने ज़ेन मास्टर को चुनौती दी। युवा तीरंदाज अपनी क्षमताओं से प्रसन्न था। परीक्षा के दिन दोनों तय स्थान पर पहुँचे। अपने पहले दौर में, युवा तीरंदाज ने सांड की आंख पर वार किया; अपने दूसरे दौर में, उसने पहले तीर को दो भागों में विभाजित कर दिया।

आत्मा की सफ़र - कर्म

"क्या आपको लगता है कि आप मेरे कौशल की बराबरी कर सकते हैं?" युवा तीरंदाजने ज़ेन मास्टर से पूछा, यह कहकर वो हंस पडा।

खुद को शांत रखते हुए, ज़ेन मास्टर ने उसे ऊपर पहाड़ों में जाने का इशारा किया। एक मील चलने के बाद वे एक गहरी घाटी में पहुँचे, जहाँ दूसरी ओर एक जर्जर पुल था।

ज़ेन मास्टर चुपचाप लॉग के केंद्र तक चला गया और दूर के पेड़ पर निशाना साधा। तीर बिल्कुल ठीक चेहरे पर लगा।

जेन मास्टर ने प्यार से कहा, "अब आपकी बारी है।", शालीनता से चट्टान के किनारे पर वापस कदम रखते हुए।

जैसे ही वह भयभीत होकर अंतहीन और मनमोहक शून्य में देखने लगा, वह युवक खुद को एक लट्ठे पर चढ़ने के लिए तैयार नहीं कर सका, किसी लक्ष्य पर गोली चलाने की तो बात ही दूर रही।

धनुर्धर की दुर्दशा का एहसास करके "तुम्हारे पास धनुष में कुशलता है," गुरु ने कहा, "लेकिन तुम्हारे पास दिमाग में कम कुशलता है जो तुम्हें गोली न चलाने के लिए प्रेरित करती है।" गुरु ने कहा, "जब आप इसमें सुधार कर लें तो कृपया मुझे खोजें और मैं आपकी चुनौती को सहर्ष स्वीकार करूंगा।"

श्री शाम्बव

आपको एक और उदाहरण देता हूँ: यदि एक योद्धा, युद्ध के मैदान में या धर्मयुद्ध के दौरान अपने प्रमुख के आदेश पर कई सैनिकों का वध करता है, यदि वह अपने कर्तव्य और जिम्मेदारी के दौरान दुश्मन को मारता है, तो वह क्रियामन कर्म से बंधा नहीं है। यदि वह अहंकार, आत्म-गौरव, आत्म-महत्व, अन्याय और अन्याय के साथ व्यवहार करता है, तो क्रियामन कर्म उसके कार्य से जुड़ जाएगा।

भीम एक बार एक फूल की तलाश में थे जिसे सौगंधिका फूल के नाम से जाना जाता था। उन्हे अपनी ताकत पर बहुत गर्व था और उनका मानना था कि वह सबसे मजबूत है। हनुमान, भीम को उनके अभिमान और अहंकार से मुक्त करना चाहते थे, क्योंकि कोई भी अभिमानी दुःखी होता है। हनुमान ने खुद को एक बूढ़े बंदर में बदल लिया और भीम के रास्ते में बाधा बन गए। जब भीम ने उनके मार्ग में सोये हुए बंदर को देखकर, उसे डराने के लिए दहाडे, लेकिन बूढ़े बंदर ने कोई उत्तर नहीं दिया।

"तुम मेरे रास्ते में क्यों सो रहे हो?" भीम ने पूछा।

हनुमान ने कहा, "मैं बूढ़ा और रोगी हो गया हूँ।"

"क्या आप जानते हैं मैं कौन हूं?" भीम ने पूछा।

"क्या आप भीमसेन हैं?" हनुमान ने पूछा। यदि हां, तो कृपया मेरी पूंछ उठाकर एक तरफ रख दें ताकि आप अपना रास्ता बना सकें।

"क्या आपका मतलब है कि मुझे आपकी गंदी पूँछ को छूना है?" भीम ने पूछा। "अगर मैं तुम्हारी पूँछ पर कदम रखूँगा तो वह फट जाएगी।"

हनुमान ने विनम्रतापूर्वक उत्तर दिया, "आपकी इच्छा।"

क्रोधित होकर भीम ने बूढ़े वानर को हवा में फेंकने के लिए पूंछ उठाने की कोशिश की। कई कोशिशों के बाद भी वह एक इंच भी आगे नहीं बढ़ सके, जिससे उसे काफी निराशा हुई। उसने अपमान से सिर झुका लिया और माफी मांगी। बूढ़े बंदर ने अपनी असली पहचान "हनुमान" बताई।

गुरुजी - "समाज की भलाई और भलाई के लिए किए गए कार्य।"

झूठ बोलना पाप माना जाता है, लेकिन अग्नि, परोपकारी, मानवतावादी, निःस्वार्थ, पवित्र, अच्छे उद्देश्य के लिए और अच्छे उद्देश्य के लिए झूठ बोलने से कोई नया कर्म नहीं होगा।

आपको कुछ उदाहरण देता हूं: भीष्म की मृत्यु के बाद द्रोणाचार्य ने, कौरव सेना की कमान संभाली। कुरूक्षेत्र युद्ध के पंद्रहवें दिन, द्रोणाचार्य एक अजेय योद्धा साबित हुए। कृष्ण ने पांडवों से कहा

श्री शाम्बव

कि जब तक द्रोणाचार्य शस्त्रधारी हैं, उनसे छुटकारा पाना असंभव है। द्रोणाचार्य एकमात्र ऐसे योद्धा हैं जिनके पास ब्रह्मास्त्र और दिव्यास्त्र दोनों हैं। यहाँ तक कि देवता भी उसके विरुद्ध टिक नहीं सकते; उनके अस्त्रों का सामना केवल अर्जुन ही कर सकता है। हालाँकि, कोई भी इस पर काबू नहीं पा सकता है।

श्रीकृष्ण, उन्हें हराने के लिए एक रणनीति तैयार करते हैं। वह अच्छी तरह से जानते थे कि द्रोणाचार्य अपने पुत्र अश्वत्थामा को पूजते हैं।परिणामस्वरूप, उन्होंने द्रोणाचार्य को हथियार नीचे रखने के लिए मजबूर करके उन्हें चोट पहुंचाने की योजना बनाई। वह यह कहकर झूठ बोलना चाहते थे कि अश्वत्थामा की मृत्यु हो गई है।

युधिष्ठिर, 'धर्म' के नियम अनुसार झूठ बोलने से मना करते है। श्री कृष्ण, युद्ध विजय के लिए युधिष्ठिर से झूठ को आवश्यक बताकर उचित ठहराते हैं। जैसे ही युधिष्ठिर झिझके, उनके भाई भीमने अश्वत्थामा, कौरवों की सेना में एक प्रसिद्ध हाथी को मार डाला और चिल्लाकर जश्न मनाया, "अश्वत्थामा मर गया!" "अश्वत्थामा मर गया!"

जब द्रोणाचार्य समाचार जानने पर, वह सच्चाई का पता लगाने के लिए युधिष्ठिर की तलाश करते है, यह जानते हुए कि धर्म का पुत्र कभी झूठ नहीं बोलेगा। युधिष्ठिर ने उन्हें अश्वत्थामा की मृत्यु की सूचना दी, लेकिन उन्होंने फुसफुसाते हुए कहा, "हाथी..."

सरासर झूठ बोलने से बचने के लिए, अश्वत्थामा हठ (अश्वत्थामा मर चुका है) हठ कुंजारा ने अश्रव्य रूप से घोषणा की (हाथी निर्जीव है) ।

अश्वत्थामा को खोजने के लिए युधिष्ठिर से जानने के बाद, द्रोणाचार्य अपने हथियार नीचे रख देते हैं और ध्यान में बैठ जाते हैं। इसी बीच धृष्टद्युम्न द्रोण के रथ पर चढ़कर और द्रोणाचार्य का सिर काटकर स्थिति का लाभ उठाता है।

आइए एक और उदाहरण देखें: भीष्म, एक शक्तिशाली योद्धा थे। जब तक वह धनुष नीचे नहीं कर लेते, उसे कोई नहीं मार सकता। असंभव को प्राप्त करने के लिए श्री कृष्णने अर्जुन से शिखंडी को युद्ध में शामिल करने की सलाह दी। यह रणनीति तब काम आई जब भीष्म ने युद्ध के मैदान में एक महिला को देखकर अपना धनुष नीचे कर दिया। इसका फायदा अर्जुन ने उठाया और भीष्म को कई बाणों से उनकी छाती को छेद डाला, जिससे उन्हें तब तक "बाणों की शय्या" पर लेटे रहना पड़ा जब तक कि उन्हें मुक्ति नहीं मिल गई। अर्जुन श्रीकृष्ण के निर्देशों का पालन कर रहे थे।

गुरुजी ने कहा, "निःस्वार्थ भाव से किये गये कर्म निष्काम कर्म हैं।"

श्री शाम्बव

कर्म योग के दो घटक हैं: सकाम कर्म और निष्काम कर्म। सकाम कर्म स्वार्थी अपेक्षाओं या उद्देश्यों से संबंधित है, जबकि निष्काम कर्म निःस्वार्थ उद्देश्यों से संबंधित है।

अच्छे या बुरे सभी कर्मों का फल अगले जन्म में मिलेगा। निष्काम कर्म आपको कर्म के नियम से भी बांधता है। चाँदी या लोहे की जंजीर से कोई फर्क नहीं पड़ता; यह अब भी आपको वैसे ही बांधे रखता है। कर्म, सकारात्मक और नकारात्मक दोनों, आपको बांधेंगे और गुलाम बनायेंगे।

संस्कृत में, "काम" का अर्थ है "इच्छा", "फल" का अर्थ है "फल" और "कर्म" का अर्थ है "कार्य।" "फल के बिना किया गया कार्य या परिणाम की कमी"(निष्फल कर्म) कर्म का संचय नहीं करती। श्रीकृष्ण कहते हैं- व्यक्तिगत गौरव या अपराधबोध के बजाय अपने नैतिक दायित्व को पूरा करने की निस्वार्थ भावना से किया गया कार्य कोई उत्तरदायित्व नहीं लाएगा; ये श्री कृष्ण का अर्जुन को वचन था।

निष्काम कर्म करते समय, आपकी कोई संकीर्ण विचार प्रक्रिया या अपेक्षा नहीं होती; आप एक दाता हैं और आप स्नेह, प्रतिबद्धता, भक्ति और खुशी दे रहे हैं।

गुरुजी- "तुम्हारे लिए क्या, देने का विचार अच्छा रहेगा?"

गुरुजी - "जो कर सकते हो करो, फिर भी बहकावे में मत आना!"

आत्मा की सफ़र - कर्म

राजयोग, भक्ति योग और ज्ञान (ज्ञान) योग सभी निस्वार्थ सेवा से फल देते हैं, सकाम कर्म का परिणाम - इस जीवन में पुरस्कृत किया जाएगा, लेकिन निष्काम कर्म का परिणाम- इस जीवन के बाद पुरस्कृत किया जाएगा।

निष्काम कर्म - पूरे ब्रह्मांड में सभी जीवित चीजों और प्राकृतिक रचनाओं द्वारा हमेशा किया जाता है, बिना किसी स्वार्थ के और उच्च स्व के प्रति पूर्ण समर्पण और समर्पण के साथ। सूर्य प्रकाश देता है, जलमार्ग निरंतर बहते हैं, वृक्ष जैविक उपज पैदा करते हैं, गायें दूध देती हैं, मछलियाँ पानी को साफ रखती हैं, पेड़ ऑक्सीजन छोड़ते हैं, हवा प्रदूषण को कम करती है, और कीड़े और पक्षी परागण करते हैं। विभिन्न प्रशासन सुलभ हैं जहां वे पूर्ण समर्पण के साथ निष्काम कर्म करते हैं। उनकी कोई इच्छा नहीं होती।

बड़े पैमाने पर लोग कार्य में लगे हुए होते है, उन्हें अपने कार्य से अपेक्षाएं होती हैं और किसी प्रकार के पुरस्कार या पारितोषिक की इच्छा होती है। यह बिल्कुल सामान्य है और इसमें कुछ भी गलत नहीं है।

जैसा कि कर्म के नियम में कहा गया है, प्रत्येक क्रिया की एक समान प्रतिक्रिया होती है- "प्रत्येक कार्य, विचार और भावना इरादे से प्रेरित होती है, और इरादा प्रभाव के साथ कारण होता है।"

श्री शाम्बव

प्रत्येक कारण का एक प्रभाव होता है, जैसा कि कर्म के नियम द्वारा दर्शाया गया है - "कारण और प्रभाव, अर्थ और अंत, बीज और फल अविभाज्य हैं।" "जीवन कारण और प्रभाव का एक अंतहीन पाठ है।" फलस्वरूप प्रत्येक प्रयास, भाग्य को प्रभावित करता है। यदि तुम बोओगे तो काटोगे और तुम बच नहीं सकते।

प्रत्येक कार्य, अच्छा या बुरा, सुख या दुख की ओर ले जाता है। प्रदर्शन में भागीदारी के लिए एक साधन के रूप में शरीर (देह) की आवश्यकता होती है। शरीर पाने के लिए व्यक्ति को गर्भ में ही रहना पड़ता है, जिससे जन्म और मृत्यु का अंतहीन चक्र चलता है। नतीजतन, कोई भी कार्य (किया गया), अच्छा या बुरा, समर्पण की ओर ले जाता है।

जब तक आप क्रियामन कर्म नहीं करते, आप अपना वर्तमान जीवन नहीं जी सकते; अन्यथा, इसे अक्षम कर दिया जाएगा, निलंबित कर दिया जाएगा, अटका दिया जाएगा या समाप्त कर दिया जाएगा।

यदि आप सचमुच और तीव्रता से जन्म और मृत्यु के पैटर्न से मुक्त होना चाहते हैं, हालाँकि, कार्रवाई का एकमात्र तरीका आपके लिए उपलब्ध है। आपके कार्य निरंतर और परोपकार पूर्वक जारी रहेंगे। इस वर्तमान जीवन के लिए आपको आवंटित कर्तव्य के हिस्से के रूप में आपके द्वारा जो कुछ भी किया जाएगा; ताकि आप खुद को समझ सकें। आपको अपने कर्मों के फल के लिए

उन्मत्त या उत्सुक नहीं होना चाहिए, बल्कि आपके कर्मों के लिए भगवान, सहानुभूतिपूर्वक और विधिपूर्वक जो भी फल देंगे वही आपका भाग्य होगा।

आपको उन्हें अनुग्रह के रूप में सहर्ष स्वीकार करना चाहिए और बिना किसी हिचकिचाहट के उनका आनंद लेना चाहिए।

प्रत्येक प्रबुद्ध आत्मा, जैसे बुद्ध, ईसा मसीह, पैगंबर मोहम्मद और महावीर, और कई अन्य उच्च आत्माओं और संतों, जो इस धरती पर आए हैं, उन्होंने मानव जाति की मदद के लिए अथाक प्रयास किया है। बिना किसी स्वार्थी तर्क के वे ऐसा केवल अपनी आंतरिक आत्मा और ईश्वर की पूर्ति के लिए करते हैं। जिन लोगों ने मिशनरी भावना के साथ काम किया है, उन्होंने कभी भी भुगतान की मांग नहीं की है, और जो लोग पागल हैं और केवल पैसे की चिंता करते हैं, उन्होंने अपने जीवन में कभी भी मिशनरी भावना के साथ काम नहीं किया है। परिणामस्वरूप, वे जन्म और मृत्यु के चक्र में पड़ गये।

अर्जुन ने व्यक्तिगत परिस्थितियों के स्थान पर नैतिक जिम्मेदारी को, मानव जाति के स्थान पर देवत्व को और अत्याचार के स्थान पर मुक्ति को चुना - जैसा कि श्री कृष्ण ने दिखाया है।

जब हम गतिविधियाँ करते हैं, तो उनके प्राकृतिक उत्पादों की लालसा को देखते हुए हमारा जन्म और पुनर्जन्म होता है, खुद

को उस पैटर्न से जोड़ते हैं। जीवन का उद्देश्य मुक्ति या मोक्ष प्राप्त करना है। निष्काम कर्म, या किसी के कार्यों को व्यक्तिगत पुरस्कार से अलग करना, इस लक्ष्य को पूरा करने में मदद करता है।

चाहे जो भी हो, अंततः चुनाव हमारा ही है। हमारा पुनर्जन्म, अपने काम पर लौटने के लिए हुआ है। हालाँकि, जब तक उन पुरस्कारों की लालसा वास्तविक कार्य जितनी ही सम्मोहक है। जब हम केवल वही कार्य करते हैं जो हमारे लिए अनिवार्य हैं, तो हमें मुक्ति प्राप्त होती है।

गुरुजी - "विद्यार्थी, हम इस जीवन में अपने बुरे कर्मों को कैसे नियंत्रित और समाप्त कर सकते हैं?"

गुरुजी कुछ देर रुके और विराम लीया।

अक्षय, वासुदेव और अन्य भक्त किरण के साथ शामिल हो गए। वे अपनी अगली यात्रा योजना बनाने में व्यस्त थे; इस गाँव के भक्त बहुत दुखी थे क्योंकि उन्हें गुरुजी की उपस्थिति से वांछित होना था। एक भक्त ने टिप्पणी की: "क्या आपने देखा है कि इस मौसम में दिन-रात बारिश होती है?" गुरुजी के आगमन के बाद से, हमें रात में बहुत बारिश हुई है और दिन में तेज़ धूप मिली है। हमारा प्रवचन एक भी दिन या घंटे के लिए बाधित नहीं हुआ। अन्य भक्तों ने हमारे सौभाग्य पर टिप्पणियाँ कीं।

महेश ने कहा, "मैं कल पदमा से मिला था।" वह ठीक थी, और उसने दावा किया कि गुरुजी उसके सपने में दो बार आये और उसे उसके दर्द का स्रोत समझ में आया।

अक्षय ने कहा- "हम सभी राहत महसूस कर रहे हैं।"

वासुदेव ने उत्तर दिया- "मैं भी।"

इसी बीच हमने गुरुजी के पदचाप सुने।

अध्याय २७

प्रयुक्त प्रारब्ध

"कोई भी आपके प्रारब्ध को साझा नहीं कर सकता या आपके कर्म को कम नहीं कर सकता।"

गुरुजी ने कहा, "विद्यार्थी, बुद्धि भी निर्धारित कर्म का पालन करती है।" सुख या दुःख व्यक्ति के अतीत के कार्यों का पूर्व निर्धारित परिणाम होता है। व्यक्ति असहाय है और उसके पिछले जीवन के पूर्वानुमानित परिणाम का सहज अनुसरण करता है। जो भी नियति (प्रारब्ध) उसके वर्तमान जीवन के पथ पर है, यह उसकी अतीत की गतिविधियों से रचित है, ओर उसका मन ऐसे भाग्य को सटीक रूप से दर्शाने में प्रवृत्त होता है।

हमने तेज बुद्धि, विश्वसनीयता और ईमानदारी वाले व्यक्तियों के कई उदाहरण देखे हैं जो छोटे आकर्षण या मानसिक त्रुटियों से वश में हो जाते हैं जो उनकी अविश्वसनीय निराशा, बदनामी और पीड़ा का कारण बनते हैं। यह अकल्पनीय है,क्योंकि ये मनोवैज्ञानिक त्रुटियां केवल उदाहरण हैं, जो शायद भयंकर रूप से, नियत कर्म की स्पष्ट और सुनिश्चित शक्ति के फल की पूर्ति या फल देने के ज्ञान को साबित करती हैं।

श्री शाम्बव

मैं आपको एक उदाहरण देता हूं: रात के शिकार के दौरान, एक चूहे ने घर के एक धुंधले कोने में पड़े एक डिब्बे में एक आकर्षक भोजन पैकेट देखा और यह दिलचस्प प्रलोभनों और भव्य भोजन की लालसा से वहां खींचा गया। चूहा पैकेट तक पहुंचने के लिए एक कोने से अंदर जाने के लिए पूरी शाम मेहनत करता रहा। अंत में, जब चूहा अपने भोजन का हिस्सा लेने वाला था, उसने देखा की एक सांप डिब्बे में पकड़ा गया था, जो कुछ दिनों से भूखा था। इससे पहले कि वह समझ पाता कि क्या हो रहा है, सांप ने चूहे को निगल लिया।

गुरुजी मुस्कुराते हैं - "विद्यार्थी, इस प्रकार चूहे का अपरिहार्य प्रारब्ध था।"

"इस स्थिति के लिए, चूहे के पूर्वनिर्धारित कर्म उसे अपनी गहरी दृष्टि, सटीक क्षमताओं और अंतर्ज्ञान का पूरा उपयोग करके उसे मृत्यु के कगार पर ले जाने के लिए प्रेरित करते हैं।" गुरुजी ने कहा।

गुरुजी- "उसी समय, सांप अपनी भूख को संतुष्ट करने और मुक्त होने के लिए कोई प्रयास किए बिना, शानदार दावत के शुभ भाग्य प्रारब्ध में भाग लेता है।"

एक अन्य अवसर पर, एक क्रूर जानवर, इसे पकड़ने के लिए एक खरगोश का पीछा करता है। खरगोश दूर जाने के लिए हर कठिन रास्ता अपनाता है और अंततः उसे सड़क पार करनी पड़ती है,

ताकि वह सुरक्षित रूप से अपने घर जा सके। सड़क पर तेजी से दौड़ते समय उसका सिर कार के पहिए में फंस जाता है और उसकी मौत हो जाती है।

"खरगोश को अपनी मदद करना जरूरी लगा। जीवन बचाने की इच्छा, पुरुषार्थ की प्रेरणा देती है। इसके बजाय, यह उसके विनाश का स्रोत बन गया, जिससे उसकी मृत्यु हो गई, गुरुजी ने कहा।"

गुरुजी- "यदि उसने सड़क पर जाने का प्रयत्न न किया होता तो वह इस विपत्ति को टाल सकता था। उस विशेष स्थान पर, उसके स्वभाव ने अनिवार्य रूप से उसे अपने जीवन के लिए मुख्य दौड़ बनाने के लिए प्रेरित किया। यह पूर्वनियति के वर्चस्व में बौद्धिक क्षमताओं की रीढ़ है।"

गुरुजी ने कहा, *"लगातार, जीवन की प्रकृति अप्रत्याशित मोड़ लेती है, और आपके पास अपनी मंजिल तक पहुंचने के लिए उस पर टिके रहने के अलावा कोई विकल्प नहीं है।"*

इस परिदृश्य पर विचार करें: एक धनी बुद्धिजीवी और अग्रणी उद्यमी को महत्वपूर्ण पेशेवर सौदे पर बातचीत करने का काम सौंपा गया। जब उसने यात्रा के बारे में पूछताछ की, तो उन्हें पता चला कि खराब मौसम के कारण कई उड़ानें रद्द कर दी गई थीं, और गंतव्य के लिए केवल कुछ उड़ानें ही बुक थीं। उस व्यक्ति ने अपने सभी वित्तीय और राजनीतिक प्रभाव का इस्तेमाल किया। लेकिन उन्हें कोई टिकट नहीं मिल सका। अंत में, उसने एयरलाइंस

पर अपने प्रभाव का इस्तेमाल किया, यदि कोई व्यक्ति एक दिन के लिए भी उड़ान बदलता है तो उसे तीन गुना कीमत चुकाने की पेशकश की गई।

अंत में, उसकी खुशी के लिए, एयरलाइन प्रबंधक यात्री को तीन गुना कीमत वापस करने की पेशकश करके उसे समझाने में सफल रहा। हालाँकि, उड़ान के कुछ ही मिनट बाद, एक विस्फोट के कारण विमान दुर्घटनाग्रस्त हो गया, जिससे उसमें सवार सभी लोग मारे गए।

गुरुजी ने कहा, "उद्यमी का धन, उसकी भौतिक समृद्धि और सामाजिक प्रभाव, जो उसकी समृद्धि का स्रोत था, बदले में उसके भयानक और पापपूर्ण विनाश का साधन बन गया। प्रारब्ध का मन और बुद्धि पर पूर्ण नियंत्रण है।"

गुरुजी- "आप भाग्य के चंगुल से बच नहीं सकते। आपका भाग्य जो भी हो, आपका भाग्य आपको इसे वास्तविकता बनाने के सही अवसर पर पूर्ण स्थान पर खींच लेगा, अन्यथा यह अपने पैरों पर दौड़ते हुए किसी भी स्थान पर आ जाएगा जिसे आप कवर कर रहे हैं। किसी तरह आपका भाग्य आपके लिए एक वास्तविकता में बदल जाएगा।"

गुरुजी ने कहा, "प्रारब्ध कर्म के फल या फल प्राप्त करने के लिए, शुद्ध ज्ञान, त्रुटिहीन चरित्र और चतुराई की सबसे सराहनीय भावना, भ्रमित तर्क का शिकार बनता है।"

उदाहरण के लिए, श्री राम की पत्नी सीता देवी, जो विष्णु का अवतार थीं, को एक देदीप्यमान हिरण को अप्रत्याशित रूप से देखकर प्रेम हो गया। खेल- बदलने पर जब पूर्वनियति के कारण दुःख प्रवेश द्वार पर होता है तो सबसे चतुर दिमाग भी भ्रमित और अस्पष्ट हो जाता है ओर अंतर्दृष्टि को बढ़ावा देता है। असंख्य प्रजातियों के संबंधित समूह की संपूर्ण संरचना में कभी भी किसी ने भी शानदार सुनहरे हिरण को नहीं सुना या देखा है। इसके बावजूद भी श्री राम! हिरण का पीछा करने के प्रलोभन के वशीभूत हो गये। इधर, जब प्रतिशोध का विचारजैसे ही सामने आता है, बुद्धि विकृत हो जाती है और जिज्ञासा कम हो जाती है।

एक और उदाहरण: राजा रावण एक बुद्धिमान शासक थे। उन्हें चारों वेदों की पूरी समझ थी और वे भगवान शिव के सबसे उत्साही भक्तों में से एक थे। वह इतने शक्तिशाली थे कि उन्होंने सभी नौ ग्रहों पर शासन किया और उन्हें अपने आधीन कर लिया। ऐसा विद्वान और शक्तिशाली राजा भी विकृत और कुटिल तर्क का शिकार हो गया। रावण की नियति ने, राम की पत्नी सीता के अपहरण की साजिश रचने के मूर्खतापूर्ण प्रलोभन को जन्म दिया। रावण के भाग्य का यह घातक अपराध स्पष्ट रूप से इस नियम का प्रतिनिधित्व करता है कि जब विनाश का समय आता है, तो एक बुद्धिमान व्यक्ति की भावना कम हो जाती है।

गुरुजी- "आपको अपने भाग्य का सामना करना होगा।"

यदि कोई बिस्तर पर पड़ा है या पक्षाघात या अन्य असाध्य रोगों से पीड़ित है, जब तक कि वह इस जीवन के लिए अपने सभी नियत कर्मों को पूरा नहीं करता है, तो वह अपने अपंग शरीर से मुक्त होने की तीव्र इच्छा के बावजूद इस शरीर (शरीर) को नहीं छोड़ सकता। एक बार जब उसके वर्तमान जीवन, कर्म के लिए उसकी नियति समाप्त हो जाती है, तो वह तुरंत मौजूदा शरीर से मुक्त हो जाता है। आत्मा नए शरीर की प्रतीक्षा कर रही है ताकि वह अपने द्वारा बनाए गए नए नियत कर्मों का आनंद ले सके।

गुरुजी ने कहा, "कोई भी आपके भाग्य को विभाजित नहीं कर सकता है और कोई भी आपके कर्म को कम नहीं कर सकता है।"

हालांकि, यदि आप इसका लाभ उठा सकते हैं, तो कुछ कारक आपको भाग्य से निपटने में मदद कर सकते हैं।

1. इस जीवन में अच्छे कर्म करो।
2. परमात्मा का नाम जपना।

वासुदेव- "गुरुजी, प्रारब्ध से निपटने में पुरुषार्थ कितनी मदद करता है?"

गुरुजी- "वासुदेव, हमारे पिछले कर्मों की तीव्रता के आधार पर, चार प्रकार के भाग्य हैं: अत्यंत तीव्र भाग्य, तीव्र भाग्य, हल्का भाग्य, और बहुत हल्का भाग्य।"

१. अत्यंत तीव्र भाग्य - पूर्व निर्धारित है और इस जीवन में बदला नहीं जा सकता है। आपके माता-पिता, जन्म स्थान, देश, जाति और लिंग सभी आपके पिछले जीवन के कार्यों से निर्धारित होते हैं। मर्दानगी या महान प्रयास के बावजूद, एक व्यक्ति अपने लिंग, माता-पिता या परिवार के सदस्यों को नहीं बदल सकता है।

२. तीव्र भाग्य- तीव्र भाग्य को कोई नष्ट नहीं कर सकता। हालाँकि, इस जन्म में आपके बहुत ही तीव्र प्रयासों (पुरुषार्थ) से इसे थोड़ा कम किया जा सकता है। उदाहरण के लिए, यदि आपको बहुत अधिक ऊंचाई से गिरने के कारण सिर में गंभीर चोट लगी है, तो आप तीव्र प्रयास (पुरुषार्थ) करके गिरने की मात्रा और तीव्रता को कम कर सकते हैं। छाछ का स्वाद अगर बहुत खट्टा है तो कप में थोड़ा सा पानी या अन्य सामग्री डालने से इसका स्वाद हल्का हो सकता है।

३. हल्का भाग्य- तीव्र मर्दानगी इसे दूर कर सकती है। उदाहरण के लिए, यह सही डिटर्जेंट के साथ अपनी पोशाक से कॉफी के दाग को हटाने या मजबूत डिटर्जेंट या रसायनों के साथ रसोई के दाग को हटाने जैसा।

४. बहुत हल्का भाग्य - जिस तरह आप मेज और फर्श पर धूल पोंछ सकते हैं, उसी तरह इसे साधारण मर्दानगी से मिटाया जा सकता है।

श्री शाम्बव

वासुदेव, अगर नियति खत्म नहीं होती है तो चिंता मत करो; आगे बढ़ें और बहुत गहन प्रयास के साथ, अपने अत्यंत तीव्र भाग्य को कम से कम हल्का बनाने की कोशिश करें।

अपने तीव्र पुरुषार्थ के बावजूद भी, यदि आप अपने भाग्य में बदलाव नहीं ला सकते हैं, तो इसे शांति और आनंद से सहन करें और इसे पूर्ण समर्पण और ईश्वर के प्रति पूर्ण समर्पण के साथ सहन करें। दुख सहने से, आप अपने सबसे गहन भाग्य को समाप्त कर सकते हैं।

'इसमें किसी का दोष नहीं है,' गुरुजी ने कहा। "कोई भी, यहां तक कि भगवान भी, आपके दर्द के लिए दोषी नहीं है।"

गुरुजी- "आप ही अपने दु:ख के लिए जिम्मेदार हैं।"

अक्षय- "क्या मंत्र (भगवान का नाम) का जाप करने से मुझे भाग्य का सामना करने में मदद मिलेगी?"

पूज्य गुरुजी- "धर्म शास्त्रों के अनुसार राम, कृष्ण, जीसस, शिव और अन्य नामों का जाप करने से आपके सभी पाप धुल जाते हैं। यदि आप जप करते हैं और फिर कोई पाप कर्म करते हैं, तो वे पाप स्वतः ही वापस आ जाएंगे और आप पर गिर जाएंगे।"

निम्नलिखित उदाहरण पर विचार करें: एक अंधेरे कमरे में एक छोटी मोमबत्ती की रोशनी सभी अंधेरे को दूर करेगी,जो प्राचीन काल से चले आ रही है और कमरे को रोशन करेगी। अगर तुम

तुरंत मोमबत्ती को बुजाते हो, तो पहले जो भी अंधेरा दूर हो गया था, वह वापस आ जाएगा।

यदि कोई गंदा व्यक्ति स्नान करता है, तो वह शुद्ध हो जाएगा, लेकिन यदि वह कीचड़ से भरे गड्ढे में गिर जाता है, तो स्नान का सारा उद्देश्य व्यर्थ हो जाएगा।

भगवान के नाम का जप करते समय आप पाप कर्म कैसे कर सकते हैं? सर्वशक्तिमान का नाम जपते समय आप गलत कैसे हो सकते हैं? मुझे बताओ, आप उसका नाम कैसे लिख सकते हैं? यदि आप पापपूर्ण और अनैतिक व्यवहार में संलग्न होकर सर्वोच्च का जप करना जारी रखते हैं, तो आप एक गंभीर पाप करेंगे।

गुरुजी ने कहा, "हमने कई लोगों को कालाबाजारी, भ्रष्टाचार, धोखाधड़ी, या इसी तरह के अन्य दुराचार में जीवन के सर्वशक्तिमान का नाम जपते हुए झूठ बोलते देखा है।"

गुरुजी- "अक्षय, इस मामले में इससे उन्हें बिल्कुल भी मदद नहीं मिलेगी। वे केवल पाप को बढ़ा रहे हैं।"

सर्वशक्तिमान के नाम का जप करते समय, आपके इरादे शुद्ध और स्पष्ट होने चाहिए। भले ही जप आपको भाग्य का सामना करने में मदद करेगा, यह निर्विवाद रूप से इतना शक्तिशाली है कि यह आपके सभी पापों को ठीक कर सकता है और आपको

श्री शाम्बव

एक बार में "भाव रोग" से मुक्त कर सकता है। हालांकि, सभी पापपूर्ण और अनैतिक गतिविधियों में शामिल होना और भगवान के नाम का जप करना पाखंड के समान है, जो एक गंभीर पाप है, जो आपके संचित कर्म को बढ़ा देगा।

मुझे आपको एक आनंददायक कहानी बताने की अनुमति दें: अजामिला एक उच्च सम्मानित व्यक्ति था जिसने अपनी जिम्मेदारियों को पूरी ईमानदारी से पूरा किया। वह एक सभ्य पिता थे। एक बार, जब वह जंगल में ईंधन इकट्ठा कर रहा था, तो उसे एक कम मनोबल वाली महिला से प्यार हो गया। तब से वह उसके साथ रह रहा था। अजामिला ने अपने परिवार और अपने लोगों को त्याग दिया, उससे कई बच्चे पैदा हुए और अपने बड़े परिवार का भरण-पोषण करने के लिए निम्न नैतिक और अनैतिक मानकों पर उतर आया। वह गलत कामों और धोखाधड़ी में शामिल हो गया, लेकिन वह अपने सबसे छोटे बेटे नारायण से बहुत जुड़ा हुआ था।

सबसे छोटे बेटे के प्रति लगाव स्पष्ट था, चाहे वह आराम कर रहा हो, खा रहा हो या काम कर रहा हो, उसे अपने आखिरी बच्चे नारायण की जरूरत थी, जो उसके करीब हो और अपना भोजन साझा करे या उसकी कंपनी का आनंद ले।

अंत में, एक दिन यम ने अपने दूत को भेजा। यह कितना आश्चर्यजनक था कि अजामिला ने अपनी पीड़ा और भय में

"नारायण" कहना शुरू कर दिया। यम के दूत, जिसने उसे लगभग फांसी में ले लिया था, अचानक श्रीमन नारायण की आवाज सुनी और उसे रोकने के लिए विनती की।

'नारायण, मैं केवल अपने काम, अपने धर्म का पालन करता हूं,' दूत ने कहा। नारायण ने कहा, 'तो, उस समय, आपको पता होना चाहिए कि धर्म क्या है और अनुशासन के लिए क्या नियम लागू होते हैं।'

देवदूत ने उत्तर दिया, "वेद जो घोषित करते हैं वह धर्म है।" वेद जिसका निषेध करते हैं वह अधर्म है। सर्वोच्च सत्ता जिसने संपूर्ण ब्रह्माण्ड की रचना की और सभि कों विभिन्न जिम्मेदारियाँ सौंपीं है। उन्होंने भगवान यम को अंत समय में लोगों की जान लेने का आदेश दिया है। व्यक्ति को उनके पापों के अनुपात में दण्ड दो। सूर्य, चंद्रमा, अग्नि, अग्नि, जीवित प्राणी, दिन, रात, पृथ्वी, समय, आठों दिशाओं, जल और धर्म के स्वामी, यम मुख्य रूप से इस बात के पर्यवेक्षक हैं कि मनुष्य अपने दैनिक जीवन में क्या करता है। इस जीवन में उन से छुपाने की कोई बात नहीं है। भगवान यम व्यक्ति के वर्तमान, अतीत और भविष्य के जीवन में किए गए सभी कार्यों से अवगत हैं।

देवदूत ने कहा, "मनुष्य अपनी वास्तविकता भूल जाता है और भ्रम में रहता है। इस जीवन से पहले क्या था और इसके बाद क्या होगा, इसका उसे कोई अंदाज़ा नहीं है।" मनुष्य अपने पिछले

कर्मों के कारण सुख और दुःख का अनुभव करता है, जिसे वह अपनी पाँच कर्मेन्द्रियों और पाँच ज्ञानेन्द्रियों के माध्यम से अनुभव करता है। उसके पास विवेकबुद्धि की पांच वस्तुएं हैं: ध्वनि, रूप, गंध, स्पर्श और स्वाद। सोलहवाँ अपना मन है, सत्रहवाँ स्वयं को संबोधित करता है। वह अनुभवों, गतिविधियों और विचारों के इस भार से गुजरता है और उसके सूक्ष्म शरीर में ये सोलह तत्व होते हैं। हम कानून के अनुसार अपने दायित्वों और जिम्मेदारियों को पूरा कर रहे हैं।

श्री नारायण ने मुस्कुराते हुए कहा, "आप नियम नहीं जानते।"

श्रीमन नारायण- "अजामिल, यद्यपि वह अपने वास्तविक स्वरूप को भूल गया था, फिर भी उसकी मृत्यु के समय श्रीमन नारायण के चार अक्षरों वाले नाम का उच्चारण किया और उसी कर्म से उन्होंने अपने सभी अपराधों को क्षमा कर दिया।"

श्रीमन नारायण - "अपराधी, शराबी, धोखेबाज़, हत्यारे, व्यभिचारी, परोपकारी, विशेष रूप से जघन्य अपराधियों के इस भार को, सर्वशक्तिमान नाम के पाठ से माफ कर दिया जाता है। उसी प्रदर्शन से, सब भार भगवान के भरोसे और उचित देखभाल में परिवर्तित हो जाता है। पश्चाताप, पिछले जन्म के पापों को शुद्ध करता है परन्तु भविष्य मे यह सुनिश्चित नहीं करता कि पाप न किया जाए या समान कृत्यों की पुनरावृत्ति न की जाए जिसके लिए प्रायश्चित संस्कार किए गए थे।"

सर्वशक्तिमान के नाम का जाप करने से सभी कामनाएं नष्ट हो जाती हैं और उन्हें आगे के कार्यों से बचाया जाता है। सर्वशक्तिमान नाम का जप, क्षमा करता है और सभी कद और आकारों के सभी उल्लंघनों को ठीक करता है। भले ही उसने प्रसिद्ध शासक (सर्वोच्च) को संबोधित करने के वास्तविक इरादे के बिना नाम का उच्चारण किया हो, वह इसे उसी तरह शुद्ध करता है जैसे आग लकड़ी को शुद्ध करती है।

इस बीच, अजामिला को समझ में आया और जो कुछ भी हुआ था उसे याद किया। उन्हें परिस्थितियों का आकलन करने में थोड़ा समय लगा कि वह अभी भी श्रीमन नारायण की उदारता के कारण पूरी तरह से स्वस्थ थे, जिनका नाम उन्होंने अपनी मृत्यु के समय ग्रहण किया था, श्रीमन की पहचान में नहीं, बल्कि अपने बच्चे के लिए उनके भावुक प्रेम में।

अजामिल ने स्वीकार किया कि "नारायण" शब्द का उच्चारण करने से ऐसा प्रभाव हो सकता है। सर्वशक्तिमान की स्मृति में धर्म का गरिमापूर्ण जीवन जीने से, यह किस विशाल ब्रह्मांड को पूरी तरह से और भव्य रूप से पार कर सकता है? उस विशेष क्षण, पर, उसने सब कुछ त्याग दिया, बनारस गए, तपस्या और चिंतन में व्यस्त हो गए, और अंत में भगवान के निवास स्थान पर पहुंच गए।

गुरुजी ने कहा- "जो अनंत को चुनता है वह प्रभावी रूप से अनंत द्वारा चुना जाता है।"

"परन्तु ऐसे थोड़े ही हैं जो सूर्य के प्रकाश के मार्ग पर चलते हैं; केवल शुद्ध आत्मा ही प्रकाश में चल सकती है।"

- श्री अरबिंदो।

गुरुजी- "किरण, भगवान के प्रति पूर्ण समर्पण भाग्य का सामना करने में मदद करता है।"

"एक आंतरिक जीवन जीने के लिए, सर्वोच्च आत्मा की ओर एक निरंतर आकांक्षा- जो हमारे जीवन को किसी भी बाहरी परिस्थितियों में मुस्कान और शांति के साथ जीने में सक्षम बनाती है।" -माँ।

सर्वशक्तिमान दयालु है, और वह आपके भाग्य का सामना करने में आपकी मदद करना चाहता है। जब तक आप अपने आप को, अहंकार, लालच, वासना, क्रोध और सांसारिक भौतिक चीजों की इच्छा को आत्मसमर्पण करते हैं, तब तक आप आनंद की अपनी अतृप्त इच्छा के कारण पापपूर्ण व्यवहार में संलग्न रहते हैं। आगे बढ़ो और खुले तौर पर अपने सभी पापों को स्वीकार करो, जो आपने अब तक किए हैं और ईमानदारी से "कर्म के नियम" का पालन करें।

“अपना संपूर्ण अस्तित्व ईश्वर को सौंप दो चाहे आपके रास्ते में कुछ भी आए, ईश्वर के प्रति समर्पण कर दीजिए। जब तक आप ईश्वरीय सिद्धांतों पर टिके रहते हैं, आप सर्वशक्तिमान के हाथों में हैं।” “मनुष्य के लिए ईश्वर की योजना का रहस्य विनम्रता और ईश्वर की इच्छा के प्रति पूर्ण समर्पण का आह्वान है।”

प्रसिद्ध कहानी गजग्रह में, “गज” एक हाथी को संदर्भित करता है, जबकि “ग्रह” एक मगरमच्छ को संदर्भित करता है। गजेंद्र नामक हाथी भगवान गोविंद का भक्त था। एक दिन, गजेंद्र एक झील में तैर रहा था, तभी एक विशाल मगरमच्छ उस पर कूद पड़ा, उसका एक पैर पकड़ लिया और उसे पानी में खींचने लगा। हाथी ने मगरमच्छ को भगाने के लिए अपनी पूरी ताकत लगा दी। वह भी अपनी पूरी ताकत लगाकर मगरमच्छ को किनारे खींचने लगा। हालांकि, मगरमच्छ की पकड़ पानी में खींचे गए गजेंद्र की पकड़ से ज्यादा मजबूत थी।

जैसे-जैसे संघर्ष बढ़ता गया, गजेंद्र थक गया और कमजोर हो गया, जबकि मगर मजबूत हो गया। गजेन्द्र को धीरे-धीरे पानी में और गहराई तक खींच लिया गया। वह डूबने लगा और मगरमच्छ से बचने के लिए उसके पास कोई शारीरिक शक्ति नहीं बची। गजेन्द्र थका हुआ और भ्रमित था। पानी बढ़ रहा था और उसे एहसास हुआ कि वह डूब रहा है। गजेंद्र को लगा कि वह इस लड़ाई से जिंदा बाहर नहीं निकल पाएगा। वह उस चीज़ का अनुभव कर रहा था जिसे वह सर्वव्यापकता कहता था। “ओह,

गोविंदा ..., हे, गोपाला !" उसी क्षण श्रीकृष्ण ने गरुड़ को दर्शन दिए, सुदर्शन चक्र से मगरमच्छ को मार डाला और गजेंद्र को बचा लिया।

हमारे कुलीन और राक्षसी प्रवृत्तियों के बीच लड़ाई: जब तक हम मानते हैं कि हम शक्तिशाली हैं, हम लड़ते हैं; लेकिन जब हमें एहसास होता है कि हम असहाय हैं, तो हम भगवान की मदद लेते हैं।

भक्त कहते हैं, "हे भगवान, मैं इस संसार के युद्ध में असहाय हूं।" मुझे पता चला है कि मैं अपने आंतरिक जुनून या शत्रुओं पर विजय नहीं पा सकता, और मैं अपनी इच्छाओं और जुनून का गुलाम बन गया हूं, जो अब शक्तिशाली हो गए हैं। प्रार्थनाओं को लंबा या वाक्पटु होना ज़रूरी नहीं है। बस उन्हें सच्चे और विनम्र हृदय से आने की जरूरत है। नतीजतन, प्रार्थना (संकल्प) किसी भी अन्य प्रयास की तरह आध्यात्मिक खोज का एक आवश्यक पहलू है। प्रार्थना भ्रमित मन, थकी हुई आत्मा और टूटे हुए दिल के लिए रामबाण है।

उदाहरण के लिए, सूर्य आपको सुंदर अलौकिक रोशनी देने के लिए उत्सुक है, यदि आप इसका सामना करते हैं और अपनी खिड़कियां खुली रखते हैं। अगर आप अपनी खिड़कियां बंद रखते हैं और किरणों को प्रवेश नहीं करने देते है तो सिर्फ आप ही अंधेरे के दोषी हैं, जिसके लिए आप सूरज को दोष नहीं दे सकते। सूर्य

कभी नहीं चाहता कि आप उसके वास्तविक स्वरूप से अनजान हों।

गुरुजी ने कहा, "मुझे रूमी का एक सुंदर उद्धरण याद आ रहा है: चंद्रमा पूरे आकाश को क्षितिज से क्षितिज तक भर देता है। आप अपने कमरे को कितना भर सकते हैं यह इसकी खिड़कियों पर निर्भर करता है।"

श्री गुरुजी ने अपनी उज्ज्वल मुस्कान के साथ बैठक समाप्त की।

अक्षय- "दिन के सत्र के बाद, हम सभी एक टीम के रूप में एक साथ हो गए। जैसे-जैसे टीम बढ़ती गई, सभी ने अपनी कहानियां साझा कीं।"

उन्होंने कहा, 'हम सत्र पर चर्चा करेंगे या कुछ अपने अनुभव पर चर्चा करेंगे। हमारा परिवार बड़ा हो गया है, लेकिन हम इसे छोड़ने की कगार पर हैं। जैसे-जैसे हमारी बातचीत आगे बढ़ी, रोशनी फीकी पड़ती गई और अंधेरा बढ़ता गया, जिससे हमें जाने के लिए मजबूर होना पड़ा।'

भाग ११

अध्याय २८

योग

भक्ति योग

"पूर्ण भक्ति से परम जागृति होती है।"

जीवन और सर्वशक्तिमान, इस ग्रह पर आम लोगों के दैनिक जीवन में एकजुट करने वाली शक्ति है। वेदों के कई मार्ग बताते हैं कि "उनकी जीवन शक्ति की पूर्ण उपस्थिति व्यापक है। दो पद्धतियां, विवेक और विचार, को ध्यान में रखा जाना चाहिए।"

दिल और दिमाग, भावनाएं, भगवान पर निर्देशित उत्साह के साथ सुसंस्कृत थीं, जहां सभी मानवीय संबंध, भावनात्मक जीवन, परिवर्तन में थे और, विलक्षण होने के नाते, भौतिक शरीर पर विजय प्राप्त करने की महारत की ओर लक्षित थे। परम दिव्य प्रिय, सर्वोच्च, परमात्मा की ओर बढ़ते हुए एक रूपांतरित, आत्मा-जीवन का लक्ष्य कौन है? आत्मा के लिए विश्वास रखने का आंदोलन एकता के आनंद में है, जो केवल सर्वोच्च प्राप्त करने के लिए जीवन के समर्पण और बलिदान के माध्यम से संभव था।

श्री शाम्बव

प्राप्ति का उत्साह कर्म की बेड़ियों से मुक्त होने का साधन बन जाता है, जो मनुष्य को संसार में कर्म करने के लिए बांधता है। भक्ति, ज्ञान और कर्म के तीन मार्गों के माध्यम से, सर्वोच्च के लिए प्रेम, त्रि-मार्ग, समानता के दृष्टिकोण के साथ जीवन की समस्याओं से निपटने के लिए एक तकनीक और कौशल है। जैसा कि श्री अरबिंदो कहते हैं, "पूरा जीवन योग है। भक्ति सर्वोच्च आत्मा तक पहुंचने का एक आनंदमय तरीका है।"

गहन विचार में डूबा हुआ, अक्षय, तीव्र आकांक्षा और अपने गुरु और भगवान के प्रति गहन समर्पण के साथ, अपने साथी साधकों के प्यार से पूर्ण महसूस करता है। भगवान को कृतज्ञतापूर्वक हाथ जोड़कर अपने दैनिक कृत्यों के रूप में परम ज्ञान प्राप्त करने के मार्ग पर चलते हुए, अक्षय ने सभी पर अपनी कृपा बरसाने, एकता और आनंदमय शिक्षा को अपने जीवन का तरीका बनाने का आहवान किया। जैसे ही उसने साष्टांग प्रणाम और प्रार्थना समाप्त किया, उसने देखा कि दो लोग एक पेड़ के पास बैठे हैं। उसे यकीन था कि एक किरण था लेकिन दूसरे के बारे में अस्पष्ट था, और उसने सोचा कि दूसरा कोई छात्र हो सकता है।

जब वह प्रसिद्ध "शांति के पेड़" के पास पहुंचा, तो उसने देखा कि उसके नीचे दो आदमी बैठे हैं जो न तो किरणें थे और न ही विधयार्थी, वह उन दोनों से अनजान था, इसलिए उसने पूछा, "मैं आपकी क्या मदद कर सकता हूं?"

उनमें से एक ने धीमी आवाज़ में कहा, "हम यहाँ गुरुजी से मिलने आए हैं, जिन्होंने हमसे यहाँ आने का अनुरोध किया है।"

अक्षय ने कहा - "आपको इंतजार करना होगा, और पूज्य गुरुजी कुछ घंटों में उपलब्ध होंगे।"

उन्होंने मास्टर की प्रतीक्षा करने की तत्परता दिखाई।

अक्षय ने उनके साथ सामान्य बातचीत की और कुछ मिनटों के बाद उन्होंने कहा कि वे टहलने जाएंगे और कुछ घंटों में वापस आ जाएंगे।

विद्यार्थी जल्द ही उसके साथ शामिल हो गया और थोड़ी देर बाद किरण ने उसकी नकल की। छात्रा और किरण आकाश को देखने और अक्षय के साथ गहरी शांति में सुबह का आनंद लेने में रुचि रखते थे।

एक घंटे बाद, हमने दोनों सज्जनों को फिर से देखा। "ओह, मेरे दोस्त, आर्य" किरण उसकी ओर दौड़ते हुए चिल्लाया।

किरण एक सज्जन को गले लगाते हुए रो पड़ा और दोहराया, "मैं तुम्हें अच्छी तरह से जानता हूं, मेरे दोस्त।" मुझे पता था कि तुम मुझसे मिलने आओगे।

छात्र उलझन में था और जो हो रहा था उससे दंग रह गया, क्योंकि किरण एक बच्चे की तरह व्यवहार कर रहा था, जबकि

श्री शाम्बव

आर्य उसे आश्वस्त कर रहा था और उसे आश्वासन दे रहा था कि सब कुछ ठीक हो जाएगा। यह उसकी गलती थी और उसे ऐसे महत्वपूर्ण समय में इसे जाने नहीं देना चाहिए था।

पूरा अनुभव एक घंटे से अधिक समय तक चला और चीजें धीरे-धीरे सामान्य हो गया।

"उनके जाने के बाद उनके जीवन में सब कुछ हुआ," किरण ने समझाया।

आर्य ने कहा- "सब कुछ अच्छे के लिए होता है।"

किरण ने आर्य को गले लगाया और उत्सुकता से उन्हें अक्षय और छात्र से मिलवाया। किरण ने कहा, "आर्य मेरा सबसे अच्छा दोस्त, भाई और शुभचिंतक है।"

किरण ने मेरी तरफ आँखें चौड़ी कीं, जैसे उसे कुछ ज़रूरी कहना हो।

हमें दिन के सत्र के लिए तैयारी करनी थी..., पूरे ध्यान के साथ, मौन एकाग्रता के साथ, जो व्याख्यान शुरू होने से पहले की प्रस्तावना है।

अक्षय ने एक सवाल पूछने की तैयारी की, जो उसे परेशान कर रहा था - "पूज्य गुरुजी, भक्ति योग क्या है?"

"अक्षय, आपने जो पूछा, मैं उस पर ही चर्चा करना चाहता था," पूज्य गुरुजी हँसे

भक्ति शब्द "भज" से बना है, जिसका अर्थ है "जुड़ना" यह पूजा के साथ मिश्रित शुद्ध, निस्वार्थ प्रेम है।

भक्ति सभी धार्मिक जीवन की स्थापना है और वासना और अभिमान को नष्ट करती है। भक्ति मन को महान कद तक ऊंचा करती है और इसे ज्ञान के कार्यालय को खोलने की कुंजी के रूप में भरती है। भक्ति, या उच्च स्व (भगवान) के प्रति लगाव (अनुराग) के रूप में भक्ति, सर्वोत्तम या उच्चतम प्राप्ति को प्रोत्साहित करती है। हालांकि, लोगों का दृढ़ विश्वास है कि समर्पण जितना अधिक जमीनी स्तर पर होगा, उतनी ही तेजी से जागरूकता आएगी।

जब सब कुछ पूर्ण चेतना है, तो और कुछ भी मौजूद नहीं है और दुनिया द्वारा परिभाषित पहचान से सर्वव्यापी शक्ति और अलगाव की भावना खो जाती है; यह एक चरमोत्कर्ष है। अपने आप को अनंत प्रेम के एक विशाल, कभी न खत्म होने वाले सागर में विसर्जित कर दें।

पूज्य गुरुजी उद्धरण- सावित्री के एपिसोड जो मौत से लड़ती हैं।

श्री शाम्बव

"लेकिन भगवान के परे और भी बहुत कुछ छिपा है। वह एक दिन अपना छिपा हुआ चेहरा प्रकट करेगा। अब, मन सब कुछ है और इसकी अनिश्चित किरण, मन शरीर और जीवन का नेता है, मन,विचार-संचालित आत्मा का रथ। रात में चमकदार पथिक को ले जाना दूर अनिश्चित भोर के नज़ारों के लिए, आत्मा की अथाह इच्छा को समाप्त करने के लिए, पूर्ण सत्य और पूर्ण आनंद के अपने सपने के लिए।"

But more there is concealed in God's Beyond.
That shall one day reveal its hidden face.
Now, the mind is all and its uncertain ray, Mind
is the leader of the body and life,
Mind the thought-driven chariot of the soul.
Carrying the luminous wanderer in the night
To vistas of far uncertain dawn,
To end of the Spirit's fathomless desire,
To its dream of absolute truth and utter bliss."

सावित्री महाकाव्य में, भगवान, सावित्री और सत्यवान को बताते हैं कि उनमें बहुत कुछ अज्ञात है (पूर्ण वास्तविकता) । "अनदेखी से परे" हमारा मन मन के अस्तित्व से बाहर नहीं है। एक और अस्तित्व है, अनंत सत्य, जो कई रूपों में निहित है। चेतन मन, चेतना को छू नहीं सकता। मन के लिए अज्ञात भाषण व्यक्त

नहीं कर सकता है, कि अनंत, अज्ञात अस्तित्व, दिव्य सच्ची चेतना है जिसे मृत्यु द्वारा जीता जा सकता है।

मैं एक और समानता के साथ विस्तार से बताना चाहूंगा - उद्धव गीता में, जब उनके शिष्य श्रीकृष्ण उद्धव को निर्देश दे रहे थे, ठीक उसी तरह अर्जुन को भगवद गीता में बताया गया था।

उद्धव ने पूछा, "श्रीकृष्ण, मुक्ति के लिए, यात्रा करने का सबसे अच्छा तरीका क्या है?"

कृष्ण ने उत्तर दिया- "उद्धव, अतुल्य या सर्वोच्च आत्मा को प्राप्त करने के कई तरीके हैं।" शुद्ध प्रेम का मार्ग, मन का आंतरिक नियंत्रण (राज योग), विश्वास, ज्ञान (ज्ञान योग), जीवित प्राणियों की सेवा (कर्म योग) और दिव्य प्रेम, मोक्ष या मुक्ति प्राप्त करने के सर्वोत्तम तरीके हैं।

पूज्य गुरुजी ने जोर देकर कहा, "अक्षय, भगवान की भक्ति के विभिन्न तरीकों या भावनाओं को व्यक्त किया गया है।"

- शांता- उनका सर्वशक्तिमान के साथ एक बुनियादी, पूरी तरह से शांत, शांतिपूर्ण और आनंदमय रिश्ता है।

- दास्य- हनुमान जैसे सबसे समर्पित भक्त के रूप में, दास्य सर्वोच्च सेवा करते हैं।

श्री शाम्बव

- वात्सल्य- माता-पिता की तरह और एक बच्चे की तरह प्यार करने वाली- यशोदा, अनसूया।

- सांख्य- सुदामा, अर्जुन और उद्धव, सांख्य के सबसे अच्छे दोस्त या साथी के रूप में प्यार किए जाने के उदाहरण हैं।

- माधुर्य या कांता - राधा, मीरा या अक्का महादेवी के पसंदीदा या प्रेम के रूप में भक्ति का उच्चतम रूप।

भक्ति योग- पवित्र ग्रंथों का पाठ करना या सुनना, कीर्तन और भजन गाना और सुनना, मंत्रों का जाप, स्रोत या सार्वभौमिक चेतना पर ध्यान केंद्रित करना, सेवा और मित्रता का अभ्यास विभिन्न तरीकों से किया जाता है। अंतिम लक्ष्य "दिव्य" की अभिव्यक्ति के रूप में सभी को समझना, परीक्षण करना और सेवा करना है।

भक्ति योग का अर्थ है ईश्वर के प्रति पूर्ण समर्पण, और प्रतिबद्धता, जो आपके भाग्य का आनंदपूर्वक सामना करने के लिए आपके आंतरिक स्व में मनोबल और दृढ़ संकल्प को जागृत कर सकता है। भक्ति (ईश्वर के प्रति समर्पण) का सबसे बुनियादी अर्थ नैतिक आचरण और भक्ति गतिविधियों के माध्यम से भगवान को संतुष्ट करना है जो उनकी आज्ञाओं और निर्देशों का सख्ती से पालन करते हैं, जो प्रत्येक पवित्र लेखन में विशिष्ट रूप से चित्रित और उल्लिखित हैं।

आत्मा की सफ़र - कर्म

आंतरिक परिवर्तन तक बाहरी दिखावे को महत्व नहीं देना चाहिए; आप भक्तिमार्ग के नहीं हैं। इस तरह के बाहरी बदलाव और दिखावटीपन कभी-कभी पाखंड, अहंकार और धोखे से जुड़े हो सकते हैं।

भगवद गीता में, भगवान कृष्ण ने स्पष्ट रूप से और अटूट वादे के साथ कहा है। "भले ही कोई घृणित व्यक्ति निष्पक्ष धर्मपरायणता के साथ मेरी पूजा करता हो, उसे अपनी आंतरिक इच्छा की शक्ति से उचित ठहराया जाना चाहिए ताकि वह अपने बाहरी जीवन में बुराई का रास्ता छोड़कर सही निर्णय ले सके।"

यदि वह अपराध का पश्चाताप करता है, तो एक आदमी अपने द्वारा जमा किए गए सभी पापों को पिघला देता है। यदि कोई व्यक्ति फिर कभी पाप न करने का संकल्प करता है, तो वह शुद्ध हो जाता है।

जहाँ भी अस्तित्व है, वहाँ चेतना अवश्य होगी, चमत्कारिक रूप से, अनेकता में अथाह। सर्वोच्च, गीता के उच्चारण के माध्यम से, "सत्य" को प्रकट करते हैं।

श्रीभगवानुवाच।
मय्यावेश्य मनो ये मां नित्ययुक्ता उपासते।

श्री शाम्बव

श्रद्धया परयोपेतास्ते मे युक्ततमा मताः ॥२॥

- भगवत गीता अध्याय १२.२

भावार्थ: "आनंदमयी भगवान ने कहा-वे जो अपने मन को मुझमें स्थिर करते हैं और सदैव दृढ़तापूर्वक पूर्ण श्रद्धा के साथ मेरी भक्ति में तल्लीन रहते हैं, मैं उन्हें सर्वश्रेष्ठ योगी मानता हूँ।"

गुरुजी- "अक्षय, केवल उनका अविभाजित ध्यान और सर्वोच्च के प्रति उनका एकीकृत हृदय, 'अनन्त दीप्तिमान शक्ति।' यदि वह लगातार पश्चाताप महसूस करता है, अनुचित व्यवहार के प्रति समर्पण करता है, और तपस्या और सावधानी बरतता है, तो वह अपने गलत कर्मों से मुक्त हो जाएगा।

जैसे-जैसे आकांक्षा बढ़ती है, दिव्य बोध प्राप्त होता है। गुरुजी उत्साह से कहते हैं, "मैं आपको एक और कहानी सुनाता हूँ। अपने शुद्धतम रूप में, भक्ति दिव्य अग्नि है जो हृदय में जलती है और बहुत शांति, सद्भाव और दया लाती है।"

बहुत समय पहले, शिमोगा जिले के उडुटाडी नामक एक छोटे से गाँव में, अक्का महादेवी नाम की एक युवती ने भगवान शिव (चेन्नामल्लिकार्जुन) की भक्त बनने के लिए अपने बचपन की गतिविधियों को छोड़ दिया था। महादेवी ने अंततः स्थानीय राजा कौशिक से विवाह किया। हालांकि, उसने देखा कि शिव के लिए उसका अत्यधिक प्रेम नश्वर प्रेम से अधिक था।

आत्मा की सफ़र - कर्म

अक्का महादेवी ने अपने पति को छोड़ दिया और अपने कपड़े (दिगंबर) को पीछे छोड़कर और अपने लंबे बालों से अपने शरीर को ढंकते हुए राज्य की सारी संपत्ति सौंप दी। उन्होंने अपने उथल-पुथल भरे जीवन को त्याग दिया और एक कवि-संत बन गईं, पूरे क्षेत्र की यात्रा की और भगवान शिव की स्तुति गाई।

कल्याणी में, अक्का महादेवी ने अपना ध्यान (तप) फिर से शुरू किया। अक्का महादेवी के वचन (कविता) उनके आध्यात्मिक विकास को दर्शाते हैं। कुछ वर्षों की कड़ी मेहनत के बाद, आंध्र प्रदेश में श्री शैलम शिव मंदिर गए और अपना शेष जीवन विभिन्न गुफाओं में ज्ञान मार्ग को पूरा करने में बिताया। अंत में, उन्होंने महासमाधि के माध्यम से भगवान शिव के साथ दिव्य एकता प्राप्त की।

अक्का महादेवी समृद्ध भक्तियोग परंपरा से जुड़ी हुई हैं, जिसे ऐतिहासिक रूप से मुक्ति की अधिक सख्त या तपस्वी पद्धति की प्रतिक्रिया के रूप में देखा गया है। महादेवी के वचन के अनुसार:

"जब पूरा ब्रह्मांड ईश्वर की नज़र में है, और उसकी नज़र हर किसी और हर चीज़ पर है, तो आप क्या छिपा सकते हैं और छिप सकते हैं?"

-उर्फ महादेवी ।

श्री शाम्बव

मैं आपको एक कहानी सुनाता हूँ: संत वाल्मिकी को एक दिन पता चला कि भगवान हनुमानजी ने भी भगवान राम के अनुभव को चट्टान पर एक कील से उकेरा था। इस रूप को खोजने के लिए जिज्ञासु संत वाल्मिकी हिमालय गए, जहां हनुमान रहते थे। जब ऋषि वाल्मिकी ने रामायण का चित्रण पढ़ा, तो वे हनुमान की तीव्र शक्ति और सुंदर रूप से अभिभूत हो गए।

वाल्मिकी, ऋषि, सुख और दुःख दोनों से भरे थे। उनके उत्साह को इस तथ्य से समर्थन मिला कि उन्हें एक असाधारण अद्भुत कविता सुनने का मौका मिला। हालाँकि, उनकी कड़वाहट का कारण यह था कि "रामायण" लिखने का उनका पूरा प्रयास व्यर्थ चला जाएगा। रामायण का हनुमान संस्करण ऋषि वाल्मिकी संस्करण को छोटा बना देगा।

जिस समय हनुमान ऋषि वाल्मिकी के पास गये, चेहरे पर लिपियों के कारण होने वाले दर्द को देखकर, उन्हें समझ में आ गया कि ऋषि वाल्मिकी अपने काम से क्या मतलब रखते हैं, और उन्होंने निर्णायक रूप से पत्थर को कुचल दिया, उनकी रचना को हमेशा के लिए नष्ट कर दिया। वह हनुमान की हितैषी थी।

जहां तक उनका सवाल है, भगवान राम का वर्णन प्रशंसा या नाम मांगने के बजाय, श्री राम को पुनः अनुभव करने का एक दृष्टिकोण था। यदि किसी के मन को नियंत्रित करने की क्षमता वास्तव में उस समय योग के साथ हो रही है, तो हनुमान एक

निश्चित योगी हैं। पवित्रता और निःस्वार्थ भक्ति की दो बाढ़ों से। गहन रूप से एकाग्र जीवन से भरे होने के कारण उसकी इंद्रियों (इंद्रियों) की निगरानी कौन कर रहा था?

हनुमान कर्मयोगी का सबसे अच्छा उदाहरण हैं क्योंकि वह स्वार्थी उद्देश्यों से प्रेरित होने के बजाय पूर्वनियति के साधन के रूप में कार्य करके, अनासक्ति के साथ अपने कार्यों को निभाते हैं।

आइए संत तुकाराम की भगवान पांडुरंग (भगवान विष्णु) के प्रति भक्ति को समझने का प्रयास करें।

परमेश्वर हमें हमारे अस्तित्व के मूल में रखता है, अपने प्रकाश की किरणों को हमारे मंद और अभिमानी हृदयों में भेजने के लिए तैयार है, भले ही हम गिर गए हों। हम अपनी गलतियों और पापों से अवगत हैं, यह हमारे हृदयों पर परमात्मा की पकड़ को दर्शाता है। परमेश्वर के वचनों के अनुसार, कुछ लोग गौरव ग्रहण करेंगे और वे अनंत काल की शानदार शक्ति के उच्च पूर्ववर्ती होंगे, पृथ्वी के मन को मुक्त करेंगे और मन को फिर से जागृत करेंगे। हनुमान अलौकिक जाति के जनित थे।

संत तुकाराम - "मैं गिरा, तीन बार गिरा। हालाँकि, आपने मुझे अपनी ताकत से बड़ा किया है। मेरे पास न तो सोने का दिल है और न ही आपके चरणों में दृढ़ पैर हैं। मुझे विचलन की दुनिया से परिचित कराया गया। मैं इसे कितनी बार दोबारा देखूंगा?"

श्री शाम्बव

संत तुकाराम ने कहा, "मैं दीन, दरिद्र और जरूरतमंद से भी बदतर हूं।" "मेरा दिमाग़ नियंत्रण से बाहर है। मैं अपनी अनियमित संवेदनाओं को अब और बर्दाश्त नहीं कर सकता। मैं अपने परिश्रम से थक गया हूं; सद्भाव और आराम कोसों दूर हैं।"

मैंने आपको पूरा विश्वास दिलाया है कि मैंने आपके लिए अपना जीवन बलिदान कर दिया है। हे भगवान, मुझे आप पर भरोसा है और मैं आपके चरणों में हूं।

तुकाराम ने कहा- "मेरे प्रयासों का प्रबंधन करना आपके ऊपर है। दृष्टांत में, कर दाता ईमानदारी से प्रार्थना करता है, हे प्रभु, मुझ अधर्मी पर दया करो।"

उपरोक्त श्लोक के अनुसार, हमारे भाग्य से बचना मुश्किल है। हम कारण को प्रभावित होने से नहीं रोक सकते। जब पापी पूरी भक्ति, प्रारंभिक बिंदु या मूल के साथ परमेश्वर की ओर मुड़ता है, तो उसका उद्धार उसके पश्चाताप पर आधारित होता है। पश्चाताप सच्चा, बिना शर्त, पिछले पापों के लिए खेद और भविष्य के गलत कामों से बचने की तीव्र इच्छा, होना चाहिए। इस तरह के संकल्प के साथ, व्यक्ति लगातार निम्न से उच्च स्व की ओर बढ़ता है। उच्च स्व बोझ उठाता है, आत्मा को उच्च स्तर पर ले जाता है, और उस बिंदु पर जहां हम अपनी चेतना को छोड़ देते हैं, हम खुद को अग्रणी सत्ता के लिए खोल देते हैं।

आत्मा की सफ़र - कर्म

संत तुलसीदास के अनुसार, "कोयले का एक टुकड़ा अपनी अपारदर्शिता तभी खोता है जब उसमें आग प्रवेश करती है।" अक्षम्य पाप जैसी कोई चीज़ नहीं होती।

बुद्ध के अनुसार, "मन ही सब कुछ है। आप वही बन जाते हैं जिस पर आप विश्वास करते हैं।"

जब श्री राम ने भगवान हनुमान (मारुति) को यह कहते हुए सुना, "विभीषण आपकी मित्रता मांगने के लिए यहां आए हैं," तो वे बहुत प्रसन्न हुए। नम्र स्वर में, श्री राम कहते हैं, "चाहे कुछ भी हो, जब कोई मेरे प्रति समर्पण करता है और मेरी सुरक्षा चाहता है, तो मैं उसे सहायता और सुरक्षा का आश्वासन देता हूं। यह मेरी जिम्मेदारी है। यदि रावण यहाँ आकर समर्पण कर दे तो भी मैं उसकी रक्षा करने का वचन देता हूँ।"

पूज्य गुरुजी ने कहा, "अक्षय, हमारी प्रार्थनाएँ और तपस्याएँ सच्ची और गहरी होनी चाहिए।"

गुरुजी सबसे महत्वपूर्ण बिंदु पर जोर देते हैं: "भक्ति में, व्यक्ति भय और चिंता से पूर्ण मुक्ति का अनुभव कर सकता है। भक्त, यह दुनिया के दुःख और पीड़ा से परे है। शुद्ध भक्त में, स्वार्थी इच्छाओं से रहित मुक्ति की इच्छाएं शामिल हैं।"

श्री शाम्बव

"एकीकृत भक्ति, जो बीज और अविभाज्य है, जड़ है। उच्च आत्म, यह बौछार है और आत्म-बलिदान फूल है।" "फल उच्च स्व के साथ संवाद है और यह भक्ति योग का मार्ग है।"

भक्ति योग शास्त्रों के किसी भी प्रशिक्षण या ज्ञान को मजबूर नहीं करता है। बस अपना दिल खोलें और भगवान की सुंदरता में शामिल करें - कोई गा सकता है, उसका नाम दोहरा सकता है और उसके बारे में सोच से मंत्रमुग्ध हो सकता है।

संत तुकाराम अनपढ़ थे और अपने नाम पर हस्ताक्षर भी नहीं कर सकते थे, लेकिन श्री पांडुरंग (विट्ठल) के समर्पण और कृपा से, उन्हें अति-सहज ज्ञान था और वे अपने अभंग या धुनों के लिए प्रसिद्ध थे।

श्री रामकृष्ण परमहंस दक्षिणेश्वर मंदिर में अनपढ़ के रूप में रहते थे। अद्वैत गुरु श्री तोतापुरी के आशीर्वाद और मां काली की कृपा से उन्हें दिव्य ज्ञान की प्राप्ति हुई।

उपरोक्त दोनों संतों ने बताया कि प्रेम और ज्ञान की प्रचुरता का स्रोत हृदय में है। इसलिए, कोई भी व्यक्ति भक्ति के माध्यम से इस दिव्य स्रोत का लाभ उठा सकता है।

सुदामा एक बार अपने प्रिय साथी श्रीकृष्ण से मिलने गए। सुदामा ने पुराने कपड़े पहने थे और अपनी गरीबी और उपस्थिति के कारण महल में प्रवेश करने के लिए अनिच्छुक थे। द्वारपाल ने

श्रीकृष्ण को सूचना दी कि द्वार पर सुदामा नाम का एक असहाय ब्राह्मण खड़ा है। श्रीकृष्ण ने सुदामा का नाम सुनकर उनका स्वागत करने के लिए जल्दी से कहा, "हे सुदामा, मेरे प्रिय साथी।"

श्री कृष्ण राधा के साथ हो रही बातचीत को पूरा किए बिना अचानक चले गए, जिससे राधा चिढ़ गईं।

सुदामा श्रीकृष्ण की सुंदरता से प्रभावित थे। श्रीकृष्ण ने सुदामा को गले लगाया और महल के अंदर ले आए। कृष्ण ने देखा कि राधा परेशान है। कृष्ण ने कहा, 'प्रिय राधा, कृपया मुझे क्षमा करें। मेरे भक्तों ने मुझे अपना गुलाम बना लिया है। मैं खुद से ज्यादा उन्हें प्यार करता हूं।

भगवान श्रीकृष्ण बहुत प्रसन्न हुए। उन्होंने अपने बचपन को याद किया और सुदामा को बैठने का इशारा किया। फिर, उस समय, उन्होंने सुदामा से चपटा चावल (पोहा) लिया। लेकिन सुदामा उपहार देने के लिए अनिच्छुक थे।

जैसे ही श्रीकृष्ण ने एक मुट्ठी भुने हुए चावल (पोहा) का स्वाद चखा, उन्होंने कहा, "हे राधा, मैंने कभी इतना स्वादिष्ट कुछ भी नहीं चखा।"

"जब एक नदी सागर से मिलती है, तो वह पहचान लेती है कि वह शुरू से अंत तक सागर ही थी। इसी प्रकार, जब कोई उच्च स्व के प्रति समर्पण करता है, तो स्व 'दिव्य' बन जाता है।"

“निरपेक्ष, जैसा कि यह ज्ञात है, गुणात्मक और अवर्णनीय है, लेकिन हमारे लिए अज्ञात नहीं है। ब्रह्मांड दैवीय शक्ति, चित-शक्ति का एक रूप है, जो समझ से परे है। यह चेतना है, जिसे आनंद की मूल प्रकृति के रूप में भी जाना जाता है, जिसमें चेतना के सभी स्तर जैसे शक्ति, आनंद का ज्ञान और सद्भाव की महिमा का प्रतिनिधित्व करने वाली लाखों चिंगारियां शामिल हैं। हर कोई ज्ञान की आकांक्षा रखता है और भक्ति का विकल्प जीवन की कई समस्याओं को हल करने में मदद करता है।”

श्री गुरुजी ने अपने शिष्यों के दो महान भक्तिपूर्ण उदाहरण दिये हैं। माता-पिता द्वारा बच्चों के पालन-पोषण का वर्णन एक ऐसी बात है जिसे हम बचपन से हमेशा याद रखते हैं। हमारे धर्मग्रन्थ उपाख्यानों से भरे पड़े हैं। एक भक्त प्रह्लाद को उसके नास्तिक पिता हिरण्यकश्यप द्वारा ताना मारा जाता है। भक्त बेटा, अपने पिता को बदलने के लिए समजाने की कोशिश करता है। राजा, अपने घमंड के कारण, सर्वशक्तिमान श्रीमना नारायण को अस्वीकार कर देता है। दिव्य बालक, प्रह्लाद ने अपने पिता द्वारा थोपे गए सभी परीक्षणों और कष्टों पर विजय प्राप्त की। प्रह्लाद सभी तत्वों में नारायण की सर्वव्यापकता को चुनौती देता है।

आत्मा की सफ़र - कर्म

हिरण्यकशिपु गुस्से से गरजती आवाज में चिल्लाता है कि क्या वह "स्तंभ" में सर्वशक्तिमान की उपस्थिति साबित कर सकता है। प्रह्लाद ने उत्तर दिया, "नारायण! हरि नारायण!"

हिरण्यकशिपु अपना आपा खो देता है और खंभे को सुनहरी गदा से तोड़ देता है। शेर के सिर वाले नरसिंह भगवान पूरे ब्रह्मांड में गड़गड़ाहट और कंपन के साथ प्रकट होते हैं। सर्वोच्च लक्ष्य धर्मी को मुक्त करना और राक्षसी शासन को समाप्त करना था, जैसा कि भगवान नरसिम्हा ने अपने समर्पित भक्त प्रह्लाद से कहा था। भगवान नरसिंह ने अपने समर्पित भक्त प्रह्लाद को बचाने के लिए हिरण्यकश्यप को फाड़ दिया।

इसका कारण हिरण्यकशिपु का श्राप भी था और उस पर कृपा बरती गई थी। वह भगवान के निवास वैकुंठ के रक्षक के रूप में लौट आया। भक्त (भक्त) के आदेश के प्रत्युत्तर में भगवान प्रकट होते हैं। विश्वास ही एकमात्र समाधान है और यह सर्वज्ञ जीवन की चुनौतियों को दूर करने की सारी शक्ति देता है।

पूज्य गुरुजी रुके और विद्यार्थी से बाहर एकत्रित भक्तों से मिलने को कहा।

भक्तों ने उनसे प्रवचन के आधार पर कई प्रश्न पूछे और कुछ ने आशीर्वाद भी प्राप्त किया। आर्या के साथ एक परिवार ने प्रवेश किया। गुरुजी ने किरण को बुलाया जो पूज्य गुरुजी के बगल में

बैठा था। जब उसने उसे और आर्य के परिवार को गुरुजी के पास आते देखा तो उसे विश्वास नहीं हुआ।

अध्याय २९

प्रयुक्त संचित कर्म

"स्नेह के बिना जीवन बिना फूल या फल के पेड़ के समान है।"

पूज्य गुरुजी - "अक्षय, हम चर्चा करेंगे कि संचित कर्म को कैसे समाप्त किया जाए।"

"हमने चर्चा की कि इस जीवन में कर्म योग के माध्यम से क्रियामन कर्म और भक्ति योग के माध्यम से प्रारब्ध कर्म को कैसे नियंत्रित किया जाए।"

गुरुजी - "इस देह (शरीर) को ग्रहण लगने से पहले, हमें संचय में बचे सभी कर्मों को साफ़ करना होगा। भले ही केवल एक कर्म बचा हो, हमें जन्म और मृत्यु के अंतहीन चक्र से गुजरना होगा। परिणामस्वरूप, व्यक्ति को तीनों श्रेणियों में कर्म के संतुलन के बारे में स्पष्ट होना चाहिए।"

हमारा लक्ष्य यथासंभव आसानी से खुद को "कर्म के चक्र" से मुक्त करके जन्म और मृत्यु के दुष्चक्र को तोड़ना है।

हमने अपने पिछले जन्मों में जो कर्म किए हैं, जो अभी पकने और परिपक्व होने वाले हैं, वे अभी तक आपके लिए फल देने के लिए तैयार नहीं हैं; जो संचित कर्मों के रूप में असंख्य संख्या में जमा होता है। ये कर्म (कर्म कर्म) पहले ही किए जा चुके हैं और इसलिए आपके नियंत्रण से बाहर हैं। वे बस फसल के समय की प्रतीक्षा कर रहे हैं।

चलो मैं कुछ उदाहरण देता हूँ:

१. धृतराष्ट्र ने अपने सभी पुत्रों को क्यों खो दिया - यह श्राप पचास जन्मों के बाद प्रकट हुआ?

२. क्या हम जानते हैं कि हमारे पास कितना बोझ है?

३. हर संचित नियति कब फलेगी? यह कब फल देगी?

४. क्या मुझे कई बार पुनर्जन्म लेने की आवश्यकता है?

गोली निकलने के बाद कभी वापस नहीं आती है, न ही रुकती है, न ही बंध होती है और न ही कम होती है। उसी तरह, आप नहीं जानते कि संचित कर्म भाग्य के रूप में कब फलदायी होंगे। यह मानव मन के लिए दुर्गम है।

जहां तक संचित कर्मों का संबंध है, आप पूरी तरह से अंधेरे में हैं और भले ही वे सभी वर्तमान जीवन के लिए भाग्य के रूप में एक ही समय में परिपक्व हों, उनका सामना करना असंभव है। यहां तक कि कई पुनर्जन्म (जन्म) कर्म को शुद्ध

करने के लिए पर्याप्त नहीं हैं और यह एक विनाशकारी और दयनीय दुःख है। नतीजतन, आपके लिए निर्धारित और खुला एकमात्र तरीका इस बोझिल और भयानक स्थिति को दूर करना है। ज्ञानाग्नि (ज्ञान की अग्नि) के साथ जमा किए गए कर्म के इन विशाल पहाड़ी ढेरों को आग लगा दी जानी चाहिए, जो तुरंत उन सभी को जलाकर राख कर देगी।

भगवद्गीता अध्याय ४.१९ - आत्मा परमात्मा का अंश है, आनंद का सागर है और स्वाभाविक रूप से आनंद की तलाश करता है। हालांकि, आत्मा भौतिक शरीर (शरीर) में बंधी हुई है, जिसे गलत तरीके से भौतिक ऊर्जा के रूप में पहचाना जाता है। अज्ञान की इस अवस्था में व्यक्ति भौतिक संसार से सुख प्राप्त करने का कार्य करता है क्योंकि वे मानसिक और शारीरिक सुख की इच्छा से प्रेरित होते हैं, ये क्रियाएं आत्मा को कर्म की प्रतिक्रियाओं से जोड़ती हैं।

इसके विपरीत: जब आत्मा - दिव्य ज्ञान से प्रकाशित, यह समझती है कि वह जो खुशी चाहती है वह शक्ति इन वस्तुओं में नहीं है, बल्कि सर्वोच्च (उच्च स्व) के प्रेम से चिपके रहने में है। फिर वह उच्च स्व के लाभ के लिए सभी कार्यों को करने का हर संभव प्रयास करता है।

यस्य सर्वे समारम्भाः कामसङ्कल्पवर्जिताः।

ज्ञानाग्निदग्धकर्माणं तमाहुः पण्डितं बुधाः ॥१९॥

भावार्थ: - "जिन मनुष्यों के समस्त कर्म सांसारिक सुखों की कामना से रहित हैं तथा जिन्होंने अपने कर्म फलों को दिव्य ज्ञान की अग्नि में भस्म कर दिया है उन्हें आत्मज्ञानी संत बुद्धिमान कहते हैं।"

९.२७ के अनुसार, "श्रीकृष्ण कहते हैं कि सभी कर्म उन्हें अर्पित किए जाने चाहिए।"

यत्करोषि यदश्नासि यज्जुहोषि ददासि यत् ।

यत्तपस्यसि कौन्तेय तत्कुरुष्व मदर्पणम् ॥२७॥

भावार्थ: "हे कुन्ती पुत्र! तुम जो भी करते हो, जो भी खाते हो, पवित्र यज्ञाग्नि में जो आहुति डालते हो, जो भी दान देते हो, जो भी तपस्या करते हो, यह सब मुझे अर्पित करते हुए करो।"

संपादित आत्मा भौतिक सुख के लिए आत्म-केंद्रित गतिविधियों को छोड़ देती है और अपने सभी प्रयासों को उच्च स्व के लिए समर्पित करती है। किए गए कार्य का कोई कर्म परिणाम नहीं है। कहा जाता है कि वे दिव्य ज्ञान की अग्नि से भस्म हो गए थे जिसे ज्ञानाग्नि के नाम से जाना जाता है।

किरण ने पूछा, "क्या हमारे अच्छे कर्मों का स्व-प्रचार अच्छे कर्म की ओर ले जाएगा?"

गुरुजी ने मुस्कुराते हुए कहा, "तुम्हें अपने पापों और अन्यायों के बारे में खुलकर बोलना चाहिए।"

किरण भ्रमित था और बाकी भक्त भी भ्रमित थे।

गुरुजी - "किरण, मुझे समझाने दो।"

तर्कसंगत रूप से "कर्म के कानून" का मुख्य सिद्धांत यह है कि कोई भी कार्य, चाहे वह धर्म (न्यायपूर्ण) हो या अधर्म (अधर्म), जब भी सकारात्मक या नकारात्मक कर्म के रूप में उच्चारित किया जाता है, तो उसके लिए भुगतान किया जाएगा क्योंकि यह अब अपने अच्छे या बुरे कर्मों के लिए स्वीकृति ग्रहण कर रहा है। उदाहरण के लिए, यदि कोई व्यक्ति अपने समुदाय के लिए कुछ अच्छा करना चाहता है, तो वह हरित आंदोलन शुरू कर सकता है और सभी को पेड़ लगाने के लिए प्रोत्साहित कर सकता है। जैसे-जैसे आंदोलन आकार में बढ़ता है, किसी का उद्देश्य एक महान कारण होता है। उसके आस-पास के लोग उसके काम की प्रशंसा करते रहते हैं और वह सकारात्मक कर्म पैदा करता है।

कर्म प्रतिसंतुलित होता है जब यह मीडिया में, सार्वजनिक रूप से, सजीले टुकड़े में या प्रेस में उजागर और विज्ञापन करता है। ऐसा प्रकाशन सार्वजनिक रूप से आपके अच्छे कर्मों के सभी गुणों को रद्द कर देता है। सभी अच्छे कर्मों ने किसी भी प्रश्न का उत्तर दिया है कि क्या अच्छे कर्म अच्छे परिणाम देगा या सौभाग्य।

श्री शाम्बव

मैं आपको राजा ययाति के बारे में एक रोचक कथा बताता हूं: महाभारत के अनुसार राजा ययाति ने धार्मिक यज्ञ, कठोर तपस्या, दान आदि पुण्य कर्मों से अनेक पुण्य प्राप्त किए। राजा ययाति को अपने गुणों के कारण आकाशीय लोकों के लोक में रहने का अधिकार मिला। ययाति एक बार इंद्र से मिले और उनकी बातचीत के दौरान उनसे निम्नलिखित प्रश्न पूछा गया:

"ययाति, मैं आपसे पूछना चाहता हूं, तपस्वी तपस्या के मामले में आप अपनी तुलना किससे करते हैं?"

ययाति ने उत्तर दिया, "मैं मनुष्यों में, आकाश में, गंधर्वों में और महान ऋषियों में अपनी समानता नहीं देखता।"

इंद्र उत्तर से नाराज हो गए। इंद्र ने कहा, "आपने अपने वरिष्ठों, समकक्षों और यहां तक कि अपने से नीचे के लोगों की वास्तविक योग्यता को जाने बिना उनकी उपेक्षा की है। इस तरह से आपके गुण कम हो गए हैं और आप नैतिकता से फिसल गए हो, इसलिए तुम्हें स्वर्ग से नीचे गिरना होगा।"

ययाति को अपनी गलतियों का एहसास हुआ और उन्होंने इंद्र से पूछा - "अगर मुझे स्वर्ग से नीचे आना है, तो मैं कम से कम नैतिक और सदाचारी लोगों के बीच गिरना चाहूंगा।"

इंद्र ने उत्तर दिया - "आप उन लोगों में शामिल होंगे जो गुणी और बुद्धिमान हैं और प्रसिद्धि और महान प्रसिद्धि प्राप्त करेंगे।

इस अनुभव के बाद, आप फिर कभी उन लोगों की उपेक्षा नहीं करेंगे जो आपसे श्रेष्ठ हैं या आपके बराबर हैं।"

इसके बाद ययाति इस तरह आकाशीय लोक से नीचे उतर आये।

अंत में, जब हम खुले तौर पर अपनी गलतियों या अपराधों को पूरी ईमानदारी के साथ स्वीकार करते हैं, तो हम अपने नियत कर्म से मुक्त हो जाते हैं। ऐतिहासिक तथ्यों के अनुसार- "सत्य के साथ मेरे प्रयोगों की कहानी" महात्मा गांधी के बचपन और युवावस्था में उनके अकल्पनीय कार्यों या गलत कामों के संस्मरणों का संग्रह है।

पूरी दुनिया के सामने ऐसी ईमानदारी और सच्चाई ने एक पूर्ण खुलापन पैदा किया, जिसने महात्मा गांधी को उनके सभी नकारात्मक परिणामों या नियति से मुक्त कर दिया।

कई उन्नत आत्माओं ने स्व-वृत्तचित्र में पूर्ण स्वीकारोक्ति करके महान और अनुकरणीय साहस दिखाया है। उन्होंने इस तरह के खुले प्रदर्शन के माध्यम से और पूर्ण आत्म-पश्चाताप के साथ अपनी आत्माओं को शुद्ध करके अपनी गलत गतिविधियों के बोझिल कर्म के प्रभाव से खुद को मुक्त कर लिया है।

"किरण, संयोग से, वास्तविकता को उजागर करने में उनकी अत्यंत दृढ़ता और स्पष्टता ने उन्हें सार्वजनिक उपहास से बचाया," पूज्य गुरुजी ने कहा। हममें से जो लोग अपनी गलतियों और

अपराधों को जानबूझकर, लेकिन गुप्त रूप से दर्दनाक ढंग से प्रस्तुत करने का सावधानीपूर्वक प्रयास करते हैं इसका परिणाम तो भुगतना ही पड़ेगा।

पूज्य गुरुजी ने कहा- *"कल हमारा नहीं था, लेकिन आने वाला कल हमारा है।"*

श्री गुरुजी ने उपरोक्त उद्धरण के साथ दिन के सत्र का समापन किया।

अक्षय को कुछ बात परेशान कर रही थी, क्या यह सच था कि कल इस गांव में उसका आखिरी दिन होगा और क्या उस अलगाव का मतलब अपने बनाए सभी नए दोस्तों को पीछे छोड़ना होगा? नतीजतन, उसके पास बहुत सारे सवाल थे जो उसे परेशान कर रहे थे। अक्षय, "सूरज डूब रहा था; आसमान में अंधेरा हो रहा था। मुझे बहुत ही असामान्य एहसास हो रहा था। मैंने महसूस किया कि ठंडी हवा मेरे बगल से गुजर रही है और तुरंत मैंने चांदनी से रोशन आकाश को देखा। पूर्णिमा का दिन था। सितारे हमेशा की तरह चमक रहे थे और जगमगा रहे थे।"

अक्षय ने आसमान की तरफ देखा तो ऐसा लगा जैसे चांद उससे सवाल कर रहा हो। 'अक्षय, तुम इतने सालों तक दुखी क्यों रहे?' आवाज़ ने अक्षय की दिलचस्पी बढ़ाते हुए कहा।

अक्षय गहरी सोच में था, अंदर सवालों के जवाब देने में असमर्थ था, कांप रहा था लेकिन घबराहट की स्थिति में था। उसने एक अपरिचित आवाज सुनी, "आप हमेशा जो कुछ भी चाहते हैं उससे अधिक चाहते थे। आपके पास अद्भुत माता-पिता, अच्छा भोजन, पहनने के लिए बहुत सारे कपड़े, उत्कृष्ट शिक्षा, अच्छी पत्नी और प्रतिभाशाली बच्चे थे, लेकिन आप नाखुश थे।"

अक्षय को ऐसा ही महसूस हुआ क्योंकि उनकी अंतरात्मा की आवाज जारी रही। "जब आप छोटे थे, तो आपके माता-पिता ने आपको जन्मदिन के उपहार के रूप में एक साइकिल खरीदी थी, लेकिन आपने इसकी तुलना अपने दोस्त की साइकिल से करना शुरू किया, संतुष्ट और खुश होने के बजाय, आप असंतुष्ट थे।"

"आपको अपने स्कूल की पढ़ाई में अच्छे ग्रेड मिले, लेकिन आपको लगा कि आप कुछ अंकों से कम थे; जब आपके पास अच्छी नौकरी थी, लेकिन आपको लगता था कि आपने अपनी इच्छा के अनुसार सही नौकरी का चुनाव नहीं किया; आपकी पत्नी अच्छी थी, लेकिन आप अभी भी बचपन के दोस्त के बारे में पछतावा कर रहे थे जो अब जीवित नहीं है। खुशी आपके चारों ओर है, फिर भी आप इसकी तलाश कर रहे हैं। आपकी ज़िम्मेदारी खुशी, संतोष या प्रेम खोजना नहीं है, बल्कि आपके द्वारा बनाई गई आंतरिक बाधाओं को खोजना है।"

श्री शाम्बव

अक्षय सपने से जागे जब उन्होंने एक गर्जना की आवाज सुनी, उसके बाद अचानक गहरी चुप्पी छा गई। "हाँ!" "अक्षय ने जमीन पर घुटने टेकते हुए हाथ उठाते हुए कहा। भगवान मेरे लिए बहुत दयालु रहे हैं, लेकिन मेरी अज्ञानता और पूरे दिमाग पर कब्जा करने की इच्छा ने मेरी प्रगति में बाधा डाली है। मैंने कभी नहीं सोचा था कि मैं जिसका हकदार था, वह मुझसे विरासत में मिलेगा। सर्वश्रेष्ठ के लिए मेरी लालसा ने मुझे अंधा कर दिया है और मैं इतने सालों से एक असंतुष्ट व्यक्ति रहा हूं। अंत में, उन्होंने आत्म-खोज की प्रक्रिया के माध्यम से अपने जीवन में प्रकाश लाने के लिए भगवान को धन्यवाद दिया।"

"आत्म-ज्ञान मनुष्य का पहला और सबसे महत्वपूर्ण लक्ष्य है। आत्म-साक्षात्कार में, मनुष्य की आकांक्षाएं अंततः भगवान की छवि बन जाती हैं।" - श्री चिन्मय।

भाग १२

अध्याय ३०

एक जीवन चक्र - आत्मा

ज्ञान योग

"सब कुछ एक चक्र का अनुसरण करता है।"

अक्षय गहरी सोच में था, गुरुजी की पहले की शिक्षाओं पर विचार कर रहा था। उस ने अपने लगातार कथनों और अपने सभी कथनों में दार्शनिक और आध्यात्मिक सत्यों को याद किया। जब भगवान ने सुबह जल्दी उठाया तो यह एक दिव्य आह्वान था। उषा, भोर ने, अपनी पूरी विशालता के साथ उज्ज्वल परिवर्तन की एकता के साथ सुनहरे रंगों को हटाकर और हरे धान के खेतों, ऊंचे पेड़ों, बंजर पहाड़ियों और लहराते पानी के सुरम्य प्राकृतिक दृश्यों को उज्ज्वल करके अपनी आभा बनाई। व्यक्ति एक ऐसे वातावरण में सांस लेता है जो सर्वशक्तिमान से भरा होता है और शांति की आनंदमय शांति में झूलता है। 'सत्य' की खोज करते हुए कई साधक गहन स्मृतियों से प्रभावित हुए।

सच्चाई की तरह, इस धरती पर हमारा जीवन कई तरह की यादगार उपलब्धियों को दर्शाता है। यह भगवान का गर्भगृह है।

श्री शाम्बव

इस परमात्मा की अभिव्यक्तियाँ पृथ्वी की प्रगति और कर्म, प्रकृति और मनुष्य के उत्थान के लिए एक धार्मिक सिद्धांत की अवधारणाओं के लिए उत्पन्न हुई हैं। यद्यपि, "मनुष्य में भावना" के लिए जुनून उत्पन्न करने के अन्य कोई तरीके नहीं हैं। मानवता के लिए कर्म और कर्म के लिए लेखांकन की भूमिका को स्वीकार करते हुए, वापसी से बचना, आंतरिक चेतना में एक नई गतिशीलता को अपनाना, और काम के माध्यम से ऊपर और ऊपर जाने की इच्छा विकसित करना, बस पुण्य कार्य में संलग्न होना, और इससे आगे बढ़ना कई आयाम हैं।

यह योगी या वास्तविक अस्तित्व का मार्गदर्शन है जो संभावनाओं को खोलता है।

अक्षय, सुंदर सूर्योदय, आकाश में सुंदर केसरी और गुलाबी रंग के प्रसार और इसे कवर करने के लिए एक उज्ज्वल सफेद बादल दौड़ देखने में लीन था। वह अजीब और विशिष्ट भावनाओं में तल्लीन था, आसपास की सुंदरता से मोहित था।

अक्षय ने कहा- "हर दिन, इस धरती पर सूर्योदय के समय बहुत सारे चमत्कार शुरू होते हैं, जो किरणों के क्षेत्र और आकाश-तिजोरी दुर्लभ घटनाओं के साथ शक्तिशाली क्षेत्रों का समर्थन करने के कारण स्थिर है और मैं उनमें से एक हो सकता हूं। आदित्य देव, सूर्य देव के प्रति हमारा समर्पण पूरे प्यार के साथ किया जाना चाहिए।"

अक्षय को लगा कि उसे अपने माता-पिता के सामने कबूल करना चाहिए और एक अच्छा बच्चा नहीं होने के बावजूद इस तरह के एक अद्भुत माता-पिता होने के लिए उन्हें धन्यवाद देना चाहिए। वह एक अच्छा पति और पिता नहीं होने के लिए अपनी पत्नी और बच्चों से माफी भी मांगना चाहता था। वह उन सभी को धन्यवाद देना चाहता था जिन्होंने उनके जीवन में एक प्रमुख और महत्वपूर्ण भूमिका निभाई।

अक्षय अपने शुरुआती वर्षों को याद करते हुए आँसू में था: "हर कोई मेरे लिए बहुत दयालु था और मैं उनके बलिदान को कैसे नहीं समझ सकता था? क्या यह संभव है कि मैंने चीजों की ठीक से सराहना नहीं की?"

अक्षय को लगा- 'वासुदेव चाहते थे कि कोई उनका ख्याल रखे और जिंदगी भर उनसे प्यार करे। लेकिन मेरे मामले में, मेरे आस-पास के लोग देखभाल और प्यार कर रहे हैं, लेकिन मैं उन्हें वर्षों से अस्वीकार कर रहा हूं और इसके विपरीत, विद्यार्थी अपने माता-पिता के स्नेह और देखभाल के लिए तरस रहा है।'

अक्षय ने अपने कंधे पर एक गर्म हाथ महसूस किया और जैसे ही उसने किरण और वासुदेव को देखा, उसने तुरंत अपनी आंखों और गालों से आंसू पोंछ लिए।

किरण ने पूछा, "क्या हुआ है"? आप उदास और उदासीन क्यों दिख रहे हैं?

'नहीं!' अक्षय ने कहा। मैं अपने ख्यालों में खोया हुआ था। मैं अपनी जवानी की यादों को ताजा कर रहा था। मैं आपके साथ रहने और गुरुजी के आशीर्वाद से हमारी रक्षा करने में प्रसन्न हूँ। मैं दुखी कैसे हो सकता हूं जब हर कोई मेरे लिए है?

तीनों ने एक-दूसरे को कृतज्ञता की गहरी भावना के साथ देखा, मुस्कुराए और अपने काम के साथ आगे बढ़े।

श्री गुरुजी- "अक्षय, ज्ञान का अर्थ है ज्ञान, अंतर्दृष्टि या बुद्धिमत्ता। इसमें अलौकिक अनुभव है जिसे प्राचीन यूनानियों ने ग्नोसिस कहा था, एक असाधारण प्रकार का मुक्तिदायक ज्ञान। ज्ञान का अर्थ है वास्तविक ज्ञान; ज्ञान का अर्थ है स्वयं को समझने की क्षमता (आत्म-साक्षात्कार) या 'मैं कौन हूं?' और स्वयं को जानना, जो मनुष्य का मुख्य लक्ष्य और सर्वोत्तम आकांक्षा है।"

भौतिक दुनिया में वस्तुओं के बारे में सभी अस्पष्ट और सांसारिक ज्ञान को सूचना कहा जाता है। यह ज्ञान नहीं है। सूचना लगातार बदलती रहती है और समझ में आती है, जबकि "सच्चा ज्ञान" शाश्वत और मूर्त है।

श्री गुरुजी आगे कहते हैं, "अक्षय, ज्ञानी का अर्थ है जिसने अपने सच्चे शाश्वत स्व का ज्ञान प्राप्त कर लिया है और जिसने समझ

लिया है कि वह कौन है। प्रबुद्ध एक ऐसा व्यक्ति है जिसने अपने पिछले और वर्तमान जन्मों (जागृत आत्मा) को समझ लिया है। ज्ञान की प्राप्ति होते ही उसके सारे संचित कर्म ज्ञान की अग्नि में जल जाते हैं।"

श्री गुरुजी- "अक्षय, जिस प्रकार व्यक्ति आत्म-साक्षात्कार या जागृत आत्मा को प्राप्त करता है, उसी प्रकार व्यक्ति परम आनंद (खुशी) को प्राप्त करता है।"

मैं एक दिलचस्प कहानी बताता हूं: सूर्य के पुत्र मनु ने एक नए युग की स्थापना की। राजा निमि, मनु का पौत्र था; निमि महाराज एक यज्ञ करना चाहते थे जिससे उनकी प्रजा और राज्य को लाभ हो, लेकिन यज्ञ अधिक कठिन था और इसमें लंबा समय लग सकता था। वह इस यज्ञ का नेतृत्व करने के लिए एक ऋषि की तलाश कर रहे थे और अंततः उन्होंने मार्गदर्शन के लिए ऋषि वशिष्ठ को चुना।

निमि ने महान ऋषि वसिष्ठ से इस यज्ञ का अनुरोध किया, लेकिन ऋषि वसिष्ठ ने इनकार कर दिया, क्योंकि उसी समय उन्हें इंद्र के लिए एक यज्ञ करना था और यह उस यज्ञ के पूरा होने के बाद ही उपलब्ध हो सकता था।

राजा निमि ने, ऋषि वसिष्ठ, को उनके आश्वासन के लिए धन्यवाद देते हुए आश्रम छोड़ दिया। भगवान इंद्र के लिए यज्ञ

का संचालन करने के लिए ऋषि वसिष्ठ को भी बहुत समय लगना था और वे समय बर्बाद नहीं करना चाहते थे। परिणामस्वरूप, उन्होंने अपने यज्ञ के लिए ऋषि गौतम को चुना।

इस बीच, ऋषि वसिष्ठ को राजा निमि के अनुरोध को अस्वीकार करने के बारे में बुरा लगा। "राजा निमी बड़ी विनम्रता, प्रेम और सम्मान के साथ मेरे पास आए थे। ऋषि वसिष्ठ सोच रहे थे।" "मुझे व्यावहारिक रूप से कुछ भी लेकर वापस आना चाहिए। मैं तुरंत अपने यज्ञ के समापन होते ही उनके यज्ञ में जाऊँगा।"

यज्ञ समाप्त होने के तुरंत बाद ऋषि वशिष्ठ, निमि के यज्ञ के लिए रवाना हुए। जब वह निमि के राज्य में पहुँचे तो उन्होंने देखा कि यज्ञ प्रभावी ढंग से शुरू हो गया है। ऋषि वसिष्ठ व्यथित और क्रोधित थे। उन्हें लगा कि राजा ने उनकी उपस्थिति के बिना यज्ञ जारी रखकर जानबूझकर उन्हें नाराज कर दिया हैं। क्रोधित वशिष्ठ ने निमी को इस हद तक डांटा कि उसका शारीरिक रूप खराब हो जाए।

ऋषि वसिष्ठ- "क्या आपके पास ऋषि की प्रतीक्षा करने का शिष्टाचार नहीं है?" आप जैसे आदमी को शरीर की जरूरत नहीं है। राजा निमि, मैं तुम्हें शाप देता हूं; आपके पास आपका शरीर नहीं होगा।

आत्मा की सफ़र - कर्म

जब ऋषि वसिष्ठ उनके शाही निवास पर दिखाई दिए, निमी आराम कर रहे थे और वो क्रोधित ऋषि की प्रतिक्रियाओं और बदनामी से अनजान थे। हालांकि, इससे क्षति नहीं रुकी।

जब निमी जागे तो उन्होंने देखा कि कुछ गड़बड़ है; उन्होंने उनके मृत शरीर की ओर देखा, और उन्होंने देखा कि उनके सेवक उसके शरीर को घेरे हुए हैं और रो रहे हैं। वह भ्रमित था, इसलिए उन्होंने अपनी आँखें बंद कर लीं और उसे ढूंढने के बारे में सोचा।

निमि को एहसास हुआ कि क्या हुआ था: "मैंने धार्मिक रूप से उत्तर दिया, फिर भी ऋषि ने इसके लिए मेरी निंदा की।"

खुद को नियंत्रित करने में असमर्थ, निमि ने ऋषि वसिष्ठ की निंदा की, उन्हें "विदेशी" कहा। मुझे अपने लोगों की भलाई के लिए यज्ञ करना पड़ा। मुझसे आपको अपने साथ खड़े होने की उम्मीद करने की गलती हुई। "मैं आपको शाप देता हूं, ऋषि वसिष्ठ, कि आप भी शरीर के बिना रहेंगे।"

निमी एक आत्मा के रूप में इधर-उधर घूमते रहे, और उनको ब्रह्म (उच्च स्व) के साथ एक होने का आनंद मिला। लगातार ध्यान करने के कारण निमी आध्यात्मिक रूप से मजबूत हो गये।

हालांकि, निमी के साम्राज्य के लोग असंतुष्ट थे क्योंकि उनका राजा शारीरिक रूप से मौजूद नहीं था। उन्होंने राजा निमि के शरीर को तेल और सुगंध से भरकर बचाया और यज्ञ को और

श्री शाम्बव

अधिक तीव्र बना दिया। जब यज्ञ समाप्त हो गया, तो देवता अपना प्रसाद चढ़ाने पहुंचे। लोगों ने अपना मामला देवताओं के सामने रखा। वे अपने राजा निमी को वापस लाना चाहते थे।

देवताओं ने मूल निवासियों के अनुरोध पर सहमति व्यक्त की। देवताओं ने निमी की आत्मा को इकट्ठा करने के लिए अपनी शक्ति का उपयोग किया, क्योंकि वे इसे संरक्षित शरीर में पुन: एकीकृत करने का इरादा रखते थे। 'कृपया समझें कि आप ऐसा नहीं कर सकते,' निमी ने चिल्लाते हुए कहा।

निमी ने कहा, "मैं अब स्वतंत्र हूं और पराधीन नहीं होना चाहता। कृपया मुझे उस देह (शरीर) से दोबारा न पहचानें।"

"आपके लोग चाहते हैं कि आप उनके साथ रहें।" देवताओं ने उत्तर दिया।

नीमी ने समझाया, "मुझे शाश्वत रूप में अपने रिश्तेदारों का हिस्सा बनने की ज़रूरत है।" "थोड़ा सा विराम था। मैं उनकी भौंहों पर ही रहूँगा।"

देवताओं ने उनकी इच्छा पूरी की और लोगों का मानना है कि निमी आज तक उनके मल पर बने हुए है। जब कोई व्यक्ति अपना "पोप्चा" खोलता और बंद करता है तो इसे "निमिषा" कहा जाता है - पोपचा खोलने और बंद करने का समय।

लोग समझते हैं कि जिस राजा की वे प्रशंसा करते हैं वह हमेशा उनके साथ होता है, लेकिन उन्हें उनकी रक्षा के लिए एक कानूनी और प्रामाणिक राजा की आवश्यकता है। अंत में, उन्होंने निष्कर्ष निकाला कि निमी के शरीर का उपयोग एक और शासक बनाने के लिए किया जा सकता है। उन्होंने अपनी आध्यात्मिक और मानसिक शक्ति से मृत शासक के शरीर को उकसाया। उनमें से एक प्रतिभाशाली व्यक्ति उत्पन्न हुआ।

एक प्रभावशाली व्यक्ति, कुशध्वज महाराज को राज्य के शासक के रूप में ताज पहनाया गया। वैदेह, उनको नाम दिया गया जो बिना पिता या माता के जन्में थे। उन्हें जनक के नाम से भी जाना जाता था। कुशध्वज एक महान राजा थे जो गहन विचारशील थे।

मैं आपको एक ऐसे व्यक्ति के बारे में एक कहानी बताता हूं जो घने जंगल में हिरण का शिकार करने के लिए बंदूक लेकर गया था। घने जंगल से गुजरते समय उसे एक बाघ मिला। आवेग के साथ, उसने बंदूक चलाई, और बाघ जमीन पर मर गया। इससे पहले कि वह अपनी गलती का एहसास करता, चीजें बदल गईं और उसने एक सेकंड के अंश में वहाँ पर एक और बाघ देखा। आदमी को जल्दी से एहसास हुआ और वह बंदूक याद कर रहा था, उसके पास एकमात्र विकल्प भागने के लिए था। वह दौड़ा और उसका पीछा शुरू हुआ।

श्री शाम्बव

वह अंततः चट्टान से कूद गया जहां वह लटका रहा था। उसके सिर के ऊपर एक बाघ बैठा था और उसके नीचे पत्थर पड़े थे। यदि वह गिरता है, तो वह निस्संदेह मर जाएगा। उसका दिल धड़क रहा था और वह अपने सिर के पीछे से खून बहते हुए देख सकता था। उसने अपने पूरे शरीर पर घाव देखे, और बाघ उसे मारने की प्रतीक्षा कर रहा था। आदमी शारीरिक और मानसिक रूप से भयानक दर्द में था और महसूस कर सकता था कि मौत आ रही है। 'अगर मैं गिरता हूं, तो मैं पत्थरों से टकराने के बाद मर जाऊंगा, और अगर मैं खुद को बाघ की दया पर छोड़ देता हूं, तो यह मेरे शरीर को फाड़ देगा,' उसने खुद को चेतावनी दी। इस सारी यातना से बचना ही एकमात्र विकल्प बचा है।

वो वहाँ एक बेल को लटका हुआ देखकर चौंक गया। उसे बाहर निकलने का रास्ता मिल गया, वह धीरे-धीरे लटकती हुई स्थिति में अंततः बेल के पास पहुंच गया। उसे बस दूसरी तरफ जाना था, जहां बाघ नहीं पहुंच सकता था। उसने सावधानीपूर्वक योजना बनाकर यह कदम उठाया।

अचानक, उसने महसूस किया कि बेल अलग हो रही थी और आदमी तुरंत बेल के साथ हवा में था। वह खाई में जा रहा था, उसका दिमाग खाली था और वह एक पत्थर से टकरा रहा था। वह इतनी जोर से चिल्लाया कि अपने सपने से जाग गया और राहत मिली। एक पल में, मेरे सभी दुःख और दर्द गायब हो गए।

वह स्वतंत्र और सुरक्षित महसूस कर रहा था और चिंताओं से मुक्त था।

आदमी अपने नरम, गर्म बिस्तर पर चुप रहता है और महसूस करता है कि वह एक शुद्ध, पवित्र, निर्दोष आदमी है जिसने बाघ को नहीं मारा है। उसने अपने सपने में जो संचित किया था वह तुरंत मिटा दिया गया और "सत्य के ज्ञान" में जला दिया गया।

पूज्य गुरुजी ने कहा, *"हम अपने सपनों में जो कुछ भी लेकर आते हैं वह सच्चाई सीखते ही दूर हो जाएगा।"*

अक्षय ने सिर हिलाते हुए कहा

पूज्य गुरुजी - "किरण, उसी तरह, जन्म और मृत्यु के बीच, हमारे पास एक अपेक्षाकृत लंबा सपना है जिसमें हमारे दुःख, दर्द और खुशी सभी अवास्तविक (मिथ्या) असत्य (झूठे) हैं। यह सब एक सपना है।"

अपने भाग्य के अनुसार, आप लगातार अपने वर्तमान जीवन के दुखों और खुशियों का सपना देख रहे हैं; आप खुशी और दुख (परिपक्व संचित कर्म) के सपनों के बीच वैकल्पिक हैं। जन्म हर सांसारिक जन्म में होते हैं।

जब आप एक सपने की स्थिति में प्रवेश करते हैं, तो आप एक नवजात शिशु नहीं होते हैं। यह आपके द्वारा अतीत में देखे गए

श्री शाम्बव

कई सपनों में से एक है। इसी तरह, जब एक सपना खत्म होता है, तो यह अंत नहीं होता है। इसी तरह, जब स्व एक नया शरीर (शरीर) प्राप्त करता है, तो आप फिर से पैदा नहीं होते हैं, और जब आप अपना शरीर छोड़ते हैं, तो आप मरते नहीं हैं। स्व, शाश्वत आत्मा का कोई जन्म और मृत्यु नहीं है।

पूज्य गुरुजी- "किरण, आपका पुराना शरीर गायब हो जाता है या कब्र में चला जाता है, आप नहीं। आप अमर हैं, आप हमेशा शाश्वत और शुद्ध रहेंगे और केवल एक चीज जो बदलती है वह है आपका अमर शरीर (शरीर)।"

हेनरी द्वारा रचित एक खूबसूरत गीत - सॉन्ग ऑफ लाइफ का उल्लेख करने की अनुमति दें।

"जीवन वास्तविक है! जीवन रोमांचक है!"

और कब्र उसका लक्ष्य नहीं है;

तुम धूल हो, धूल लौट आती है,की बात नहीं की गई।"

गुरुजी ने कहा, "किरण, मनुष्य का परम कर्तव्य है कि वह इस बंधे हुए चंगुल से मुक्ति और बोध के लिए प्रयास करे। ये शब्द उन साधकों के मन में गूंजेंगे जिन्होंने 'गहरी समझ' के साथ उच्चारण सुना।"

श्री गुरुजी मुस्कुराते हैं और दिन के लिए अपना भाषण समाप्त करते हैं। उन्होंने विद्यार्थि और अक्षय को बुलाया और कहा, "हम कल यात्रा करेंगे। गांव के भक्तों ने उनका आशीर्वाद मांगा। वे जानना चाहते थे कि वह इस गांव में वापस कब लौटने वाले है।"

"गुरुजी पांच साल बाद आए हैं।"

परिणामस्वरूप, अन्य भक्तों ने उत्तर दिया, "गुरुजी, हम आपके आने का बेसब्री से इंतजार करेंगे। गुरुजी हमेशा की तरह, शांति और चुपचाप मुस्कुराए।"

अध्याय ३१

पदमा

"हर संत का एक अतीत होता है; हर पापी का एक भविष्य है।"

कई महीने बीत गए और अक्षय हमेशा की तरह सबसे पहले उठा और प्रकृति की सुंदरता में खो गया था। घने सफेद बादल से सूरज अपनी रोशनी की किरणें चमका रहा था और पक्षी अपने सुंदर गीतों से जाग रहे थे और ठंडी सर्दियों की हवा जोर से बह रही थी। थोड़ी देर बाद विद्यार्थी आकाश की ओर देखते हुए अक्षय के साथ जुड़ गया।

कुछ मिनट बाद वह अपने पीछे किसी को खड़ा देखकर हैरान रह गये। वह कोई और नहीं बल्कि पद्मा थी। "अरे!" अक्षय ने कहा। "पद्मा"! अपने आप को देखो। आप कांचीपुरम पहुंच गई हैं।

जब विद्यार्थी ने उनका अभिवादन किया, तो वे तीनों इस बारे में बात करने लगे कि क्या हुआ था। भक्तों को जिसमें यह भी शामिल है कि उन्हें उसकी अनुपस्थिति के बारे में कैसा महसूस हुआ और उसके साथ जो हुआ उसके लिए वे कितने दुखी थे।

जल्द ही हमें एक आवाज सुनाई दी। वासुदेव कह रहे थे - "अरे! पदमा हमारे परिवार में वापस आ गयी।"

पदमा की वापसी से सभी खुश थे।

बातचीत में किरण और अन्य भक्त भी शामिल हो गए। किरण ने पदमा से पूछा - "महेश कैसा है?"

पदमा ने सवाल को नजरअंदाज कर दिया और बोलना जारी रखा और सभी खुश थे।

अक्षय ने पूछा- पदमा, महेश कैसा है? वह हमारे साथ शामिल होने वाला था। उम्मीद है सब कुछ ठीक है।

पदमा रोने लगी। अक्षय और अन्य लोग पूरी तरह से भ्रमित थे, और समझ नहीं पा रहे थे कि पदमा क्यों रो रही है।

पदमा ने कहा- "महेश अब नहीं रहा।"

"क्या!" सभी स्तब्ध रह गए और उन्हें अपने कानों पर विश्वास नहीं हुआ।

पदमा - "हाँ, वो अब नहीं है। महेश एक मृत्यु तरफ जाता हुआ आदमी था।"

पद्मा ने आगे कहा, "जब महेश आखिरी बार मुझसे मिला था, तो मैं बहुत दु:खी थी। उसने मुझे आश्वासन देकर और शांत किया कि मेरे बच्चे ने अपना कर्म पूरा कर लिया होगा। इसलिए, वह

शांति से चला गया। जल्द ही मैं भी उसके साथ जुड़ने जा रहा हूं। यह केवल समय की बात है।"

पद्मा ने कहा, "मैंने महेश से कहा कि मैं समझी नहीं। वह मुस्कुराया और कहा कि वह अपने दिन गिन रहा था और वह कभी भी मर सकता था। इसलिए, वह अपने अंतिम विस्तारित दिनों का आनंद ले रहा हैं।"

पदमा ने कहा - जब मैंने यह सुना तो मेरा सारा दर्द गायब हो गया। मैंने उससे पूछा, 'क्या तुम्हारा मतलब है कि तुम मरने वाले हो?' और महेश ने जवाब दिया, 'हां।'

पदमा ने कहा- "मैंने महेश से पूछा, 'क्या गुरुजी सच जानते हैं?' उसने कहा हाँ।"

महेश ने आगे कहा- कुछ साल पहले जब गुरुजी इस गांव में आए तो उन्होंने मुझे एक विशाल पेड़ के नीचे उदास बैठे देखा।

गुरुजी अकेले आए और बोले, ईश्वर तुम पर सचमुच मेहरबान हैं। तुम अपनी बीमारी से अवगत हो और अपनी मृत्यु के बारे में जानते हों। आपके पास अच्छी चीजें करने और जिस तरह से आपको जिना चाहिए, उसे जीने के लिए बहुत समय है।

महेश - "गुरुजी ने एक कहानी सुनाई थी। बुद्ध की मृत्यु अस्सी वर्ष की आयु में हुई। यह जानते हुए कि वह मर रहे हैं, उन्होंने निधन से पहले आखिरी बार उपदेश दिया और अपने भिक्षुओं को

श्री शाम्बव

उनके जाने के बाद भी अपना अभ्यास जारी रखने के लिए प्रोत्साहित किया।" बुद्ध ने आश्वासन देते हुए कहा, 'मैं तुम्हें केवल रास्ता दिखा सकता हूं। हमें भ्रम से मुक्त करने के लिए सत्य को स्वयं खोजना होगा।'

महेश - "गुरुजी ने कहा - अपने लिए दीपक बनो।"

पूज्य गुरुजी ने एक और कहानी सुनाई : काल चक्र के अनुसार श्री राम की मृत्यु का समय आ गया है। हनुमान को देखते हुए, मृत्यु के देवता यम, शहर में प्रवेश नहीं कर सके। श्री राम ने यम की समस्या को समझा और हनुमान को गुमराह किया। हनुमान का ध्यान भटकाने के लिए उन्होंने अपनी अंगूठी फर्श की एक दरार में फेंक दी और हनुमान से अंगूठी वापस लेने के लिए कहने से पहले प्रकृति को अपना काम करने दिया। फर्श में एक दरार हनुमान को भूमिगत क्षेत्र (पाताल लोक) में ले गई। साँपों के राजा ने उनका स्वागत किया। सर्प राजा, जीवन और मृत्यु का रहस्य जानता थे। हनुमान को साँप राजा से पूछा "वहाँ क्या ढूंढ रहे है"। "भगवान राम की अंगूठी," हनुमान ने उत्तर दिया।

साँप राजा ने कहा, मेरा साथ दो। वह हनुमान को एक कमरे में ले गए और उनसे वहां रखी कई अंगूठी में से कोई एक अंगूठी चुनने को कहा। हनुमान को राम की अंगूठी की कई प्रतियां मिलीं। क्षेत्र के गार्ड ने समझाया- "यहां जब भी अंगूठी गिरती है, एक

बंदर उसके पीछे आता है, और हम समझते हैं कि राम के लिए यह एक आदर्श अवसर है।"

नागों का शासक- "जहाँ तक मुझे याद है, ऐसी अंगूठी उच्च क्षेत्र से आती हैं। हम भविष्य में भी ऐसा करना जारी रखेंगे।"

नाग देवता ने उत्तर दिया - "प्रत्येक अंगूठी एक काल चक्र को संबोधित करती है। प्रत्येक चक्र में एक त्रेता युग है, जिसमें एक भगवान राम और एक हनुमान हैं। जब भी भगवान राम अपनी अंगूठी छोड़ते हैं तो बंदर उसे ढूंढने के लिए मैदान में आ जाता है और जब तक बंदर लौटता है तब तक भगवान राम जा चुके होते हैं।" *"पुरानी दुनिया मरती हैं और नई दुनिया जन्म लेती हैं।"*

महेश ने आगे कहा, गुरुजी ने कहा था- *"वर्तमान में जियो, इस जीवन की सुंदरता को जानो।"*

महेश - "मुझे बहुत खुशी है कि गुरुजी मेरे जीवन का हिस्सा हैं। मैं धन्य हूं और मुझे कोई चिंता नहीं है। मैं किसी भी समय मरने के लिए तैयार हूं।"

महेश - "यदि आप दु:ख और चिंता में जी रहे हैं, तो आप पहले ही मर चुके हैं। आपको जीवन में कोई सुंदरता नहीं मिलती है। बस बाहर आएं और देखें कि आपके आसपास क्या है। सब कुछ एक दिन मर जाता है। जैसा कि गुरुजी हमेशा कहते हैं, दोहराते

है, अपने जीवन में कुछ भी खोएं, अपनी आकर्षक मुस्कान कभी नहीं।"

पदमा ने कहा- "मैं समझ गई कि उन्होंने क्या कहना चाहा। चीजों में देरी न करें क्योंकि समय किसी के लिए नहीं रहेगा।"

"आइए हम इस पल को जी लें।"

वासुदेव ने कहा - "हाँ, मैं कच्चा था..."

अक्षयने कहा, "मुजे हमेशा से नाहक बहुत ना पसंद रहा है, लेकिन अब मुझे यह क्षेत्र की गहराई का एहसास होता है। स्थायी और स्वर्गीय सुख का मार्ग फिजूलखर्ची नहीं, बल्कि संयम, त्याग, अनुशासन और अपार प्रेम है।"

"जंगल सुंदर, अंधेरे और गहरे हैं,

लेकिन मेरे पास निभाने के लिए वादे हैं,

और मीलों जाने से पहले मैं सोता हूं,

और मीलों जाने से पहले मैं सोता हूं।"

- रॉबर्ट फ्रॉस्ट द्वारा।

हमने देखा कि गुरुजी अपनी उज्ज्वल मुस्कान के साथ धीरे-धीरे हमारी ओर आ रहे थे।

"शं सुखं भक्तनम् भावयतेति शम्भु।"

भावार्थ:- "जो अपने भक्तों को सुख देता है और जो मन की पहुंच से परे है, वह शंभू है।"

भक्त श्रद्धा से झूम उठे और "सर्वम् अर्पणं अस्तु।"

स्वीकृतियाँ

मेरे दादा, दादी, माता, पिता, चाची और चाचा, पड़ोसियों, बहनों, भाइयों, दोस्तों और शिक्षकों को जिन्होंने अनगिनत नैतिक कहानियाँ, रामायण, महाभारत, पुराण, उपनिषद सिखाए इत्यादि का पुनर्कथन डाला है।

मेरे शिक्षक, पड़ोसी और रिश्तेदार आत्माओं, जिन्होंने हमें अद्भुत पौराणिक कथाओं का प्रदर्शन करने के लिए एक मंच प्रदान किया और हमारे प्रयासों को स्वीकार करने के लिए पर्याप्त कृपा प्रदान की।

महाकाव्यों के कलाकारों और अनुवादकों जिन्हों ने हमें प्रेरित किया है, हमें जीवंत और सुलभ बनाया और गहरे आयामों की गहराई को समझाया।

मैं श्रीमती नीता राठोड को इस कृति का गुजराती में अनुवाद करने के उनके अपार प्रयास के लिए हृदय से धन्यवाद देता हूं। उसने अपनी क्षमता के अनुसार मूल अंग्रेजी पाठ की गहराई और सार को बनाए रखने के लिए खुद को समर्पित कर दिया है।

श्री शाम्बव

पांडुलिपि को समझने और संशोधित करने में उनके प्रोत्साहन, सुझाव और सलाह के लिए मैं सुश्री नंदिनी योगेश, श्री अक्षय राजेश, श्री एन. शैलेन्द्र राव और सुश्री स्वाति रिक को धन्यवाद देना चाहूंगा। उन्होंने पूरे प्रवाह में मेरे विचारों और दृष्टिकोण को बेहतर बनाने में मेरी मदद की।

मेरी अद्भुत माताओं पुनीता, मुनि स्वामी और उमादेवी के साथ मेरी बातचीत।

यह पुस्तक हमारे परिवार की सबसे छोटी सदस्य अध्या से प्रेरित है, जो हमेशा मुझे सवालों से अभिभूत कर देती है। इसी तरह, मैं श्री शिवकुमार, श्रीमती रूपा शिवकुमार, श्रीमती अक्षता राजेश, श्रीमती अपेक्षा प्रभु, श्री आकांक्षा प्रभु, श्री निकाश सरसांबी, श्रीमती स्पूर्ति निकाश को उनके बहुमूल्य इनपुट के लिए धन्यवाद देना चाहता हूं।

मुझे श्री राजेश, श्री सावन प्रभु, श्रीमती रेवती राजेश, श्रीमती रजनी सरसांबी और श्रीमती मंजू रेशमा को मुझे प्रोत्साहित करने और मुझे बार-बार पुस्तक लिखने का सुझाव देने के लिए धन्यवाद देना चाहिए। उनका अटूट विश्वास है कि मेरे पास पेशकश करने के लिए कुछ अमूल्य है, उसने मुझे अपने लेखन सत्रों में तरल रखा है ।

आप सभी को प्यार,

श्री शामबव

शब्द-साधन

शब्द	अर्थ	शब्द	अर्थ
टूटा हुआ	एक दोषरहित	द्वारिकाधिश	द्वारका के शासक
धर्मभ्रष्ट	दुष्ट	गोलोक	कृष्ण का स्वर्ग
अहम	मैं	गुरूजी	प्रमुख शिक्षक
अनिच्छा	सम्मानित	गुण	प्रकृति
आश्रम	तपस्वी	ज्ञानी	होशियार
स्तर	ईमानदारी	इच्छा	मनोबल
बंध उद्देश्य	बाँधने के लिए	जीवन से मुक्त	एहसास और प्रबुद्ध
भजन	भक्ति गीत और भजन	ज्ञान	ज्ञान
भक्ति मार्ग	भक्ति का मार्ग	जानकार	जानकार व्यक्ति
भाव रोग	भावनात्मक बीमारी	कला चक्र	समय का चक्र
योनि	स्रोत या शक्ति	भोग	भोग विलास

श्री शाम्बव

उद्देश्य	आनंद के लिए	कीर्तन	सस्वर पाठ, वर्णन
ब्रह्मास्त्र	ब्रह्मा द्वारा बनाया गया एक हथियार	क्रोध	गुस्सा
दम	आत्म - संयम	क्षमा	माफी
देश्य	गुलामी	माधुर्य	माधुर्य, मधुरता
दया	करुणा	मगगा	दुख से मुक्ति
देह	शरीर	महासमाधि	जानबूझकर और जानबूझकर किसी के शरीर को छोड़ने की क्रिया
देवता	देवी	आदमी	इंसान
धि	समझ	अनेक	पथ
धृति	धैर्य	माया	किसी अभूतपूर्व संसार का भ्रम या आभास
दिगम्बर	भार रहित या आकाश से ढका हुआ	गलत	मिथ्या, कपटपूर्वक
दिव्या	परमात्मा	निरोध	संयमित
दिव्यास्त्र	हथियार	निःस्वार्थ कर्म	निष्काम कर्म

आत्मा की सफर - कर्म

द्वापर युग	तृतीय युग का नाम	पाप का कर्म	पापी कार्य
पंचमहाभूतो	पाँच महाभूत	पालि	भाषा
परेछा	परीक्षा	अच्छे कर्म	बिनास्वार्थी व्यवहार करना
पिनाका	भगवान शिव का धनुष	संख्या	नंबर
श्रद्धेय	सम्मानित	संस्कार	वातानुकूलित व्यवहार
प्रबुद्ध	परिपक्व	समुदाय	समुदाय
प्रकृति	प्रकृति, स्रोत	सत्व	पवित्रता और अच्छाई
पुण्य कर्म	अच्छे कार्य	सत्य	सच्चाई
पुरुषार्थ	मानव आविष्कार की एक वस्तु	सत्य	सच्चाई
पुरुष	लौकिक स्व	शौच	पवित्रता
रजस	जुनून और गतिविधि	सौगंधिका	सुगंधित फूल
रक्षा	राक्षसी अस्तित्व	शांत	शांत
तमस्	अंधकार, भ्रम	शौच	सतीत्व, पवित्रता
तपस	तपस्या	शम्बव जी शम्भू	खुशी/प्रसन्नता का स्रोत ('शम'

श्री शाम्बव

			का अर्थ है ख़ुशी; ' भू ' स्रोत)
वैकुंठ	हिंदू भगवान, भगवान विष्णु का दिव्य घर	स्वयंवरम्	जीवनसाथी चुनने की प्रथा
वासना	इच्छा	यक्ष/ यक्षिणी	प्रकृति - आत्माओं
वात्सल्य	स्नेह	यम	मृत्यु का स्वामी
एक विधुर	कुशल, बुद्धिमान	युग	समय की एक बड़ी अवधि
विद्या	सच्चा ज्ञान	यज्ञ/बलि	एक अनुष्ठानिक बलिदान

"आत्मा से परमात्मा"

बहुत समय पहले, एक शिष्य ने अपने गुरु से, अपने पूज्य गुरु से पूछा, परमात्मा को प्रसन्न करने के लिए मुझे क्या अर्पित करना चाहिए।

गुरु ने उत्तर दिया, जब सब कुछ, सूक्ष्म पहलुओं सहित, सर्वशक्तिमान, सर्वव्यापी है। उन्हें "भगवान" के रूप में जाना जाता है क्योंकि वह संपूर्ण ब्रह्मांड हैं रोकना। जब सब कुछ उसका है तो हम उसे अपना क्या दे सकते हैं? एकमात्र चीज़ जो वह खोजती है वह है हमारी आत्मा! हमारी भक्ति, हमारी आत्मा को उसके लिए तरसना चाहिए, उसकी ओर मुड़ने की आकांक्षा करनी चाहिए और अंततः उसमें विलीन हो जाना चाहिए। आत्मा की अंतिम और अंतिम यात्रा "आत्मा से ईश्वर तक" है।

मास्टर ने आगे कहा, एक बार एक भक्त ने भगवान श्री विष्णु से प्रार्थना की और पूछा कि भगवान को प्रसाद के रूप में कौन सा फूल सबसे अधिक प्रिय है। क्या यह कमल, मौलसारी, जूही, चमेली, अशोक, मालती, वसंती, कदम, केवरा, चंपा, वैजयंती या कुछ और है? भगवान श्री विष्णु ने उत्तर दिया:

श्री शाम्बव

अहिंसा पहले आती है पुष्पम इन्द्रिय-निग्रह:

सर्व-भूत-दया पुष्पम क्षमा पुष्पम गुण: ।

ज्ञानम् पुष्पम तप: पुष्पम ध्यानम पुष्पम तथैव च

सत्यम अष्टविधम् पुष्पम विष्णु: प्रीतिकरम भवेत् ॥

भावार्थ:- "पहला फूल अहिंसा है, दूसरा फूल इंद्रिय पर नियंत्रण है।"(निग्रहम), तीसरा फूल सभी जीवित प्राणियों के लिए करुणा है (सर्व भूत दया पुष्पम), चौथा फूल है सहनशीलता (क्षम), पांचवां फूल है ज्ञान (ज्ञानम ज्ञान), छठा फूल है तपस (तपस्या) है, सातवां फूल चिंतन (ध्यान) है, आठवां फूल सत्य (सत्य) है। इसकी शुरुआत अहिंसा से होती है और अंत सत्य पर होता है। नतीजतन, जब शुरुआत और अंत मिलते हैं, तो मानव जीवन बच जाता है।

नीता के बारे में

नरेंद्र मोदी मेडिकल कॉलेज, अहमदाबाद, भारत के फिजियोलॉजी विभाग में एसोसिएट प्रोफेसर डॉ. नीता राठोड, अपने काम के प्रति बहुत प्रतिबद्ध हैं। अपनी यात्रा के दौरान, वह अनगिनत लोगों से मिली है, जिनमें से प्रत्येक की अपनी चुनौतियां, खुशी और भावनात्मक दुनिया है। लोगों के साथ इस संपर्क ने उन्हें जीवन के सबसे गहन प्रश्नों में से एक पर विचार करने के लिए प्रेरित किया: प्यार क्या है? अपने पूरे करियर के दौरान, उन्हें उन लोगों के जीवन की विभिन्न कहानियों और अनुभवों से मूल्यवान अंतर्दृष्टि मिली, जिनके साथ वह संपर्क में आईं, साथ ही साथ उनके बीच की बातचीत भी। वह समझने लगी कि प्रेम मानव जीवन की सबसे बुनियादी ऊर्जा है। प्यार, हमारे जीवन को आकार देता है, हमारी गतिविधियों को आगे बढ़ाता है और हमारी दुनिया को उद्देश्य और जुनून से भर देता है। हमारे जीवन में अपनी केंद्रीय स्थिति के बावजूद, प्यार अक्सर रहस्यमय और समझाने और समझने में मुश्किल होता है। "टेन सीक्रेट्स ऑफ लव" उनकी पहली किताब है जो इस शक्तिशाली भावना को दिल में गहराई से उतारती है। यह पुस्तक डॉ. राठोड की आजीवन जिज्ञासा और उनके सभी पहलुओं में प्यार को समझने के प्रयासों की परिणति है। वह प्यार के रहस्यों को जानने और अपने पाठकों

को ज्ञान का एक और संपूर्ण टुकड़ा प्रदान करने के लिए प्यार की पेचीदगियों में डूब जाती है। एक अखबार के दैनिक भविष्य से प्रेरित, डॉ राठोड, ने आत्म-खोज का मार्ग शुरू किया, वह यह था। "असंभव यात्रा वह है जो कभी शुरू नहीं होती है।" आरंभ करने के लिए, बात करना बंद करें और कुछ करें। आपका समय सीमित है, इसलिए इसे दूसरों का जीवन जीने में बर्बाद न करें। इस विचार ने उन्हें प्यार के अपने ज्ञान में गहराई से डुबकी लगाने के लिए प्रेरित किया, जिसके परिणामस्वरूप इस बुद्धिमान और भावनात्मक पुस्तक का लेखन हुआ।

लेखक द्वारा पुस्तके

जर्नी ऑफ सॉल -कर्म

"जर्नी ऑफ सॉल -कर्म" "हमारी अत्याधिक जटिल दुनिया में जीवन की गहन सच्चाइयों का हार्दिक अन्वेषण है। चुनौतियों, असमानताओं और अर्थ की खोज को संबोधित करते हुए, यह पुस्तक कर्म की कालातीत अवधारणा को ध्यान में लाती है। यह कर्म को न केवल दर्शन के रूप में, बल्कि हमारे दैनिक जीवन के लिए एक मार्गदर्शक सिद्धांत के रूप में जोर देता है, जो हमें ईमानदारी और उद्देश्य के मार्ग पर चलने के लिए प्रेरित करता है। इस यात्रा के माध्यम से, पाठकों को अंतर्दृष्टि प्राप्त होती है कि कैसे कर्म नियति को आकार देते हैं, सत्य और करुणा के साथ गठबंधन जीवन को प्रोत्साहित करते हैं। यह उन

श्री शाम्बव

लोगों के लिए एक प्रकाश है जो एक गहरे, अधिक पूर्ण अस्तित्व की तलाश में हैं।"

श्री शाम्बव

डेथ- लाइट ऑफ लाइफ एण्ड ध शेडो ऑफ डेथ।

जीवन के प्रकाश और मृत्यु की छाया में, मृत्यु दर की पहेली को स्पष्टता और करुणा के साथ संपर्क किया जाता है। मृत्यु एक अनिवार्य निश्चितता है, फिर भी यह हमारे जीवन पर भय की एक सुस्त छाया डालती है, दुःख और निराशा को उत्तेजित करती है क्योंकि हम पृथ्वी पर अपने समय को लम्बा करने का प्रयास करते हैं। यह गहन कार्य दिवंगत आत्माओं के भाग्य और भारी भावनाओं की जांच करता है जिन्हें हम नुकसान से जोड़ते हैं। फिर भी, यह मृत्यु को स्वीकार करने और जीवन की अनिश्चितताओं के बीच शांति पाने की दिशा में एक मार्ग प्रदान करता है। हमारी उत्पत्ति, नैतिक मूल्यों और उद्देश्य की खोज करते हुए यह अस्तित्व के निरंतर सत्य का खुलासा करता है। मृत्यु की छाया, हालांकि चुनौतीपूर्ण है, एक साझा, सार्वभौमिक अनुभव के रूप में फिर से तैयार

श्री शाम्बव

किया गया है- एक जो हमें ज्ञान और अनुग्रह के साथ हमारे गहरे भय का सामना करने के लिए कहता है।

ध पावर ऑफ लेटिंग गो।

"ध पावर ऑफ लेटिंग गो" आपको अनुराग, भय और अपेक्षाओं को त्याग करने के लिए आमंत्रित करता है, जो आपको सच्ची आंतरिक स्वतंत्रता और आनंद की ओर मार्गदर्शन करता है। गहरी अंतर्दृष्टि, व्यावहारिक अभ्यास और कालातीत ज्ञान के साथ, यह पुस्तक आपको लचीलापन और अनुग्रह के साथ जीवन की चुनौतियों का सामना करने के लिए तैयार करती है। यह लगाव के सार की पड़ताल करता है, सात साल के विकास चक्रों की शक्ति को गले लगाता है, और एक पूर्ण जीवन की कुंजी के रूप में क्षमा की कला सिखाता है। प्रत्येक अध्याय संबंधित उपमाओं और वास्तविक कहानियों के माध्यम से अवधारणाओं को जीवन में लाता है, जिससे गहन विचार सुलभ और आकर्षक दोनों हो जाते हैं। इस पुस्तक को आत्म-खोज और आध्यात्मिक जागृति के लिए अपने प्रकाश के रूप में काम करने दें, जिससे आपको अनिश्चितताओं को नेविगेट करने और एक हर्षित, सार्थक

अस्तित्व के लिए अपनी क्षमता को अनलॉक करने में मदद मिलेगी।

अ जर्नी ऑफ लासटींग पीस

"अ जर्नी ऑफ लासटींग पीस", आंतरिक शांति और व्यक्तिगत शक्ति के लिए एक परिवर्तनकारी मार्गदर्शिका है, जहां श्री शामबव, पाठकों को १८ शक्तिशाली सिद्धांतों के माध्यम से उनके सच्चे स्वयं की खोज के लिए ले जाते हैं। आंतरिक शांति की खोज और आत्म-जागरूकता के महत्व से लेकर सचेतन और योग की चिकित्सा प्रथाओं तक प्रत्येक अध्याय महत्वपूर्ण विषयों की पड़ताल करता है। व्यावहारिक रणनीतियों, चिंतनशील अभ्यासों और हार्दिक कहानियों के माध्यम से, यह पुस्तक अधिक प्रामाणिक और पूर्ण जीवन के लिए एक स्पष्ट रोडमैप प्रदान करती है। चाहे आप अपूर्णता को गले लगाना चाहते हैं, स्वस्थ सीमाएं स्थापित करना चाहते हैं, या प्रकृति के साथ फिर से जुड़ना चाहते हैं, स्थायी शांति की यात्रा जीवन की चुनौतियों को नकारात्मक करने और स्थायी शांति खोजने के लिए ज्ञान प्रदान करती है। आत्म-खोज

श्री शाम्बव

की यात्रा पर किसी के लिए भी बिल्कुल सही, यह प्रेरणादायक काम धीरे-धीरे हमें याद दिलाता है कि स्थायी शांति भीतर शुरू होती है।"

ध पावर ऑफ वर्ड्स: ट्रांसफॉर्मींग स्पीच, ट्रांसफॉर्मींग लाइव्स।

ध पावर ऑफ वर्ड्स : ट्रांसफॉर्मींग स्पीच, : ट्रांसफॉर्मींग लाइव्स, हमारी रोजमर्रा की भाषा के गहन प्रभाव को उजागर करता है। यह पुस्तक इस बात की पड़ताल करती है कि शब्द कैसे ठीक कर सकते हैं या नुकसान पहूंचा सकते हैं, जोड़ सकते हैं या विभाजित कर सकते हैं, पाठकों से सावधानीपूर्वक अपनी बातचीत को गले लगाने का आग्रह करते हैं। यह ईमानदारी, दया और प्रामाणिकता जैसे गुणों का जश्न मनाते हूए गपशप और अनुमान जैसे "बोलने के पापों" में तल्लीन करता है। परिवर्तन के लिए व्यावहारिक रणनीतियों और सुनने की कला पर ध्यान देने के साथ, श्री शामबव हमारी बातचीत को बढ़ाने के लिए एक रोडमैप प्रदान करते हैं। व्यक्तिगत विकास और व्यावसायिक विकास दोनों के लिए बिल्कुल सही, यह

श्री शाम्बव

मार्गदर्शिका पाठकों को शांति बनाने, गहरे संबंधों को बढ़ावा देने और अपने शब्दों का उपयोग अखंडता और उद्देश्य का जीवन जीने के लिए प्रेरित करती है।

विस्पर्स ऑफ अ डाइंग सॉल: अनस्पोकन रिगरेट्स एण्ड अनलिव्ड ड्रीम्स।

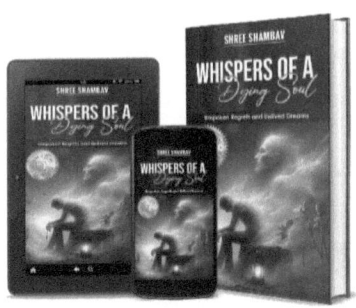

"विस्पर्स ऑफ अ डाइंग सॉल :अनस्पोकन रिगरेट्स एण्ड अनलिव्ड ड्रीम्स।" एक गहन यात्रा पर निकलती है जो उन मूक लालसाओं में तल्लीन करती है जिन्हें हम अक्सर ले जाते हैं लेकिन शायद ही कभी व्यक्त करते हैं। यह शक्तिशाली अन्वेषण उन अनकही भावनाओं को उजागर करता है जो हमारे जीवन को आकार देती हैं- छूटे हुए अवसर, अधूरे सपने और प्रामाणिकता की खोज। हार्दिक प्रतिबिंबों और परिवर्तनकारी अंतर्दृष्टि के माध्यम से, यह पुस्तक आपको अपने पछतावे का सामना करने और उन्हें विकास और उपचार के लिए शक्तिशाली उत्प्रेरक में बदलने के लिए आमंत्रित करती है।

श्री शाम्बव

ध आर्ट ऑफ इंटेशनल लिविंग: मिनीमालीजम फॉर अ लाइफ ऑफ परपझ।

ऐसी दुनिया में जो अधिक जश्न मनाती है, द आर्ट ऑफ इंटेन्शनल लिविंग आपको कम गले लगाने के लिए आमंत्रित करती है। यह शक्तिशाली मार्गदर्शिका इस बात की पड़ताल करती है कि कैसे अतिसूक्ष्मवाद आपके जीवन के हर पहलू को बदल सकता है- आपका स्थान, आपका समय और आपका दिमाग- विकर्षणों को दूर करके और वास्तव में जो मायने रखता है उस पर ध्यान केंद्रित करके। सरल लेकिन गहन सिद्धांतों के माध्यम से, आप सीखेंगे:

- अपने भौतिक और डिजिटल स्थान को अव्यवस्थित करें।

- आपके मूल्यों के साथ क्या संरेखित होता है उसे प्राथमिकता दें।
- सार्थक कनेक्शन और अनुभवों के लिए समय बनाएं।
- उद्देश्य, शांति और स्पष्टता का जीवन विकसित करें

अवेकनिंग ध इनफीनिट: ध पावर ऑफ कॉनसीयसनेस इन ट्रांसफॉर्मीन्ग लाइफ।

एक खंडित दुनिया में, अनंत जागृति, चेतना की शक्ति को ठीक करने, बदलने और एकजुट करने की पड़ताल करती है। यह पुस्तक आपको एक अनुभवात्मक यात्रा पर ले जाती है, जिससे पता चलता है कि जागरूकता वास्तविकता को कैसे आकार देती है और हमें सार्वभौमिक ज्ञान से जोड़ती है। आध्यात्मिक शिक्षाओं, आत्मनिरीक्षण और व्यावहारिक अंतर्दृष्टि के माध्यम से, यह आपकी आत्मा के वास्तविक उद्देश्य को उजागर करने में आपकी सहायता करती है। परिवर्तनकारी अभ्यास आपको भावनात्मक उपचार, स्पष्टता और व्यक्तिगत विकास की ओर मार्गदर्शन करता हैं। जैसे-

जैसे आप अपनी जागरूकता को गहरा करते हैं, आप अपने और अपने आस-पास की दुनिया के साथ गहरा संबंध बनाएंगे। इस यात्रा को अपना, दिमागीपन, प्रामाणिकता और उद्देश्य का जीवन पाना है। अंततः, यह भीतर की अनंत क्षमता को जगाने का निमंत्रण है।

श्री शाम्बव

बियोंड ध वेइल: अ जर्नी थ्रु लाइफ आफ्टर डेथ।

"मृत्यु के बाद जीवन के शाश्वत रहस्य की खोज करें,

जब हम मरते हैं तो क्या होता है? क्या यह अंत है, या कुछ अधिक करने के लिए एक संक्रमण? बियोंड ध वेइल : अ जर्नी थ्रु लाइफ आफ्टर डेथ, में विज्ञान, आध्यात्मिकता और दर्शन के लेंस के माध्यम से मानवता के सबसे बड़े रहस्य का पता लगाएं। निकट-मृत्यु के अनुभवों से लेकर प्राचीन आध्यात्मिक शिक्षाओं तक, यह परिवर्तनकारी पुस्तक भौतिक और अनंत के बीच की खाई को पाटती है, जो बाद के जीवन में गहन अंतर्दृष्टि प्रदान करती है। चाहे आप आराम, उत्तर या प्रेरणा की तलाश कर रहे हों, यह

यात्रा जीवन, मृत्यु और उससे परे की आपकी समझ को गहरा करेगी।"

श्री शाम्बव

बॉण्डज बियोन्ड ब्लड - वेर लव बिल्डस ब्रीजीज, एण्ड बॉण्डज डिफ़ाई ब्लड।

"रूट्स एंड रेजिलिएशन, उपनगरीय जीवन की शांत लय के खिलाफ स्थापित एक मार्मिक कहानी है, जहां एक परिवार प्यार, विनम्रता और बलिदान के माध्यम से मजबूत होता है। लेकिन जब सपने कठोर वास्तविकताओं से टकराते हैं और त्रासदी होती है, तो उनकी नींव हिल जाती है, और उनके बंधन की असली परीक्षा शुरू होती है। केंद्र में एक आदमी खड़ा है, जो अपने अतीत का सम्मान करने और अपनी शादी के भीतर मूक संघर्षों और दुःख के अनकहे वजन के बीच भविष्य बनाने के बीच फटा हुआ है। जैसा कि परिवार दिल टूटने, उपचार और पुनर्निर्माण

के शांत काम को नेविगेट करता है, उन्हें पता चलता है कि टूटी हुई जड़ें भी फिर से खिल सकती हैं। यह भावनात्मक यात्रा मानव आत्मा के लचीलेपन, क्षमा की छुटकारे की शक्ति और प्यार को चुनने में पाई जाने वाली स्थायी शक्ति का एक वसीयतनामा है - खासकर जब जीवन अपने सबसे अपूर्ण रूप में होता है।"

श्री शाम्बव

अ जर्नी इन टु स्पिरिच्युअल मेच्युरिटी - १२ गोल्डन रुल्स फॉर इनर ट्रांसफॉरमेशन।

अ जर्नी इन टु स्पिरिच्युअल मेच्युरिटी - १२ गोल्डन रुल्स फॉर इनर ट्रांसफॉरमेशन, में श्री शमबाव आत्म-खोज और आंतरिक शांति के लिए एक आत्मा-सरगर्मी मार्ग प्रदान करते है। व्यावहारिक उपकरणों के साथ कालातीत ज्ञान का सम्मिश्रण, यह पुस्तक आपको अनुलग्नकों को जारी करने, परिवर्तन को अपनाने और इरादे से जीने में मदद करती है। प्रेरक कहानियों और निर्देशित प्रतिबिंब के माध्यम से, आप आत्म-प्रेम का पोषण करना, अपने रिश्तों को गहरा करना और प्रामाणिकता में स्वतंत्रता पाना सीखेंगे।

प्रत्येक सुनहरा नियम एक प्रकाश है, जो एक अधिक सार्थक, दयालु जीवन की ओर मार्ग को रोशन करता है। यह सिर्फ एक मार्गदर्शक नहीं है- यह आपकी आत्मा के जागरण के लिए एक साथी है। इस यात्रा को, आपको अपने घर ले जाने दें।

www.ingramcontent.com/pod-product-compliance
Lightning Source LLC
La Vergne TN
LVHW091540070526
838199LV00002B/142
* 9 7 8 9 3 3 4 3 0 0 1 3 0 *